中国社会科学院
庆祝中华人民共和国成立70周年书系

总主编 谢伏瞻

国家发展建设史

新中国社会主义发展道路70年

王京清 / 主编
姜 辉 李正华 / 副主编

中国社会科学出版社

图书在版编目（CIP）数据

新中国社会主义发展道路70年/王京清主编.—北京：中国社会科学出版社，2019.9（2021.2重印）

（庆祝中华人民共和国成立70周年书系）

ISBN 978-7-5203-4974-1

Ⅰ.①新… Ⅱ.①王… Ⅲ.①中国特色社会主义—社会主义建设模式—研究—1949-2019 Ⅳ.①D616

中国版本图书馆CIP数据核字（2019）第188325号

出 版 人	赵剑英
责任编辑	朱华彬
责任校对	王佳玉
责任印制	王 超

出　　版	中国社会科学出版社
社　　址	北京鼓楼西大街甲158号
邮　　编	100720
网　　址	http://www.csspw.cn
发 行 部	010-84083685
门 市 部	010-84029450
经　　销	新华书店及其他书店
印刷装订	北京君升印刷有限公司
版　　次	2019年9月第1版
印　　次	2021年2月第6次印刷
开　　本	710×1000　1/16
印　　张	29
字　　数	404千字
定　　价	169.00元

凡购买中国社会科学出版社图书，如有质量问题请与本社营销中心联系调换

电话：010-84083683

版权所有　侵权必究

中国社会科学院
《庆祝中华人民共和国成立70周年书系》
编撰工作领导小组及委员会名单

编撰工作领导小组：

组　长　谢伏瞻

成　员　王京清　蔡　昉　高　翔　高培勇　杨笑山
　　　　姜　辉　赵　奇

编撰工作委员会：

主　任　谢伏瞻

成　员　（按姓氏笔画为序）

卜宪群　马　援　王　巍　王立胜　王立峰
王延中　王京清　王建朗　史　丹　邢广程
刘丹青　刘跃进　闫　坤　孙壮志　李　扬
李正华　李　平　李向阳　李国强　李培林
李新烽　杨伯江　杨笑山　吴白乙　汪朝光
张　翼　张车伟　张宇燕　陈　甦　陈光金
陈众议　陈星灿　周　弘　郑筱筠　房　宁
赵　奇　赵剑英　胡　滨　姜　辉　莫纪宏

夏春涛　高　翔　高培勇　唐绪军　黄　平
黄群慧　朝戈金　蔡　昉　樊建新　潘家华
魏后凯

协调工作小组：

组　长 蔡　昉

副组长 马　援　赵剑英

成　员（按姓氏笔画为序）

　　　　王子豪　王宏伟　王　茵　云　帆　卢　娜
　　　　叶　涛　田　侃　曲建君　朱渊寿　刘大先
　　　　刘　伟　刘红敏　刘　杨　刘爱玲　吴　超
　　　　宋学立　张　骅　张　洁　张　旭　张崇宁
　　　　林　帆　金　香　郭建宏　博　悦　蒙　娃

总　序

与时代同发展　与人民齐奋进

谢伏瞻*

　　今年是新中国成立70周年。70年来，中国共产党团结带领中国人民不懈奋斗，中华民族实现了从"东亚病夫"到站起来的伟大飞跃、从站起来到富起来的伟大飞跃，迎来了从富起来到强起来的伟大飞跃。70年来，中国哲学社会科学与时代同发展，与人民齐奋进，繁荣中国学术，发展中国理论，传播中国思想，为党和国家事业发展作出重要贡献。在这重要的历史时刻，我们组织中国社会科学院多学科专家学者编撰了《庆祝中华人民共和国成立70周年书系》，旨在系统回顾总结中国特色社会主义建设的巨大成就，系统梳理中国特色哲学社会科学发展壮大的历史进程，为建设富强民主文明和谐美丽的社会主义现代化强国提供历史经验与理论支持。

壮丽篇章　辉煌成就

　　70年来，中国共产党创造性地把马克思主义基本原理同中国具体实际相结合，领导全国各族人民进行社会主义革命、建设和改革，

---

* 中国社会科学院院长、党组书记，学部主席团主席。

战胜各种艰难曲折和风险考验，取得了举世瞩目的伟大成就，绘就了波澜壮阔、气势恢宏的历史画卷，谱写了感天动地、气壮山河的壮丽凯歌。中华民族正以崭新姿态巍然屹立于世界的东方，一个欣欣向荣的社会主义中国日益走向世界舞台的中央。

我们党团结带领人民，完成了新民主主义革命，建立了中华人民共和国，实现了从几千年封建专制向人民民主的伟大飞跃；完成了社会主义革命，确立社会主义基本制度，推进社会主义建设，实现了中华民族有史以来最为广泛而深刻的社会变革，为当代中国的发展进步奠定了根本政治前提和制度基础；进行改革开放新的伟大革命，破除阻碍国家和民族发展的一切思想和体制障碍，开辟了中国特色社会主义道路，使中国大踏步赶上时代，迎来了实现中华民族伟大复兴的光明前景。今天，我们比历史上任何时期都更接近、更有信心和能力实现中华民族伟大复兴的目标。

中国特色社会主义进入新时代。党的十八大以来，在以习近平同志为核心的党中央坚强领导下，我们党坚定不移地坚持和发展中国特色社会主义，统筹推进"五位一体"总体布局，协调推进"四个全面"战略布局，贯彻新发展理念，适应我国社会主要矛盾已经转化为人民日益增长的美好生活需要和不平衡不充分的发展之间的矛盾的深刻变化，推动我国经济由高速增长阶段向高质量发展阶段转变，综合国力和国际影响力大幅提升。中国特色社会主义道路、理论、制度、文化不断发展，拓展了发展中国家走向现代化的途径，给世界上那些既希望加快发展又希望保持自身独立性的国家和民族提供了全新选择，为解决人类问题贡献了中国智慧和中国方案，为人类发展、为世界社会主义发展做出了重大贡献。

70年来，党领导人民攻坚克难、砥砺奋进，从封闭落后迈向开放进步，从温饱不足迈向全面小康，从积贫积弱迈向繁荣富强，取得了举世瞩目的伟大成就，创造了人类发展史上的伟大奇迹。

经济建设取得辉煌成就。70年来，我国经济社会发生了翻天覆地的历史性变化，主要经济社会指标占世界的比重大幅提高，国际地位和国际影响力显著提升。经济总量大幅跃升，2018年国内生产总值比1952年增长175倍，年均增长8.1%。1960年我国经济总量占全球经济的比重仅为4.37%，2018年已升至16%左右，稳居世界第二大经济体地位。我国经济增速明显高于世界平均水平，成为世界经济增长的第一引擎。1979—2012年，我国经济快速增长，年平均增长率达到9.9%，比同期世界经济平均增长率快7个百分点，也高于世界各主要经济体同期平均水平。1961—1978年，中国对世界经济增长的年均贡献率为1.1%。1979—2012年，中国对世界经济增长的年均贡献率为15.9%，仅次于美国，居世界第二位。2013—2018年，中国对世界经济增长的年均贡献率为28.1%，居世界第一位。人均收入不断增加，1952年我国人均GDP仅为119元，2018年达到64644元，高于中等收入国家平均水平。城镇化率快速提高，1949年我国的城镇化率仅为10.6%，2018年我国常住人口城镇化率达到了59.58%，经历了人类历史上规模最大、速度最快的城镇化进程，成为中国发展史上的一大奇迹。工业成就辉煌，2018年，我国原煤产量为36.8亿吨，比1949年增长114倍；钢材产量为11.1亿吨，增长8503倍；水泥产量为22.1亿吨，增长3344倍。基础设施建设积极推进，2018年年末，我国铁路营业里程达到13.1万公里，比1949年年末增长5倍，其中高速铁路达到2.9万公里，占世界高铁总量60%以上；公路里程为485万公里，增长59倍；定期航班航线里程为838万公里，比1950年年末增长734倍。开放型经济新体制逐步健全，对外贸易、对外投资、外汇储备稳居世界前列。

科技发展实现大跨越。70年来，中国科技实力伴随着经济发展同步壮大，实现了从大幅落后到跟跑、并跑乃至部分领域领跑的历史性跨越。涌现出一批具有世界领先水平的重大科技成果。李四光等人提出"陆相生油"理论，王淦昌等人发现反西格玛负超子，第一颗原子弹装置爆炸成功，第一枚自行设计制造的运载火箭发射成功，在世界上首次人工合成牛胰岛素，第一颗氢弹空爆成功，陈景润证明了哥德巴赫猜想中的"1+2"，屠呦呦等人成功发现青蒿素，天宫、蛟龙、天眼、悟空、墨子、大飞机等重大科技成果相继问世。相继组织实施了一系列重大科技计划，如国家高技术研究发展（863）计划、国家重点基础研究发展（973）计划、集中解决重大问题的科技攻关（支撑）计划、推动高技术产业化的火炬计划、面向农村的星火计划以及国家自然科学基金、科技型中小企业技术创新基金等。研发人员总量稳居世界首位。我国研发经费投入持续快速增长，2018年达19657亿元，是1991年的138倍，1992—2018年年均增长20.0%。研发经费投入强度更是屡创新高，2014年首次突破2%，2018年提升至2.18%，超过欧盟15国平均水平。按汇率折算，我国已成为仅次于美国的世界第二大研发经费投入国家，为科技事业发展提供了强大的资金保证。

人民生活显著改善。我们党始终把提高人民生活水平作为一切工作的出发点和落脚点，深入贯彻以人民为中心的发展思想，人民获得感显著增强。70年来特别是改革开放以来，从温饱不足迈向全面小康，城乡居民生活发生了翻天覆地的变化。我国人均国民总收入（GNI）大幅提升。据世界银行统计，1962年，我国人均GNI只有70美元，1978年为200美元，2018年达到9470美元，比1962年增长了134.3倍。人均GNI水平与世界平均水平的差距逐渐缩小，1962年相当于世界平均水平的14.6%，2018年相当于世界平均水平的85.3%，比1962年提高了70.7个百分点。在世界银行公布的人均GNI排名中，2018年中国排名第71位（共计192个经济体），比1978年（共计188个经济体）提高104位。组织实施了一系列中长期扶贫规划，从救济式扶贫到开发式扶贫再到精准扶贫，探索出一条符合中国国情的农村扶贫开发道路，为全面建成小康社会奠定了坚实基础。脱贫攻坚战取得决定性进展，贫困人口大幅减少，为世界减贫事业作出了重大贡献。按照我国现行农村贫困标准测算，1978年我国农村贫困人口为7.7亿人，贫困发生率为97.5%。2018年年末农村贫困人口为1660万人，比1978年减少7.5亿人；贫困发生率为1.7%，比1978年下降95.8个百分点，平均每年下降2.4个百分点。我国是最早实现联合国千年发展目标中减贫目标的发展中国家。就业形势长期稳定，就业总量持续增长，从1949年的1.8亿人增加到2018年的7.8亿人，扩大了3.3倍，就业结构调整优化，就业质量显著提升，劳动力市场不断完善。教育事业获得跨越式发展。1970—2016年，我国高等教育毛入学率从0.1%提高到48.4%，2016年我国高等教育毛入学率比中等收入国家平均水平高出13.4个百分点，比世界平均水平高10.9个百分点；中等教育毛入学率从1970年的28.0%提高到2015年的94.3%，2015年我国中等教育毛入学率超过中等收入国家平均水平16.5个百分点，远高于世界平均水平。我国总人口由1949年的5.4亿人发展到2018年的近14亿人，年均增长率约为1.4%。人民身体素质日益改善，居民预期寿命由新中国成立初的35岁提高到2018年的77岁。居民环境卫生条件持续改善。2015年，我国享有基本环境卫生服务人口占总人口比重为75.0%，超过中等收入国家66.1%的平均水平。我国居民基本饮用水服务已基本实现全民覆盖，超过中等偏上收入国家平均水平。

思想文化建设取得重大进展。党对意识形态工作的领导不断加强，党的理论创新全面推进，马克思主义在意识形态领域的指导地位更加巩固，中国特色社会主义和中国梦深入人心，社会主义核心价值观和中华优秀传统文化广泛弘扬。文化事业繁荣兴盛，文化产业快速发展。文化投入力度明显加大。1953—1957年文化事业费总投入为4.97亿元，2018年达到928.33亿元。广播影视制播能力显著增强。新闻出版繁荣发展。2018年，图书品种51.9万种、总印数100.1亿册（张），分别为1950年的42.7倍和37.1倍；期刊品种10139种、总印数22.9亿册，分别为1950年的34.4倍和57.3倍；报纸品种1871种、总印数337.3亿份，分别为1950年的4.9倍和42.2倍。公共文化服务水平不断提高，文艺创作持续繁荣，文化事业和文化产业蓬勃发展，互联网建设管理运用不断完善，全民健身和竞技体育全面发展。主旋律更加响亮，正能量更加强劲，文化自信不断增强，全党全社会思想上的团结统一更加巩固。改革开放后，我国对外文化交流不断扩大和深化，已成为国家整体外交战略的重要组成部分。特别是党的十八大以来，文化交流、文化贸易和文化投资并举的"文化走出去"、推动中华文化走向世界的新格局已逐渐形成，国家文化软实力和中华文化影响力大幅提升。

生态文明建设成效显著。70年来特别是改革开放以来，生态文明建设扎实推进，走出了一条生态文明建设的中国特色道路。党的十八大以来，以习近平同志为核心的党中央高度重视生态文明建设，将其作为统筹推进"五位一体"总体布局的重要内容，形成了习近平生态文明思想，为新时代推进我国生态文明建设提供了根本遵循。国家不断加大自然生态系统建设和环境保护力度，开展水土流失综合治理，加大荒漠化治理力度，扩大森林、湖泊、湿地面积，加强自然保护区保护，实施重大生态修复工程，逐步健全主体功能区制度，推进生态保护红线工作，生态保护和建设不断取得新成效，环境保护投入跨越式增长。20世纪80年代初期，全国环境污染治理投资每年为25亿—30亿元，2017年，投资总额达到9539亿元，比2001年增长7.2倍，年均增长14.0%。污染防治强力推进，治理成效日益彰显。重大生态保护和修复工程进展顺利，森林覆盖率持续提高。生态环境治理明显加强，环境状况得到改善。引导应对气候变化国际合作，成为全球生态文明建设的重要参与者、贡献者、引领者。[①]

新中国70年的辉煌成就充分证明，只有社会主义才能救中国，只有改革开放才能发展中国、发展社会主义、发展马克思主义，只有坚持以人民为中心才能实现党的初心和使命，只有坚持党的全面领导才能确保中国这艘航船沿着正确航向破浪前行，不断开创中国特色社会主义事业新局面，谱写人民美好生活新篇章。

---

① 文中所引用数据皆来自国家统计局发布的《新中国成立70周年经济社会发展成就系列报告》。

繁荣中国学术　发展中国理论　传播中国思想

70年来，我国哲学社会科学与时代同发展、与人民齐奋进，在革命、建设和改革的各个历史时期，为党和国家事业作出了独特贡献，积累了宝贵经验。

一　发展历程

——**在马克思主义指导下奠基、开创哲学社会科学**。新中国哲学社会科学事业，是在马克思主义指导下逐步发展起来的。新中国成立前，哲学社会科学基础薄弱，研究与教学机构规模很小，无法适应新中国经济和文化建设的需要。因此，新中国成立前夕通过的具有临时宪法性质的《中国人民政治协商会议共同纲领》明确提出："提倡用科学的历史观点，研究和解释历史、经济、政治、文化及国际事务，奖励优秀的社会科学著作。"新中国成立后，党中央明确要求："用马列主义的思想原则在全国范围内和全体规模上教育人民，是我们党的一项最基本的政治任务。"经过几年努力，确立了马克思主义在哲学社会科学领域的指导地位。国务院规划委员会制定了1956—1967年哲学社会科学研究工作远景规划。1956年，毛泽东同志提出"百花齐放、百家争鸣"，强调"百花齐放、百家争鸣"的方针，"是促进艺术发展和科学进步的方针，是促进中国的社会主义文化繁荣的方针。"在机构设置方面，1955年中国社会科学院的前身——中国科学院哲学社会科学学部成立，并先后建立了14个研究所。马克思主义指导地位的确立，以及科研和教育体系的建立，为新中国哲学社会科学事业的兴起和发展奠定了坚实基础。

——**在改革开放新时期恢复、发展壮大哲学社会科学**。党的十一届三中全会开启了改革开放新时期，我国哲学社会科学从十年

"文革"的一片荒芜中迎来了繁荣发展的新阶段。邓小平同志强调"科学当然包括社会科学",重申要切实贯彻"双百"方针,强调政治学、法学、社会学以及世界政治的研究需要赶快补课。1977年,党中央决定在中国科学院哲学社会科学学部的基础上组建中国社会科学院。1982年,全国哲学社会科学规划座谈会召开,强调我国哲学社会科学事业今后必须有一个大的发展。此后,全国哲学社会科学规划领导小组成立,国家社会科学基金设立并逐年开展课题立项资助工作。进入21世纪,党中央始终将哲学社会科学置于重要位置,江泽民同志强调"在认识和改造世界的过程中,哲学社会科学和自然科学同样重要;培养高水平的哲学社会科学家,与培养高水平的自然科学家同样重要;提高全民族的哲学社会科学素质,与提高全民族的自然科学素质同样重要;任用好哲学社会科学人才并充分发挥他们的作用,与任用好自然科学人才并发挥他们的作用同样重要"。《中共中央关于进一步繁荣发展哲学社会科学的意见》等文件发布,有力地推动了哲学社会科学繁荣发展。

——**在新时代加快构建中国特色哲学社会科学**。党的十八大以来,以习近平同志为核心的党中央高度重视哲学社会科学。2016年5月17日,习近平总书记亲自主持哲学社会科学工作座谈会并发表重要讲话,提出加快构建中国特色哲学社会科学的战略任务。2017年3月5日,党中央印发《关于加快构建中国特色哲学社会科学的意见》,对加快构建中国特色哲学社会科学作出战略部署。2017年5月17日,习近平总书记专门就中国社会科学院建院40周年发来贺信,发出了"繁荣中国学术,发展中国理论,传播中国思想"的号召。2019年1月2日、4月9日,习近平总书记分别为中国社会科学院中国历史研究院和中国非洲研究院成立发来贺信,为加快构建中国特色哲学社会科学指明了方向,提供了重要遵循。不到两年的时间内,习近平总书记专门为一个研究单位三次发贺信,这充分说明党中央对哲学社会科学的重视前所未有,对哲学社会科学工作者的关怀前所未有。在党中央坚强领导下,广大哲学社会科学工作者增强"四个意识",坚定"四个自信",做到"两个维护",坚持以习近平新时代中国特色社会主义思想为指导,坚持"二为"方向和"双百"方针,以研究我国改革发展稳定重大理论和实践问题为主攻方向,哲学社会科学领域涌现出一批优秀人才和成果。经过不懈努力,我国哲学社会科学事业取得了历史性成就,发生了历史性变革。

二 主要成就

70 年来,在党中央坚强领导和亲切关怀下,我国哲学社会科学取得了重大成就。

马克思主义理论研究宣传不断深入。新中国成立后,党中央组织广大哲学社会科学工作者系统翻译了《马克思恩格斯全集》《列宁全集》《斯大林全集》等马克思主义经典作家的著作,参与编辑出版《毛泽东选集》《毛泽东文集》《邓小平文选》《江泽民文选》《胡锦涛文选》等一批党和国家重要领导人文选。党的十八大以来,参与编辑出版了《习近平谈治国理政》《干在实处 走在前列》《之江新语》,以及"习近平总书记重要论述摘编"等一批代表马克思主义中国化最新成果的重要文献。将《习近平谈治国理政》、"习近平总书记重要论述摘编"翻译成多国文字,积极对外宣传党的创新理论,为传播中国思想作出了重要贡献。先后成立了一批马克思主义研究院(学院)和"邓小平理论研究中心""中国特色社会主义理论体系研究中心",党的十九大以后成立了 10 家习近平新时代中国特色社会主义思想研究机构,哲学社会科学研究教学机构在研究阐释党的创新理论,深入研究阐释马克思主义中国化的最新成果,推动马克思主义中国化时代化大众化方面发挥了积极作用。

为党和国家服务能力不断增强。新中国成立初期,哲学社会科学工作者围绕国家的经济建设,对商品经济、价值规律等重大现实问题进行深入研讨,推出一批重要研究成果。1978 年,哲学社会科学界开展的关于真理标准问题大讨论,推动了全国性的思想解放,为我们党重新确立马克思主义思想路线、为党的十一届三中全会召开作了重要的思想和舆论准备。改革开放以来，哲学社会科学界积极探索中国特色社会主义发展道路，在社会主义市场经济理论、经济体制改革、依法治国、建设社会主义先进文化、生态文明建设等重大问题上，进行了深入研究，积极为党和国家制定政策提供决策咨询建议。党的十八大以来，广大哲学社会科学工作者辛勤耕耘，紧紧围绕统筹推进"五位一体"总体布局、协调推进"四个全面"战略布局，推进国家治理体系和治理能力现代化，构建人类命运共同体和"一带一路"建设等重大理论与实践问题，述学立论、建言献策，推出一批重要成果，很好地发挥了"思想库""智囊团"作用。

学科体系不断健全。 新中国成立初期，哲学社会科学的学科设置以历史、语言、考古、经济等学科为主。70年来，特别是改革开放以来，哲学社会科学的研究领域不断拓展和深化。到目前为止，已形成拥有马克思主义研究、历史学、考古学、哲学、文学、语言学、经济学、法学、社会学、人口学、民族学、宗教学、政治学、新闻学、军事学、教育学、艺术学等20多个一级学科、400多个二级学科的较为完整的学科体系。进入新时代，哲学社会科学界深入贯彻落实习近平总书记"5·17"重要讲话精神，加快构建中国特色哲学社会科学学科体系、学术体系、话语体系。

学术研究成果丰硕。 70年来，广大哲学社会科学工作者辛勤耕耘、积极探索，推出了一批高水平成果，如《殷周金文集成》《中国历史地图集》《中国语言地图集》《中国史稿》《辩证唯物主义原理》《历史唯物主义原理》《政治经济学》《中华大藏经》《中国政治制度通史》《中华文学通史》《中国民族关系史纲要》《现代汉语词典》等。学术论文的数量逐年递增，质量也不断提升。这些学术成果对传承和弘扬中华民族优秀传统文化、推进社会主义先进文化建设、增强文化自信、提高中华文化的"软实力"发挥了重要作用。

对外交流长足发展。 70年来特别是改革开放以来，我国哲学社会科学界对外学术交流与合作的领域不断拓展，规模不断扩大，质量和水平不断提高。目前，我国哲学社会科学对外学术交流遍及世界 100 多个国家和地区，与国外主要研究机构、学术团体、高等院校等建立了经常性的双边交流关系。坚持"请进来"与"走出去"相结合，一方面将高水平的国外学术成果译介到国内，另一方面将能够代表中国哲学社会科学水平的成果推广到世界，讲好中国故事，传播中国声音，提高了我国哲学社会科学的国际影响力。

人才队伍不断壮大。70 年来，我国哲学社会科学研究队伍实现了由少到多、由弱到强的飞跃。新中国成立之初，哲学社会科学人才队伍薄弱。为培养科研人才，中国社会科学院、中国人民大学等一批科研、教育机构相继成立，培养了一批又一批哲学社会科学人才。目前，形成了社会科学院、高等院校、国家政府部门研究机构、党校行政学院和军队五大教研系统，汇聚了 60 万多专业、多类型、多层次的人才。这样一支规模宏大的哲学社会科学人才队伍，为实现我国哲学社会科学建设目标和任务提供了有力人才支撑。

三　重要启示

70 年来，我国哲学社会科学在取得巨大成绩的同时，也积累了宝贵经验，给我们以重要启示。

坚定不移地以马克思主义为指导。马克思主义是科学的理论、人民的理论、实践的理论、不断发展的开放的理论。坚持以马克思主义为指导，是当代中国哲学社会科学区别于其他哲学社会科学的根本标志。习近平新时代中国特色社会主义思想是马克思主义中国化的最新成果，是当代中国马克思主义、21 世纪马克思主义，要将这一重要思想贯穿哲学社会科学各学科各领域，切实转化为广大哲学社会科学工作者清醒的理论自觉、坚定的政治信念、科学的思维方法。要不断推进马克思主义中国化时代化大众化，奋力书写研究阐发当代中国马克思主义、21 世纪马克思主义的理论学术经典。

坚定不移地践行为人民做学问的理念。为什么人的问题是哲学社会科学研究的根本性、原则性问题。哲学社会科学研究必须搞清楚为谁著书、为谁立说,是为少数人服务还是为绝大多数人服务的问题。脱离了人民,哲学社会科学就不会有吸引力、感染力、影响力、生命力。我国广大哲学社会科学工作者要坚持人民是历史创造者的观点,树立为人民做学问的理想,尊重人民主体地位,聚焦人民实践创造,自觉把个人学术追求同国家和民族发展紧紧联系在一起,努力多出经得起实践、人民、历史检验的研究成果。

坚定不移地以研究回答新时代重大理论和现实问题为主攻方向。 习近平总书记反复强调:"当代中国的伟大社会变革,不是简单延续我国历史文化的母版,不是简单套用马克思主义经典作家设想的模板,不是其他国家社会主义实践的再版,也不是国外现代化发展的翻版,不可能找到现成的教科书。"哲学社会科学研究,必须立足中国实际,以我们正在做的事情为中心,把研究回答新时代重大理论和现实问题作为主攻方向,从当代中国伟大社会变革中挖掘新材料,发现新问题,提出新观点,构建有学理性的新理论,推出有思想穿透力的精品力作,更好服务于党和国家科学决策,服务于建设社会主义现代化强国,实现中华民族伟大复兴的伟大实践。

坚定不移地加快构建中国特色哲学社会科学"三大体系"。 加快构建中国特色哲学社会科学学科体系、学术体系、话语体系,是习近平总书记和党中央提出的战略任务和要求,是新时代我国哲学社会科学事业的崇高使命。要按照立足中国、借鉴国外,挖掘历史、把握当代,关怀人类、面向未来的思路,体现继承性、民族性,原创性、时代性,系统性、专业性的要求,着力构建中国特色哲学社会科学。要着力提升原创能力和水平,立足中国特色社会主义伟大实践,坚持不忘本来、吸收外来、面向未来,善于融通古今中外各种资源,不断推进学科体系、学术体系、话语体系建设创新,构建一个全方位、全领域、全要素的哲学社会科学体系。

坚定不移地全面贯彻"百花齐放、百家争鸣"方针。"百花齐放、百家争鸣"是促进我国哲学社会科学发展的重要方针。贯彻"双百方针",做到尊重差异、包容多样,鼓励探索、宽容失误,提倡开展平等、健康、活泼和充分说理的学术争鸣，提倡不同学术观点、不同风格学派的交流互鉴。正确区分学术问题和政治问题的界限，对政治原则问题，要旗帜鲜明、立场坚定、敢于斗争、善于交锋；对学术问题，要按照学术规律来对待，不能搞简单化，要发扬民主、相互切磋，营造良好的学术环境。

坚定不移地加强和改善党对哲学社会科学的全面领导。哲学社会科学事业是党和人民的重要事业，哲学社会科学战线是党和人民的重要战线。党对哲学社会科学的全面领导，是我国哲学社会科学事业不断发展壮大的根本保证。加快构建中国特色哲学社会科学，必须坚持和加强党的领导。只有加强和改善党的领导，才能确保哲学社会科学正确的政治方向、学术导向和价值取向；才能不断深化对共产党执政规律、社会主义建设规律、人类社会发展规律的认识，不断开辟当代中国马克思主义、21世纪马克思主义新境界。

《庆祝中华人民共和国成立70周年书系》坚持正确的政治方向和学术导向，力求客观、详实，系统回顾总结新中国成立70年来在政治、经济、社会、法治、民族、生态、外交等方面所取得的巨大成就，系统梳理我国哲学社会科学重要学科发展的历程、成就和经验。书系秉持历史与现实、理论与实践相结合的原则，编撰内容丰富、覆盖面广，分设了国家建设和学科发展两个系列，前者侧重对新中国70年国家发展建设的主要领域进行研究总结；后者侧重对哲学社会科学若干主要学科70年的发展历史进行回顾梳理，结合中国社会科学院特点，学科选择主要按照学部进行划分，同一学部内学科差异较大者单列。书系为新中国成立70年而作，希望新中国成立80年、90年、100年时能够接续编写下去，成为中国社会科学院学者向共和国生日献礼的精品工程。

是为序。

目　　录

绪论　只有中国特色社会主义才能发展中国 …………………（1）

第一章　新中国的成立和社会主义基本制度的确立
　　　　（1949—1956）………………………………………（14）
　第一节　创建中华人民共和国……………………………（14）
　第二节　确立社会主义基本经济制度……………………（32）
　第三节　社会主义政治体制和社会主义意识形态的构建……（50）
　第四节　新政权对国家利益的争取和维护………………（66）
　本章小结……………………………………………………（84）

第二章　中国社会主义建设道路的艰辛探索
　　　　（1956—1978）………………………………………（86）
　第一节　探索的良好开局…………………………………（86）
　第二节　社会主义建设的全面展开 ……………………（100）
　第三节　社会主义建设道路探索在曲折中发展 ………（127）
　第四节　改革开放的酝酿 ………………………………（150）
　本章小结 …………………………………………………（161）

第三章　中国特色社会主义的开创（1978—1992）………（162）
　第一节　历史性伟大转变的胜利实现 …………………（162）

第二节　建设有中国特色的社会主义 …………………（178）
  第三节　沿着有中国特色的社会主义道路前进 …………（195）
  第四节　在严峻考验中坚持中国特色社会主义道路 ……（208）
  本章小结 ……………………………………………………（223）

第四章　把中国特色社会主义全面推向21世纪
　　　　（1992—2002）………………………………………（225）
  第一节　改革开放和社会主义现代化建设进入新阶段 …（225）
  第二节　在邓小平理论的指引下继往开来 ………………（242）
  第三节　开展跨世纪的各项工作 …………………………（263）
  第四节　形成并全面贯彻"三个代表"重要思想 …………（278）
  本章小结 ……………………………………………………（294）

第五章　在新起点上坚持和发展中国特色社会主义
　　　　（2002—2012）………………………………………（296）
  第一节　在科学发展观指导下开创中国特色社会主义
　　　　　新局面 ……………………………………………（296）
  第二节　形成中国特色社会主义事业总体布局 …………（304）
  第三节　在应对挑战中坚持和发展中国特色社会主义 …（326）
  第四节　加快推进社会主义现代化建设 …………………（344）
  本章小结 ……………………………………………………（364）

第六章　中国特色社会主义进入新时代（2012—2019）………（365）
  第一节　形成并全面贯彻习近平新时代中国特色社会
　　　　　主义思想 …………………………………………（365）
  第二节　开启全面建设社会主义强国的新征程 …………（378）
  第三节　统筹推进"五位一体"总体布局 …………………（393）

第四节　协调推进"四个全面"战略布局 …………………（416）
本章小结 ……………………………………………………（435）

结语　实现中华民族伟大复兴的必由之路 ………………（437）

后　记 ……………………………………………………（443）

绪 论

只有中国特色社会主义才能发展中国

中华人民共和国成立70年的历史,是一部社会主义在中国的奠基和发展史,是全国各族人民在中国共产党领导下探索、开创、坚持和发展中国特色社会主义,为实现国家富强、民族复兴、人民幸福而不懈努力的奋斗史。

一 中国特色社会主义发展道路不是传统的,也不是外来的,更不是西化的,而是独创的

习近平总书记指出:中国特色社会主义发展道路,既不是"传统的",也不是"外来的",更不是"西化的",而是我们"独创的",是一条人间正道。

中国特色社会主义科学地回答了有关当代中国命运前途的一系列重大问题。中国特色社会主义是具有中国特色的社会主义发展目标和社会主义的发展过程的,由中国特色社会主义道路、理论体系、制度、文化构成的伟大事业。中国特色社会主义发展道路,涵盖了社会主义在中国的发展阶段、根本任务、发展动力、政治保证、发展战略、外部条件、祖国统一、领导力量和依靠力量等,科学地回答了当代中国实现社会主义现代化和中华民族伟大复兴所面临的一系列重大问题。

第一,它强调中国共产党担负着团结带领人民推进社会主义现代化、实现中华民族伟大复兴的重任，回答了实现社会主义现代化和中华民族伟大复兴"谁来领导"的问题，使实现社会主义现代化和中华民族伟大复兴有了坚强的领导核心。

第二，它科学分析国际形势的变化和当代中国的历史条件，对中国国情作出了处于社会主义初级阶段的科学判断，回答了实现社会主义现代化和中华民族的伟大复兴"从何处出发"的问题，使实现社会主义现代化和中华民族伟大复兴建立在科学的基础之上。

第三，它从兴国之要、强国之路、政治保证、建设布局等方面展开现代化的路径，明确提出，以经济建设为中心，坚持四项基本原则，坚持改革开放，解放和发展生产力，建设社会主义市场经济、社会主义民主政治、社会主义先进文化、社会主义和谐社会、社会主义生态文明，回答了实现社会主义现代化和中华民族的伟大复兴"怎么实施"的问题，使实现社会主义现代化和中华民族伟大复兴有了清晰系统完整的思路。

第四，它坚持马克思主义根本立场，从当代中国发展进步的要求出发，把促进人的全面发展和逐步实现全体人民共同富裕作为自己的核心理念和价值目标，回答了实现社会主义现代化和中华民族伟大复兴"为了谁"的问题，使实现社会主义现代化和中华民族伟大复兴有了正确的价值追求。

第五，它根据中国现代化进程的不断推进和满足人民群众过上美好生活的新期待，确立了社会主义现代化的奋斗目标，回答了实现社会主义现代化和中华民族的伟大复兴"向何处去"的问题，使实现社会主义现代化和中华民族伟大复兴有了明确而丰富的具体内涵。

中国特色社会主义道路揭示了社会主义发展的理论逻辑、历史逻辑，那就是必须从中国的国情出发，探求一条符合中国实际的发展道路；必须正确对待马克思主义，既要坚持以马克思主义作指导，又不能把马克思主义当教条，要勇于破除那些不符合现实条件的社会主义传统观念、传统模式；必须借鉴外国包括发达资本主义国家搞现代化的历史经验，又不能盲目崇外，照抄照搬；必须注重创造性地探索自己的发展道路，从理论和实践上不断完善、不断创新、不断前进。

中国特色社会主义姓"社"不姓"资"。习近平总书记明确指出："中国特色社会主义是社会主义而不是其他什么主义。"[①] 中国共产党在领导中国人民开创发展中国特色社会主义道路的过程中，清醒而又坚定地坚持了科学社会主义的基本原则。既坚持以经济建设为中心，又全面推进经济建设、政治建设、文化建设、社会建设、生态文明建设以及其他各方面建设；既坚持四项基本原则，又坚持改革开放；既不断解放和发展社会生产力，又逐步实现全体人民共同富裕、促进人的全面发展。

正因为中国特色社会主义坚持了科学社会主义的基本原则，党的事业从本质上代表着中国人民的利益，不断给人民群众带来福祉，党的路线方针政策才得到亿万中国人民的拥护，党才能从容应对各种风险考验，显示出社会主义国家政权的伟大力量，才能够把亿万人民凝聚起来，万众一心地创造幸福生活和美好未来，才能够使社会主义在中国的大地上真正活跃起来，创造性地解决中国的发展问题。在当代中国，坚持和发展中国特色社会主义，就是真正坚持社会主义。

中国特色社会主义道路具有鲜明的中国特色。道路关乎党的命脉，关乎国家前途、民族命运、人民幸福。而道路是否正确，关键在于是否符合国情。国情不同，道路就会不同，立足本国国情进行自主探索，才能找到实现国家发展的正道。列宁曾指出："一切民族都将走向社会主义，这是不可避免的，但是一切民族的走法却不会完全一样。"[②] 在中国这样一个人口众多的东方大国建设社会主义，必须从中国的具体国情出发，从社会主义初级阶段的实际出发。新

[①] 《习近平谈治国理政》（第一卷），外文出版社2018年版，第22页。
[②] 《列宁全集》第28卷，人民出版社1990年版，第163页。

中国成立以来，中国共产党人坚持独立自主、走自己的路，坚持解放思想、实事求是、与时俱进的思想路线，着眼于解放和发展中国社会生产力，着眼于巩固和发展社会主义制度，形成了以"一个中心、两个基本点"为主要内容的基本路线，形成了建设社会主义"五位一体"总体布局和"四个全面"战略布局，形成了涵盖经济、政治、文化、社会、生态、科技、外交、祖国统一、党的建设等各个方面的与社会主义初级阶段基本国情相适应的一整套方针原则和政策制度。中国特色社会主义既不是传统的，也不是外来的，更不是西化的，而是植根于中国大地现实土壤中，代表了中国先进生产力和整个社会的发展方向，体现了中国最广大人民群众的价值追求，具有鲜明的实践特色、理论特色、民族特色、时代特色。习近平总书记指出："中国特色社会主义特就特在其道路、理论体系、制度上，特就特在其实现途径、行动指南、根本保障的内在联系上，特就特在这三者统一于中国特色社会主义伟大实践上。"[①] 事实证明，中国特色社会主义道路之所以完全正确、之所以能够引领中国发展进步，关键在于它既坚持了科学社会主义的基本原则，又根据我国实际和时代特征赋予其鲜明的中国特色。

二 中国特色社会主义是在改革开放历史新时期开创的，也是在新中国已经建立起社会主义基本制度并进行了20多年建设的基础上开创的

习近平总书记指出："历经70年艰苦奋斗，中国人民立足本国国情，在实践中不断探索前进方向，开辟了中国特色社会主义道路。"[②] 中国特色社会主义是在改革开放新时期开创的，也是在新中

[①] 中共中央文献研究室：《十八大以来重要文献选编》（上），中央文献出版社2014年版，第74页。

[②] 《习近平出席第二届"一带一路"国际合作高峰论坛开幕式并发表主旨演讲 呼吁共同开创共建"一带一路"的美好未来 宣布中国将采取一系列重大改革开放举措》，《人民日报》2019年4月27日。

国已经建立起社会主义基本制度并进行了20多年建设的基础上开创的，而其思想、理论和实践的源头，则可追溯到更远。

中国特色社会主义是在改革开放历史新时期开创的。中共十一届三中全会以后，以邓小平同志为主要代表的中国共产党人带领全党全国各族人民，承先启后，继往开来，成功实现了党的思想路线、政治路线和组织路线的拨乱反正，开启了改革开放和社会主义现代化建设新时期。党深刻总结社会主义建设正反两方面经验，作出把党的工作中心转移到经济建设上来、实行改革开放的历史性决策，明确提出走自己的路，建设有中国特色社会主义，科学地回答了建设中国特色社会主义一系列基本问题，成功地开辟了中国特色社会主义新道路。

中共十三届四中全会以后，以江泽民同志为主要代表的中国共产党人领导集体带领全党全国各族人民，坚持党的基本理论和基本路线，在严重曲折和严峻考验面前，捍卫了中国特色社会主义，坚持改革开放、与时俱进，确立社会主义市场经济体制，推进党的建设新的伟大工程，确立了党的基本纲领和基本经验，成功地把中国特色社会主义推向21世纪。

中共十六大以后，以胡锦涛同志为主要代表的中国共产党人，带领全党全国各族人民，在全面建设小康社会的进程中，紧紧把握发展机遇，发展自己，增强综合国力，改善人民生活，成功应对2008年国际金融危机的冲击，积累了有效应对外部环境经济风险、保持经济平稳较快发展的重要经验，夺取了国内抗震救灾和灾后重建等重大胜利，妥善处置了一系列重大突发事件。积极推进实践创新、理论创新、制度创新，强调坚持以人为本，全面协调可持续发展，成功地在新的历史起点上坚持和发展了中国特色社会主义。

2012年党的十八大以来，以习近平同志为核心的党中央科学总结中国特色社会主义的开创和发展的历程，在新的条件下，以巨大的政治勇气和强烈的责任担当，统揽伟大斗争、伟大工程、伟大事业、伟大梦想，增强道路自信、理论自信、制度自信、文化自信，按照社会主义初级阶段的总依据、"五位一体"的总布局，为实现"两个一百年"的奋斗目标和中华民族伟大复兴"中国梦"奋力开拓，不断取得中国特色社会主义的新胜利，推动中国特色社会主义进入新时代。

中国特色社会主义是在新中国已经建立起社会主义基本制度并进行了20多年建设的基础上开创的。在全国执政并建立社会主义制度后，中国共产党面临的一个崭新而严峻的课题，就是在一个经济文化落后的东方大国如何建设社会主义、如何巩固和发展社会主义。1956年苏共二十大后，基于中国共产党照搬和借鉴的苏联体制弊端已严重暴露，毛泽东明确提出了"以苏为鉴""走自己的路"，强调独立自主地探索适合中国国情的社会主义的道路。1956年4月初，毛泽东在中共中央书记处会议上提出："我认为最重要的教训是独立自主，调查研究，摸清本国国情，把马克思列宁主义的基本原理同我国革命和建设的具体实际结合起来，制定我们的路线、方针、政策。……现在是社会主义革命和建设时期，我们要进行第二次结合，找出在中国进行社会主义革命和建设的正确道路。"[1] 同年下半年，毛泽东在修改中共中央向中共八大提交的政治报告时，特意加上了以下这段文字："不可能设想，社会主义制度在各国的具体发展过程和表现形式，只能有一个千篇一律的格式。我国是一个东方国家，又是一个大国。因此，我国不但在民主革命过程中有自己的许多特点，在社会主义改造和社会主义建设的过程中也带有自己的许多特点，而且在将来建成社会主义社会以后还会继续存在自己的许多特点。"[2]

为了探索适合中国实际的社会主义建设道路，毛泽东先后发表了《论十大关系》《关于正确处理人民内部矛盾的问题》等文章，还在党内高级干部中提倡组织研读有关社会主义问题的读书小组，

---

[1] 转引自吴冷西《十年论战》（上），中央文献出版社1999年版，第23—34页。
[2] 《建国以来毛泽东文稿》（第6册），中央文献出版社1992年版，第143页。

并亲自于1959年12月至1960年2月带领一部分理论工作者专门研读苏联的《政治经济学教科书》，发表了一系列的重要意见。这些对社会主义建设道路探索的理论成果，为改革开放以后开辟中国特色社会主义道路作了极其重要和十分必要的思想理论准备。在实践上，以毛泽东同志为主要代表的中国共产党人创造性地运用马克思主义解决中国的问题，团结带领人民不仅开创了一条由新民主主义通向社会主义的革命道路，建立了新中国，而且用不到三年的时间，完成了对资本主义生产资料私有制的社会主义改造，确立社会主义基本制度，实现了中华民族有史以来最为广泛而深刻的社会变革，开始了全面建设社会主义的艰辛探索，为中国特色社会主义奠定了根本政治前提、制度基础和宝贵经验。

改革开放以后开创中国特色社会主义与改革开放前党对适合中国实际的社会主义建设道路的探索是既一脉相承、又开拓创新的关系。习近平总书记指出："我们党领导人民进行社会主义建设，有改革开放前和改革开放后两个历史时期，这是两个相互联系又有重大区别的时期，但本质上都是我们党领导人民进行社会主义建设的实践探索。"[①] 改革开放前的社会主义实践探索为改革开放后的社会主义实践探索积累了条件，改革开放后的社会主义实践探索是对前一个时期的坚持和发展。虽然这两个历史时期在进行社会主义建设的思想指导、方针政策、实际工作上有很大差别，但两者绝不是彼此割裂的，更不是根本对立的。如果没有1949年新中国成立后党领导中国人民并进行社会主义革命和建设，开创中国现代化的独立自主之路，使中国缩小与发达国家之间的差距，成为在世界上有重要影响的大国，中国的改革开放就难以顺利推进。新中国前三十年的最大成就，是为改革开放积累了重要的思想、物质、制度条件，积累了正反两方面经验。如果没有1978年党果断实行改革开放，并坚定不移推进改革开放，社会主义中国就不可能有今天这样的大好局面，

---

① 《习近平谈治国理政》（第一卷），外文出版社2018年版，第22页。

就可能重蹈像苏联、东欧国家那样的覆辙。改革开放以来党和人民历尽千辛万苦、付出巨大代价取得的根本成就，就是开创和发展了中国特色社会主义。

"中国特色社会主义不是从天上掉下来的，是党和人民历尽千辛万苦、付出各种代价取得的根本成就。"① "一切向前走，都不能忘记走过的路；走得再远、走到再光辉的未来，也不能忘记走过的过去。"② 中国特色社会主义的开创和发展之路，是中国共产党领导中国人民持续奋斗、探索创新之路。70 年来，中国共产党紧紧依靠人民，把马克思主义基本原理同中国实际和时代特征结合起来，历经千辛万苦，付出各种代价，对社会主义进行了艰辛探索，开创和发展了中国特色社会主义，取得了革命、建设、改革的伟大胜利，从根本上改变了中国人民和中华民族的前途命运。

三 中国特色社会主义道路是历史的选择、人民的选择

习近平总书记指出："一个国家实行什么样的主义，关键要看这个主义能否解决这个国家面临的历史性课题。在中华民族积贫积弱、任人宰割的时期，各种主义和思潮都进行过尝试，资本主义道路没有走通，改良主义、自由主义、社会达尔文主义、无政府主义、实用主义、民粹主义、工团主义等也都'你方唱罢我登场'，但都没能解决中国的前途和命运问题。是马克思列宁主义、毛泽东思想引导中国人民走出了漫漫长夜、建立了新中国，是中国特色社会主义使中国快速发展起来了。"③ 这一论述，深刻阐明了中国特色社会主义是党在领导中国革命、建设和改革开放的长期实践中所作出的历史性选择。

---

① 《习近平在庆祝中国共产党成立 95 周年大会上的讲话》，《人民日报》2016 年 7 月 2 日。

② 同上。

③ 中共中央文献研究室：《十八大以来重要文献选编》（上），中央文献出版社 2014 年版，第 109 页。

中国特色社会主义道路是中国共产党将马克思列宁主义基本原理同中国具体实际和时代特征相结合的产物，是中国人民长期探索的结果。中国具有五千多年悠久的文明，曾经是长期走在世界前列的文明大国，但从1840年开始，逐渐沦为备受欺凌的半殖民地半封建社会。近代以来，为了中华民族的复兴，各种政治力量虽然也进行过各种努力和探索，既有励精图治、变革自强，也有武装起义、流血牺牲，但最终都失败了，都未能挽救民族危亡、改变中国命运。究其原因，不是在历史转折关头没有进行过探索和奋争，而是没能找到一条可以实现民族复兴的正确道路。

回顾近代历史，考察世界变化，可以看到西方资本主义强国的发展大多是以对内剥削、对外掠夺来实现的。少数发展中国家走资本主义道路虽然在某个时期实现了经济快速增长，但出现了严重的两极分化以及社会矛盾加剧、生态环境恶化等严重问题。对于中国这样一个经济文化落后的东方大国来说，这两条发展道路都走不通。要改变旧中国积贫积弱、内忧外患的悲惨命运，实现民族振兴、国家富强，人民幸福，没有现成的模式可以参照，只能探索新路。从太平天国运动、洋务运动、戊戌变法到辛亥革命，农民、封建地主阶级开明派、资产阶级改良派和民族资产阶级纷纷登上历史舞台。但由于历史和阶级的局限性，这些运动、变法和革命都没有能使中国走上富强之路。事实表明，中国在半殖民地半封建的状态下，现代化之路是走不通的，照搬西方资本主义的道路也是走不通的。

1917年，俄国十月革命一声炮响，给中国送来了马克思列宁主义，也向中国人民展示了一条实现民族独立和人民解放，通过社会主义独立自主地建设现代化的全新道路。中国共产党的诞生，中国历史的发展，从此发生了新的转折。以毛泽东同志为主要代表的中国共产党人，坚定地选择以马克思列宁主义科学理论为指导，紧密结合中国实际，探索了一条新民主主义革命的正确道路，带领中国人民经过28年浴血奋战，取得了新民主主义革命胜利，实现了中国从几千年封建专制社会向人民民主国家的伟大飞跃。新中国成立后，中国共产党从中国实际出发，对建设社会主义进行了艰辛的探索，形成了许多宝贵的思想成果，取得了前所未有的建设成就，为中国的现代化打下了重要的基础。但是，中国建设社会主义是一项前无古人的事业。由于国际国内种种原因，中国社会主义事业也走过一些弯路，出现过一些挫折，甚至发生过"文化大革命"，给党和国家造成过极其严重的创伤。

中共十一届三中全会以后，以邓小平同志为代表的中国共产党人拨乱反正，重新确立马克思主义思想路线，开启了改革开放新时期。1982年邓小平同志在中共十二大所作的开幕词中强调："把马克思主义的普遍真理同我国的具体实际结合起来，走自己的道路，建设有中国特色的社会主义，这就是我们总结长期历史经验得出的基本结论。"①第一次明确提出了"建设有中国特色的社会主义"的时代命题。随后，党对"什么是社会主义、怎样建设社会主义"问题进行了新探索。依据对国情、世情的正确判断，党逐步实现了从"以阶级斗争为纲"到"以经济建设为中心"的转变，从封闭半封闭到改革开放的转变，从计划经济体制到社会主义市场经济体制的转变，形成了社会主义初级阶段的基本路线，形成了社会主义现代化建设的总体布局和战略布局，确立了全面建成小康社会、实现社会主义现代化的战略目标，开创并发展了中国特色社会主义。

对中国特色社会主义的探索始终与中国改革开放的实践进程相伴随。改革开放以来，中国的发展，党的全部理论创新和实践活动都始终围绕建设中国特色社会主义这个鲜明的主题展开。中共十三大集中阐明的以"一个中心、两个基本点"为主要内容的党在社会主义初级阶段的基本路线，实际上就是党对中国特色社会主义道路的最早概括。它是党基于中国生产力水平低下的实际所理解的中国

---

① 《邓小平文选》第3卷，人民出版社1992年版，第3页。

特色社会主义道路。随着我国生产力水平的不断提高，人民群众需求的重大变化，总结改革开放以来，特别是新世纪新阶段以来的新鲜经验，党的十七大阐述的中国特色社会主义道路①，突出强调科学发展，将"四位一体"的社会主义现代化建设总体布局纳入道路之中，并按照科学发展观的要求相应地将社会主义现代化目标丰富为富强民主文明和谐"四位一体"。根据全面建成小康社会决定性阶段我国经济社会发展的新要求，党的十八大对中国特色社会主义道路进一步作出新的概括，加入"社会主义生态文明""促进人的全面发展""逐步实现全体人民共同富裕"，完善了贯穿科学发展理念的社会主义现代化建设总体布局，使中国特色社会主义道路彰显了科学发展的突出特点。

中国特色社会主义道路得到全国人民的高度认同。中国特色社会主义道路的开辟，目的就是为中国人民谋幸福、为中华民族谋复兴。改革开放以来，中国共产党立足基本国情，制定并牢牢坚持党在社会主义初级阶段基本路线这个党和国家的生命线、人民的幸福线，领导和团结全国各族人民，以经济建设为中心，统筹推进经济建设、政治建设、文化建设、社会建设、生态文明建设，坚持四项基本原则，坚持改革开放，不断解放和发展社会生产力，逐步实现全体人民共同富裕，促进人的全面发展，人民的获得感、幸福感不断提升，中国特色社会主义道路得到人民的高度认同。人民的参与、认可和衷心拥护，是中国特色社会主义道路自信最深厚最宝贵最强大的力量所在。

随着改革开放的不断深入推进，经济发展领域的多元化，社会阶层出现分化，一度引发了思想上的争论。20世纪90年代后，社会

---

① 党的十七大对中国特色社会主义道路科学概括为："在中国共产党领导下，立足基本国情，以经济建设为中心，坚持四项基本原则，坚持改革开放，解放和发展社会生产力，巩固和完善社会主义制度，建设社会主义市场经济、社会主义民主政治、社会主义先进文化、社会主义和谐社会，建设富强民主文明和谐的社会主义现代化国家。"

主义运动在全球陷入低潮，一些社会主义国家纷纷易帜。社会主义在中国面临的新问题和新挑战，国际共产主义运动的潮起潮落，都不但没有动摇中国人民对中国特色社会主义道路的选择，而且更加坚定了这种选择。中国在改革开放的接力探索中，既不走封闭僵化的老路，也不走改旗易帜的邪路，而是坚定不移高举中国特色社会主义伟大旗帜。中国由一个温饱都成为问题的经济落后的农业国家，转变为人均收入9000多美元的世界第一制造业大国，经济总量跃居世界第二，成功实现从低收入国家向中等偏上收入国家的跨越，并正在向着社会主义现代化强国迈进。

道路是否正确，事实胜于雄辩。新中国成立70年特别是改革开放40多年来，中国不仅在经济建设上创造了令世界瞩目的"中国奇迹"，而且在政治建设、文化建设、社会建设以及生态文明建设和党的建设上也取得了巨大进步，综合国力大幅提升，人民生活显著改善，政治和社会保持长期稳定，国际地位空前提升，迎来了从站起来、富起来到强起来的伟大飞跃。中国人民的面貌、社会主义中国的面貌、中国共产党的面貌发生了天翻地覆的变化。一个约占全世界人口1/5的社会主义中国以前所未有的雄姿屹立在世界东方。社会主义和马克思主义在中国大地上焕发出勃勃生机。这样的发展、这样的巨变，在人类发展史上都是罕见的。事实使人们深刻地认识到，中国特色社会主义发展道路科学指明了中国社会主义现代化和中华民族伟大复兴的实现路径，是适合中国国情的，是符合最广大人民的利益和要求的。

今天的中国，同新中国成立以前的中国相比，有天壤之别。同欧美一些国家受困于金融危机、债务危机相比，同一些发展中国家陷入发展陷阱相比，同西亚北非一些国家政治动荡、社会混乱相比，中国发展可以说是"风景这边独好"。中国社会主义现代化建设取得举世瞩目的成就，不仅使中国人民走上了富裕安康的广阔道路，有效破解了当代中国实现中国社会主义现代化和中华民族的伟大复兴所面临的一系列问题。而且为世界经济发展和人类文明进步作出了重大贡献。"历史和现实都告诉我们,只有社会主义才能救中国,只有中国特色社会主义才能发展中国,这是历史的结论、人民的选择。"① 中国特色社会主义这条路,走得对、走得好。

---

① 中共中央文献研究室:《十八大以来重要文献选编》(上),中央文献出版社2014年版,第110页。

第一章

新中国的成立和社会主义基本制度的确立（1949—1956）

中国走上社会主义道路，是人民的选择，是近代以来历史发展的必然。近代以来的历史反复证明，在一个半殖民地半封建社会的中国，企图通过走资本主义道路实现现代化，是根本行不通的。只有中国共产党坚持把马克思列宁主义基本原理同中国具体实践相结合，建立新中国，开创中国社会主义道路，才真正找到了一条适合中国国情的现代化之路。历史选择了中国共产党，也就选择了社会主义前途，也就预示着中国将在社会主义道路上走向繁荣富强。而1949年新中国的成立是这一切展开的起点，1956年社会主义改造的完成则标志着中国历史上最深刻最伟大的社会变革的成功实现，为当代中国一切发展进步奠定了根本政治前提和制度基础。

第一节 创建中华人民共和国

中华人民共和国是中国共产党领导下的新民主主义革命的产物。在新民主主义革命时期，以毛泽东同志为主要代表的中国共产党人把马克思列宁主义基本原理同中国革命具体实践相结合，创造性地提出了完整的建国方略，赢得国内各民主党派的赞同，落实到了具有临时宪法作用的《中国人民政治协商会议共同纲领》之中。在此指导下，创建了新中国，彻底完成民主革命并开启了向社会主义的过渡。

一 新民主主义及其向社会主义过渡的历史必然性

从1840年鸦片战争开始到1949年10月1日新中国成立是中国民主革命时期，其间，以1919年五四运动为界标，分为前后两个时期，前79年为旧民主主义革命时期，后30年为新民主主义革命时期。与旧民主主义革命相区别，中国的新民主主义革命是在工人阶级及其政党领导之下的、人民大众的、反帝反封建的革命。而既然是受工人阶级及其政党领导，就必然是以共产主义为指向的革命。在资本主义时代，工人阶级天然地肩负着推翻资产阶级统治、建立社会主义制度并最终实现共产主义的历史使命。但是近代的中国是帝国主义、封建主义、官僚资本主义统治下的社会，不具备直接进行社会主义革命的条件。中国的革命需要分新民主主义革命和社会主义革命两个步骤："第一步，改变这个殖民地、半殖民地、半封建的社会形态，使之变成一个独立的民主主义的社会。第二步，是革命向前发展，建立一个社会主义的社会。"[①]

民主革命是社会主义革命的必要准备，社会主义革命是民主主义革命的必然趋势。中国共产党成立时曾提出，党的直接任务就是"推翻资本家阶级的政权"，"消灭资本家私有制"。后来，受列宁和共产国际的提示（列宁和共产国际的主张又源自马克思和恩格斯针对落后国家和地区提出的革命设想），我们党明白了中国的工人阶级负有民主革命和社会主义革命的双重使命。中共二大发表的宣言明确指出："中国共产党为工人和贫农的目前利益计，引导工人们帮助民主主义的革命运动，使工人和贫农与小资产阶级建立民主主义的联合战线。""无产阶级去帮助民主主义革命，不是无产阶级降服资

[①]《毛泽东选集》第2卷，人民出版社1991年版，第666页。

产阶级的意义，这是不使封建制度延长生命和养成无产阶级真实力量的必要步骤。""我们无产阶级有我们自己阶级的利益，民主主义革命成功了，无产阶级不过得着一些自由与权利，还是不能完全解放。而且民主主义成功，幼稚的资产阶级便会迅速发展，与无产阶级处于对抗地位。因此无产阶级便须对付资产阶级，实行'与贫苦农民联合的无产阶级专政'的第二步奋斗。如果无产阶级的组织力和战斗力强固，这第二步奋斗是能跟着民主主义革命胜利以后即刻成功的。""中国共产党是中国无产阶级政党。他的目的是要组织无产阶级，用阶级斗争的手段，建立劳农专政的政治，铲除私有财产制度，渐次达到一个共产主义的社会。"① 可见，中共二大已经明确提出了民主革命时期的最低纲领和最高纲领，虽然此时的最低纲领提的还只是要去"帮助"而不是"领导""民主主义的革命运动"。此后，围绕民主革命的领导权问题和前途问题，党内产生了"二次革命论"和"一次革命论"的争论，在此基础上，特别是正确地总结了大革命失败的经验教训、正确地认识了中国社会各阶级阶层的特点以后，我们党逐渐形成了极富特色的新民主主义理论，实现了马克思列宁主义普遍原理与中国实践的第一次结合。

抗日战争时期，毛泽东在其阐发的新民主主义革命基本原理中明确指出，中国的新民主主义革命不能由任何别的阶级和任何别的政党充当领导者，只能和必须由无产阶级及其先锋队——中国共产党来领导。中国革命的全部历史已经证明，离开了无产阶级及其中国共产党的领导，中国革命就不可能成功。无产阶级对民族民主革命的领导权问题是新民主主义革命理论的核心问题，它不仅关系到民主革命能否取得彻底胜利，而且关系到民主革命发展的前途。"由于无产阶级的领导，根本地改变了革命的面貌，引出了阶级关系的新调度，农民革命的大发动，反帝国主义和反封建主义的革命彻底

---

① 《建党以来重要文献选编（一九二一——一九四九）》第1册，中央文献出版社2011年版，第132—133页。

性，由民主革命转变到社会主义革命的可能性等等。所有这些，都是在资产阶级领导革命时期不可能出现的。"① 但是，只有完成前一阶段的革命，才可能去进行后一阶段的革命，不能混淆两个革命阶段的任务，不能"毕其功于一役"。现阶段中国的革命是新式的、特殊的、资产阶级民主主义的革命，它只推翻帝国主义和汉奸、反动派在中国的统治，而不破坏任何尚能参加反帝反封建斗争的资本主义成分。毛泽东还进一步描绘了新民主主义社会的蓝图：在政治上，要建立"无产阶级领导下的一切反帝反封建的人们联合专政的民主共和国，这就是新民主主义的共和国"。在经济上，要使一切"大银行、大工业、大商业归这个共和国的国家所有"；"这个共和国并不没收其他资本主义的私有财产，并不禁止'不能操纵国民生计'的资本主义生产的发展"；"这个共和国将采取某种必要的方法，没收地主的土地，分配给无地和少地的农民"。在文化上，要挣脱帝国主义、封建主义文化思想的奴役，实行人民大众的反帝反封建的文化，即"民族的科学的大众的文化"。这些新民主主义的基本纲领既不同于旧的资产阶级民主主义，又区别于社会主义。总之，"只有经过民主主义，才能到达社会主义，这是马克思主义的天经地义。而在中国，为民主主义奋斗的时间还是长期的。没有一个新民主主义的联合统一的国家，没有新民主主义的国家经济的发展，没有私人资本主义经济和合作社经济的发展，没有民族的科学的大众的文化即新民主主义文化的发展，没有几万万人民的个性的解放和个性的发展，一句话，没有一个由共产党领导的新式的资产阶级性质的彻底的民主革命，要想在殖民地半殖民地半封建的废墟上建立起社会主义社会来，那只是完全的空想。"②

毛泽东还指出，新民主主义革命和社会主义革命两个革命阶段必须也必然是衔接的，中间不可能再插入一个资产阶级专政的阶段。

---

① 《毛泽东选集》第1卷，人民出版社1991年版，第315页。
② 《毛泽东选集》第3卷，人民出版社1991年版，第1060页。

正是因为有了无产阶级及其政党的领导，中国的民主革命才有了最终取得胜利的可能；而如前所述，中国的新民主主义革命因为有了无产阶级及其政党的领导，就已经包含社会主义的因素，其发展前途必然是社会主义。换句话说，新民主主义的革命，"虽然按其社会性质，基本上依然还是资产阶级民主主义的，它的客观要求，是为资本主义的发展扫清道路"，但因为这个革命和国家政权不是资产阶级领导，而是无产阶级领导的，"因此，这种革命又恰是为社会主义的发展扫清更广大的道路"[①]。1945 年中共七大通过的《中国共产党章程》在"总纲"的开篇即明确指出："中国共产党代表中国民族与中国人民的利益。它在现阶段为实现中国的新民主主义制度而奋斗，它的最终目的，是在中国实现共产主义制度。"

进而言之，民主革命及其胜利后不停顿地推向社会主义革命，根本的关键决定于工人阶级及其政党在革命和革命政权中领导权的保持和巩固（不是绝对的，无条件的），只有这样，民主主义革命的前途才必然是社会主义。事实上，这一前途是在蒋介石反动派撕毁和平协定、发动全面内战之后才变得明朗起来。抗日战争时期，我们党曾经提出过"建立一个包括一切抗日党派和无党派的代表人物在内的举国一致的民主的联合的临时的中央政府"[②] 的设想和建议。抗日战争结束之际，毛泽东也曾指出联合政府可能是"资产阶级领导的而有无产阶级参加的政府"，可能是"独裁加若干民主"的形式。[③] 在重庆谈判和政治协商会议期间，共产党人和其他民主党派、民主人士结成了政治联盟，反对国民党的独裁内战政策，共同确认了以英美议会民主为蓝本的国家制度形式。中国共产党已经准备将主要斗争形式由武装斗争转向非武装的、群众的与议会的斗争，推动国内问题由政治方式解决。但是，这一设想由于国民党顽固坚持

---

① 《毛泽东选集》第 2 卷，人民出版社 1991 年版，第 668 页。
② 《毛泽东选集》第 3 卷，人民出版社 1991 年版，第 1065 页。
③ 《毛泽东文集》第 4 卷，人民出版社 1996 年版，第 7 页。

独裁内战政策而作罢。抗日战争胜利后面临的两种命运、两个前途的尖锐斗争的客观形势，决定了中国没有走中间路线的余地。中国的民主党派也终于明白了只能在共产党或国民党中选择道路，而不能有其他道路。正是因此，他们才最终接受了中国共产党的领导及其关于新民主主义革命的基本立场和政策主张，并将这些立场和主张贯彻到了《共同纲领》之中。《共同纲领》没有写入社会主义前途，主要是因为中共中央认为，这一纲领只是为了规定现阶段的任务，只是为了实现党的最低纲领提出的任务，而且当时以为搞社会主义那是十几年、二十年以后的事情。1949年9月22日，周恩来在中国人民政治协商会议第一届全体会议上作了题为《关于〈中国人民政治协商会议共同纲领〉草案的起草经过和特点》的报告，对《共同纲领》中没有明确规定社会主义前途有个说明。他说："在讨论中，曾有一种意见，以为我们既然承认新民主主义是一个过渡性质的阶段，一定要向更高级的社会主义和共产主义阶段发展，因此总纲中就应该明确地把这个前途规定出来。""大家认为这个前途是肯定的，毫无疑问的，但应该通过解释、宣传特别是实践来证明给全国人民看。只有全国人民在自己的实践中认识到这是唯一的最好的前途，才会真正承认它，并愿意全心全意为它奋斗。所以，现在暂时不写出来，不是否定它，而是更加郑重地对待它。而在这个纲领中经济的部分里面，已经规定要在实际上保证向这个前途走去。"[①] 1952年6月19日，周恩来在全国统战部长会议上的讲话中指出："《共同纲领》没有写社会主义前途，是因为当时新中国刚刚成立，虽然把这个前途写出来他们是可以接受的，但是有点强加于他们，所以我们采取等待的政策，没有把社会主义前途写进去。但是，这个前途是肯定了的。我们要向他们指出，在这个前途中，他们也是有份的，当然不是指他们那个阶级，而是指资产阶级分子说的。"[②]

---

① 《周恩来选集》上卷，人民出版社1980年版，第368页。
② 《建国以来重要文献选编》第3册，中央文献出版社2011年版，第209页。

此时，毛泽东等中共领导人已经认识到，新民主主义革命的胜利，已经为社会主义革命的展开创造了新的条件，向社会主义的过渡可以和工业化的启动同步进行。

二　中国共产党对国体和政体的选择

随着全国解放的快速推进，新政权的建立提上日程。即将诞生的新中国无疑是一个新民主主义性质的国家，但是这个国家应当选择什么样的国体和政体？对这一问题的思考和回答同样是以毛泽东同志为主要代表的中国共产党人在提出和阐释新民主主义革命理论的过程中进行的。

建立一个新民主主义的政权是中国共产党领导的新民主主义革命的必然结果和题中应有之义。关于新政权的社会基础，毛泽东在《新民主主义论》中已经做了阐述。他说：中国无产阶级、农民、知识分子和其他小资产阶级，乃是决定国家命运的基本势力，必然要成为新政权构成的基本部分，而无产阶级则是领导的力量。现在所要建立的中华民主共和国，只能是在无产阶级领导下的、一切反帝反封建的人们联合专政的共和国，这就是新民主主义的共和国。这种新民主主义共和国，既与旧形式的、欧美式的、资产阶级专政的、资本主义的共和国相区别，也不同于苏联式的、无产阶级专政的、社会主义的共和国，我们选择的共和国形式是与半封建半殖民地的国情相适应的。毛泽东详细分析了现阶段中国社会各阶级阶层在新民主主义革命中的地位和作用——这也就决定了这些阶级阶层未来在新民主主义政权中的地位和作用，深刻阐释了殖民地半殖民地国家独立后选择过渡的国家形式的历史必然性，基于中国的新民主主义通向社会主义的必然前途，明确指出："国体——各革命阶级联合专政。政体——民主集中制。这就是新民主主义的政治，这就是新民主主义的共和国"[①]。在这里，毛泽东在阐释新民主主义共和国的

[①]《毛泽东选集》第 2 卷，人民出版社 1991 年版，第 677 页。

国体的同时，对新民主主义共和国的政权组织形式即"政体"也做了提示。

对于即将创立的新政权为何选择民主集中制的组织形式，毛泽东1948年9月在中共中央政治局会议上的报告中有个说明，指出："我们采用民主集中制，而不是采用资产阶级议会制。议会制，袁世凯、曹锟都搞过，已经臭了。在中国采取民主集中制是很合适的。"[①]也正是在这次会议上，毛泽东提出了"人民民主专政"的概念，他说："我们政权的阶级性是这样：无产阶级领导的，以工农联盟为基础，但不是仅仅工农，还有资产阶级民主分子参加的人民民主专政。"[②]此后，他又几次采用这个概念，并在1949年6月30日发表《论人民民主专政》一文，根据马克思列宁主义国家学说，总结了近代以来中国革命的历史经验，阐明了建立人民民主专政国家的历史必然性。他说，近代以来，先进的中国人经历了千辛万苦，能试的都试过了，都失败了，"西方资产阶级的文明，资产阶级的民主主义，资产阶级共和国的方案，在中国人民的心目中，一起破了产"。即将到来的新民主主义革命的胜利，必然是"资产阶级的民主主义让位给工人阶级领导的人民民主主义，资产阶级共和国让位给人民共和国"。这里的"人民"，"在中国，在现阶段，是工人阶级，农民阶级，城市小资产阶级和民族资产阶级。这些阶级在工人阶级和共产党的领导之下，团结起来，组成自己的国家，选举自己的政府，向着帝国主义的走狗即地主阶级和官僚资产阶级以及代表这些阶级的国民党反动派及其帮凶们实行专政，实行独裁……"总之，"总结我们的经验，集中到一点，就是工人阶级（经过共产党）领导的以工农联盟为基础的人民民主专政。这个专政必须和国际革命力量团结一致。这就是我们的公式，这就是我们的主要经验，这就是我们

[①] 《毛泽东文集》第5卷，人民出版社1996年版，第136页。

[②] 同上书，第135页。

的主要纲领"①。在这里，毛泽东特别强调在新民主主义时期团结民族资产阶级的必要性。他指出："为了对付帝国主义的压迫，为了使落后的经济地位提高一步，中国必须利用一切于国际民生有利而不是有害的城乡资本主义因素，团结民族资产阶级，共同奋斗。我们现在的方针是节制资本主义，而不是消灭资本主义。"②只有当社会主义革命提上日程并成为中心任务时，民族资产阶级才会转化为革命的对象，到那时，人民民主专政本质上也就是无产阶级专政了。

在即将建立的人民政权中，民主集中制的具体形式为从中央到地方的各级人民代表大会制，这是中共七大就已经明确了的。但是，在以普选为前提的人民代表大会尚无条件召开的情况下，中共提出先在解放区范围内召开"解放区人民代表会议"。"人民代表会议"与"人民代表大会"的区别在于前者的代表非普选产生，"是由军队、政府民众团体选派的"，而"开人民代表大会就要调查年龄、有没有选举权等，普选还是在战争结束后搞比较好"③。1947年11月12日，中共中央在一份指示中指出："目前解放区各级政权形式，应采取从下至上的代表会议制度，其名称或称农民代表会，或称人民代表会均可（一般以称人民代表会议为妥。中央注）。""各级农民代表会，或人民代表会，为各级政府最高权力机关，一切权力应集中于代表会。"中央在同一指示中还就代表的直接选举、间接选举、代表任期问题提出建议，要求"在积极发动起来的群众中，去放手建立创造与实验这种制度，注意收集经验，以便将来能正式规定解放区的政权制度"。④从当时的材料看，在条件较好的解放区，已经在尝试由选民直接选举产生区、村（乡）人民代表会议，作为区、村（乡）两级的权力机关，并以代表会议选举产生政府委员会作为行政机关，实行议行合一的政

---

① 《毛泽东选集》第4卷，人民出版社1991年版，第1471、1475、1480页。
② 同上书，第1479页。
③ 《毛泽东文集》第3卷，人民出版社1996年版，第334页。
④ 《建党以来重要文献选编（一九二一——一九四九）》第24册，中央文献出版社2011年版，第474—475页。

治制度。实践证明，人民代表会议制度是新的人民大众自己管理自己生活的新的政权形式，完全不同于资产阶级的议会，也不同于抗日战争时期的参议会。各级人民代表会议与其选出的政府委员会是坚持民主集中制的，所有行政、司法、立法等机构都由人民代表会议产生。一切重要问题都经过人民代表会议决定，由政府来执行。人民代表会议是最高权力机关，人民代表会议组织、领导、动员群众，联合各革命阶级进行政治、经济、文化的建设，是党与广大群众联系的最好形式。毛泽东称赞这一做法"是一项极可宝贵的经验"，并指出"在区村两级人民代表会议普遍地建立起来的时候，就可以建立县一级人民代表会议。有了县和县以下的各级人民代表会议，县以上的各级人民代表会议就容易建立起来"[1]。不过，随着新解放区面积的不断扩大，特别是随着工作重心逐渐由农村转向城市，中共中央还是慎重地选择以更容易操作的各界人民代表会议作为党和政权的领导机关联系群众的适当组织形式。新中国成立前后，中共中央多次发出指示，要求在新解放的城市和县迅速召开各界人民代表会议，并且指出"一俟条件成熟，现在方式的各界人民代表会议，即可执行人民代表大会的职权"[2]。可见，各界人民代表会议是人民代表大会的过渡形式。从1949年12月开始，中央陆续制定了省、市、县、区各级的《各界人民代表会议组织通则》，使得各界人民代表会议的体制正式固定下来。从1950年到1953年，各地纷纷召开不同级别的各界人民代表会议。1953年后，随着普选产生的人民代表大会开始筹备，各界人民代表会议渐渐退出历史舞台。

三 为成立新中国、执掌全国政权做准备

1949年3月5—13日在河北省平山县西柏坡举行的中共七届二

---

[1] 《毛泽东选集》第4卷，人民出版社1991年版，第1308—1309页。
[2] 《毛泽东年谱（1893—1949）》（下卷），人民出版社、中央文献出版社1993年版，第548页。

中全会,是在中国人民解放战争即将取得全国胜利的前夕,中国共产党为成立新中国奠基的一次具有深远历史意义的会议。

中共七届二中全会着重讨论了党的工作重心的战略转移,即工作重心由乡村转移到城市的问题。根据毛泽东的报告,全会认为,从1927年大革命失败到如今,由于敌强我弱,党的工作重心一直在乡村。党着重在乡村聚集力量,在乡村开展武装斗争,发动农民实行土地革命,建立革命根据地,为夺取城市做好准备。历史已经证明这个方针是完全必要和完全正确的,并且是完全成功的。经过辽沈、平津和淮海三大战役后,敌我力量发生了根本变化,农村包围城市的工作方式已经不适应了。从现在起,党的工作重心应该由乡村转向城市,实行由城市领导乡村的工作方式。然而这不等于可以丢掉乡村,仅顾城市,而应当城乡兼顾,使城市工作和农村工作、工人和农民、工业和农业紧密地结合起来。但是,党的工作重心必须放在城市。

实现党的工作重心从农村向城市的转移,同时意味着党的工作重点从武装斗争向管理和建设转移。中共七届二中全会深入讨论了如何实现党的工作重心转移的问题。根据毛泽东的提议,全会确定,党必须用极大的努力去学会管理城市和建设城市。在领导城市工作时,党必须全心全意地依靠工人阶级,吸收大量工人入党,团结其他劳动群众,争取知识分子,争取尽可能多的能够同共产党合作的民族资产阶级及其代表人物,以便向帝国主义者、国民党统治集团、官僚资产阶级作政治斗争、经济斗争和文化斗争,并向帝国主义者作外交斗争。会议明确指出,党要立即着手各项建设事业,一步一步地学会管理城市和建设城市,并将恢复和发展城市中的生产作为中心任务。城市中的其他工作,都必须紧紧围绕着生产建设这个中心工作并为这个中心工作服务。会议号召全党同志必须用全力学习工业生产的技术和管理方法,学习和生产有密切联系的商业工作、银行工作和其他工作。会议特别提醒全党,只有将城市的生产建设工作恢复和发展起来了,将消费城市变成生产城市了,并使工人和一般人民的生活有所改善,我们的政权才能够巩固。否则,党和人民就不能维持政权,就会站不住脚,就会失败。毛泽东强调指出:"从我们接管城市的第一天起,我们的眼睛就要向着这个城市的生产事业的恢复和发展。务须避免盲目地乱抓乱碰,把中心任务忘记了。"① 农村也一样,在从根本上解决了农村土地问题以后,农村的中心工作"是动员一切力量恢复和发展生产事业,这是一切工作的重点所在"②。

中共七届二中全会确定了党在全国胜利后的一系列基本政策。毛泽东在报告中指出:"中国革命在全国胜利,并且解决了土地问题以后,中国还存在着两种基本矛盾。第一种是国内的,即工人阶级和资产阶级的矛盾。第二种是国外的,即中国和帝国主义国家的矛盾。"③ 由于这些基本矛盾的存在,全会强调要巩固和加强无产阶级领导的以工农联盟为基础的人民民主专政,要强化无产阶级领导的人民共和国的国家制度。一方面,党要认真团结全体工人阶级、全体农民阶级和广大革命知识分子,这是无产阶级专政的领导力量和基础力量;另一方面,党要团结尽可能多的能够和我们合作的小资产阶级和自由资产阶级的代表人物、它们的知识分子和政治派别,以便孤立反革命分子。同时,党必须坚持同党外民主人士长期合作的政策,必须把党外大多数民主人士看成自己的干部,使他们在工作岗位上有职有权地工作。全会科学地分析了革命胜利后我国的社会经济成分,认为国营经济、合作社经济、私人资本主义经济、个体经济和国家资本主义经济将是构成新中国经济的几种主要形式。对于这几种经济成分,党的政策应确定为:第一,必须没收官僚资本归人民共和国所有,使这部分经济成为社会主义性质的国营经济,成为整个国民经济的领导力量。第二,对于占现代工业经济第二位

---

① 《毛泽东选集》第4卷,人民出版社1991年版,第1428页。
② 同上书,第1429页。
③ 同上书,第1433页。

的私人资本主义经济,必须采取既利用又限制的政策。这就是说,利用它的积极性,以利于国民经济的恢复和发展,但必须限制它的消极方面,将其纳入国家经济政策和经济计划的轨道。第三,对于占国民经济90%左右的农业和手工业经济,必须谨慎地、逐步地而又积极地引导它们通过合作社的形式,向着集体化和现代化的方向发展。全会认为,必须坚持独立自主的外交政策。毛泽东在报告中指出:"不承认国民党时代的任何外国外交机关和外交人员的合法地位,不承认国民党时代的一切卖国条约的继续存在,取消一切帝国主义在中国开办的宣传机关,立即统制对外贸易,改革海关制度,这些都是我们进入大城市的时候所必须首先采取的步骤。""关于帝国主义对我国的承认问题,不但不应急于去解决,而且就是在全国胜利以后的一个相当时期内也不必急于去解决。我们是愿意按照平等原则同一切国家建立外交关系的,但是从来敌视中国人民的帝国主义,决不能很快地就以平等的态度对待我们,只要它们一天不改变敌视的态度,我们就一天不给帝国主义国家在中国以合法的地位。"①

在新民主主义革命即将在全国取得胜利、党的工作重心即将由农村转移到城市的前夕,中国共产党面临成为执政党和管理城市的历史性考验。为此,中共七届二中全会提出了执政党的建设问题,强调要加强党的思想建设,警惕居功自傲和资产阶级思想的腐蚀。毛泽东指出,夺取全国胜利,这只是万里长征走完了第一步。中国的革命是伟大的,但革命以后的路程更长,工作更伟大,更艰苦。这一点就必须向党内讲明白,务必使同志们继续保持谦虚、谨慎、不骄、不躁的作风,务必使同志们继续保持艰苦奋斗的作风。毛泽东还提出,我们要掌握好批评与自我批评这个马克思列宁主义的武器,去掉不良作风,保持优良作风,迎接新的更加伟大的任务的到来。他在报告的最后预言:"我们能够学会我们原来不懂的东西。我

---

① 《毛泽东选集》第4卷,人民出版社1991年版,第1434—1435页。

们不但善于破坏一个旧世界,我们还将善于建设一个新世界。中国人民不但可以不要向帝国主义者讨乞也能活下去,而且还将活得比帝国主义国家要好些。"[①]

中共七届二中全会描绘了新中国的宏伟蓝图,确定了新中国的大政方针,为促进和迎接全国胜利的到来,为推动和发展新中国的各项建设事业,保证中国由新民主主义向社会主义的转变,从政治上、思想上和理论上做了充分准备。

1949年3月23日,新华社向全国发布中共七届二中全会公报。同日,毛泽东率中共中央和中央军委机关离开西柏坡,踏上"进京赶考"之路。25日毛泽东到达北平西苑机场,受到各民主党派领导人和无党派爱国人士沈钧儒、郭沫若、黄炎培、马叙伦、李济深等以及北平社会各界人士的欢迎。这些民主人士是响应中共的号召先期抵达北平的。1948年4月30日,中共中央发布了《纪念"五一"节口号》,号召各民主党派、各人民团体、各社会贤达"迅速召开政治协商会议,讨论并实现召集人民代表大会,成立民主联合政府"。与此同时,毛泽东还致函民革中央主席李济深、民盟中央常委沈钧儒说明我党的意见。同年5月1日,中共中央发出了《关于邀请各民主党派代表来解放区协商召开新政协问题的指示》。邀请发出后,受到各界民主人士的热烈响应。1949年1月22日,由55位民主人士签署发表了《我们对于时局的意见》的声明,表明了与中共团结一致、真诚合作的决心。北平和平解放后,各民主党派人士在中共的妥善安排下陆续来到北平。6月15日,新政治协商会议筹备会在中南海召开,中国共产党和赞成"五一口号"的各民主党派、人民团体及无党派民主人士等23个单位的134位代表与会,周恩来担任临时主席并致开幕词。会上,毛泽东发表讲话,指出:"这个筹备会的任务,就是:完成各项必要的准备工作,迅速召开新的政治协商会议,成立民主联合政府,以便领导全国人民,以最快的速度肃清

[①] 《毛泽东选集》第4卷,人民出版社1991年版,第1439页。

国民党反动派的残余力量，统一全中国，有系统有步骤地在全国范围内进行政治的、经济的、文化的和国防的建设工作。"① 他满怀信心地说："中国人民将会看见，中国人民的命运一经掌握在人民自己的手里，中国就将如太阳升起在东方那样，以自己的辉煌的光焰普照大地，迅速地荡涤反动政府留下来的污泥浊水，治好战争的创伤，建立起一个崭新的强盛的名副其实的人民共和国。"②

1949年9月21日，经过三个多月的充分准备，中国人民政治协商会议第一届全体会议在中南海怀仁堂开幕。出席代表635人，来宾300人。毛泽东、朱德、刘少奇、周恩来、李济深、张澜、沈钧儒、黄炎培、郭沫若、马叙伦等89人组成大会主席团。林伯渠为大会秘书长。毛泽东致开幕词，指出："现在的中国人民政治协商会议是在完全新的基础上召开的，它具有代表全国人民的性质，它获得全国人民的信任和拥护。因此，中国人民政治协商会议宣布自己执行全国人民代表大会职权……我们有一个共同的感觉，这就是我们的工作将写在人类历史上，它将表明：占人类总数四分之一的中国人从此站立起来了。"③ 会议通过了《中国人民政治协商会议第一届全体会议宣言》《中国人民政治协商会议共同纲领》《中国人民政治协商会议组织法》和《中华人民共和国中央人民政府组织法》；通过了中华人民共和国定都于北平，北平改名为北京；通过了中华人民共和国的纪元采用公元，当年为1949年；还通过了以《义勇军进行曲》为代国歌，以五星红旗为国旗，以及中央人民政府副主席和全体委员的名额等。会议选举了人民政协全国委员会和中央人民政府主席、副主席、委员。之后，召开第一届全国政协委员会第一次会议，选举毛泽东为主席，周恩来等为副主席。

1949年10月1日，中华人民共和国正式成立，开国大典在天安

---

① 《毛泽东选集》第4卷，人民出版社1991年版，第1463页。
② 同上书，第1467页。
③ 《毛泽东文集》第5卷，人民出版社1996年版，第343页。

门广场隆重举行，毛泽东宣布了中华人民共和国中央人民政府的成立，并亲手按动电钮升起了五星红旗。随后，举行了阅兵式和盛大群众游行。同日，在全国已经解放的各大城市，都举行了隆重热烈的庆祝活动。

中华人民共和国的成立开辟了中国历史的新纪元。从此，中国结束了一百多年来被侵略、被奴役的屈辱历史，真正成为独立自主的国家。民盟中央主席张澜在政协一届一次会议上的发言中称赞说："用政治协商的方式，建立人民自己的政权，组织人民自己的政府，这不止是中国历史上一件光荣的大事，这也是世界人类史上值得永远纪念的一个光荣的日期。"[①]

四 《共同纲领》的制定和实施

中国人民政治协商会议第一届全体会议审议通过的《中国人民政治协商会议共同纲领》（以下简称《共同纲领》）是中国有史以来的第一部人民大宪章，是中国人民近代一百多年流血牺牲的革命成果，体现了中国共产党新民主主义革命的最低纲领，确定了中华人民共和国的国家性质和政权制度，规定了国内各种经济成分的性质和它们之间的关系，规定了我国的外交、民族、文化教育和人民民主权利等基本政策，在新中国宪法颁布之前，起着临时宪法的作用。

《共同纲领》是在周恩来主持下，由新政协筹备会在集思广益，反复修改，充分听取各民主党派、无党派民主人士的意见的基础上起草的，并很好地体现了中共七届二中全会精神和新政协筹备期间毛泽东发表的《论人民民主专政》的主要思想。如《共同纲领》在第一章"总纲"第一条规定："中华人民共和国为新民主主义即人民民主主义的国家，实行工人阶级领导的、以工农联盟为基础的、团结各民主阶级和国内各民族的人民民主专政，反对帝国主义、封

[①] 中国民主同盟中央文史资料委员会：《中国民主同盟历史文献（1941—1949）》，文史资料出版社1983年版，第582页。

建主义和官僚资本主义，为中国的独立、民主、和平、统一和富强而奋斗。"再如《共同纲领》在第四章"经济政策"第一条规定："中华人民共和国经济建设的根本方针，是以公私兼顾、劳资两利、城乡互助、内外交流的政策，达到发展生产、繁荣经济之目的。国家应在经营范围、原料供给、销售市场、劳动条件、技术设备、财政政策、金融政策等方面，调剂国营经济、合作社经济、农民和手工业者的个体经济、私人资本主义经济和国家资本主义经济，使各种社会经济成分在国营经济领导之下，分工合作，各得其所，以促进整个社会经济的发展。"诸如此类，正因为《共同纲领》确定的大政方针是中国新民主主义革命理论和实践的深刻总结，是中国共产党和全国人民智慧的结晶，适应了人民民主政权初创时期各项事业的需要，因此得到了很好的贯彻实施，对新政权的建立和巩固、对推动国民经济的恢复和发展起了重要的作用，其基本精神也被1954年制定的《中华人民共和国宪法》所继承和发扬。参加了全国政协会议和开国大典的中国人民救国会主席沈钧儒表示："有了人民政协所通过的共同纲领作为施政方针，有着中国共产党和毛主席的领导，中国的这一条从新民主主义到社会主义、共产主义的道路，是可以坦步无忧的。"①

中华人民共和国成立后，中国人民解放军各野战军按照中共中央、中央军委关于向全国进军的既定部署，迅速向一切尚未解放的国土推进。从1949年10月至1950年5月，人民解放军解放了除西藏、台湾和沿海少数岛屿以外的全部国土，全国解放战争基本结束。对被殖民主义者占据的香港、澳门，采取了"暂时维持现状"和"长期打算，充分利用"的政策。1950年1月初中共中央作出进军西藏的决策，1951年5月23日签订《中央人民政府和西藏地方政府关于和平解放西藏办法的协议》，西藏获得和平解放。解放台湾的军

---

① 《奋斗十四年胜利完成历史任务　中国人民救国会宣布光荣结束》，《人民日报》1949年12月19日。

事准备工作也一直在加紧进行中，只是由于1950年6月下旬朝鲜内战爆发，美国立即进行武装干涉，同时派海军第7舰队侵入台湾海峡，中共中央和中央军委被迫做出了推迟解放台湾的决定。

中央人民政府成立后，全国逐步形成大行政区、省、市、县四级地方行政机构体系。国民党统治时期的基层保甲制度被废除，城市和乡村的基层民主建政分别与军事管制和土地改革相伴而行，国家政权组织有效地深入到城乡基层社会。人民政府禁黄禁毒禁赌，废除了封建婚姻制度，提倡男女平等、人人平等，推动宗教民主改革，社会生态为之一新。为巩固新生人民政权，安定社会秩序和人民生活，从1949年下半年开始，中国人民解放军先后投入共150万余兵力，在地方武装和人民群众的支援配合下展开大规模的剿匪斗争，至1953年底，大规模的剿匪作战基本完成。从1950年12月起，中国共产党领导全国人民开展了大规模的镇压反革命运动，重点打击土匪（匪首、惯匪）、特务、恶霸、反动会道门头子和反动党团骨干分子。至1951年10月，全国规模的镇压反革命运动基本结束。

大规模的剿匪行动和镇压反革命运动，为保证土地改革和经济恢复工作的顺利进行提供了坚实的保障，为抗美援朝提供了稳固的后方基地。按照中央统一部署，新解放区根据依靠贫农、雇农，团结中农，中立富农，有步骤地有分别地消灭封建剥削制度，发展农业生产的总路线和总政策，从1950年秋开始进行土地改革。到1953年，除新疆、西藏等少数民族地区外，土地改革在全国大部分地区取得胜利，占全国农村人口60%—70%的3亿多无地少地的农民（包括老解放区的农民在内）无偿获得了土地和大量生产资料，千百年来"耕者有其田"的社会理想得以实现，由此激发了广大农民巨大的革命热情和生产积极性，同时也深刻地改变了传统的农村社会结构。

在解放战争时期，中国共产党把没收官僚资本归新民主主义国家所有，与没收封建地主阶级的土地归农民所有、保护民族工商业一起确定为新民主主义的三大经济纲领。新中国成立时,三大经济纲领被写入《共同纲领》并得到进一步充实。据此,人民解放军所到之处,立即将官僚资本收归人民所有,新政权以此为基础建立了国营经济,并发动群众进行企业民主改革。为落实《共同纲领》规定的经济政策,建立新民主主义经济秩序,人民政府通过与投机资本短兵相接,开展"银圆之战"和"粮棉之战",稳定了金融市场和主要物资市场,进而统一了全国的财政收支、国内外贸易和现金管理;通过合理调整工商业不仅使得私营工商业得到健康发展,而且强化了国营经济的领导作用,国营经济通过加工订货、统购包销等形式引导私营经济开始走上国家资本主义的轨道;通过开展"三反""五反"运动,与整党相配合,遏制了资本家的不法行为,维护了正常经济秩序;通过疏通流通渠道,拓展国内外贸易,部分地消减了西方资本主义国家的敌对封锁;通过将有限的财力重点投入铁路、水利和重工业建设,进而与其他财政、金融、税收、价格等政策相配合,鼓励增产节约,提倡互助合作,千方百计在满足国防和战争需要的同时积极恢复工农业生产、改善人民生活。

就这样,1949年至1952年,中央人民政府按照《共同纲领》的规定,先后完成了全国大陆的统一,完成了土地制度的改革,进行了广泛的和深入的镇压反革命运动和各种民主改革运动,恢复了遭受长期战争破坏的国民经济,着重地发展了社会主义的国营经济和各种类型的合作社经济,初步地调整了公私营工商业之间的关系,这一切都为有计划地进行经济建设和逐步过渡到社会主义社会准备了必要的条件。

第二节 确立社会主义基本经济制度

工业化是中国共产党人的不懈追求,可以说,中国共产党获得执政地位,就是要带领全国人民走上工业化道路。早在1945年,毛泽东就在中共七大报告中指出:"没有独立、自由、民主和统一,不可能建设真正大规模的工业。没有工业,便没有巩固的国防,便没有人民的福利,便没有国家的富强。一八四〇年鸦片战争以来的一百零五年的历史,特别是国民党当政以来的十八年的历史,清楚地把这个要点告诉了中国人民。""中国工人阶级的任务,不但是为着建立新民主主义的国家而斗争,而且是为着中国的工业化和农业近代化而斗争。"[①] 新中国成立后,没收了官僚资本,完成了土地改革,废除了外国特权,为大规模推进工业化建设扫清了障碍。但是,中国的工业化究竟走一条什么样的道路,中国共产党带领全国人民进行了大胆的探索和实践。

一 提出过渡时期总路线

1952年,工农业生产得到全面的恢复和发展,主要产品的产量都达到或超过历史上的最高水平。国家财政状况实现根本好转,金融业、国内贸易走上正轨,失业率显著下降,人民生活得到迅速改善。

用大约三年的时间完成经济恢复,是新中国党和国家领导人早已达成的共识。随着实现这一目标的日益接近,高层的思考逐步聚焦到经济恢复后工业化建设如何展开上来,尤其是工业化道路的选择上来。

1951年2月,毛泽东在中共中央政治局扩大会议上,提出过一个"三年准备、十年计划经济建设"的设想。[②] 刘少奇受毛泽东的委托,对这一设想做了详尽的阐释。所谓"三年准备",就是要完成新民主主义革命的未尽事宜、打赢朝鲜战争和恢复国民经济。所谓"十年计划经济建设",则是要积极创造条件,发展新民主主义经济,准备向社会主义过渡。所谓向社会主义过渡,就是要采取以下步骤:

[①] 《毛泽东选集》第3卷,人民出版社1991年版,第1080—1081页。
[②] 《毛泽东文集》第6卷,人民出版社1999年版,第143页。

第一步是实行工业国有化,第二步是农业集体化。换言之,只有经过十年经济建设出现以下经济政治变化以后,才能启动以上两个步骤:(1)近代工业比重逐渐增大,农业和个体经济缩小;(2)社会主义(国营经济)、半社会主义性质的经济(合作经济)逐渐增大,私人资本主义经济逐渐缩小,作用也缩小;(3)加强了工人阶级、共产党在国家经济生活中的作用,也加强了国家的作用。[①] 这一思想反映了中央领导层关于何时开始向社会主义过渡的最初看法。但是,这里的"增大"和"加强"是个偏自然演化的过程还是一个可以人为加速的过程,阐释得并不明确。事后看来,正是在这个关键点上,中央领导层的认识并不完全一致,个别人的认识前后也不尽一致。要害在于是不是承认有一个相对独立的新民主主义阶段,具体在农业合作化问题上,还有一个是否坚持要有个工业化和机械化的前提的问题。

1952年下半年,看到"三年准备"的目标可望如期实现,中共中央开始酝酿从1953年开始实施国民经济建设计划。启动大规模的工业化建设,对于当时人均GDP只有区区119元(54美元)的新中国来说,面临巨大的资金缺口,必须倾全国之力而为之。于是,毛泽东开始明确提出提前向社会主义过渡的设想。1952年9月,毛泽东在中共中央书记处会议上讨论"一五"计划的方针和任务时指出:"我们现在就要开始用十年到十五年的时间基本上完成到社会主义的过渡,而不是十年或者以后才开始过渡。中共七届二中全会提出限制与反限制的斗争问题,现在这个内容就更丰富了。工业中,私营占百分之三十二点七,国营占百分之六十七点三,是三七开;商业零售是倒四六开。再发展五年,私营比例会更小,但绝对数字仍会有些发展,这还不是社会主义。五年以后如此,十年以后会怎么样,

---

[①] 刘少奇:《"三年准备,十年建设"》(1951年5月7日);《春藕斋讲话》(1951年7月5日),载中共中央文献研究室编《刘少奇论新中国经济建设》,中央文献出版社1993年版,第178—182、201—215页。

十五年以后会怎么样，要想一想。到那时私营工商业的性质也变了，是新式的资本主义，公私合营、加工订货、工人监督、资本公开、技术公开、财务公开，他们已经挂在共产党的车头上，离不开共产党了。他们的子女们也将接近共产党了。农村也要向互助合作发展，前五年不准地主、富农参加，后五年可以让他们参加。"[1] 可见，毛泽东已经注意到1952年中国经济已经发生了一些积极的变化，这些变化正在朝着有利于社会主义的方向发展。

1953年6月15日，毛泽东主持中央政治局会议，听取并讨论李维汉《关于利用、限制和改造资本主义工商业的若干问题》的报告。毛泽东在讲话中，首先对过渡时期党的总路线作了一个比较完整的表述："从中华人民共和国成立，到社会主义改造基本完成，这是一个过渡时期。党在过渡时期的总路线和总任务，是要在十年到十五年或者更多一些时间内，基本上完成国家工业化和对农业、手工业、资本主义工商业的社会主义改造。"在谈到过渡时期总路线、总任务的基本内容及向社会主义逐步过渡的方法时，他说：过渡时期的时间多长？考虑来考虑去，讲10年到15年或者更多一些时间比较合适。总路线和总任务包括两部分：（1）工业化，工业在国民经济中的比重要超过农业；（2）社会主义改造，即对农业、手工业、资本主义工商业的社会主义改造。他还说：党在过渡时期的总路线是照耀我们各项工作的灯塔。不要脱离这条总路线，脱离了就要发生"左"倾或右倾的错误。有人认为过渡时期太长了，发生急躁情绪。这就要犯"左"倾的错误。有人在民主革命成功以后，仍然停留在原来的地方，他们没有懂得革命性质的转变，还在继续搞他们的"新民主主义"，不去搞社会主义改造。这就要犯右倾的错误。就农业来说，社会主义道路是我国农业唯一的道路。推动互助合作，不断地提高农业生产力，这是党在农村的工作中心。毛泽东批评了

---

[1] 中共中央文献研究室编：《毛泽东年谱（1949—1976）》第1卷，中央文献出版社2013年版，第603—604页。

"确立新民主主义社会秩序""由新民主主义走向社会主义""确保私有财产"这三个提法。他说：我们提出逐步过渡到社会主义，这比较好。社会主义因素是逐年增长的，不是说到第16个年头上突然没收资本主义工商业。我们根据过去4年的经验，资本主义企业中社会主义因素是逐年增长的，不要认为资本主义经济15年原封不动，不要总把资本主义经济看成一块铁板，看成是不变化的。[①] 就在这一年8月的财经会议期间，中央政治局对过渡到社会主义的方法、途径和步骤等问题进行了深入的讨论，初步达成一致意见。毛泽东在审阅周恩来在全国财经会议上的结论时对过渡时期总路线作了比较完整的文字表述，并由周恩来在会上做了传达。当年底，毛泽东在审阅修改中央宣传部起草的关于党在过渡时期总路线的学习和宣传提纲时，将过渡时期总路线的完整表述最后确定下来："从中华人民共和国成立，到社会主义改造基本完成，这是一个过渡时期。党在这个过渡时期的总路线和总任务，是要在一个相当长的时期内，逐步实现国家的社会主义工业化，并逐步实现国家对农业、对手工业和对资本主义工商业的社会主义改造。这条总路线是照耀我们各项工作的灯塔，各项工作离开它，就要犯右倾或'左'倾的错误。"[②] 1954年2月，中共七届四中全会正式批准中央政治局确认的这条总路线；同年9月，这条总路线被载入首部宪法。

二 确定优先发展重工业战略与开启大规模工业化建设

过渡时期总路线中的工业化是"一体"，社会主义改造是"两翼"，后者是为前者提供服务和保障的；有了这样的保障，中国的工业化就有可能借鉴苏联的经验，从重工业和国防工业入手，从而比

[①] 《毛泽东年谱（1949—1976）》第2卷，中央文献出版社2013年版，第115—116页。

[②] 中共中央文献研究室、中央档案馆编：《中共中央文件选集（1949年10月—1966年5月）》第14册，人民出版社2013年版，第499页。

较快地解决工业基础薄弱问题，同时又满足外敌威胁下的国防需要。早在1951年底，毛泽东就曾指出："从一九五三年起，我们就要进入大规模经济建设了，准备以二十年时间完成中国的工业化。完成工业化当然不只是重工业和国防工业，一切必要的轻工业都应建设起来。为了完成国家工业化，必须发展农业，并逐步完成农业社会化。但是首先重要并能带动轻工业和农业向前发展的是建设重工业和国防工业。"[①] 新中国国民经济发展第一个五年计划的制定就是从这样的战略出发的。

"一五"计划的编制，从1951年开始到1955年7月一届人大二次会议审议通过，历时四年，数易其稿。第一次试编于1951年2月，由中财委进行。第二次试编于1952年开始，仍由中财委负责。基本成型后，中共中央派出周恩来为团长，陈云、李富春为副团长的代表团访问苏联，一是征求意见，二是争取援助。中国的第一个五年计划是在苏联的帮助下编制的。1953年先是由中财委会同国家计委、中央各部和各大区对"一五"计划进行第三次编制，然后又由国家计委进行第四次编制，并征求了苏联有关方面的意见。同年5月15日，中苏两国签订《关于苏维埃社会主义共和国联盟政府援助中华人民共和国中央人民政府发展中国国民经济的协定》。《协定》明确规定，苏联政府援助中国新建与改建91个项目，加上国民经济恢复时期援建的50项，共计141项。1954年3月中共中央成立了陈云任组长，高岗、李富春、邓小平、邓子恢、习仲勋、贾拓夫、陈伯达为成员的八人工作小组，负责对国家计委提出的计划草案进行审议和修改，然后又经毛泽东、刘少奇、周恩来等反复阅改，发给各省、市、自治区党委和国务院各部委党组讨论。其间，中国政府向苏联政府提出再增加设计和援建15个项目。1955年3月，中共中央原则通过计划草案。会后进行了最后一次修改，7月30日全国人

---

① 中共中央文献研究室、中央档案馆编：《中共中央文件选集（1949年10月—1966年5月）》第7册，人民出版社2013年版，第297页。

大一届二次会议正式通过。这是中国有史以来第一个中长期国民经济和社会发展计划，标志着高度集中的计划经济体制基本形成。

"一五"计划的基本任务是集中主要力量进行以苏联帮助中国设计的 156 个建设单位为中心的、由限额以上的 694 个建设单位组成的工业建设，建立中国的社会主义工业化的初步基础。"156 项工程"主要是重工业项目。从实际施工的 150 项看，军工企业有 44 个，冶金工业企业 20 个，化工企业 7 个，机械加工企业 24 个，能源工业企业 52 个，轻工业和医药工业 3 个。这些建设项目主要配置在东北地区、中部和西部地区。其中的 106 个民用工业企业，布置在东北的有 50 个，中部 32 个；44 个国防企业，布置在中部和西部的有 35 个。[①] 这 150 个工业项目吸收了"一五"时期工业总投资的一半左右，从苏联进口的成套设备等货物相当于工业总投资的 30%。[②] 这 150 个项目的建设以及为其配套的项目的建设，能够在很大程度上改变工业畸重沿海的状态，迅速展开较为合理的工业布局，建立起较完整的基础工业和国防工业体系的骨架，起到奠定社会主义工业化初步基础的重大作用。从实际效果来看，很好地实现了上述目标：新建了一些工业部门，尤其是在机械工业领域，到 1957 年底已经有了载重汽车、高炉、平炉制造设备、汽轮发电设备、拖拉机、精密仪表、石油机械和电信设备等几十个行业比较齐全的制造系统，并开始试制一批新产品，使机械设备的自给能力从新中国成立前的 20% 左右提高到 60% 多，1956 年中国破天荒制造出解放牌汽车、喷气式歼击机和蒸汽机车；基础工业部门得到大大加强，尤其是以鞍山钢铁公司为代表的钢铁工业获得飞速发展，1957 年生铁产量达 594 万吨、钢 535 万吨、成品钢材 415 万吨，钢产量年均递增

---

① 张久春：《20 世纪 50 年代工业建设"156 项工程"研究》，《工程研究——跨学科视野中的工程》2009 年第 1 卷第 3 期。

② [美]费正清、罗德里克·麦克法夸尔主编：《剑桥中华人民共和国史（1949—1965）》，上海人民出版社 1990 年版，第 188 页。

32%，生产的钢材品种也达4000余种，钢材自给率达到了86%；在加强基础工业的同时，纺织、食品、造纸等轻纺工业也得到了很大发展，基本上能够满足人们的需要；兵器工业改变了不能生产重型武器装备的现状，初步建立了门类齐全、专业配套的现代工业体系，并且全面开展了制式化武器的试制生产；推动了现代技术向中国的大规模转移，奠定了中国现代技术的基础，对20世纪中国经济和社会的发展产生了深远的影响。

除了上述工业项目以外，"一五"计划共提出了12项具体任务，内容从工业到农业、运输和邮电、商业和对外贸易，以及教育、人民生活等多个方面，而且这些任务都有明确的指标要求。到1956年底，"一五"计划规定的主要指标大多数提前实现，1957年又超额完成了计划。从1953年到1957年，全国完成基本建设投资总额588.47亿元，其中中央投资原计划427.4亿元，实际达到498亿元，超过原定计划16.5%。在完成的投资总额中，工业占42.5%（重工业36.1%、轻工业6.4%），农林水利气象占7.1%，运输邮电占15.3%。工业总产值达到784亿元（当年价格），超过原定计划21%，比1952年增长128.6%，年均增长18%（原定计划为14.7%），其中生产资料生产年均增长25.4%。工业生产水平和技术水平也有明显提高。同期，手工业也超额完成计划，产值增长83%（原定计划增长60.9%），年均增长12.8%（计划指标为9.9%）。工业在工农业总产值中的比重由41.5%提高到56.5%，经济结构发生重大变化。农业生产实现较快增长，农业和副业总产值达到604亿元（1952年不变价格），完成计划规定的101%，实际增长25%。粮食产量达到3901亿斤，完成计划的102%，实际增长19.9%。棉花总产量达到3289万担，完成了计划，实际增长26%。其他经济作物有增长但未完成计划。农业生产能力和抗灾能力明显提高。同期，交通运输业发展迅速，铁路营业里程达到2.67万公里，增长16.6%。公路通车里程25.5万公里，增加1倍。穿越高山峻岭的宝成铁路和鹰厦铁路，穿越世界屋脊的康藏、青藏、新藏公路，贯通南北的武汉长江大桥，都在这一时期先后建成。内河航运里程增长51.6%，空运线路增长101.5%。邮路总长度增长72.3%。财政收入大幅增加，总的收支接近平衡。社会商品零售总额增长71.3%（低于计划的80%左右），市场商品增多，物价保持稳定。进出口贸易总额增长62%，工矿产品在出口贸易额中的比重由18%提升至28%。居民收入增加，人民生活水平有了明显改善。[①]

对中国的"一五"计划实施情况，国外学者有如此评价：

> 从经济增长的数字看，"一五"计划相当成功。国民收入年平均增长率为8.9%（按不变价格计算），农业产出和工业产出每年分别以3.8%和18.7%的速度递增。由于人口年增长率为2.4%，而人均产出增长率为6.5%，这就意味着每隔11年国民收入就可翻一番。与20世纪前半叶中国经济的增长格局相比——当时产出在增速上仅和人口增长相当（二者年增长率均为1%左右）——第一个五年计划具有决定性的加速作用。就是同50年代大多数新独立的、人均年增长率为2.5%左右的发展中国家相比，中国的经验也是成功的。例如印度，也是大陆型的农业经济国，最初的经济状况和中国相似，但它在50年代的人均产出增长率还不到2%。[②]

经过五年的建设，工业布局得到改善，改变了过去工业企业主要集中在沿海省份、内地基本上没有工业的状况。而且，适应工业化的进展，城市建设的力度大大加强，建设了一批新的工业城市，

[①] 董志凯等主编：《中华人民共和国经济史（1953—1957）》（下），社会科学文献出版社2011年版，第972—976页；武力主编：《中华人民共和国经济简史》，中国社会科学出版社2008年版，第76—80页。

[②] [美]费正清主编：《剑桥中华人民共和国史》，上海人民出版社1990年版，第164—165页。

原有城市得到改建和扩建。到1957年，全国拥有地级市92个，县级市81个，分别比1952年增加25个和7个。涌现出一批以煤炭、钢铁、化工、机械、纺织等产业为特色的新型工业城市，出现了八大工业区，并由此奠定了中国工业化和工业城市发展的基础。城市人口达到6902万人，加上县镇人口共9949万人，比1952年增加2786万人，城镇人口比重由1949年的10.6%、1952年的12.5%提高到1957年的15.4%。[①]

三 社会主义改造的基本完成

根据过渡时期总路线的精神，"一五"计划还要求"发展部分集体所有制的农业生产合作社，并发展手工业生产合作社，建立对农业和手工业的社会主义改造的初步基础；基本上把资本主义工商业分别地纳入各种形式的国家资本主义的轨道，建立对私营工商业的社会主义改造的基础"[②]。从实际执行看，这一目标不但实现了，而且也大大超越了。

（一）统购统销和农业合作化运动

"一五"计划付诸实施后，工业化和城镇化加快，农产品供不应求，市场形势日趋紧张。经过反复权衡利弊得失，1953年10月，中央决定对粮食采取计划收购和计划供应，即在农村实行征购，在城市实行配给，严格管制私商。粮食统购统销以后，接着实行油料的统购和食油的统销。1954年，又实行棉花的统购和棉布的统销。这样，粮、棉、油等比较重要的农产品退出了自由市场，都开始由国家垄断经营。从此，农村和农业成为中国工业原始资本积累的主渠道，也为之后实行多年的农业集体化和城乡二元户籍制度埋下了伏笔。

[①] 国家统计局国民经济综合统计司编：《新中国六十年统计资料汇编》，中国统计出版社2010年版，第4、6页。

[②] 《建国以来重要文献选编》第6册，中央文献出版社1993年版，第288页。

解决粮食紧张的根本出路在于增加粮食产量,而粮食增产,在毛泽东看来,小农经济潜力很小,必须依靠合作化并在合作化基础上适当进行技术改造。早在1951年,毛泽东就做通了刘少奇等高层领导人的思想工作,他认为不需要等到实现了工业化和机械化才去搞农业的合作化和集体化,像工场手工业那样,搞农业合作社,依靠统一经营形成新生产力,去动摇私有基础,也是可行的。同年《新湖南报》发起的关于土改后农村出现的农民埋头生产不问政治及乡村干部松气退坡的"李四喜思想"[①]的大讨论,在湖南乃至全国农村产生了巨大影响,也再次印证了毛泽东当年提出的"严重的问题是教育农民"[②]的警告。根据毛泽东的提议,1951年9月中央召开了全国第一次农业互助合作会议,制定了《中共中央关于农业生产互助合作的决议(草案)》。[以下简称《决议(草案)》]《决议(草案)》提出既要保护土改后农民发展个体经济的积极性,也要提倡组织起来发挥其劳动互助的积极性,以帮助农民克服一家一户个体经营的困难,避免产生两极分化。《决议(草案)》指出各地发展农业互助合作应结合当地实际情况,采取不同的步骤发展季节性互助组、进而常年互助组、进而以土地入股为特点的农业生产合作社(后称初级农业生产合作社)、进而试办少数社会主义性质的集体农庄(在农民完全同意并有机器的地方)。《决议(草案)》要求根据生产发展的需要和可能,按照积极发展、稳步前进的方针和自愿互利的原则,采取典型示范、逐步推广的方法,引导个体农民沿着互助合作的道路前进。根据这个《决议(草案)》,农业互助合作运动很快在全国范围内开展起来。到1952年底,已经组织起来的农户占

---

① "李四喜"是《新湖南报》以某乡村干部为典型虚构的名字,"四喜"是指翻身、分田、娶妻、生子。

② 1949年6月30日毛泽东在《论人民民主专政》一文中曾指出:"严重的问题是教育农民。农民经济是分散的,根据苏联的经验,需要很长的时间和细心的工作,才能做到农业社会化。没有农业的社会化,就没有全部的巩固的社会主义。"(《毛泽东选集》第4卷,人民出版社1991年版,第1477页)

全国农户总数的40%左右，比1950年增加了3倍。其中，半社会主义性质的初级社3644个，参加农户5.9万户。示范性的高级社建起了10个。互助合作运动在当年农田水利建设中发挥了重要作用。

1953年10月全国粮食会议紧急召开并基本确定了要实行粮食统购统销政策后不久，紧接着在10月26日—11月5日召开了全国第三次互助合作会议。会前和会中，毛泽东两次同领导农村合作化工作的中央农村工作部的负责人谈话，强调"个体所有制的生产关系与大量供应是完全冲突的。个体所有制必须过渡到集体所有制，过渡到社会主义"。"不靠社会主义，想从小农经济做文章，靠在个体经济基础上行小惠，而希望大增产粮食，解决粮食问题，解决国计民生的大计，那真是难矣哉！"① 根据毛泽东的谈话精神，会议讨论通过了《中共中央关于发展农业生产合作社的决议》，要求各地把农村工作的重点更多地转向兴办初级农业生产合作社。1954年初，决议的传达贯彻与过渡时期总路线的宣传教育同时展开，在农村很快掀起一个大办农业社的热潮。此后创办农业社的指标一再追加，发展势头越来越迅猛，全国农业社总数已从春季的10万个增加到年底的48万个，次年4月更是达到67万个。

1954年底，合作化运动中出现的一些过急过快的要求、简单粗暴的做法，与粮食统购统销政策执行中出现的一些征过头粮的问题交织在一起，导致在许多地方发生了新社垮台，宰杀、出卖耕畜，不认真积肥备耕等后果。中央紧急采取"停、缩、发"的方针，对农业合作社进行了整顿。1955年4月召开的第三次全国农村工作会议决定1955年农业社一般停止发展，立即抓生产，全力巩固，同时把互助组办好。经过整顿，到1955年6月，全国合作社缩减到65万个，入社农户1690万户，约占全国农户总数的14%。其中少数是高级社，80%的社增产。

1955年春夏之交，毛泽东对农村形势的判断发生了变化，开始

---

① 《毛泽东文集》第6卷，人民出版社1999年版，第301、302页。

批判整顿合作社的工作。7月31日，在中央召集的各省、市、自治区党委书记会议上，毛泽东作了《关于农业合作化问题》的报告，进一步阐明了农业合作化的必然性和可能性，重申自愿互利原则，指出必须先实行合作化，然后才能使用大机器，要求各地对合作化加强领导、全面规划，发展合作社要有准备、分步骤，并以增产为标准等。以毛泽东的报告为转折点，全国再次掀起了农业合作化高潮。10月上旬，中共七届六中全会通过《关于农业合作化问题的决议》，强调农村阶级斗争，对合作化的速度作出硬性规定，并要求向高级农业合作社转变。在全国从上到下存在急躁冒进情绪的氛围下，1955年底全国入社农户由年中的14%迅速蹿升至60%。1956年4月3日，中共中央和国务院在关于勤俭办社的联合指示中宣告全国绝大多数地区已基本完成了农业合作化，农村的生产关系已经发生了根本的变化。该年5月底，全国入社农户已占农户总数的91.2%，其中入高级社的农户占农户总数的61.9%。到年底，入社农户已占农户总数的96.3%，其中入高级社的农户占农户总数的87.8%。原定10—15年基本完成的农业社会主义改造，只用7年就完成了，提前了8年。实际上，许多互助组转为初级社也就用了五六个月的时间，多数初级社转为高级社更是只用了两三个月的时间，有的甚至还有未经初级社阶段就直接由互助组进入了高级社，由此也遗留一些问题。

（二）手工业合作化的发展

新中国成立初期，工业基础十分落后，手工业还是国民经济的重要组成部分。据统计，1952年全国城乡手工业工人和手工业独立劳动者达1930余万人，手工业产值由1949年的32.37亿元增加到73.12亿元，占工业总产值的20.6%。

与农业类似，手工业的社会主义改造也分三个步骤。1953年11月20日—12月17日，第三次全国手工业生产合作会议召开。朱德在会上作了《把手工业者组织起来，走社会主义道路》的报告。他指出："实现对个体手工业的社会主义改造，是一个重要的任务，是党在过渡时期总路线和总任务不可缺少的组成部分。个体手工业经济要经过合作化的道路，逐步改造为集体所有制。组织手工业生产合作社，是改造手工业者的个体经济，帮助他们过渡到社会主义的唯一的组织形式。""手工业合作社这种组织，对于手工业者是很需要的，它的发展过程则是从无到有，从小到大的。我们的任务就在于组织它，引导它，使它逐渐地发展起来。因此，不要一开始就要求太高，应该放宽尺度，根据当时当地的需要与可能，以及手工业者的要求，采取不同的形式加以组织。绝不要规定一个死格式到处硬套，那样是会妨碍或限制合作社的发展的。"[1] 会议确定了手工业合作化由低级到高级的三种形式，即手工业生产小组、手工业供销合作社和手工业生产合作社。这次会议精神的贯彻，有力地推动了手工业合作化的进程。

社会主义改造的初期，在坚持自愿、互利、民主管理的原则下，通过手工业合作社、供销生产合作社和供销生产小组等多种形式把手工业者组织起来，经过典型示范，分批发展，不断巩固，前进的步伐比较稳妥。1954年底，全国手工业合作组织为4.17万多个，社（组）员121.35万人，当年产值11.7亿元，相当于上年的2.3倍。

1954年12月，第四次全国手工业生产合作会议讨论了手工业同地方工业的发展、同农业和资本主义工商业的社会主义改造如何统筹兼顾、合理安排的问题，确定分别对手工业各行业实行适当发展、利用或限制的政策，对有的行业实行逐步转业或淘汰的方针。到1955年底，全国手工业合作社（组）发展到6.8万个，社（组）员达到200多万人，约占手工业从业人员的四分之一以上。

从1956年开始，中央要求加快手工业改造的步伐，同时决定改变过去零敲碎打的建社方式，采取全行业改造和分期分批分片建社的方法。凡有条件直接组织高级手工业生产合作社的地方，可以不

---

[1] 《建国以来重要文献选编》第4册，中央文献出版社2011年版，第551、552页。

经过供销生产社和供销小组的阶段。到 1956 年 6 月底，组织起来的手工业者已占从业人员的 90% 以上，全国大陆地区基本实现了手工业合作化。同一时期，小商小贩也大批组织合作小组和合作商店。到 1956 年底，商业及饮食业的小商小贩参加合作小组的已有 115 万户，占总户数的 46%；组成合作商店的有 80 万户，占总户数的 32%；还有一部分小商贩并入公私合营企业。全国大陆地区除了 54 万个个体商贩因为过分分散不便组织起来以外，基本完成了对小商小贩的社会主义改造。

（三）资本主义工商业的社会主义改造

对资本主义工商业的社会主义改造是三大改造的重点。大规模的改造从 1953 年开始。1953 年 6 月，中共中央根据中央统战部的调查，起草了《关于利用、限制、改造资本主义工商业的意见》。9 月，毛泽东同民主党派和工商界部分代表座谈，指出国家资本主义是改造资本主义工商业的必经道路。10 月，中华全国工商联合会召开会员代表大会，传达了中共在过渡时期的总路线和对资本主义工商业进行社会主义改造的政策。会后，大规模的改造随即展开。

资本主义工商业的社会主义改造分三个步骤：第一步，是把资本主义企业通过加工订货的途径转变为初级形式的国家资本主义企业；第二步，是把初级形式的国家资本主义企业通过公私合营转变为高级形式的国家资本主义企业；第三步，是把高级形式的国家资本主义企业通过"赎买"的方式转变为社会主义全民所有制企业。1953 年以前，以加工订货、统购包销为主的初级国家资本主义形式，在私营工业中已有较大发展。1954 年开始大面积推广公私合营的高级国家资本主义形式，政务院为此下发了《公私合营工业企业暂行条例》。扩展公私合营的工作进展很顺利，到 1954 年底，全国公私合营工业的户数增加到 1746 万户，产值占全部私营和公私合营工业的三分之一。在商业方面，则在国家实行农产品统购统销政策、掌握一切重要货源的情况下，通过使私营商业执行经销代销业务的方式向国家资本主义商业转变。到 1954

年底，在批发方面，国营商业所占经营比重已达到88%以上；在零售方面，国营商业和合作社商业所占经营比重已达57.5%。主要农产品基本从自由市场绝迹。

1955年下半年，不少大中城市出现了资本主义工商业全行业公私合营的趋势。11月，中共中央召集各省、市、自治区党委负责人会议，加强了对全行业公私合营的领导。这时，农业合作化高潮兴起，最后断绝了资本主义工商业和农村的联系，资本主义工商业全行业公私合营的条件已经成熟。1956年1月10日，北京首先宣布实现全行业公私合营。接着，上海、天津、广州、武汉、西安、重庆、沈阳等大城市以及50多个中等城市相继实现全行业公私合营。在1956年的第一季度末，全国全行业公私合营的私营工业已达到99%，私营商业达到85%，基本上完成了对资本主义所有制的社会主义改造。

全行业合营后，接着进行的就是清产核资、定股定息、人事安排、企业改革和经济改组工作。据统计，截至1956年底，全国公私合营企业私股共24亿元。定股之后，由国家根据个人的股额发给年息5%的股息。无论企业大小盈亏，利息都固定不变，故称为"定息"，一般从1956年1月1日起算（定息10年，后又延长）。全国领取定息的私股股东共114万人。从此，企业生产资料由国家统一调配使用，资本家除定息外，不再以资本家身份行使职权，并在劳动中逐步改造为自食其力的劳动者。1966年9月，定息年限期满，公私合营企业最后转变为社会主义全民所有制企业。

四　计划经济体制的基本确立

重工业优先发展的工业化战略的确定，第一个五年计划的制定和实施，统购统销，农业、手工业和工商业的社会主义改造，以及国民经济恢复时期统一财经等一系列政策和措施的铺垫，使得中国的国民经济体制逐步走上计划经济的轨道。

在生产资料所有制方面，通过社会主义改造，农业和手工业几乎变成了清一色的劳动群众集体所有制（还有少量的国营农场和极少量的个体手工业、小商小贩等），资本主义工商业完全转变为全民所有制，中国由此进入了公有化程度最高的一段时期。国营经济、合作社经济、公私合营经济、资本主义经济、个体经济在国民收入中的比重，分别由1952年的19.1%、1.5%、0.7%、6.9%、71.8%变动为1956年的32.2%、56.4%、7.3%、0、4.1%，可以说是公有制经济一统天下的局面。

在财力支配方面，1953年取消了大区一级财政，建立了县一级财政，国家财政体制分为中央、省（区市）和县三级管理，国家财政管理权限有所下移。1954年又对国家财政体制作了调整，实行中央和地方财政收入分类分成的管理办法。但总体上看，"一五"时期的财政体制是以中央集中财权为主，中央支配的财力约占77.7%，地方自主权有限。

在金融体系和金融管理方面，集权化倾向越加突出，银行业纳入中国人民银行系统，保险业纳入中国人民保险公司系统，农村信用社在快速发展的同时对国家银行的依赖性也不断加深。中国人民银行集中央银行职能与商业银行职能于一身，对下实行垂直管理体制。交通银行、中国人民保险公司移交财政部管理，后来这一系统又新设中国人民建设银行，这几家金融机构的"机关化"倾向明显。国家建立了综合信贷计划管理制度和现金出纳计划制度，取消了国营经济部门的商业信用。

在商业流通和物资分配方面，商品流通的计划性不断增强，城乡市场份额初步形成了国营商业与供销合作社分工经营的格局。统购统销政策推行后，城乡自由市场日益萎缩。国家对重要生产资料实行按计划分配和调拨的体制。国营商业企业经营管理改革迈出重大步伐，经济核算制得到全面推行。

在工业管理方面，随着大区一级政府的取消和大中型国营工业企业管理权收归中央，以及私营工商业社会主义改造的完成，基于实施"一五"计划的需要，国家通过强化中央的决策控制力度、迅速扩大计划控制的范围和构建保证集中决策的组织体系，迅速形成了集权式工业管理体制。主要物资及生产资料由中央集中控制，计划分配的物资1953年为227种，1957年增加到532种。中央直属企业由1953年的2800个增加到1957年的9300个，并且实行指令性直接计划管理的国营企业的数量不断上升，到1956年工业总产值的六成左右纳入国家直接计划。国家对国营企业的劳动工资、用工形式、基建项目等实行全面掌控，对非国营企业也参照国营企业的计划管理方式运行。

就这样，到1956年底，随着社会主义改造的基本完成，生产要素市场基本消亡，城乡就业和劳动力被纳入国家计划管理，产品市场也在国家的计划控制之下，从而形成了以指令性计划为主、指导性计划为辅的计划管理体制。1956年前后，苏联的单一公有制和计划经济体制的弊端有所暴露，中国共产党"以苏为鉴"对自己的实践进行了总结，得出了不少新鲜的认识。如综合平衡、稳步前进的建设方针和四大平衡①理论，毛泽东的《论十大关系》，陈云的"三个主体三个补充"②思想，以及其他一些关于工业化战略和政策，关于经济体制的反思和探索。这些思想虽然还不够系统，实践中也没有贯彻到底，但还是促成了1957年对经济体制和经济政策的部分调整。从1956年开始，中共中央和国务院着手进行经济体制的调整和改革研究。1957年10月，中共八届三中全会基本通过了由陈云主持起草的关于改进工业、商业、财政管理体制的三个规定（草案），后

---

① 即财政、信贷、外汇与物资的综合平衡。

② 在工商业经营方面，国家经营和集体经营是工商业的主体，但是附有一定数量的个体经营。这种个体经营是国家经营和集体经营的补充。在生产计划方面，全国工农业产品的主要部分是按照计划生产的，但是同时有一部分产品是按照市场变化而在国家计划许可范围内自由生产的。计划生产是工农业生产的主体，按照市场变化而在国家计划许可范围内的自由生产是计划生产的补充。在市场方面，国家市场是主体，但附有一定范围内国家领导的自由市场作为国家市场的补充。

经国务院通过和人大常委会批准，于 1958 年付诸实施。总的精神是，调整中央和地方、国家和企业的关系，即把一部分工业管理、商业管理、财政管理的权力下放给地方和企业，以便发挥它们的主动性和积极性，因地制宜地完成国家的计划。这些调整出发点是对的，但是正好赶上了"大跃进"，这些政策调整反而有助长地方和企业"一哄而上"的作用。

第三节　社会主义政治体制和社会主义意识形态的构建

国民经济恢复以后开启的向社会主义过渡，意味着政治体制势必做出相应的调整，并且需要有一个根本大法做遵循。社会主义政治制度的构建又脱胎于《共同纲领》对未来政治制度的设计，吸收了新中国成立以来的新鲜经验，并以过渡时期的总路线为指导。社会主义政治制度的构建具有一定的稳定性，"五四宪法"精神长期得到坚持，人民代表大会制度、中国共产党领导的多党合作和政治协商制度、民族区域自治制度更是成为中国延续至今的基本政治制度。与社会主义政治体制的创建相伴随，主流意识形态同样经历了一个重构的过程，也就是"破旧立新"的过程。

一　宪法的制定和颁布

1952 年，全国范围的大规模军事行动已经结束，土地改革基本完成，国民经济恢复的任务也顺利实现。在此基础上，中共中央决定向社会主义过渡。就在这一年，中共中央也必须考虑另一个问题，那就是一届政协到期后是否立即召开人民代表大会的问题。

《中国人民政治协商会议组织法》第三章第六条规定："中国人民政协全体会议，每三年开会一次，由全国委员会召集之。" 1952 年底，中国人民政治协商会议第一届全国委员会即将到期，面临两种选择，或者尽快召开政协第二届全体会议，或者召开《共同纲领》中规定时机成熟即应举行的第一届全国人民代表大会。考虑到在较短的时间内无法完成召开全国人民代表大会所要做的各种准备工作，加上《共同纲领》在人民中及各民主党派中有崇高的威信，中共中央的意思是先在1953年召开政协第二届全体会议，在晚些时候再召开全国人民代表大会。同时考虑，在过渡时期暂时不制定宪法，而继续以《共同纲领》代替宪法，待我国基本上进入社会主义，阶级关系有了根本改变以后，再制定社会主义类型的宪法。而当时斯大林则建议中国应尽早进行选举和制定宪法，不给西方敌对势力以借口。他的意见得到中共中央的认可和赞同。1952年12月1日，中共中央下发通知，认为制宪条件已经具备。24日，周恩来受中共中央委托，向全国政协提议开始起草宪法，政协接受了该提议，并向中央人民政府委员会提出建议，于1953年召开全国人民代表大会和地方各级人民代表大会，并着手起草选举法和宪法。1953年1月13日，中央人民政府成立了以毛泽东为主席，朱德、宋庆龄等32人为委员的宪法起草委员会及以周恩来为主席，由23名委员组成的选举法起草委员会。两个起草委员会中既有中共领导人，也有各民主党派及其他方面的人士，具有广泛的代表性。但是，后来全国人民代表大会并没有在1953年召开，而是推迟到1954年。1953年部分地区遭受严重的自然灾害，生产救灾工作成为当时压倒一切的中心任务。更重要的是，当时要制定的宪法是过渡时期的社会主义类型的宪法，此时过渡时期一系列重要问题还不很清晰，宪法也就无法制定，全国人民代表大会也就无法召开。1953年12月，毛泽东对总路线的内容作了最后的、完整的阐述，标志着与过渡时期有关的一系列重大问题得到最后的解决。这样，宪法的指导思想、根本任务等一系列问题也就明确了。此后，毛泽东把主要精力转向了宪法的起草工作。从1953年的12月27日到1954年3月，他亲自率领中共宪法起草小组，在杭州工作了两个多月，完成了宪法草案的起草工作。

宪法起草完成后，宪法起草委员会对其进行了反复修改，然后又向社会公布，发动全民征求意见。在两个多月的时间里，约有1.5亿人参与了讨论，提出的意见有138万多条，据此对宪法草案又做了一些重要的修改。1954年9月20日，中华人民共和国第一届全国人民代表大会第一次会议经投票表决，全票通过了宪法草案，新中国的第一部宪法就这样诞生了。

第一届全国人民代表大会第一次会议通过的《中华人民共和国宪法》，总结了中国近代以来关于宪法问题的历史经验，继承了新民主主义革命时期中国共产党领导制定的《中华苏维埃共和国宪法大纲》《中国人民政治协商会议共同纲领》等宪法性文件的正确原则，规定了社会主义革命和社会主义建设的方向与道路，规定了人民民主专政政权的基本原则和各项制度。

《中华人民共和国宪法》分为五大部分：序言，第一章总纲，第二章国家机构，第三章公民的基本权利和义务，第四章国旗、国徽、首都。主要内容包括：

第一，坚持人民民主专政的制度。《宪法》明确规定："中华人民共和国是工人阶级领导的、以工农联盟为基础的人民民主国家"；"中华人民共和国的一切权力属于人民。人民行使权力的机关是全国人民代表大会和地方各级人民代表大会"；"全国人民代表大会、地方各级人民代表大会和其他国家机关，一律实行民主集中制"。《宪法》还明确规定，以共产党为领导的各民主阶级、各民主党派、各人民团体的广泛的人民民主统一战线，仍将继续发挥它的作用；规定一切国家机关和国家机关工作人员必须密切联系群众，为人民服务，接受人民群众的监督。这些规定充分表明新中国的性质是人民民主国家，人民行使权力的广泛性和真实性是任何资本主义的民主所无法比拟的。

第二，坚持社会主义改造的道路。《宪法》将中国共产党在过渡时期的总路线和总任务以法律的形式肯定下来，庄严宣布："过渡时期的总任务是逐步实现国家的社会主义工业化，逐步完成对农业、手工业和资本主义工商业的社会主义改造。"并指出，国家通过社会主义工业化和社会主义改造，保证消灭剥削制度，建立社会主义社会。这一规定体现了《宪法》仍带有一定的过渡性质。

第三，设置国家机构。《宪法》规定：全国人民代表大会是最高国家权力机关；设立国家主席；设立国务院，作为最高国家行政机关；设立地方各级人民代表大会和各级人民委员会，分别作为地方各级国家权力机关、行政机关；设立各级人民法院，作为各级审判机关；设立各级人民检察院，作为各级检察机关；等等。

第四，规定了公民的基本权利和义务。《宪法》规定：公民在法律上一律平等；公民有言论、出版、集会、结社、游行、示威的自由；有宗教信仰的自由；有居住和迁徙的自由；有劳动权、休息权、受教育权；等等。公民有遵守宪法、法律、劳动纪律、公共秩序的义务，有爱护和保护公共财产的义务，有保护祖国、依法服兵役的义务，等等。此外，《宪法》还对坚持各民族一律平等的原则、中国的外交政策等作了具体规定。

第一届全国人民代表大会第一次会议通过的《中华人民共和国宪法》是中国第一部社会主义类型的宪法。1954年9月21日，《人民日报》发表的社论指出："按照中国社会历史发展的规律，中国共产党早已指出经过新民主主义到社会主义是中国革命的必然的道路。这个宪法就是这条道路的具体标志。"社论说，《共同纲领》在过去五年间起了临时宪法的作用，但是在《共同纲领》中还没有把建设社会主义社会这一个目标规定下来，这是符合当时的历史情况的。如今，社会主义改造已经在进行，社会主义的目标已经成为我国人民所公认和努力追求的目标，已经成为我国人民的共同愿望了。"在这种新的社会情况和由此所产生的新的社会要求之下，中华人民共和国宪法现在用明文规定在我国建设社会主义社会的伟大目标就是完全必要的了。""中华人民共和国宪法把实现国家在过渡时期总任务的具体步骤用法律形式固定了下来，这就为我们国家摆好了走到社会主义社会的前进轨道。中华人民共和国宪法规定了我们国家的基本政治制度，这就是既便利于发扬人民群众的社会主义热情和积极性创造性,又便利于国家实行高度统一和集中领导来克服社会主义道路上一切障碍的人民代表大会制度。我们国家的这种政治制度将有力地保证我国顺利地从新民主主义过渡到社会主义。"①

二 建立人民代表大会制度

新中国成立后不久,各省、市、县相继召开了各界人民代表会议,组建起了各级政府。各界人民代表会议不是普选产生的,只是作为过渡,代行了人民代表大会的职权。1953年1月13日,中央人民政府委员会第20次会议正式作出《关于召开全国人民代表大会及地方各级人民代表大会的决议》,决定于当年召开由人民用普选方法产生的乡、县、省(市)各级人民代表大会,并在此基础上接着召开全国人民代表大会。9月18日,中央人民政府委员会又通过决议,将召开全国人民代表大会及地方各级人民代表大会的时间推迟到1954年。

1953年2月11日,《中华人民共和国选举法》公布,规定凡年满18周岁的中华人民共和国公民,不分民族和种族、性别、职业、社会出身、宗教信仰、教育程度、财产状况和居住期限,均有选举权和被选举权。1953年至1954年春,全国开展了第一次普选。当年选民登记总数为3.24亿人,占选举地区18周岁以上人口总数的97.18%。参加选举投票的有2.78亿人,占选民登记总数的85.88%。妇女参加投票的占登记的妇女选民总数的84.01%。② 在此基础上,各地逐级召开了乡、县、省(市)人民代表大会,选举产生了地方各级国家机关。

1954年9月15日至28日,第一届全国人民代表大会第一次会

---

① 《中华人民共和国宪法——中国人民建设社会主义社会的有力武器》,《人民日报》1954年9月21日。

② 当代中国研究所:《中华人民共和国史稿》第1卷,人民出版社、当代中国出版社2012年版,第221页。

议在北京隆重举行。代表总人数1226人,其中妇女代表147人,少数民族代表178人。大会经过充分讨论,通过了《中华人民共和国宪法》《中华人民共和国全国人民代表大会组织法》《中华人民共和国国务院组织法》以及人民法院、人民检察院、地方各级人民代表大会和地方各级人民委员会的组织法,并听取了周恩来所作的政府工作报告。大会依据宪法和有关组织法的规定,选举毛泽东为中华人民共和国主席,朱德为副主席,刘少奇为第一届全国人民代表大会常务委员会委员长,董必武为最高人民法院院长,张鼎丞为最高人民检察院检察长。大会根据毛泽东主席的提名,决定任命周恩来为国务院①总理。

一届人大的召开,标志着人民代表大会制度的正式确立。中国的人民代表大会制度包括以下主要内容:(1)国家的一切权力属于人民,人民行使国家权力的机关是全国人民代表大会和地方各级人民代表大会;(2)所有国家机构都实行民主集中制的原则;(3)全国人民代表大会和地方各级人民代表大会都由民主选举产生,对人民负责,受人民监督;(4)国家行政机关、审判机关、检察机关都由人民代表大会产生,对它负责,受它监督;(5)中央和地方的国家机构职权的划分,遵循在中央的统一领导下,充分发挥地方的主动性、积极性的原则;(6)在各少数民族聚居的地方实行民族区域自治制度,各民族自治地方都是中华人民共和国不可分割的部分。人民代表大会制度是适合中国国情的根本政治制度,直接体现新中国人民民主专政的国家性质,是建立其他有关国家制度的基础。

从1954年9月到1957年上半年的3年,是人民代表大会工作活跃的3年,全国人大及其常委会通过了80多部法律、法令和有关法律问题的决定,审查批准了"一五"计划和年度经济计划、预算,决定了综合治理黄河的方案等。

---

① 根据宪法的规定,国务院即中央人民政府,直接对人民代表大会负责,改变了此前中央人民政府下辖政务院的两级政府的过渡设置。

三　中国共产党领导的多党合作和政治协商制度的新发展

中共一届人大的召开，标志着中国人民政治协商会议代行全国人民代表大会职能的结束，政协回归其统一战线性质。1953年6月25日至7月22日召开的第四次全国统战工作会议，专门讨论了人民代表大会制实行后的统一战线组织问题，明确指出：实行人民代表大会制，决不意味着要削弱统一战线，而是更应使之巩固和加强。人民代表大会制实行后，中国人民政治协商会议不再代行全国人民代表大会的职权，它作为统一战线组织将继续存在，并在国家政治生活和巩固发展人民民主统一战线方面，继续发挥重要作用。

但是，一届人大开过之后，还是有不少人对政协的存留及其还能发挥的作用有疑虑，针对这一情况，毛泽东于1954年10月17日写了《关于政协的性质和任务的谈话提纲》，12月19日又召集参加政协二届一次会议的部分党内外人士座谈，对这些问题谈了自己的意见。他说，政协既不是国家机关，也不是一个人民团体，而是全国各民族、各民主阶级、各民主党派、各人民团体、国外华侨和其他爱国民主人士的统一战线组织，是党派性的，它的成员主要是党派、团体推出的代表。它的作用主要体现在政治协商方面，具体任务：一是协商国际问题，如对外发表宣言、反对侵略、保卫和平等；二是商量候选人名单；三是提意见，主要是对社会主义改造的问题、宪法的实施问题、巩固人民民主制度问题提意见；四是协调各民族、各党派、各人民团体和社会民主人士领导人员之间的关系；五是学习马列主义。毛泽东的谈话对于召开政协第二届全国委员会第一次会议具有指导作用，其基本原则被采纳到人民政协章程之中。

1954年12月21日至25日，中国人民政治协商会议第二届全国委员会第一次会议在北京举行。会议听取了第一届全国委员会副主席陈叔通作的中国人民政治协商会议第一届全国委员会工作报告，第一届全国委员会常务委员会委员章伯钧作的关于中国人民政治协商会议章程（草案）的说明，第一届全国委员会副主席周恩来作的政治报告。会议推举毛泽东为中国人民政治协商会议第二届全国委员会名誉主席。选举周恩来为中国人民政治协商会议第二届全国委员会主席，宋庆龄、董必武、李济深等16人为副主席，邢西萍为秘书长。会议还选举了中国人民政治协商会议第二届全国委员会常务委员65人。

政协二届一次会议后，在中国政治生活中形成了全国人大与人民政协并存的局面。政协二届一次会议通过的《中国人民政治协商会议章程》明确指出：中国人民政治协商会议是"团结全国各民族、各民主阶级、各民主党派、各人民团体、国外华侨和其他爱国民主人士的人民民主统一战线的组织"。它既不同于国家机关，也不同于一般的人民团体。它是党派性的人民民主统一战线的组织。今后的基本任务是在中国共产党领导下，继续通过各民主党派、各人民团体，更广泛地团结全国各族人民，共同努力，克服困难，为贯彻宪法，建设一个伟大的社会主义国家而奋斗。《章程》还规定了参加政协的七项准则和政协的组织原则等。此后，经1955年底的各省区市统战部长座谈会和1956年春季的第六次全国统战工作会议，中共中央适应社会主义改造迅速发展和阶级关系根本变化的客观要求，进一步明确了同民主党派团结合作的新方针和新政策。在此基础上，1956年4月，毛泽东在《论十大关系》中提出了"长期共存、互相监督"的方针。这样，在从新民主主义到社会主义转变的历史关头，人民政协在性质和任务上完成了历史性的转型，即不再代理国家权力机构，而是以人民民主统一战线的组织形式，各党派协商机关和实行各党派长期共存、互相监督方针的民主形式长期存在。

四　民族区域自治制度的建立

一届人大从《中国人民政治协商会议共同纲领》承继下来的另一项国家基本政治制度，就是民族区域自治制度。

中国是一个多民族的国家，除汉族外，还有众多的少数民族。各族人民在长期的历史发展中，共同创造了统一的国家和历史文化。

由于历史的原因，各民族形成了交错聚居和杂居的分布状态，汉族不仅在全国，而且在许多少数民族地区也占多数。① 虽然历史上民族间存在不平等，出现过隔阂，但各民族在经济、文化上的交流从未中断，政治上的统一日益加强。为了消除民族压迫，实现民族平等、团结，建立统一的国家，中国共产党遵循马克思主义关于民族问题的理论，根据中国的实际情况，在新民主主义革命过程中提出了民族区域自治的主张，并于 1941 年由陕甘宁边区政府在关中正宁县建立了回民自治乡，在城川县建立了蒙古族自治区。1947 年 5 月 1 日，内蒙古自治区成立。内蒙古自治区是在中国共产党领导下成立的第一个省级少数民族自治区，开创了我国民族区域自治制度的先河。1949 年 9 月，在中国人民政治协商会议第一届全体会议上，经过各民族代表的充分讨论，认为实行民族区域自治是各民族在国内实行平等、团结、联合的最适当形式，在《共同纲领》中，把它作为国家的基本国策和重要政治制度确定下来。② 《共同纲领》第 51 条明确规定："各少数民族聚居的地区，应实行民族的区域自治，按照民族聚居的人口多少和区域大小，分别建立各种民族自治机关。凡各民族杂居的地方及民族自治区内，各民族在当地政权机关中均应有相当名额的代表。"

1952 年中央人民政府批准施行的《民族区域自治实施纲要》，以《共同纲领》所确立的原则为依据，就民族区域自治问题作了详细规定。《纲要》第 2 条规定："各民族自治区统为中华人民共和国领土的不可分离的一部分。各民族自治区的自治机关统为中央人民政府统一领导下的一级地方政权，并受上级人民政府的领导。"第 4 条进一步规定：各少数民族聚居的地区，依据当地民族关系、经济发展条件，并参酌历史情况，得分别建立下列各种自治区：（1）以

---

① 据 1953 年人口普查时的统计，除汉族以外，55 个少数民族的人口为 3532 万人，占全国总人口的 6.06%，他们分布在占全国总面积 60% 的广大地区。

② 参见《中国大百科全书·政治学》，中国大百科出版社 2002 年版，第 587 页。

一个少数民族聚居区为基础而建立的自治区。(2)以一个大的少数民族聚居区为基础,并包括个别人口很少的其他少数民族聚居区所建立的自治区。包括在此种自治区内的各个人口很少的其他少数民族聚居区,均应实行区域自治。(3)以两个或多个少数民族聚居区为基础联合建立的自治区。此种自治区内各少数民族聚居区是否需要单独建立民族自治区,应视具体情况及有关民族的志愿而决定。《纲要》实施后,各地陆续建立了一批自治州、自治县(旗)以及民族乡(镇),形成了三级地方自治的体系。新中国成立时,全国已有省级自治区1个(内蒙古自治区)、专区级自治区2个和县级民族自治区4个。至1952年12月,共新建了42个县级以上的民族自治区。其中,1个是行政公署级,9个是专区级,32个是县级。此外,还有许多县辖区、乡级自治区。为了充分保障少数民族当家作主的民主权利,还在民族杂居地区或者暂时不具备实行自治条件的民族聚居地区,成立了200多个包含省、专区、县、县辖区、乡等行政层级的地方民族民主联合政府。

在社会主义改造的四年中,多数民族地区还处于民主改革阶段。中央人民政府在推进少数民族和民族地区的民主改革时,充分考虑了这些地区的特殊性和复杂性,分别采取了不同的方式、步骤和具体政策:在与汉族地区经济社会状况基本相同的少数民族农业区,包括回、朝鲜、壮、满、维吾尔、苗等民族和蒙古族的大部分,采取了和汉族地区土地改革大体相同的办法;对处于封建农奴制的地区,主要包括藏、傣等民族约400万人口的地区,采取和平协商的方法,废除封建领主土地所有制和封建特权;对处在奴隶制阶段的大、小凉山彝族地区,改革办法更加温和;对保留着原始公社制残余的民族地区,采取向社会主义直接过渡的办法;对少数民族牧区,主要是蒙古族和藏族的大部分地区和哈萨克、柯尔克孜、塔吉克、裕固、鄂温克等民族的牧区,实行"三不两利"(不斗不分不划阶级,牧工牧主两利)政策,稳妥地废除了牧主的封建特权、超经济剥削制度以及牧民和牧工对牧主的人身依附关系;从1959年起,着手废除一切宗教的封建特权，废除喇嘛庙和清真寺的生产资料所有制和高利贷、无偿劳役等剥削制度。到 1961 年，中国大陆除西藏以外的民族地区都相继完成了民主改革。民族地区的民主改革为民族地区的社会主义改造创造了必要的条件。随后开展的民族地区社会主义改造推进顺利，农区于 1957 年、牧区于 1958 年基本完成，工商业和手工业基本与汉族地区同步完成。

在此期间，随着民主建政和民族识别①工作的全面展开，自治区域从东北、华北延伸到西北、西南，再扩大到中南、华南；自治类型呈现多样化趋势，既有单一型，又有联合型，还有包孕型（即在单一型或联合型民族自治地方中，包含一个或几个其他的少数民族的自治地方）。1954 年颁布实施的《宪法》以国家根本大法的形式进一步肯定了民族区域自治制度，规定："各少数民族聚居的地方实行区域自治。各民族自治地方都是中华人民共和国不可分离的部分。"《宪法》一方面对民族自治地方的自治机关作了较为详尽的规定，把自治机关确定为自治区、自治州和自治县三级，并以民族乡为重要补充形式，这比起《民族区域自治实施纲要》笼统规定"自治区"更为科学合理；另一方面又重申了《民族区域自治实施纲要》所规定的"自治权利"，使其具有了更高的法律效力。《宪法》颁布实施后，民族区域自治制度作为一项基本国策和基本政治制度得到全面实施，民族地区的制度建构也遵照《宪法》的规定逐步规范。1955 年 10 月 1 日，新疆维吾尔自治区宣告成立，实现了从民族

---

① 在旧中国，由于存在民族压迫和民族歧视，许多少数民族的民族成分不能确定。新中国成立以后，为改变旧中国民族成分和族称混乱的状况，有利于保障少数民族的平等权利，自 1950 年起，由中央及地方民族事务机关组织科研队伍，对全国提出的 400 多个民族名称进行识别。第一阶段从 1950 年到 1954 年，确认了 38 个少数民族；第二阶段从 1954 年到 1964 年，新确认了 16 个少数民族；第三阶段从 1964 年到 20 世纪 80 年代末，恢复和更改了一些民族成分，新确认基诺族为单一的少数民族（1979 年）。至此，我国的民族识别工作基本完成。民族识别对民族区域自治起到了很大的推动作用。

民主联合政府向民族区域自治政府的过渡。同年12月，国务院根据《宪法》的规定发布《关于改变地方民族民主联合政府的指示》，要求过去建立的各级民族民主联合政府，凡符合区域自治条件的改建为民族自治州、自治县、自治乡。由于各地区、各民族的情况不同，在实施的过程中采取的方法步骤也有区别。各地的改建工作在1956年基本完成。

到1956年底，我国新建省级自治区1个（新疆维吾尔自治区），省级自治区筹备委员会1个（西藏自治区筹备委员会），自治州或专区级自治区22个，自治县或县级民族自治区43个；实行区域自治的民族增至31个。此后，1958年3月，广西壮族自治区成立；1958年10月，宁夏回族自治区成立；1965年9月，西藏自治区成立。至此，我国就先后建立起5个自治区，并形成延续至今的"自治区、自治州和自治县"三位一体，并辅之以民族乡、民族镇和民族区的民族自治地方制。它们既不是单纯的"民族自治"，也不是单纯的"区域自治"或"地方自治"，而是以维护国家集中统一和实现民族平等为根本，民族自治与区域自治、政治因素与经济因素有机结合。这是中国共产党将马克思主义民族理论与中国革命、建设和民族地区的具体实际相结合，在新中国国家结构形式和地方政权建设上的创造性理论与实践，并奠定了当代中国民族区域自治的基本格局。

此外，新中国前七年还根据民族关系的历史特点和社会经济发展的现实需要，调整了一部分民族自治地方的行政区划和隶属关系。这种调整对我国民族区域自治格局产生了直接而重要的影响。如，撤销察哈尔、绥远、热河三省建制，实现内蒙古的统一，为内蒙古自治区的发展和繁荣创造了极为有利的条件。

五 社会主义意识形态基本确立

新中国成立后，主流意识形态同样经历了一个重构的过程，也就是"破旧立新"的过程。起初，需要破除或者肃清的，主要是封建的、买办的、法西斯主义的思想及其流毒，而要大力宣传的，则是马克思主义的新思想、新观念，爱国主义、集体主义和革命英雄主义的主旋律，民族的、科学的、大众的文化教育思想，以及为人民服务的文学艺术思想等。其后，伴随大规模的社会主义改造和社会主义制度的基本确立，中国共产党向广大人民群众发出了学习苏联的号召，普遍开展了过渡时期总路线的宣传教育，开展了对资产阶级唯心主义思想的批判，加大了对知识分子思想改造的力度，在全社会基本确立了社会主义主流意识形态的主导地位，并引导了教育、科学、文化事业的变革和发展。1954年9月15日，毛泽东在一届人大一次会议致开幕词，庄严宣告："领导我们事业的核心力量是中国共产党。指导我们思想的理论基础是马克思列宁主义。"① 这句话很好地诠释了中国共产党与马克思列宁主义之间的关系，亦即中国共产党是用马列主义武装起来的政党，将全国人民的思想统一在马列主义的大旗之下，是贯彻落实党的路线方针政策、完成党的使命任务的重要前提。因此，毛泽东明确指出："向人民群众宣传唯物主义思想以提高他们的觉悟，是党的一项最基本的经常的任务。"②

对马列主义的学习，自然是先从广大党员特别是领导干部自身做起。1950年上半年，中共中央就沿用七届二中全会时期的做法，编印出版了一套"干部必读书"，包括《社会发展简史》《政治经济学》《共产党宣言》等共12册，印刷数量达300万册。该年底，《人民日报》先后重新发表毛泽东的《实践论》和《矛盾论》。此后，中共中央又多次针对干部教育下发指示。1952年前后，各地纷纷建立马列学院和党校，干部学习有了专门的阵地。

中国共产党十分重视青年的教育培养。1950年6月召开的第一次全国高等教育会议对课程改革做出决定，重点就是高校思想教育

---

① 毛泽东：《中华人民共和国第一届全国人民代表大会第一次会议开幕词》（1954年9月15日），《人民日报》1954年9月16日第1版。
② 《建国以来毛泽东文稿》第5册，中央文献出版社1991年版，第11页。

理论课改革。两个月后，青年团中央作出决定，要求加强对团员的辩证唯物主义和历史唯物主义的世界观、新民主主义和社会主义的理想信念教育。从1952年起，教育部要求高等院校开设马列主义、毛泽东思想课程。

为加强对人民群众的宣传工作，从1950年初开始，中共中央宣传部先后在东北、华北、华东、中南等地区尝试建立宣传网的工作。1951年1月1日，中共中央下发在全党建立对人民群众的宣传网的决定，要求省、市、地方、县的地方党的委员会设立宣传员和报告员，由此在全国范围和全体规模上构筑起规模空前的群众宣传思想工作网络体系。2月和3月，中共中央先后发出《关于健全各级宣传机构和加强党的宣传教育工作的指示》和《关于加强理论教育的决定的通知》。5月7日至23日，中共中央第一次宣传工作会议在北京召开。刘少奇在会上作了题为《党的宣传战线上的任务》的报告，指出：中国共产党在长期的、艰苦的革命斗争中，一方面在广大的范围内宣传了马列主义，使马列主义的原则通俗化，具有中国的民族形式；另一方面在极为深刻的意义上丰富和发展了马列主义理论，在马列主义总武库中增加了不少新的武器。在新形势、新条件下，党的宣传工作的任务，就是用马列主义的思想原则在全国范围内和全体规模上教育人民。宣传工作可以分作两项，一项是当前的中心工作、时事政策的宣传；另一项是马列主义基本理论的宣传。要建立专门的宣传机构开展日常性的宣传工作。注意思想斗争，反对自由主义。"总的来讲，我们党的宣传工作已经取得了很大的成绩，但也还有很多缺点。我们要总结经验，发扬成绩，并用各种办法逐步克服工作中的缺点，真正做到在全国范围内和全体规模上来宣传马列主义，用马列主义教育人民，提高全国人民的阶级觉悟和思想水平，为在我国建设社会主义和实现共产主义打下思想基础。"[①] 同年10月，《毛泽东选集》第一卷出版发行，全国掀起学习热潮。此后

[①] 《建国以来重要文献选编》第2册，中央文献出版社2011年版，第272页。

又陆续于1952年、1953年、1960年出版了《毛泽东选集》第二卷至第四卷。到1965年末，《毛泽东选集》累计印刷1000多万套。同一时期，开始大量翻译和出版马列主义原著，如《列宁文选》《马克思文选》《马克思恩格斯全集》《反杜林论》《自然辩证法》《列宁全集》等。1953年专门成立了中央编译局，为马克思主义经典著作的传播和普及提供人力、财力和机构上的保障。

新中国成立后，中国共产党对旧中国留下来的知识分子在生活上实行"包下来"的方针，不让他们失业，帮助他们获得或增强为人民服务的技能，对那些知名人物更是委以重任。[①] 在思想观念上，先是让他们经历了一个自我教育、自我改造的过程，动员和组织他们参加各种社会改造运动，特别是让那些与剥削家庭有关联的民主人士"过好土改关"；然后，因势利导，从知识分子最为集中的高等院校开始，系统地学习社会发展史和历史唯物论等课程，逐步开展系统的思想改造。全国规模的知识分子思想改造运动到1952年秋基本结束。这场运动由于首先是个学习运动，对广大知识分子来说无疑是一次思想上的冲击和洗礼。通过这场运动，大多数旧中国留下来的知识分子转变了立场，提高了觉悟，适应了新社会的各项工作，在新中国的意识形态构建和国民经济恢复中发挥了积极作用。

1953年以前的意识形态构建除了重点学习宣传马列主义、毛泽东思想和新民主主义政策以外，还结合抗美援朝运动清除了帝国主义思想，开展了爱国主义、英雄主义教育；结合土地改革和《婚姻法》实施和《武训传》批判等，肃清了封建主义思想的影响；结合"三反""五反"运动抵制了资产阶级腐朽思想对革命队伍的腐蚀，

---

① 如黄炎培、郭沫若担任政务院副总理，沈钧儒担任最高人民法院院长，张奚若、彭泽民担任政务院政治法律委员会副主任，马寅初担任政务院财政经济委员会副主任，章伯钧担任交通部部长，李书城担任农业部部长，梁希担任农垦部部长，沈雁冰担任文化部部长，马叙伦担任教育部部长，史良担任司法部部长，胡愈之担任出版总署署长，等等。

并在社会上树立了廉洁朴素的社会风尚。对新民主主义时期的资产阶级思想，中共中央还承认其存在的合理性，注意纠正学习和批判运动中的"左"倾急躁情绪。"三反""五反"期间，党内急于消灭资产阶级的思想有所抬头。当时中宣部主办的重要理论刊物《学习》杂志，曾经接连发表几篇论述消灭资产阶级思想的文章，对此，毛泽东作出了这样的批评："新民主主义时期，不允许资产阶级和小资产阶级有自己的立场和思想，这种提法是脱离马克思主义的，是一种幼稚可笑的思想。"①

从1953年起学习和宣传的重点转向过渡时期总路线、苏联经验，对资产阶级思想的态度也伴随大规模的社会主义改造发生改变。1953年12月，中共中央批准并转发了中宣部编写的《为动员一切力量把我国建设成为一个伟大的社会主义国家而斗争——关于党在过渡时期总路线的学习和宣传提纲》，在全国范围内掀起一场声势浩大的思想教育活动。1954年5月召开的中国共产党第二次全国宣传工作会议提出当时的主要任务，就是进一步以马克思列宁主义的社会主义思想来教育全党和人民群众，动员全党和全国人民为实现党的总路线、完成国家建设的第一个五年计划而斗争。为此，必须同妨碍社会主义建设和社会主义改造的资产阶级思想进行坚决的斗争。自此，社会主义思想逐渐在国内确立了压倒一切的优势，意识形态领域的斗争锋芒开始全面指向资产阶级思想。同一时期，知识分子的思想改造与对过渡时期总路线的学习和宣传相配合，目标也逐渐对准了那些"反动学术权威"和资产阶级学术观点，出现了一些把思想问题、学术问题政治化的倾向。从1955年开始强调理论队伍建设，并结合肃反运动多次批判右倾保守思想。1956年召开全国知识分子问题会议、提出"百花齐放""百家争鸣"的方针之后，在文艺界和科学界引起强烈反响，活跃了学术研究，解放了人们的思想。

---

① 《建国以来毛泽东文稿》第3册，中央文献出版社1989年版，第361页。

第四节　新政权对国家利益的争取和维护

20世纪40年代第二次世界大战后形成的以苏联为首的社会主义阵营同以美国为首的帝国主义阵营之间的冷战对峙，在为中国革命突破帝国主义殖民链条创造历史机遇的同时，也使中国的对外安全形势变得十分复杂严峻，新政权必须承担起捍卫国家独立、主权和领土完整的任务，为全面恢复建设争取有利的国际条件与和平的国际环境。

一　提出三大外交方针和中苏结盟

毛泽东在1949年春夏之间，针对如何处理旧中国的外交关系、如何争取国际承认和建立新的外交关系、如何争取国际援助和保障国家安全等具体外交问题，先后提出了"另起炉灶""打扫干净屋子再请客"和"一边倒"三大外交方针。这当中的"另起炉灶"，是指不承认国民党政府同各国建立的旧的外交关系，而要在新的基础上同各国另行建立新的外交关系。"打扫干净屋子再请客"，是指不急于同帝国主义国家建立外交关系，而是要先清除帝国主义在中国的残余势力和影响，以免为敌对者留下活动的余地，让其"钻进来"捣乱。这两个方针充分体现了新中国外交的革命性，归结起来，就是要与旧中国半殖民地的屈辱外交彻底决裂，创立独立自主的新型外交，使新中国在对外交往中处于主动地位。"一边倒"，是指在独立自主的前提下站在社会主义阵营一边。上述方针在《中国人民政治协商会议共同纲领》中有完整的体现。《共同纲领》宣示要为中国的独立、民主、和平、统一和富强而奋斗，为此，必须取消帝国主义国家在中国的一切特权，并将联合世界上一切爱好和平、自由的国家和人民，首先是联合苏联、各人民民主国家和各被压迫民族，站在国际和平民主阵营方面，共同反对帝国主义侵略，以保障世界的持久和平。在具体的外交政策上，《共同纲领》宣布："对于国民党政府与外国政府所订立的各项条约和协定，中华人民共和国中央人民政府应加以审查，按其内容，分别予以承认，或废除，或修改，或重订"；"凡与国民党反动派断绝关系、并对中华人民共和国采取友好态度的外国政府，中华人民共和国中央人民政府可在平等、互利及互相尊重领土主权的基础上，与之谈判，建立外交关系"；"中华人民共和国可在平等和互利的基础上，与各外国的政府和人民恢复并发展通商贸易关系"；"中华人民共和国中央人民政府应尽力保护国外华侨的正当权益"；"中华人民共和国人民政府保护守法的外国侨民"；"中华人民共和国对于外国人民因拥护人民利益参加和平民主斗争受其本国政府压迫而避难于中国境内者，应予以居留权"。《共同纲领》规定的外交原则、方针和政策，是新中国在独立自主基础上开创新型外交关系的重要思想和战略指导，它不仅奠定了新中国独立自主和平外交的基础，而且对新中国外交的展开乃至国际关系的演变，都产生了深远的影响。

苏联是第一个与新中国建立外交关系的国家。1949年10月2日即新中国成立的第二天，苏联政府就表示承认中华人民共和国政府，决定与中华人民共和国建立外交关系，同时断绝与国民党政府之间的外交关系。10月3日，周恩来复电代表中华人民共和国中央人民政府表示热忱欢迎。这样，苏联成为第一个承认新中国，并同新中国建交的国家。紧接着，新中国与保加利亚、罗马尼亚、匈牙利、朝鲜民主主义人民共和国等10个社会主义国家也迅速建立了外交关系。随后，与一些周边国家和较为中立或有中立倾向的欧洲国家也相继经过谈判建立了外交关系。到1956年，同新中国建交的国家增加到25个。

与此同时，新中国根据情况和轻重缓急，有步骤地、彻底地摧毁帝国主义在华控制权和残余势力，主要措施包括：收回帝国主义兵营，统一航运管理，改造海关，统制对外贸易，实行外汇管制，清理外国在华拥有的企业和房地产，处理外国在华文教和宗教事业，对于国民党政府与外国政府所订立的各项条约和协定进行重新审查，等等。

1949年12月16日至1950年2月17日，毛泽东对苏联进行国事访问，并经过努力与苏方签订了《中苏友好同盟互助条约》，取代了苏联此前与国民党政府签订的《中苏友好同盟条约》。《中苏友好同盟互助条约》的缔约宗旨为：加强中苏之间的"友好与合作，共同防止日本帝国主义之再起及日本或其他用任何形式在侵略行为上与日本相勾结的国家之重新侵略"；"依据联合国组织的目标和原则，巩固远东和世界的持久和平与普遍安全"。条约规定："缔约国双方保证共同尽力采取一切必要的措施，以期制止日本或其他直接间接在侵略行为上与日本相勾结的任何国家之重新侵略与破坏和平。一旦缔约国任何一方受到日本或与日本同盟的国家之侵袭因而处于战争状态时，缔约国另一方即尽其全力给予军事及其他援助"；"双方均不缔结反对对方的任何同盟，并不参加反对对方的任何集团及任何行动或措施"；"双方根据巩固和平与普遍安全的利益，对有关中苏两国共同利益的一切重大国际问题，均将进行彼此协商"；"双方保证以友好合作的精神，并遵照平等、互利、互相尊重国家主权与领土完整及不干涉对方内政的原则，发展和巩固中苏两国之间的经济与文化关系，彼此给予一切可能的经济援助，并进行必要的经济合作"。

中苏双方同时签订了《关于中国长春铁路、旅顺口及大连的协定》，规定在对日和约缔结后，但不迟于1952年末，中国长春铁路将移交为中国完全所有，苏联军队将自旅顺口撤退。中华人民共和国总理兼外交部部长周恩来与苏维埃社会主义共和国联盟外交部部长维辛斯基互换照会，声明由于签订新约和新协定，1945年《中苏友好同盟条约》及协定失效；双方政府确认蒙古人民共和国之独立地位，已因其1945年的公民投票及中华人民共和国业已与其建立外交关系而获得了充分保证。双方还就苏联政府将苏联经济机关在东北自日本所有者手中所获得之财产、过去北京兵营的全部房产无偿移交中国政府的决定亦互换了照会。

中苏新约是新中国在安全形势严峻的情况下为保障国家独立、主权和安全所尽外交努力的重大成果。它为新中国在国际上争取了一个有力的同盟，同时增强了世界和平阵线的力量；而中苏互助合作关系的全面展开，也为新中国政权的巩固和建设事业的恢复与发展起到了积极作用。新中国派出志愿军抗美援朝以及此后开展大规模的工业化建设，都曾获得苏联大量的资金、装备、技术等援助。中苏新约签订后，苏联同意向中国提供3亿美元的贷款。朝鲜战争期间，苏联共向中国提供了64个陆军师、23个空军师的装备，大部分系半价赊购，计30亿元人民币，合13亿美元。此外，苏联也曾无偿提供部分武器。在此期间，苏联给中国的大多数贷款用于购买苏制武器装备。"一五"计划期间，新中国得益于苏联援建的150个工业项目，以这些项目为核心，以900余个其他大中型项目为重点，仅用十年时间就初步形成了工业化体系，奠定了工业化的坚实基础。1952年至1962年，约1万名苏联专家来华工作，不但提供技术咨询，而且负责训练中国技术人员。同一时期，有28000名中国技术人员和熟练工人前往苏联受训。总之，中苏结盟无论对国际冷战格局，还是对新中国国内社会主义道路的探索，以及对新中国初期的工业化建设，都产生了极其深远的影响。

二　抗美援朝和军队现代化正规化建设

1950年，新中国正当集中精力为争取国家财政经济状况的基本好转而斗争之际，突如其来的朝鲜战争使得周边的安全形势一下子紧张起来。这一年的6月25日，朝鲜南北双方围绕国家统一问题爆发大规模内战。6月27日，美国总统杜鲁门公开发表声明，宣布美国武装干涉朝鲜内战和侵入台湾海峡。随后，美国操纵联合国安理会，拼凑起了一支以美军为主共有16个国家参加的"联合国军"，分批运抵朝鲜。同时派出海军第7舰队侵入台湾海峡，公然阻挠中国完成国家统一。美国的这一行径激起中国政府和人民的强烈反应。中共中央和中央军委对时局进行了慎重的分析，重新考虑了国防部署、国防战略和军事斗争重点，作出"支援朝鲜人民，推迟解放台湾"的重大决策。中央军委于7月13日发出《关于保卫东北边防的决定》，调集部队北上进至中朝边境地区，组成东北边防军。9月15日，美军和南朝鲜军等7万余人在朝鲜西海岸的仁川实施登陆，随即向汉城发展进攻，朝鲜人民军腹背受敌，9月下旬被迫转入战略退却，战争形势发生逆转。9月29日，美第8集团军指挥的美军和南朝鲜军全线进抵三八线，并准备越过三八线继续北进，占领全朝鲜。中国当即向美方发出警告，表示如果美军越过三八线扩大战争，中国不会不管，"中国人民绝不能容忍外国的侵略，也不能听任帝国主义者对自己的邻人肆行侵略而置之不理"[①]。何况，从8月27日开始，美军飞机就不断侵入中国东北边境领空进行轰炸扫射，已经把战火烧到了中国的领空和领土。根据朝鲜劳动党和朝鲜民主主义人民共和国的多次请求，中共中央经反复权衡利弊作出参战决定。

美国政府完全低估了中国人民的决心和力量，根本没把中国政府的警告当回事，从1950年10月7日开始，派遣地面部队大举越过三八线，并向中朝边境发起进攻。10月8日，毛泽东签署命令，决定将东北边防军改为中国人民志愿军，由彭德怀任司令员兼政治委员。10月中旬，中央军委和彭德怀制定了志愿军入朝后的作战方针和部署。10月19日，志愿军秘密渡过鸭绿江，开赴朝鲜战场，开始了抗美援朝战争，并于10月25日打响了出国作战的第一次战役。10月25日这一天后来被定为中国人民志愿军抗美援朝、保家卫国作战纪念日。至11月5日，第一次战役胜利结束，毙、伤、俘敌1.5万余人，志愿军自身伤亡1万余人，将美军率领的"联合国军"从鸭绿江打回到青川江一线以南，粉碎了敌人于感恩节前占领全部朝

[①]《建国以来周恩来文稿》第3册，中央文献出版社2008年版，第360页。

鲜的计划，初步稳定了朝鲜战局。接着，又先后于1950年11月6日至12月24日、1950年12月31日至1951年1月8日发起第二次战役和第三次战役，迫使"联合国军"转入战略防御，扭转了朝鲜战局，并将战线推进到了三八线以南。"联合国军"不甘心失败，发起全线反扑，与中朝军队于1951年1月25日至4月21日和1951年4月22日至6月10日进行了两次规模更大的第四次战役和第五次战役，中朝军队经过艰苦作战，将战线稳定在三八线附近地区。经过历时7个月的五次战役，志愿军与人民军一起共歼敌23.3万余人，自身减员18.9万余人。[1] 美国政府意识到，要打到鸭绿江边迅速结束朝鲜战争已经毫无希望，于是试图通过谈判来结束战争。此后，战争进入相持阶段。我军贯彻"持久作战，积极防御"的战略方针和毛泽东提出的"零敲牛皮糖"的战术指示，积极进行战术反击作战，为停战谈判创造有利条件。其间也发生了几次规模较大的战事，如1951年夏秋季防御作战、1951年8月至1952年6月的反"绞杀战"、1952年秋季战术反击作战、1952年10月14日至11月25日著名的上甘岭战役和1952年12月下旬至1953年4月底的反登陆作战准备等。为迫使美军签订停战协定，从1953年5月13日开始，志愿军发起夏季反击战役，共歼敌7.8万余人，收复土地192.6平方公里，自身减员3.3万余人。[2] 此次作战有力配合了停战谈判，促进了朝鲜停战的实现，也对停战后维护朝鲜局势的稳定起了重要的作用。

1953年7月27日，朝鲜时间上午10时，交战双方谈判代表在板门店举行停战签字仪式，至此，历时两年零九个月的抗美援朝战争宣告结束。在这场战争中，志愿军毙、伤、俘"联合国军"71万余人。美军消耗各种作战物资7300余万吨，战争经费达400亿美元。志愿军自身作战减员36.6万余人（另外非作战死亡2.5万余

---

[1] 《中国人民解放军军史》第四卷，军事科学出版社2011年版，第199—208页。
[2] 同上书，第219页。

人），消耗各种作战物资 560 万吨，战争经费 62.5 亿元人民币。①

1953 年 9 月 12 日，在中央人民政府委员会第二十四次会议上，毛泽东发表讲话，对抗美援朝战争的成果给予高度评价。他说："抗美援朝战争的胜利是伟大的，是有很重要意义的。""第一，和朝鲜人民一起，打回到三八线，守住了三八线"，巩固了东北边防。"第二，取得了军事经验。我们中国人民志愿军的陆军、空军、海军，步兵、炮兵、工兵、坦克兵、铁道兵、防空兵、通信兵，还有卫生部队、后勤部队等等，取得了对美国侵略军队实际作战的经验。""第三，提高了全国人民的政治觉悟。""由于以上三条，就产生了第四条：推迟了帝国主义新的侵华战争，推迟了第三次世界大战。"②

抗美援朝战争期间，我国国内开展了一场轰轰烈烈的抗美援朝运动。在爱国主义和国际主义的感召下，全国人民纷纷以实际行动支援抗美援朝，广大青年踊跃报名参军入伍，工人、农民广泛开展增产节约运动，各界群众和爱国人士踊跃捐款为志愿军购买飞机大炮。以订立爱国公约，捐献、增产、节约为主要内容的支援抗美援朝运动的开展，对于增强我国的国防力量、增加工农业生产、保持物价稳定、提高工作效率等起了重大作用。而且，由于党和政府正确地执行了"边打、边稳、边建"的方针，抗美援朝战争不但没有拉长国民经济恢复的时间，而且还大大促进了新中国的国防建设和军队正规化、现代化建设。1950—1954 年，新中国还对越南人民抗击法国殖民主义侵略提供了军事援助。

现代化、正规化建设，从新中国成立一开始就是军队建设的重点。随着全国解放战争的基本结束，中国人民解放军的根本任务发生了历史性的转变，由夺取全国政权转变为巩固人民民主专政，保

---

① 军事科学院历史研究部：《抗美援朝战争史》第 3 卷，军事科学出版社 2000 年版，第 461 页。

② 《建国以来毛泽东军事文稿》中卷，军事科学出版社、中央文献出版社 2010 年版，第 175 页。

卫祖国安全和国家建设。由此，人民解放军的建设进入一个崭新的历史阶段。首先是按照《共同纲领》的规定成立了中央人民政府人民革命军事委员会，主席为毛泽东，副主席为朱德、刘少奇、周恩来、彭德怀、程潜，委员为贺龙、刘伯承、陈毅、林彪、徐向前、叶剑英、聂荣臻等22人。充实和调整了军委总部领导机构，军委下面设总参谋部、总政治部和总后方勤务部，后又增设总干部管理部。适应国防现代化建设的主要任务和国防战略的需要，撤销了野战军和兵团机构，建立了单一的军区领导体制，全国共分为西北、西南、中南、华东、华北、东北6个一级战区。按照1950年5月全军参谋会议的部署，对军队进行整编复员，统一编制体制，并对起义、投诚和接受改编的原国民党部队完成教育改造。组建海军、空军和加强诸兵种建设是军队建设的首要任务。1949年11月11日，中国人民解放军空军司令部成立。1950年4月14日，中国人民解放军海军领导机关正式成立。[①] 随后还组建了公安部队和防空部队。兵种方面，建立并组建起了炮兵、装甲兵、工兵、通信兵、防化兵、铁道兵等多兵种的领导机构及其部队。抗美援朝战争期间，在苏联政府提供空军装备援助的基础上，中央军委加速了空军建设。各陆军技术兵种也在作战中走向成熟，比如炮兵部队、高射炮兵部队、装甲兵部队、工兵部队、铁道兵部队等。抗美援朝战争时期还很有远见地采取了轮番作战和轮换作战的方针，全面锻炼了部队、高级指挥机关和高级指挥员，使人民军队积累了现代战争的重要经验。1951年朝鲜战局趋于稳定后，一度被迫中断的军队精简整编工作恢复进行，到1954年底基本完成简编计划，全军基本上做到了人员统一编制、武器统一定型，人民解放军基本上实现了单一兵种向诸军兵种合成化的转变。

同一时期，军队还系统开展了文化教育和军事理论教育，强化了军队政治工作和日常军事训练，建立健全了条令条例和制度保障。

---

① 原华东军区海军组建日1949年4月23日被定为海军成立纪念日。

根据中央军委做出的建设正规军事院校的决定,以培养合成军队高级指挥员和高级参谋人员为宗旨的中国人民解放军军事学院于1951年1月15日举行成立典礼,随后组建了多所军兵种院校。1951年2月,总参谋部颁布中国人民解放军内务条令、队列条令、纪律条令三个草案,作为管理教育,建立良好的内外关系、内务制度,进行队列训练,维护纪律,以及实施奖励和处分的依据。1953年5月1日,这三个条令草案经修改后由中央军委正式颁布,在全军试行,统一了全军的制度,提高了全军的组织性、计划性、准确性和纪律性。加强了部队正规军事训练,尤其是加强了部队政治建设,着力克服了和平麻痹思想和战斗意志涣散的问题。1954年4月15日,中共中央、中央军委颁布《中国人民解放军政治工作条例(草案)》(以下简称条例草案)。条例草案对军队政治工作的性质、任务、职责、组织形式、工作作风以及各方面的关系,作了明确规定。这个条例草案的颁布,对保证党对军队的绝对领导,加强军队的政治工作和革命化建设,具有重要意义。

1953年底至1954年初的全国军事系统党的高级干部会议,明确规定把建设一支优良的现代化的革命军队以保卫社会主义建设、防御帝国主义侵略作为军队建设的总方针、总任务。1955年出台了军队干部由供给制变为薪金制和评定军衔等多项重大举措。该年9月27日,在北京中南海怀仁堂隆重举行授予中华人民共和国元帅军衔及授予勋章典礼,毛泽东主席颁发命令状,授予朱德、彭德怀、林彪、刘伯承、贺龙、陈毅、罗荣桓、徐向前、聂荣臻、叶剑英中华人民共和国元帅军衔。国务院总理周恩来发布命令状,授予粟裕、黄克诚、谭政、萧劲光、王树声、陈赓、罗瑞卿、许光达、徐海东、张云逸大将军衔。另外还授予萧克等55人上将军衔,授予徐立清等175人中将军衔,授予解方等801人少将军衔。[①] 这一年还

[①] 1956年、1958年又分别授予王建安、李聚奎上将军衔。1956年至1965年,共授予将官以上军衔1614人。

颁布了《中华人民共和国兵役法》，从1956年开始，中国人民解放军由自革命战争时期形成的志愿兵役制（募兵制）改为义务兵役制（征兵制）。

三　争取统一、反对分裂的斗争

中华人民共和国成立后，根据总部命令，中国人民解放军各野战军按照中共中央、中央军委关于向全国进军的既定部署，迅速向一切尚未解放的国土推进。从1949年10月至1950年5月，人民解放军解放了除西藏、台湾和沿海少数岛屿以外的全部国土，全国解放战争基本结束。

西藏是中国大陆最后实现解放的地区。西藏自古就是中国版图的重要组成部分，19世纪末20世纪初以来，英国殖民主义势力由印度侵入西藏。1949年新中国成立前后，西藏地方上层亲英势力加紧活动，企图乘国民党政权覆亡之机将西藏从中国分裂出去。有鉴于此，毛泽东作出"进军西藏宜早不宜迟"的决定，同时又指明利用一切可能，加强政治争取工作，力争和平解放西藏。1950年1月初，中共中央作出进军西藏的决策。在争取和平解放西藏的既定方针下，中央一面命令人民解放军积极做好进藏准备，一面多次催促西藏地方政府派代表到北京谈判，以便订立关于和平解放西藏办法的协议。但是，西藏地方当局一再拖延，企图以武力阻挠人民解放军进入西藏。10月，人民解放军发起昌都战役并一举占领昌都，打开了进藏门户。此形势下，西藏上层集团中反对分裂的一方逐渐占了上风。1951年4月，以阿沛·阿旺晋美为首的西藏地方政府代表团到达北京，同以李维汉为首席全权代表的中央人民政府代表团举行谈判。5月23日，双方签订《中央人民政府和西藏地方政府关于和平解放西藏办法的协议》，西藏实现和平解放。10月26日，人民解放军胜利进驻拉萨。

台湾同样是中国领土不可分割的一部分。第二次世界大战结束后，根据《开罗宣言》和《波茨坦公告》，中国收复了日本强占的台湾和澎湖列岛等岛屿。中华人民共和国成立后，以美国为首的西方敌对势力宣布继续承认退守台湾的国民党残余政权，对中国共产党领导的人民民主政权则不予承认。对于新中国而言，解决台湾问题，对内是要实现国家统一，对外是要反对外来干涉、侵略和制造"两个中国"。早在1949年3月15日，新华社在时评中就提出了"中国人民一定要解放台湾"的口号。12月31日，中共中央发表《为祝贺新年告前线将士和全国同胞书》，明确提出解放台湾是1950年的一大任务。解放台湾的军事准备工作一直在加紧进行中，只是由于1950年6月下旬朝鲜内战爆发，美国立即进行武装干涉，同时派海军第7舰队侵入台湾海峡，中共中央和中央军委被迫做出了推迟解放台湾的决定。美国为建立"远东防御体系"，积极策划对日本的单独媾和，片面签订对日和约，并同日本、南朝鲜、菲律宾、泰国、澳大利亚、新西兰等国签订"安全保障条约"或"防御条约"，给予美国驻军和建立军事基地的特权，在中国沿海外围构成了弧形封锁岛链。朝鲜战场失败后，美国越加重视台湾在这一链条中的战略地位，增加对台经济和军事援助，支持和鼓励台湾当局对中国大陆和沿海进行武装袭扰和军事攻击。1954年印支人民取得抗法战争的胜利，美国认为其太平洋"反共防线"受到严重威胁，在东南亚和东北亚拼凑所谓"防务"集团的同时，与一直急于加入美国太平洋防御体系的台湾当局策划缔结所谓"共同防御条约"。中共中央和中国政府密切关注台海形势的变化，决定向全国人民再次提出"解放台湾"的任务，并根据这个任务在政治、军事、外交和宣传方面采取必要措施。1954年7月23日，《人民日报》发表了《一定要解放台湾》的社论。8月11日，周恩来在外交报告中表示："台湾是中国神圣不可侵犯的领土，决不容许美国侵占，也决不容许交给联合国托管。解放台湾是中国的主权和内政，决不容许他国干涉。"[①] 8

---

① 《在中央人民政府委员会第三十三次会议上周恩来总理兼外长的外交报告》，《人民日报》1954年8月14日。

月31日,中央军委发布《关于对台湾蒋匪军积极斗争的军事计划与实施步骤》。9月3日、22日,人民解放军两次对金门实施惩罚性炮击,表达中国人民反对外来干涉、一定要解放台湾的决心。10月10日,周恩来致电九届联大,控诉美国武装侵占中国领土台湾,要求九届联大促使安理会制止美国的侵略行动,并责令美国自台湾、澎湖列岛和其他中国岛屿撤走其全部武装力量和一切军事人员。12月2日,美国政府不顾中国政府和人民的反对,同台湾当局签署《共同防御条约》,遭到中国共产党方面的强烈反对。1955年1月18日,人民解放军首次发起陆海空军联合渡海登陆作战,一举解放了大陈岛外围的一江山岛。至2月中下旬,浙江东部沿海岛屿全部解放。

1955年,周恩来利用亚非会议的出访机会,先后12次同一些外国领导人谈台湾问题,明确地阐述了中国的立场。他指出,"在台湾问题中存在着两个性质不同而又互相关联的问题。中国人民解放台湾是行使自己的主权,争取领土完整和中国的完全统一",中国和蒋介石集团之间的关系是内政问题。"美国侵占台湾干涉中国人民解放沿海岛屿,造成了台湾地区的紧张局势。因此中美之间的关系是国际性的问题"。他同时释放出争取和平解放台湾问题的重要信号:一是表示中国愿意同美国坐下来谈判;二是指出中国人民有权用一切方法解放台湾,包括和平解放的方法。[①] 周恩来总理代表中国政府作出的上述宣示获得了亚非各国和世界舆论的一致好评。许多国家的领导人改变了对新中国的认识,不少国家的领导人、驻外使节表示愿意从中斡旋促成台湾问题的和平解决。[②] 5月13日,周恩来在全

[①] 《周恩来年谱(1949—1976)》(上),中央文献出版社1997年版,第474—475页。

[②] [英]杰弗里·巴勒克拉夫、雷切尔·F.沃尔:《国际事务概览》,上海译文出版社1985年版,第77页;《中国出席亚非会议代表团在会议期间同八国代表团谈台湾问题的书面总结》,中华人民共和国外交部档案207—00018—01(1)卷,1955年5月27日;《周恩来总理在亚非会议期间会见黎巴嫩驻美国大使马立克谈话记录》,中华人民共和国外交部档案207—00015—02(1)卷,1955年4月25日。

国人大常委会第 15 次会议上宣布:"中国人民愿意在可能的条件下,争取用和平的方式解放台湾。"然而,这一立场并未得到美国政府和台湾当局的善意回应。解放台湾虽为中国内政问题,但实际上已变成一种错综复杂的国际斗争,台湾问题的解决将是一场军事、政治、外交、经济、宣传上的持久斗争。[①]

四　和平共处五项原则的提出与外交新局面的打开

1953 年,艾森豪威尔上台,斯大林逝世,朝鲜半岛停战,这一系列重大事件为美苏乃至东西方两大集团通过和平谈判以缓和国际紧张局势提供了一定的条件,新中国领导人也从中捕捉到了打破美国的战争计划和战略包围、拓展国际活动空间、改善国家安全环境的机会。1954 年的日内瓦会议是新中国打开外交新局面的一个突破口。

(一)出席日内瓦会议

越南在近代沦为法国殖民地,第二次世界大战后期为日本占据。1945 年 8 月日本战败投降,以胡志明为领袖的越南共产党和越南独立同盟随即发动总起义,于 9 月在河内正式成立越南民主共和国。在美国和英国的支持下,法国派军重返印度支那半岛(中南半岛),于 1946 年发动侵越战争,越南自此展开了长达八年的抗法救国战争。中国是越南抗法战争时期唯一向越南提供军事援助的国家,同时也为最终实现印度支那停战作出了巨大贡献。

1953 年朝鲜停战后,法国国内要求停战和谈的呼声持续高涨,世界舆论也更多倾向于和缓国际局势。1954 年 2 月,在柏林召开的美、英、法、苏四国外长会议声明同意两个月后召开日内瓦会议,寻求政治解决朝鲜半岛问题和恢复印度支那和平问题,同这两个问题有关的其他国家,也派出代表分别参加各个问题的讨论。中国政

[①] 黄庆、王巧荣主编:《中华人民共和国外交史》,当代中国出版社 2016 年版,第 8—57 页。

府对此表示欢迎并作了充分的准备,任命政务院总理兼外长周恩来为代表团首席代表,副外长张闻天、王稼祥、李克农为代表,出席日内瓦会议。

1954年4月26日,日内瓦会议开幕,开始讨论解决朝鲜半岛问题。由于美国根本无意从朝鲜半岛撤军,顽固坚持使会议破裂的立场,最终致使讨论僵持至6月15日无果而罢。5月8日,日内瓦会议开始讨论恢复印度支那和平的问题,美、英、法、苏、中五大国及越南民主共和国、越南国(即南越)、老挝王国和柬埔寨王国参加了会议。就在前一天,越南人民在中国方面的全力支援下取得了奠边府战役的决定性胜利,为会议取得成果创造了有利条件。会议主要围绕在越南如何划分军队集结区问题、老挝和柬埔寨停战问题、停战的监督与保证问题、印支三国经过自由选举恢复国家统一的问题四项内容展开了讨论。面对错综复杂的各方关系,中国代表团首先同苏联和越南领导人保持密切磋商,相互协调立场和利益诉求;其次,比较准确地了解和利用了法、英两国与美国之间的分歧,以和平为旗帜,开展了卓有成效的斡旋工作,从而尽可能地争取了多数国家,孤立了美国;最后,在关键时刻及时综合各方意见,提出适度、合理、能为各方接受的基础方案,为打破僵局、推动会议前进扫除了障碍。至7月21日,会议终于签订了印支三国停止敌对行动协定并通过最后宣言。

日内瓦会议以印支停战宣告了法国在印支半岛殖民统治的结束,成功破坏了美国进行直接武装干涉的企图,为印支三国特别是越南的恢复建设争取了一段和平时期,在使亚洲形势得到进一步缓和的同时,也极大地缓解了中国西南边陲的安全压力。

出席日内瓦会议,是中国通过参与大国协商解决国际争端的一次重要实践,也使中国领导人看到中国所面临的外交形势已经发生改变,必须相应调整外交政策。日内瓦会议期间,代表团的活动已经取得了积极效果,特别是在改善和发展与西方国家关系方面,这也是中国为争取和缓国际形势采取的一项重要措施。中国与西方国家间的贸易联系有所扩大，与英国、荷兰确立了半建交关系。中美关系打开了缺口，1954年9月2日起举行领事级谈判，1955年8月1日升格为大使级会谈，为对抗中的中美两国保留了一个持续接触的渠道。

（二）倡导和平共处五项原则

朝鲜半岛停战后，中央确定了进一步缓和国际紧张局势、打破美国对中国的孤立封锁政策的外交总方针，目的是为国内已经展开的大规模工业化建设和社会主义改造工作争取有利的国际环境，尤其是要争取一个和平稳定的周边环境。首先排上议事日程的是中印之间关于中国西藏地方与印度关系的问题。经中方同意，1953年12月，印度派出谈判代表团抵达北京。12月31日，周恩来在接见印度政府代表团时，第一次完整地提出了和平共处五项原则。他说："新中国成立后就确立了处理中印两国关系的原则，那就是互相尊重领土主权（后改为'互相尊重主权和领土完整'）、互不侵犯、互不干涉内政、平等互惠（后改为'平等互利'）和和平共处的原则"；"两个大国之间，特别是像中印这样两个接壤的大国之间，一定会有某些问题。只要根据这些原则，任何业已成熟的悬而未决的问题都可以拿出来谈"。① 经过4个月的协商谈判，1954年4月29日中印双方签署《关于在中国西藏地方和印度之间的通商和交通协定》，第一次将和平共处五项原则完整写入外交文件，从而以国际条约的形式正式固定下来。

1954年6月，周恩来利用日内瓦会议休会之机先后出访印度和缅甸，多次提到中国关于和平共处五项原则的主张，他指出："世界各国不分大小强弱，不论其社会制度如何，是可以和平共处的。各国人民的民族独立和自主权利是必须得到尊重的。各国人民都应该有选择其国家制度和生活方式的权利，不应受到其他国家的干涉。革命是不能输出的；同时，一个国家内人民表现的共同意志也不应

---

① 《周恩来外交文选》，中央文献出版社1990年版，第63页。

容许外来干涉。如果世界各国都根据这些原则处理他们相互间的关系，那么，这一国家对那一国家进行威胁和侵略的情况就不会发生，世界各国和平共处的可能，就会变成现实。"① 这一主张被印度、缅甸两国领导人认同并写入了联合声明。9月，周恩来在一届全国人大一次会议上作政府工作报告时指出，和平共处五项原则应当同样适用于中国同亚洲其他国家的关系之中和一般的国际关系之中。同年在会见来华访问的英国工党代表团和印、缅两国总理时，毛泽东对和平共处五项原则又几次作出阐述，表示："五项原则是一个长期方针，不是为了临时应付的。这五项原则是适合我国的情况的，我国需要长期的和平环境"，五项原则也是"适合亚洲、非洲绝大多数国家的情况的"。② 五项原则同样适用于中国同包括美国在内的西方国家的关系。中国领导人和中国政府在多个场合表示，以五项原则为基础的和平共处政策不排斥任何国家；中国愿意同美国通过谈判解决问题，愿意同美国和平共处；只要西方国家愿意，中国也愿同它们合作。

和平共处五项原则提出后很快得到更多周边邻国的赞同。1955年4月，在印度新德里召开的有16国参加的亚洲国家会议通过的决议中声明：完全支持五项原则，这五项原则构成各国相互了解与和平共处的坚实基础。会议要求亚洲和世界各国的政府同意把这些原则作为它们同所有国家的关系的基础。

和平共处五项原则最初是针对不同社会制度国家间关系提出的，在1956年波匈事件发生后，其层次再度得到提升。中国政府于11月1日就苏联政府10月30日宣言发表声明指出，社会主义国家的相互关系更应该建立在五项原则的基础上。也就是说，在中国的认识中，和平共处五项原则已超越单纯强调社会制度的异同，成为中

---

① 《周总理在新德里举行记者招待会》，《人民日报》1954年6月29日。
② 《毛泽东外交文选》，中央文献出版社、世界知识出版社1994年版，第186—187页。

国与所有国家建立和发展相互关系的准则。

历史见证，和平共处五项原则既体现了中国政府的和平外交政策，也反映了亚洲邻国和世界各国人民维护和平的共同愿望。它的提出，是中国为建设国际新秩序作出的重大思想和理论贡献，它不仅为中国发展同世界各国关系提供了彼此都能接受的原则基础，为中国外交的发展开辟了更为广阔的前景，而且日益为世界上绝大多数国家所承认，成为普遍适用且经得住历史考验的发展国家间关系和解决国际争端的基本准则，对当代国际关系产生了极其深远和广泛的影响。

（三）参加万隆会议与发展同亚非国家关系

第二次世界大战结束后，民族解放运动日益高涨，在这股不可阻挡的时代潮流中，越来越多的亚非国家赢得独立，逐渐成为一支举足轻重的新兴力量。1955年4月18—24日，由缅甸、锡兰、印度、印度尼西亚和巴基斯坦五国总理发起，包括中国在内的24个[①]亚非国家的政府首脑应邀，在印度尼西亚的万隆召开了以"反对殖民主义，维护民族独立，保卫世界和平，增进亚非团结"为主旨的亚非会议（也称万隆会议）。这是有史以来第一次没有西方殖民国家参加而由亚非国家自己举行的国际会议，与会国的人口已超过当时世界人口的半数，反映了战后国际格局的新变化以及亚非国家和人民的共同愿望和要求。

亚非会议面临的形势复杂而艰巨。与会国家不但社会制度和意识形态不同，而且外交立场各异，既有奉行和平中立的国家，也有北大西洋公约组织和东南亚条约组织的成员国。与会国中，同中华人民共和国建交的只有印度、缅甸等6国，不少国家尚与台湾保持"外交关系"。只有中国和越南是社会主义国家，而一些国家对社会主义有对立情绪。特别是，正加紧在全球实施扩张政策的美国，对于亚非形势的发展深感不安，对亚非会议起初是极力诋毁和贬低，

---

① 亚非会议发起国共邀请25个国家出席，中非联邦未能与会。

接着抛出援助计划拉拢收买,在干涉、阻挠未果后,又派遣了一个70多人的记者代表团到万隆活动,企图从会外操纵会议。中国领导人认为,虽然分歧和斗争不可避免,但与会各国毕竟有着共同的历史经历和现实境遇,有着共同的愿望和要求,所以会议完全有达成协议的可能。

会议前夕,台湾蒋介石集团策划了一起震惊中外的针对周恩来总理的政治暗杀行动。4月11日,中国代表团包租的印度班机"克什米尔公主号"由于遭台湾特务放置定时炸弹,在从香港飞往万隆途中爆炸坠海,机上的中国和越南代表团工作人员以及中外记者11人遇难,周恩来总理因临时改变行程幸免。事件发生后,周恩来率中国代表团毅然按计划从昆明启程,经仰光同缅甸总理吴努、印度总理尼赫鲁、埃及总理纳赛尔等进行了两天会谈后,于4月17日飞抵万隆。代表团成员包括国务院副总理陈毅、外贸部部长叶季壮、外交部副部长章汉夫和中国驻印度尼西亚大使黄镇。

4月18日,亚非会议开幕。在两天的大会一般性发言中,中方代表团表达了争取团结、避免争吵、求同存异的鲜明立场,得到了大多数与会国代表的认同和赞赏,也及时扭转了会议的紧张气氛,避免了大会偏离主旨方向。20日开始,政治、经济和文化三个委员会分别举行小组秘密会议,商讨具体的实质性问题。24日,会议就经济合作、文化合作、人权和自决等亚非国家有共同利害关系和共同关心的一些重大问题达成决议,一致通过了《亚非会议最后公报》。会议关于促进世界和平和合作的宣言中提出的十项原则,包括了中国代表团提案的各项内容,其中肯定了和平共处五项原则的主张。

亚非会议加强了亚非各国人民的民族自觉,促进了亚非各国之间的相互了解,开辟了国际合作的新途径。中国与亚非国家一起倡导的捍卫民族独立、拥护世界和平、求同存异、团结合作的万隆精神,成为中国发展与亚非国家关系的一面重要旗帜。

中国代表团在为亚非会议作出卓越贡献的同时,亚非会议也为中国提供了一个非常珍贵的多边外交平台。会议期间,周恩来总理以外长身份同印度尼西亚外长苏纳约分别代表两国政府就双重国籍问题达成协议并签订了条约,树立了以友好协商精神和平协商解决国际问题的又一良好范例。中国重申愿意根据和平共处五项原则发展同世界各国的关系,欢迎亚非国家到中国访问参观,印度尼西亚、巴基斯坦、锡兰、柬埔寨等多国领导人都接受了访华邀请。周恩来总理同埃及总理纳赛尔先后在会议前夕和会议期间举行会晤,双方达成从两国贸易开始、互派商务机构、逐步使关系正常化的原则协议。1956年5月30日,两国政府发表建交联合公报,宣布正式建立大使级外交关系,埃及成为第一个同中国建交的阿拉伯国家和非洲国家。

中国坚决支持亚非拉国家和人民争取和维护民族独立的斗争,同时积极致力于加强亚非国家间的经济合作与互助。中国的对外援助事业始于1950年对社会主义邻国朝鲜和越南的援助。亚非会议后,中国开始关注对亚非民族主义国家的援助。到1960年4月第四次全国外事会议召开时,中国先后对柬埔寨、埃及、印度尼西亚、缅甸、尼泊尔、锡兰、阿尔及利亚、也门等亚非国家提供援助,协议金额达4.89亿元人民币(其中无偿援助2.38亿元、贷款2.51亿元)。

正是本着善于等待、不必勉强、多做工作、促进关系和水到渠成的方针,中国与越来越多的亚非拉国家建立起友好关系。由亚非会议掀起的新中国第二次建交高潮一直持续到20世纪60年代中期。从1955年到1964年,中国建交国增加了29个,除南斯拉夫和法国外都是亚非拉国家。

本章小结

民主革命时期,以毛泽东同志为主要代表的中国共产党人将马克思列宁主义基本原理与中国实际相结合,科学地提出了新民主主义革命理论和人民民主专政理论,揭示了中国的革命由新民主主义通向社会主义的正确途径和历史必然性,为中华人民共和国的成立和向社会主义过渡做好了充分的理论准备。

中华人民共和国成立后,建立了国营经济,完成了土地改革,恢复了国民经济,并将民族资本主义经济逐步引向了国家资本主义轨道。在此基础上,提出了过渡时期总路线,开启了大规模工业化建设,不失时机地、创造性地进行了农业、手工业和资本主义工商业的社会主义改造,实现了中国历史上最深刻最伟大的历史变革。

与过渡时期总路线提出的"一化三改"的任务相适应,社会主义的宪法取代了新民主主义的共同纲领,以此为遵循确立了以人民代表大会制度、中国共产党领导的多党合作和政治协商制度、民族区域自治制度等为主体的社会主义基本政治制度和社会主义意识形态,为当代中国一切发展进步、为中国的科学社会主义实践奠定了根本的政治前提和制度基础。

第 二 章

中国社会主义建设道路的艰辛探索（1956—1978）

社会主义基本制度确立以后，以毛泽东同志为主要代表的中国共产党人，团结带领全国各族人民进行全面大规模的社会主义建设，对适合中国国情的社会主义建设道路进行了艰辛探索。一方面，既确定了把中国建设成为一个强大的社会主义国家的战略目标，创造了如何建设社会主义的新理论，基本建立了独立的、比较完整的工业体系和国民经济体系，取得了一批重要科技成果，成功研制出"两弹一星"，外交方面取得了新突破，成为在世界上有重要影响的大国，培养了一大批社会主义建设的骨干力量；另一方面，又经历了严重挫折，发动了"大跃进"、人民公社化运动，甚至错误发动了"文化大革命"，但又自己拨乱反正，一一纠正失误，并在粉碎"四人帮"后，为加快社会主义建设，酝酿对外开放和对若干体制进行改革。这为新的历史时期开创中国特色社会主义提供了宝贵经验、理论准备、物质基础。

第一节 探索的良好开局

探索中国社会主义建设道路，有一个如何把马克思主义基本原理与中国具体实际相结合的问题。新中国成立初期，中国从苏联学来的高度集中的计划经济体制，在恢复国民经济，保证重点建设和保障人民生活等方面发挥了重要作用。实施"一五"计划期间，调动全国的人力、物力和财力，建设苏联援建的156项重点工程，体现了社会主义能够集中力量办大事的优势，但随着经济发展规模的扩大和经济生活的多样性，这种高度集中体制的弊端也开始暴露出来。因此，毛泽东等领导人提出苏联有些东西不能学。在"三大改造完成以后，发觉统得太死，不行，着手改进体制"[①]。苏共二十大后，毛泽东"以苏联为鉴戒"，探索自己的道路的思路就更加明确。在中共八大召开前后，以毛泽东同志为主要代表的中国共产党人总结自己的经验，借鉴外国的经验，提出了把马克思列宁主义基本原理同中国实际进行"第二次结合"的命题，形成了一系列成果，在中国进行社会主义建设道路的伟大探索中走出了坚实的一步。

一 提出马克思主义同中国实际进行"第二次结合"

为准备中共八大的召开和迎接社会主义建设，党的领导人进行了大量的调查研究。1955年12月开始，刘少奇分别与中央、国务院37个部门领导人进行了座谈。1956年2月到4月毛泽东又用43天时间听取了国务院35个部委的汇报。2月24日，赫鲁晓夫在苏共二十大作了《关于克服个人崇拜及其后果》的秘密报告，尖锐揭露和批判了斯大林领导苏联社会主义建设中的严重错误以及对他的个人崇拜造成的严重后果，引起极大的震动和思想混乱。毛泽东多次主持召开会议进行研究，认为它是"揭了盖子"，又"捅了娄子"。[②] 这个秘密报告，全盘否定斯大林领导苏联党和人民进行社会主义建设的奋斗史，无论在内容上或方法上，都有严重错

[①] 薄一波：《若干重大决策与事件的回顾》上卷，中央党校出版社1991年版，第414页。

[②] 《毛泽东年谱（1949—1976）》第2卷，中央文献出版社2013年版，第545页。

误;报告又暴露了苏联在社会主义建设中存在的缺点与错误,这就破了迷信,解放思想,对探索适合本国情况的革命和建设道路具有积极意义。

针对苏共二十大及其后出现的情况,中共中央讨论并经毛泽东多次修改,先后发表了《关于无产阶级专政的历史经验》《再论无产阶级专政的历史经验》两篇长文,对如何评价斯大林及其领导的社会主义建设的重大问题进行回答。文章指出,从基本原理上来说,十月革命道路"反映了人类社会发展长途中的一个特定阶段内关于革命和建设工作的普遍规律",因此,"保卫十月革命所开辟的这一条马克思列宁主义的道路,在目前的国际形势下具有特别重大的意义"。"在列宁逝世之后,作为党和国家的主要领导人物的斯大林,创造性地运用和发展了马克思列宁主义"[1],凡是他的著作中有益的东西,"我们都需要当作一项重要的历史遗产接受过来"[2]。斯大林的错误虽然对苏联造成了不应有的损失,但是在斯大林领导时期,社会主义的苏联还是大大地向前发展了,"以资本主义国家所不能比拟的速度向前发展着"[3]。在列宁逝世以后的近三十年中他为建成社会主义、保卫社会主义祖国、发展世界共产主义运动而斗争。斯大林是一个犯了严重错误而不自觉其为错误的马克思列宁主义者。"公开承认错误,揭露错误的原因,分析产生错误的环境,仔细讨论改正错误的方法——这才是郑重的。"[4] 文章总结了苏联革命和建设的基本经验,如这个无产阶级的先进分子组织成为共产主义的政党,以马克思列宁主义为自己的行动指南,按照民主集中制建立起来,密切地联系群众,力求成为劳动群众的核心,并且用马克思列宁主义教育自己的党员和人民群众;无产阶级和共产党领导的国家,领

---

[1]《再论无产阶级专政的历史经验》,《人民日报》1956年12月29日。
[2]《关于无产阶级专政的历史经验》,《人民日报》1956年4月5日。
[3]《再论无产阶级专政的历史经验》,《人民日报》1956年12月29日。
[4]《关于无产阶级专政的历史经验》,《人民日报》1956年4月5日。

导人民群众有计划地发展社会主义经济和社会主义文化,在这个基础上逐步地提高人民的生活水平,并且积极准备条件,为过渡到共产主义社会而奋斗;无产阶级和共产党领导的国家,坚持反对帝国主义侵略,承认各民族平等,维护世界和平,坚持无产阶级国际主义的原则,努力取得各国劳动人民的援助,并且努力援助各国劳动人民和被压迫民族[①]等。这些基本的东西,都是放之四海而皆准的马克思列宁主义的普遍真理。

总结苏联的经验教训,中国共产党更坚定了走自己的路的决心:"最近苏联方面暴露了他们在建设社会主义过程中的一些缺点和错误,他们走过的弯路,你还想走?过去我们就是鉴于他们的经验教训,少走了一些弯路,现在当然更要引以为戒。"[②]"社会主义革命和建设时期,我们要进行第二次结合,找出在中国怎样建设社会主义的道路","从各方面考虑如何按照中国的情况办事,努力找到中国建设社会主义的具体道路"[③]。毛泽东在修改八大政治报告时指出:"我国是一个东方国家,又是一个大国。因此,我国不但在民主革命的过程中有自己的许多特点,在社会主义改造和社会主义建设的过程中也带有自己的许多特点。"[④] 1959年12月至1960年2月,他带领一部分理论工作者研读苏联《政治经济学教科书》,再次强调:"马克思这些老祖宗的书,必须读,他们的基本原理必须遵守,这是第一。但是,任何国家的共产党,任何国家的思想界,都要创造新的理论,写出新的著作,产生自己的理论家,来为当前的政治服务,单靠老祖宗是不行的。"[⑤] 毛泽东提出关于实行马克思主义同中国实际的"第二次结合"的任务,为探索适合中国情况的社会主义建设道路,提供了基本的指导原

[①] 《再论无产阶级专政的历史经验》,《人民日报》1956年12月29日。
[②] 《毛泽东文集》第7卷,人民出版社1999年版,第23页。
[③] 《毛泽东年谱(1949—1976)》第2卷,中央文献出版社2013年版,第557页。
[④] 《建国以来毛泽东文稿》第6册,中央文献出版社1992年版,第143页。
[⑤] 《毛泽东文集》第8卷,人民出版社1999年版,第109页。

则。坚持马克思主义方法,在社会主义建设中提高独立思考的能力和创造精神①也成为党的共识。

《论十大关系》是中国共产党探索的第一个成果。毛泽东在听取汇报时,刘少奇、周恩来等人大多参加,边汇报、边议论,总结经济建设的经验,在这个基础上,经过中央政治局的几次讨论,由毛泽东总其大成,形成了《论十大关系》的基本思路。毛泽东先后于4月25日在中央政治局扩大会议和5月2日最高国务会议作了《论十大关系》报告,提出"一定要努力把党内党外、国内国外的一切积极的因素,直接的和间接的积极因素,全部调动起来,把我国建设成为一个强大的社会主义国家"②。调动一切积极因素建设社会主义,成为中共八大的指导思想。社会主义是广大人民群众的事业。毛泽东指出,工人和农民是人民群众的主体,建设社会主义基本力量,必须充分调动他们的积极性;中间势力是可以争取的力量;反动势力虽是一种消极因素,但是我们仍然要做好工作,尽量争取化消极因素为积极因素。

报告提出了当前国家和社会中必须处理好的十大关系,前五个方面主要讨论经济问题,后五个方面主要讨论政治关系问题,充满着辩证法思想。在重工业和轻工业、农业的关系问题上,为实现工业化,应当把重工业作为国内建设的重点,同时要用多发展一些农业、轻工业的办法来发展重工业;在沿海工业和内地工业的关系问题上,要充分利用和发展沿海的工业基地,以便更有力量来发展和支持内地工业;在经济建设和国防建设的关系问题上,在强调加强国防建设的重要性时,提出把军政费用降到一个适当的比例,增加经济建设费用。只有把经济建设发展得更快了,国防建设才能够有更大的进步;在国家、生产单位和生产者个人的关系问题上,三者的利益必须兼顾,不能只顾一头,既要提倡艰

---

① 《建国以来重要文献选编》第8册,中央文献出版社2011年版,第199页。
② 《毛泽东文集》第7卷,人民出版社1999年版,第44页。

苦奋斗，又要关心群众生活；在中央和地方的关系问题上，要在巩固中央统一领导的前提下，扩大地方的权力（即权力下放给地方），让地方办更多的事情，不能把地方卡得死死的，要发挥中央和地方两个积极性；在汉族与少数民族的关系问题上，要巩固各民族团结，着重反对大汉族主义，也要反对地方民族主义，积极帮助少数民族发展经济建设和文化建设；在党和非党的关系问题上，共产党和民主党派要长期共存，互相监督；在革命和反革命的关系问题上，必须分清敌我，化消极因素为积极因素，对一切反革命分子，都应当给以生活出路，使他们有自新的机会；在是非关系问题上，对犯错误的同志要实行"惩前毖后，治病救人"的方针，要允许人家犯错误，允许并帮助他们改正错误；在中国和外国的关系问题上，要学习一切民族、一切国家的长处，包括资本主义国家先进的科学技术和科学管理方法，也要抵制和批判资产阶级的一切腐败制度和思想作风。

《论十大关系》提出的关于社会主义经济、政治建设的方针，成为中共八大的指导思想，对社会主义建设具有长远的指导意义。毛泽东后来回顾说："前八年照抄外国的经验。但从一九六五年提出十大关系起，开始找到自己的一条适合中国的路线。"[①]

二 中共八大制定建设社会主义的路线

1956年9月15日至27日，中国共产党第八次全国代表大会在北京隆重举行。出席代表1026人，代表着全国1073万名党员。这是一次开放的大会。列席大会的有国内各民主党派和无党派人士的代表，还有苏联、法国等50多个国家的共产党代表团。这是一次民主的大会，在中共八大文件的修改过程中即有生动体现："第一次推翻你的，第二次推翻他的，推翻过来，推翻过去，这也说明我们是有民主的。不管什么人写的文件，你的道理对就写你的，完全是讲

---

① 《建国以来重要文献选编》第13册，中央文献出版社2011年版，第369页。

道理的，不讲什么人，对事不对人。"① 八大文件起草，是在毛泽东领导下集体进行的，经中共中央政治局多次讨论，经毛泽东、刘少奇、周恩来等人反复修改，是中共中央集体智慧的结晶。毛泽东强调要有丰富的批评，要有分析，肯定成绩，批评错误。如果没有批评，尽讲一套歌功颂德，那就没有生气，只要一个"好"字就行了，还要多讲干什么？② 会议期间，有100多人作了大会发言或书面发言。

毛泽东致开幕词。他开宗明义："我们这次大会的任务是：总结从七次大会以来的经验，团结全党，团结国内外一切可能团结的力量，为了建设一个伟大的社会主义的中国而奋斗。"他强调："把马克思列宁主义的理论和中国革命的实践密切地联系起来，这是我们党的一贯的思想原则。"他还说：已经得到解放的中国人民的力量是无穷无尽的，我们一定能够一步一步地把我国建设成为一个伟大的工业化的国家。为了迎接即将到来的全面建设高潮，全党"必须善于学习"。"虚心使人进步，骄傲使人落后，我们应当永远记住这个真理"③。毛泽东希望能通过自己在学习基础上的探索，找到一条比苏联东欧搞得更好更快的建设道路，他充满激情的话语，表达了中国共产党人领导人民建设社会主义的坚定信念和雄心壮志，引起与会者的强烈共鸣。

刘少奇作政治报告。他指出，当我国的社会主义改造取得决定性胜利后，国家的主要矛盾和主要任务发生了根本的变化。"现在，革命的暴风雨时期已经过去了，新的生产关系已经建立起来，斗争的任务已经变为保护社会生产力的顺利发展"④。中共八大通过的《关于政治报告的决议》中明确指出，社会主义制度在我国已经基本上建立起来；我们还必须为解放台湾，为彻底完成社会主义改造、

---

① 《毛泽东在中共七届七中全会上的讲话记录》，《党的文献》2006年第1期，第3页。
② 《毛泽东年谱（1949—1976）》第2卷，中央文献出版社2013年版，第606页。
③ 《毛泽东文集》第7卷，人民出版社1999年版，第114、116、117页。
④ 《建国以来重要文献选编》第9册，中央文献出版社2011年版，第80页。

最后消灭剥削制度和继续肃清反革命残余势力而斗争,但是我们国内的主要矛盾,已经是人民对于建立先进的工业国的要求同落后的农业国的现实之间的矛盾,已经是人民对于经济文化迅速发展的需要同当前经济文化不能满足人民需要的状况之间的矛盾。党和全国人民的主要任务是集中力量发展社会生产力,实现国家工业化,逐步满足人民日益增长的物质和文化需要;还有阶级斗争,还要加强人民民主专政,但根本任务已经是在新的生产关系下面保护和发展生产力。①

周恩来作关于发展国民经济第二个五年计划建议的报告。大会坚持了1956年5月中共中央提出的既反保守又反冒进即在综合平衡中稳步前进的经济建设方针;正确处理国家建设与人民生活的关系,"要重工业,又要人民"②,既保障社会主义发展,也不能损害群众的积极性。大会通过了《关于发展国民经济的第二个五年计划(1958—1962)的建议》,要求到1962年,工农业总产值比1957年的计划增长75%左右,其中工业总产值增长一倍左右,农业总产值增长35%左右,钢产量达到1050万—1200万吨,粮产量达到25000万吨左右,国民收入增长50%左右。大会还提出在三个五年计划或者再多一点的时间内,在我国建成一个基本上完整的工业体系的战略设想。这是党为全国人民描绘的社会主义发展的宏伟蓝图。在大会发言中,陈云提出"三个主体、三个补充"的思想,即国家经营和集体经营是主体,一定数量的个体经营为补充;计划生产是主体,一定范围的自由生产为补充;国家市场是主体,一定范围的自由市场为补充。这个思想为大会所采纳,并写入大会决议,成为探索适合中国特点的经济体制的重要步骤。

在政治建设上,提出要扩大社会主义民主、健全社会主义法制,使党和政府的活动做到"有法可依"和"有法必依"。八大决议要

---

① 《建国以来重要文献选编》第9册,中央文献出版社2011年版,第293页。
② 《周恩来经济文选》,中央文献出版社1993年版,第337页。

求扩大人民民主，首先进一步扩大国家的民主生活，加强对国家机关的监督，反对官僚主义；并重视工人、农民的经济利益和政治利益，调动工人、农民的积极性，充分发挥他们在国家政治经济生活中的积极作用，并就内部的团结和教育问题，提出了意见；适当地调整中央和地方的行政管理职权，把一部分行政管理职权给地方，发挥中央和地方两个积极性。董必武建议尽快制定刑法、民法、诉讼法、劳动法、土地使用法等法律，逐步完备社会主义法制。他要求党员应当成为遵纪守法的模范，违反国法就是违反党纪。

文化方面，八大要求实现我国的文化革命，大力地发展文化教育卫生事业，特别是科学事业、高等教育和中等教育事业，为社会主义建设服务。坚持"百花齐放、百家争鸣"的方针，调动科学文化艺术工作者的积极性。党对于学术性质和艺术性质的问题，不应当依靠行政命令来实现自己的领导，而要提倡自由讨论和自由竞赛来推动科学和艺术的发展。用社会主义的、马克思列宁主义的思想去武装知识分子和人民群众，对封建主义和资本主义的思想继续进行批判，但是，对于中国过去的和外国的一切有益的文化知识，必须加以继承和吸收，并且用现代的科学文化来整理我国优秀的文化遗产，努力创造社会主义的民族的新文化。

中共八大还着重提出了执政党的建设问题。邓小平作《关于修改党的章程的报告》，深刻分析执政党地位变化的影响，一方面突出反对党内主观主义、宗派主义、官僚主义，批评那种脱离实际、脱离群众的思想作风；另一方面，根据苏联社会主义建设的经验教训，强调坚持民主集中制和集体领导制度。报告指出：群众路线是我们党的组织工作中的根本问题，是党章中的根本问题，是需要在党内反复进行教育的。党的领导工作能否保持正确，决定于它能否采取"从群众中来，到群众中去"的方法。一个党和它的党员，只有认真地总结群众的经验，集中群众的智慧，才能指出正确的方向，领导群众前进。"对于领袖的爱护——本质上是表现对于党的利益、阶级的利益、人民的利益的爱护，而不是对于个人的神化。"① 八大通过的新党章规定，党的全国代表大会实行常任制，每届任期五年，每年开一次全国代表大会会议。党章增加了"中央委员会认为有必要的时候，可以设立中央委员会名誉主席一人"一款。这是根据之前毛泽东向中央提出，他准备在适当的时候不当党的主席。希望退居二线，能集中精力思考重大理论和战略问题的建议作出的。

为了保持正确的、健全的领导，克服党内干部思想上的主观性和片面性，八大决议要求党必须不断地提高马克思列宁主义的思想水平，特别是提高高级干部的马克思列宁主义的思想水平；必须坚持实事求是的态度来指导工作，把一切工作放在确实可靠的基础上；为了使领导工作能够做到实事求是，必须发扬党的群众路线的传统，贯彻执行集体领导和党内民主的原则。为发扬党内民主，保障党员的权利，八大决议要求在党内善于向广大的党员和干部学习，善于听取同级的和下级的不同意见，善于在党的会议上和党的报刊上组织关于政策问题的自由、切实的讨论，在纪律许可的范围内允许少数人保留自己的意见，允许下级向上级提出异议。

随后召开的中共八届一中全会，选举毛泽东为中央委员会主席，刘少奇、周恩来、朱德、陈云为副主席，邓小平为总书记，由他们组成中央政治局常务委员会。毛泽东向中央举贤，推荐比较有才干、会办事、公道的邓小平任总书记，赞扬副主席中的陈云比较公道、能干，比较稳当，看问题有眼光。在中共中央设四位副主席和总书记，为的是建"防风林"②。

中共八大的路线是正确的，它为社会主义事业的发展和党的建设指明了方向。会后，中国共产党继续探索，提出一些重要的新思想。1957年1月，陈云在全国省市委书记会议上作了《关于财政经

---

① 《建国以来重要文献选编》第9册，中央文献出版社2011年版，第122页。
② 《毛泽东年谱（1949—1976）》第2卷，中央文献出版社2013年版，第624—625页。

济工作问题》的讲话，提出了财政、信贷、物质三大平衡的思想，继续贯彻了既反保守又反冒进的方针。

三 提出社会主义社会矛盾的学说

马克思、恩格斯对社会主义社会的矛盾问题谈得很少，列宁没有来得及全面分析这个问题。斯大林在相当长一个时期内不承认社会主义社会存在矛盾，认为"在社会主义制度下，生产关系同生产力状况完全适合，因为生产过程的社会性是由生产资料的公有制所巩固的"①。直到他去世前一年才开始意识到这个问题，但也没有把它当作全局性的问题提出来。毛泽东不仅把这个长期被回避的问题鲜明地提出来，而且深入研究社会主义社会的矛盾问题，逐步形成了系统的关于社会主义社会矛盾的学说。1956年4月5日发表的《关于无产阶级专政的历史经验》一文指出："在社会主义社会中存在矛盾，否认矛盾存在，就是否认辩证法。""情况是不断变化的，旧的问题解决了，新的问题又产生了，任何一劳永逸的解决也是不会有的。""社会的发展总是在不断的矛盾中进行的。社会主义社会的发展也是在生产力和生产关系的矛盾中进行着的。"②

毛泽东在《论十大关系》中解释说："这十种关系，都是矛盾。世界是由矛盾组成的。没有矛盾就没有世界。我们的任务，是要正确处理这些矛盾。"③ 承认中国社会主义社会有矛盾，分析出10组矛盾，"不仅及时回答了实践发展的客观需要，也为人们观察和思考新的历史进程、探索中国社会主义建设道路，活跃了思路，打开了全新的视角"④。

随着社会主义社会矛盾的集中凸显，如何处理这些矛盾的思路

---

① 《斯大林文选》（上），人民出版社1962年版，第202页。
② 《建国以来重要文献选编》第8册，中央文献出版社2011年版，第196页。
③ 《毛泽东文集》第7卷，人民出版社1999年版，第44页。
④ 陈晋：《奠基和探索：毛泽东与中国社会主义——读〈毛泽东年谱（1949—1976）〉后的考察疏理》，《毛泽东研究》2016年第1期。

也逐步成熟。1956年下半年，我国一些地区出现了工人罢工、学生罢课、农民退社等情况。国际上，发生了波匈事件。一些领导干部对此缺乏思想准备，或者束手无策，或者对一些闹事问题不作具体分析，简单化地将其作为敌我矛盾来处理。11月4日，毛泽东提出："根据波匈事件的教训，好好总结一下社会主义究竟如何搞法。矛盾总是有的，如何处理这些矛盾，就成为我们需要认真研究的问题。"[①]

1956年12月发表的《再论无产阶级专政的历史经验》，对如何认识社会主义社会两类不同性质的矛盾和正确处理两类不同性质的矛盾进行了回答。文章说："第一种是敌我之间的矛盾（在帝国主义阵营同社会主义阵营之间，帝国主义同全世界人民和被压迫民族之间，帝国主义国家的资产阶级同无产阶级之间，等等）。这是根本的矛盾，它的基础是敌对阶级之间的利害冲突。第二种是人民内部的矛盾（在这一部分人民和那一部分人民之间，共产党内这一部分同志和那一部分同志之间，社会主义国家的政府和人民之间，社会主义国家相互之间，共产党和共产党之间，等等）。这是非根本的矛盾，它的发生不是由于阶级利害的根本冲突，而是由于正确意见和错误意见的矛盾，或者由于局部性质的利害矛盾。它的解决首先必须服从于对敌斗争的总的利益。人民内部的矛盾可以而且应该从团结的愿望出发，经过批评或者斗争获得解决，从而在新的条件下得到新的团结。"[②] 不能混淆两种不同性质的矛盾。"一个人只要站在人民的立场上，就决不应该把人民内部的矛盾同敌我之间的矛盾等量齐观，或者互相混淆，更不应该把人民内部的矛盾放在敌我矛盾之上。"[③] 文章还根据社会主义社会基本矛盾的特点，提出要重视并及时调整生产关系和生产力之间，在上层建筑和经济基础之间的矛盾："在基本制度适合需要的情况下，在生产关系和生产力之间，在

[①] 《毛泽东年谱（1949—1976）》第3卷，中央文献出版社2013年版，第23页。
[②] 《人民日报》1956年12月29日。
[③] 同上。

上层建筑和经济基础之间,也仍然存在着一定的矛盾。这种矛盾表现成为经济制度和政治制度的某些环节上的缺陷。这种矛盾,虽然不需要用根本性质的变革来解决,仍然需要及时地加以调整。"并且,阐明了社会主义建设中制度与政策、工作方法和作风的协调关系。"制度是有决定性的,但是制度本身并不是万能的。无论怎样好的制度,都不能保证工作中不会发生严重的错误。有了正确的制度以后,主要的问题就在于能否正确地运用这种制度,就在于是否有正确的政策、正确的工作方法和工作作风。没有这些,人们仍然可以在正确的制度下犯严重的错误,仍然可以利用良好的国家机关做出并不良好的事情。"[1] 社会主义国家中,党和国家的任务,就在于依靠群众和集体的力量,及时地调整经济制度和政治制度的各个环节,及时地发现和纠正工作中的错误。它明确了社会主义基本制度确立后,仍然要不断完善体制机制。

1957年1月27日,毛泽东在全国省市自治区党委书记会议上提出要揭露矛盾,解决矛盾。2月27日,他在最高国务会议第十一次(扩大)会议上作了《如何处理人民内部的矛盾》的讲话,提出了社会主义社会基本矛盾的科学概念,并进一步作了理论提升。讲话稿修改后于6月19日以"关于正确处理人民内部矛盾的问题"为题发表在《人民日报》上。他说:矛盾是普遍存在的,在社会主义社会也充满着矛盾,正是这些矛盾推动着社会主义社会不断向前发展。"在社会主义社会中,基本的矛盾仍然是生产关系和生产力之间的矛盾,上层建筑和经济基础之间的矛盾。不过这些矛盾同旧社会的矛盾,具有根本不同的性质和情况,可以经过社会主义制度本身的自我调整与完善,不断地得到解决。"他强调:在社会主义制度下,人民的根本利益是一致的,但还存在敌我矛盾和人民内部矛盾,必须正确区分。在我国社会主义建设时期,一切赞成、拥护和参加社会主义建设事业的阶级、阶层和社会集团,都属于人民范围;一切反

---

[1] 《再论无产阶级专政的历史经验》,《人民日报》1956年12月29日。

抗社会主义革命和敌视、破坏社会主义建设的社会势力和社会集团，都是人民的敌人。他把正确处理人民内部矛盾提升为国家政治生活的主题，系统阐释了正确处理各种人民内部矛盾的方针与方法。他指出，在我国现在的条件下，人民内部矛盾包括工人阶级内部的矛盾，农民阶级内部的矛盾，工农两个阶级之间的矛盾，工人、农民同知识分子之间的矛盾，工人阶级和其他劳动人民同民族资产阶级之间的矛盾，民族资产阶级内部的矛盾，等等。敌我矛盾需要用强制的、专政的方法去解决，人民内部矛盾只能用民主的、说服教育的、"团结—批评—团结"的方法去解决，以"团结全国各族人民进行一场新的战争——向自然界开战，发展我们的经济，发展我们的文化，使全体人民比较顺利地走过目前的过渡时期，巩固我们的新制度，建设我们的新国家"①。

1959年底至1960年初，毛泽东在读苏联《政治经济学教科书》时进一步提出了矛盾动力说。他指出："在社会主义时代，矛盾仍然是社会运动发展的动力。"② 并揭示了社会主义社会基本矛盾运动的规律，认为："生产力和生产关系之间、生产关系和上层建筑之间的矛盾和不平衡是绝对的。上层建筑适应生产关系，生产关系适应生产力，或者说它们之间达到平衡，总是相对的。"③

毛泽东改变了社会主义无矛盾、无冲突的思想认识，形成了社会主义基本矛盾和人民内部矛盾学说，揭示了两类不同性质矛盾的性质，提出了处理人民内部矛盾的正确原则和方法等，为我们坚持和完善社会主义基本制度、改革和创新社会主义体制提供理论依据，大大丰富和发展了科学社会主义理论，在马克思主义发展史上具有开创性意义，是对马克思主义理论宝库的卓越贡献。这种清醒而正确的判断，给新中国带来了蓬勃的生机与活力。

---

① 《毛泽东文集》第7卷，人民出版社1999年版，第216页。
② 《毛泽东文集》第8卷，人民出版社1999年版，第133页。
③ 同上书，第131页。

第二节　社会主义建设的全面展开

随着"这个世纪,上半个世纪搞革命,下半个世纪搞建设。现在的中心任务是建设"①的思想成为党的共识,社会主义制度确立后,为进一步保护和发展生产力创造更为有利的条件,新中国社会主义建设的探索全面展开。

一　走中国工业化道路及改进经济管理体制的尝试

自从英国于18世纪率先吹响工业革命的号角,由农耕文明向工业文明的过渡,大大提升了生产力水平。实现工业化,变农业国为工业国,就成为各国走向现代化的路径。新中国成立前夕,只有"大约百分之十左右的现代性的工业经济"②。为了不再重演落后挨打的惨痛历史,奠定国家繁荣富强的基石,必须把一个落后的农业的中国改变成为一个先进的工业化的中国。新中国成立后借鉴苏联第二次世界大战前后的成功经验,制定"一五"计划,优先发展重工业。1953—1956年,全国工业总产值年均递增19.6%,到1956年工业产值占27.3%。同时,农业生产方式极端落后是当时中国最基本的国情和最大的实际。中共中央吸取苏联为了优先发展重工业,忽视轻工业和农业,造成农、轻、重的比例关系失调的教训,从我国的国情出发,创造性地提出了走"中国工业化的道路","以农业为基础,以工业为主导"作为发展国民经济的总方针。

在《论十大关系》中,毛泽东通过对产业关系、地域经济关系的分析,试图提出一条与苏联不同的中国工业化的道路。在《关于正确处理人民内部矛盾的问题》一文中明确提出了中国工业化道路

---

① 《毛泽东年谱(1949—1976)》第3卷,中央文献出版社2013年版,第120页。
② 《毛泽东选集》第4卷,人民出版社1991年版,第1430页。

的概念。工业化道路的问题，主要是指重工业、轻工业和农业的发展关系问题。我国的经济建设是以重工业为中心，这一点必须肯定。但是同时必须充分注意发展农业和轻工业。我国是一个大农业国，农村人口占全国人口的百分之八十以上，发展工业必须和发展农业同时并举，工业才有原料和市场，才有可能为建立强大的重工业积累较多的资金。农业和轻工业发展了，重工业有了市场，有了资金，它就会更快地发展。这样，看起来工业化的速度似乎慢一些，但是实际上不会慢，或者反而可能快一些。[①] 毛泽东进一步提出了实行工业和农业、重工业和轻工业、中央工业和地方工业、大中小企业、洋法生产和土法生产等一系列"同时并举"的"两条腿走路"的方针。[②]

中国搞现代化需要艰苦奋斗、勤俭节约。由于基础工业投资大、建设周期长，"像我国这样一个经济落后而正在进行建设的国家，人民生活水平只能在生产发展的基础上逐步提高。我们必须进行长期的艰苦奋斗"[③]。"为了建设重工业和国防工业，就要付出很多的资金，而资金的来源只有增产节约一条康庄大道"[④]。1956年11月，毛泽东在中共八届二中全会小组长会议上的发言中强调："在企业、事业和行政开支方面，必须反对铺张浪费，提倡艰苦朴素作风，厉行节约。在生产和基本建设方面，必须节约原材料，适当降低成本和造价，厉行节约。"但这种节约"必须在不降低质量和减少工伤事故的条件下讲求节约"[⑤]。鉴于苏联的教训，毛泽东要求必须兼顾国家、集体、个人利益，处理适当，经常注意调节其中的矛盾。即为了人民的长远利益，国家和集体必须保持适当的积累，但都不能过多。要尽可能使人民群众能够从增加生产中逐年增加个人收入，改

---

① 《毛泽东文集》第7卷，人民出版社1999年版，第241页。
② 《毛泽东文集》第8卷，人民出版社1999年版，第125页。
③ 《陈云文选》第3卷，人民出版社1995年版，第62页。
④ 《毛泽东文集》第6卷，人民出版社1999年版，第207页。
⑤ 《建国以来重要文献选编》第9册，中央文献出版社2011年版，第361页。

善生活①，以兼顾"吃饭"与"建设"。如按正常价格统购粮食，缩小工业品和农产品交换的剪刀差，减轻农民负担。在分配方面，实行按劳分配原则，反对平均主义和过分悬殊。

工业化必须建立在现代化的农业基础之上。毛泽东对农业现代化的内涵作了探讨，把农业技术改革和农业机械化、水利化、化学化和电气化纳入农业现代化范畴②。国家成立第三机械工业部，来管农业机械，设立农业机械设计院，研制新式农用机械，计划四个至五个五年计划基本上完成农业方面的技术改革。1958年，毛泽东在江苏、浙江、辽宁、河南等地视察后，系统地总结了农业增产、科学种田的经验，提出了"水、土、肥、种、密、保、工、管"的"农业八字宪法"。为逐步改变几千年来中国农民大多数是文盲、生产传统保守的落后状况，使广大农民的文化素质和思想观念、科学技术水准同农业现代化进程相适应，毛泽东要求在全国广大农村，凡是有条件的地方都应建立农业技术夜校、农业技术学校，成立农业科学技术站，把农民的学习技术同消灭文盲结合起来，提倡老手带新手。生产队在检查和总结生产的时候，要进行技术上的检查、评比，对于技术上有贡献的和积极传授技术的社员应给予奖励。开展大规模的农田水利基本建设和发展化肥、农药、农用机械等工业，大大改善了农业生产条件，尤其是兴修水利，增强抵御旱涝灾害的能力；在资金方面，国家发放农业贷款；农业要精耕细作，把中国变成世界第一高产的国家；养猪是关系肥料、肉食和出口换外汇的大问题，大力发展养猪事业；在人口多的地方要逐步推广计划生育，控制人口生育上的无政府状态。

1956年4月，毛泽东提出研究"社会主义整个经济体制问题"③，并进行改革探索。为活跃经济，1956年12月，他提出只要社会需要，可以开私营大厂，"可以搞国营，也可以搞私营，可以消

---

① 《毛泽东文集》第7卷，人民出版社1999年版，第221页。
② 同上书，第241页。
③ 同上书，第53页。

灭了资本主义，又搞资本主义"，并把这称作"新经济政策"。华侨投资的，"二十年、一百年不没收。可以开投资公司，还本付息"。①1957年11月，国务院发出了改进工业、商业、财政管理体制的三个规定，简政放权，扩大地方的权益。试办托拉斯，改善企业经营管理，充分发挥地方、企业、人民群众的积极性。农业生产实行责任制。内容包括：生产队划分为固定的或者临时性的作业小组，划分地段，实行小段的、季节的或者常年的包工，建立严格的生产责任制，畜牧业、林业、渔业和其他副业生产，牲畜、农具、水利和其他公共财物的管理也都实行责任制。有的责任到组，有的责任到人。

新中国成立后，美国封锁、遏制中国。20世纪50年代后期到60年代末，中国面临美苏的侵略威胁与军事压力，1958年，毛泽东提出了"自力更生为主，争取外援为辅"的方针："自力更生为主，争取外援为辅，破除迷信，独立自主地干工业、干农业、干技术革命和文化革命，……经济战线上如此，军事战线上也完全应当如此。"② 正如邓小平讲的："毛泽东同志在世的时候，我们也想扩大中外经济技术交流，包括同一些资本主义国家发展经济贸易关系，甚至引进外资、合资经营等等。但是那时候没有条件，人家封锁我们。"③ 受国际条件限制，"对外贸易只能起辅助作用，主要靠国内市场"④。但坚持独立自主、自力更生的方针，并不是要走闭关锁国、自我孤立的道路。他明确表示："搞经济关门是不行的，需要交换。"⑤ 为此，中央坚持开广交会。鉴于香港作为中国从国外引进资金、技术的渠道，开展进出口贸易的窗口，沟通中外民间（包括海外华侨、华人）往来的桥梁的突出作用，做出了保持香港特殊地位、"为我所用"的正确决断。1959年，毛泽东提出"香港还是暂时不

---

① 《毛泽东文集》第7卷，人民出版社1999年版，第170页。
② 同上书，第380页。
③ 《邓小平文选》第2卷，人民出版社1994年版，第127页。
④ 《建国以来毛泽东文稿》第7卷，中央文献出版社1992年版，第641页。
⑤ 《毛泽东文集》第8卷，人民出版社1999年版，第71页。

收回来好，我们不急，目前对我还有用处"①。1960年，周恩来对港、澳工作提出了"长期打算，充分利用"的方针，即暂时不考虑收复香港，为中国的社会主义建设服务。

社会主义生产力得到空前发展。1958—1965年，我国基本建设投资完成938亿元，建成大中型工业项目531个；工农业总产值增长59.5%，其中农业总产值增长9.9%，工业总产值增长98.1%；建成了一批门类比较齐全的基础工业项目，涉及冶金、汽车、机械、煤炭、石油、电力、通信、化学、国防等领域，石油全部实现自给，棉纱、原煤、发电量、钢材、机械设备等主要工业产品的产量在世界上的排名明显提前；农田水利建设取得重大成就，大中型水利建设施工项目达到290多项，建成的有150多项，淮河、黄河、海河等几大水系都得到不同程度的治理，到1965年，全国有效灌溉面积达3305.5万公顷。

我国用20多年时间走完了西方国家二三百年的工业化之路。在国内生产总值构成中，1952年我国的第一产业占51.0%、第二产业占20.9%（其中工业仅为17.6%），1978年第一产业占28.2%、第二产业占47.9%（其中工业占44.1%），实现了从落后农业国到现代工业国的历史性跨越，并形成了相对完善的工业体系，为新中国发展奠定牢固物质基础。

二　巩固人民民主专政

与社会主义的经济基础相适应，以公有制为主体的社会主义经济制度决定了与之相对应的人民民主的政治制度。"我们的民主不是属于少数人的，而是属于绝大多数人的，是属于工人、农民和其他一切劳动人民以及一切拥护社会主义和爱国的人民的。"② 为了发展

---

① 徐日彪：《为顺利解决香港问题奠定扎实基础——党的第一代中央领导集体与香港回归》，《人民日报》1997年6月24日理论版。

② 《刘少奇选集》下卷，人民出版社1985年版，第242页。

我国已经开始的社会主义建设,"我们必须继续加强人民民主专政,继续改进国家工作"[①]。只有实行民主,建立和不断完善人民民主制度,发展国家的民主生活,保证人民建设社会主义的积极性,才能尽快实现社会主义工业化,建设一个伟大的社会主义国家。1956年底,中共中央强调,"应该在国内政治生活中逐步地发展和健全各种民主的程序,健全社会主义法制,加强人民对于国家机关的监督,发展国家管理工作和企业管理工作中的民主方法,密切国家机关和企业管理机关同广大群众的联系,撤除损害这种联系的障碍"[②]。同时,指出社会主义民主的基本遵循:"社会主义民主的唯一目的,都是为了加强无产阶级和全体劳动人民的社会主义事业,为了发展他们建设社会主义的积极性,为了发展他们同一切反社会主义势力作斗争的积极性。因此,如果有一种民主可以被利用来进行反社会主义的活动,可以被利用来削弱社会主义事业,那么,这种所谓'民主'就决不是什么社会主义民主。"[③]

民主集中制是无产阶级政党的根本组织原则,新中国成立后,领导人把这一原则贯彻到我国政治体制和行政决策机制中,并成为一种政治作风和工作作风。程序上,社会主义民主是通过执行民主集中制来实现。用毛泽东的话来讲,就是要允许群众说话,把群众发动起来,以高度民主实现高度集中。他强调:"我们的国家制度是人民民主专政,民主是商量办事,不是独裁,但集中是必要的。"[④]民主集中制是民主和集中的辩证统一和有机结合。针对党内和国家生活中存在不同程度地削弱和损害民主集中制的现象,毛泽东、刘少奇、邓小平等领导人在"七千人大会"上都阐述了民主与集中的关系问题。毛泽东指出,集中制是建立在民主基础上的。"如果不充

[①] 《刘少奇选集》下卷,人民出版社1985年版,第241页。
[②] 《建国以来重要文献选编》第9册,中央文献出版社2011年版,第501页。
[③] 同上。
[④] 《毛泽东文集》第6卷,人民出版社1999年版,第387页。

分发扬人民民主和党内民主,不充分实行无产阶级的民主制,就不可能有真正的无产阶级的集中制。没有高度的民主,不可能有高度的集中,而没有高度的集中,就不可能建立社会主义经济。"① 离开了民主的集中,只能是假的、空的、错误的。刘少奇批评说:"过去这几年,有集中过多的偏向。这种集中过多,不是真集中,不是无产阶级的集中制,而是独断专行。"② 这一机制在实际运行中,也出现了民主和集中的关系、群众路线和群众运动的关系难以把握、混淆界限的情况。

落实与维护人民代表大会制度的权威。在中共八大,刘少奇呼吁"加强人民代表的视察工作,以便广泛地收集人民群众的意见,并且加强各级人民代表大会对于政府工作的检查、批评和讨论"③。他在"七千人大会"上尖锐地指出:"不错,我们党是国家的领导党,但是,不论何时何地,都不应该用党的组织代替人民代表大会和群众组织,使它们徒有其名,而无其实。如果那样做,就违反了人民民主制度,就会使我们耳目闭塞,脱离群众,这是很危险的。"④ 在稍后召开的中央工作会议上,他又一次语重心长地强调:"一定要有人民代表大会,要吸收各方面的意见。人民代表要能够反映各方面的声音。现在党的代表大会代替人民代表大会,党的委员会代替人民委员会,党委代替一切,在党内也代替了党代表大会,这是个大错误。如何实现无产阶级专政,如何实行人民民主专政,这是个大问题。"⑤ 在"很危险""大错误"和"大问题"这些严厉的措辞中,反映了刘少奇维护人民代表大会制度的坚决态度。

巩固以工农联盟为基础的人民民主统一战线,尊重民族资产阶级、民主党派和无党派民主人士的民主权利,"是人民民主统一战线

---

① 《毛泽东文集》第8卷,人民出版社1999年版,第296—297页。
② 《刘少奇论党的建设》,中央文献出版社1991年版,第713页。
③ 《刘少奇选集》下卷,人民出版社1985年版,第249页。
④ 同上书,第402—403页。
⑤ 《刘少奇论党的建设》,中央文献出版社1991年版,第716页。

获得巩固和扩大的必要条件"①。八大决议规定对民族资产阶级给予工作上和生活上的适当安排，使他们中间的绝大多数人在社会主义思想的教育下逐步改造成为名副其实的劳动者。毛泽东要求人们向资本家学技术、学管理。与民主党派的关系，毛泽东提出了"长期共存，互相监督"的八字方针。1956年4月19日，毛泽东在听取有关部委汇报时指出："共产党万岁，民主党派也万岁。"② "两个万岁"的口号反映了共产党要始终接受民主党派的监督的决心。他说："究竟是一个党好，还是几个党好？现在看来，恐怕是几个党好。不但过去如此，而且将来也可以如此，就是长期共存，互相监督。"③他强调共产党要重视民主党派，还要帮助民主党派自己重视民主党派。刘少奇批评一部分共产党员抱有的"清一色"宗派主义观点，即不愿意党外人士参加国家机关工作，有事不同党外人士商量，不尊重党外人士职权的错误思想，强调要"善于从各民主党派和无党派人士的监督和批评中得到帮助"④。周恩来则把民主党派作为执政党同各方面群众联系的一个重要渠道。中共八大邀请了国内各民主党派和无党派民主人士代表列席，显示了党的诚意。而在9月17日的大会上，各民主党派和无党派民主人士代表向大会敬献一件象牙雕刻的红军英雄胜利渡过大渡河时的礼品，寓意各民主党派在中国共产党领导下"同舟共济"。

八届人大一次会议通过的宪法修正案正式确定了中国共产党领导下的多党合作的政治协商会议的宪法地位。为中国社会主义社会正确处理共产党和民主党派关系、坚持和完善共产党领导的多党合作和政治协商制度，提供了重要指针，成为发扬社会主义民主的重要形式，有利于加强和改善党的领导。

---

① 《中国共产党第八次全国代表大会文献》，人民出版社1957年版，第499页。
② 《毛泽东年谱（1949—1976）》第2卷，中央文献出版社2013年版，第563页。
③ 《毛泽东文集》第7卷，人民出版社1999年版，第34页。
④ 《刘少奇选集》下卷，人民出版社1985年版，第247页。

加强各民族团结，克服大汉族主义，促进各民族的共同进步。新中国通过宪法认定国内让各民族积极参与整个国家的政治生活，让各民族按照民族区域自治的原则自己当家作主，有管理自己内部事务的权利。毛泽东在《论十大关系》和《关于正确处理人民内部矛盾的问题》中，反复强调着重克服大汉族主义，中央要帮助少数民族发展，提高人民的生活，民族区域自治地区要搞建设，便要有自己民族的干部，自己的科学家。为推动民族区域自治制度实施，他悉心指导，尤其是关心西藏自治区筹备，与达赖喇嘛和班禅额尔德尼书信往来，要求地方处理问题要小心谨慎，充分尊重西藏上层人士和广大群众意愿。依据民族区域自治条例，宁夏回族自治区、广西壮族自治区和西藏自治区先后成立，实现少数民族自主管理。团结少数民族的上层人士、宗教界的爱国人士和其他有各种社会影响的爱国人士、海外各地的爱国华侨，他们都为社会主义建设事业贡献了一分力量。

关于政治体制改革方面，1956年夏，毛泽东提出不再担任下届国家主席，并且建议修改宪法，规定国家主席、副主席连选只连任一届。这是酝酿废除领导干部职务终身制，准备实行党和国家领导体制改革的重要设想。

法制是民主的保障。发展社会主义民主必须同健全社会主义法制密切结合，这是社会主义民主政治建设的重要内容。完善国家的宪法和法律并使之成为任何人都必须严格遵守的不可侵犯的力量，使社会主义法制成为维护人民权利，保障生产秩序、工作秩序、生活秩序，制裁犯罪行为，打击阶级敌人破坏活动的强大武器。中共八大后着手系统地制定比较完备的法律，健全我们国家的法制，作为国家工作中的迫切任务之一。并指出："法制不一定是指专政方面的，人民内部也要有法制，国家工作人员和群众也要受公共章程的约束。"[①] 一切国家机关和国家工作人员必须严格遵守国家的法律，使人民的民主权利充分地受到国家的保护。

---

① 《刘少奇选集》下卷，人民出版社1985年版，第452页。

积极探索如何扩大基层群众的政治参与，以更好地体现"国家的民主，人民群众中间的民主，人民民主制度"[①]。"有关人民群众的利益的问题，应该分别地交给有关的组织进行讨论。在作出决定以前，要有充分的酝酿，允许自由发表不同的意见。在决定问题的时候，要遵守少数服从多数的原则。在作出决定之后，要经过这些组织，去动员群众，使大家心情舒畅地、自觉地执行。"[②] 到20世纪60年代，我国除了有全国的和各级的人民代表大会和政治协商会议外，还有工会、青年团体、妇联等群众组织；在企业有职工大会和职工代表大会，在农村人民公社中有社员大会和社员代表大会，在科学、文化领域有各种协会和学会。毛泽东把"两参一改三结合"，即工人参加管理，干部参加劳动，干部、工人、技术人员三结合，开展技术革新和技术革命的管理制度称为"鞍钢宪法"，作为工人参与企业民主管理的办法加以肯定和推广，主张实行党委领导下的厂长负责制和职工代表大会制度；要求在农村实行民主管理，干部必须定期向社员报告公共事务等，以防范滋长官僚主义。"鞍钢宪法"体现了全心全意依靠工人阶级办企业的基本精神，与现代企业管理中的人本观念、全员参与等都有相通之处。

毛泽东设想的社会主义民主建设的目标，"是想造成一个又有集中又有民主，又有纪律又有自由，又有统一意志、又有个人心情舒畅、生动活泼，那样一种政治局面"[③]。

三 坚持"百花齐放、百家争鸣"的文化方针

为了促进艺术发展和科学进步，毛泽东提出了"百花齐放、百家争鸣"的方针。1956年4月28日，他在中央政治局扩大会议上指出："艺术问题上百花齐放，学术问题上百家争鸣，我看应该成为我

---

① 《刘少奇论党的建设》，中央文献出版社1991年版，第714页。
② 同上书，第697—698页。
③ 《毛泽东文集》第8卷，人民出版社1999年版，第293页。

们的方针。"① 并在 5 月 2 日的最高国务会议上重申"百花齐放、百家争鸣"的方针。他认为,"双百"方针"是促进艺术发展和科学进步的方针,是促进我国的社会主义文化繁荣的方针。艺术上不同的形式和风格可以自由发展,科学上不同的学派可以自由争论"②。"在中华人民共和国宪法范围之内,各种学术思想,正确的、错误的,让他们去说,不干涉他们。"③ 5 月 26 日,中宣部部长陆定一在知识界会议上,代表中共中央做了《百花齐放、百家争鸣》的报告,对"双百"方针进行了详细阐述,立即引起了强烈共鸣。针对党内少数人的质疑,毛泽东反复强调这是一个基本的、长期的方针,不是一个暂时性的方针。④ 他说:"采取现在的方针,文学艺术、科学技术会繁荣发达,党会经常保持活力,人民事业会欣欣向荣,中国会变成一个大强国又使人可亲。"⑤ 同时明确这个方针的适用范围:这里提倡的是人民内部的自由,并且主张随着人民政权的巩固而扩大这种自由。在我们无产阶级专政的国家里,当然不能让毒草到处泛滥。"无论在党内,还是在思想界、文艺界,主要的和占统治地位的,必须力争是香花,是马克思主义。"⑥ 宣传工作要"用马克思列宁主义的分析方法,用人民的语言,很有说服力地去说明马克思列宁主义的普遍真理和中国具体情况的统一"⑦。

随着经济建设高潮的到来,毛泽东于 1956 年 11 月 6 日会见意大利社会党农业考察团时,提出中国要"逐步建设现代化的工业和农业,现代化的文化和科学"⑧ 的思想。1957 年 3 月,他在全国宣

---

① 《毛泽东文集》第 7 卷,人民出版社 1999 年版,第 54 页。
② 同上书,第 229 页。
③ 《毛泽东文艺论集》,中央文献出版社 2000 年版,第 144 页。
④ 《毛泽东文集》第 7 卷,人民出版社 1999 年版,第 278、279 页。
⑤ 同上书,第 291 页。
⑥ 同上书,第 197 页。
⑦ 《建国以来重要文献选编》第 8 册,中央文献出版社 2011 年版,第 199 页。
⑧ 《毛泽东年谱(1949—1976)》第 3 卷,中央文献出版社 2013 年版,第 24 页。

传工作会议上指出:"我们一定会建设一个具有现代工业、现代农业和现代科学文化的社会主义国家。"①

毛泽东确立了"古为今用、洋为中用"的原则来处理与既有文化的关系。"我们信奉马克思主义是正确的思想方法,这并不意味着我们忽视中国文化遗产和非马克思主义的外国思想的价值。"② 文化具有继承性,"现在新文化已占住了阵地,我们就有必要回过头来肯定历史文化中一些积极的东西"③。毛泽东指出:"对中国的文化遗产,应当充分地利用,批判地利用","充分利用文化遗产,我们现在还没有做到。中国古典著作多得很,现在是分门别类地在整理,用现代科学观点逐步整理出来,重新出版"。④ "洋为中用",中国要在尽可能短的时间里改变落后面貌,"外国有用的东西,都要学到"。"我们的方针是,一切民族、一切国家的长处都要学,政治、经济、科学、技术、文学、艺术的一切真正好的东西都要学。但是,必须有分析有批判地学,不能盲目地学,不能一切照抄,机械搬用。"⑤ 而且,"应该是在中国的基础上,吸收外国的东西",最重要的是"学习外国的长处,来整理中国的,创造出中国自己的、有独特的民族风格的东西"。⑥ 他强调,"要在破除迷信的条件下学习西方"⑦,这样才不会丧失民族信心。因为近代以来,中国长期陷于半殖民地的境遇,"有些人做奴隶做久了,感觉事事不如人,在外国人面前伸不直腰"⑧。

20世纪50年代中期,世界范围内的科学技术迅猛发展,而我国

---

① 《毛泽东文集》第7卷,人民出版社1999年版,第268页。
② 《毛泽东书信选集》,人民出版社1983年版,第191页。
③ 《周恩来年谱(1949—1976)》上卷,中央文献出版社1997年版,第583页。
④ 《毛泽东文集》第8卷,人民出版社1999年版,第225页。
⑤ 《毛泽东年谱(1949—1976)》第3卷,中央文献出版社2013年版,第568页。
⑥ 《毛泽东文集》第7卷,人民出版社1999年版,第77、82—83页。
⑦ 《毛泽东外交文选》,中央文献出版社、世界知识出版社1994年版,第394页。
⑧ 《毛泽东文集》第7卷,人民出版社1999年版,第43页。

的科学研究事业仍处于初创阶段，科技人才在数量、质量上远不能满足国家建设的要求，对知识分子的使用也存在许多问题。为打好科学技术这一仗，迅速赶上世界先进水平，党中央果断作出了两项重大部署。一是1956年1月召开关于知识分子问题会议。周恩来代表中央作报告，指出："在社会主义时代，比以前任何时代都更加需要充分地提高生产技术，更加需要充分地发挥科学和利用科学知识。""我们必须急起直追，力求尽可能迅速地扩大和提高我国的科学文化力量，而在不太长的时间里赶上世界先进水平。"① 他宣布知识分子的绝大部分已经是工人阶级的一部分。这奠定了党对知识分子政策的基础。他代表中央郑重发出"向现代科学进军"的动员令。毛泽东号召全党努力学习科学知识，同党外知识分子团结一致，为迅速赶上世界科学先进水平而奋斗。

二是国务院成立科学规划委员会，由周恩来、陈毅、李富春、聂荣臻等组织领导，集数百位著名科学家之力，编制《一九五六——一九六七年科学技术发展远景规划纲要》（简称《十二年科学规划》）。根据"重点发展、迎头赶上"的方针和"以任务为经、以科学为纬"的原则，规划纲要从13个方面提出了57项重要科学技术任务和616个中心问题。一方面，努力建立门类比较齐全的、能独立解决我国建设问题的科学技术研究工作体系；一方面，搞尖端技术，对某些特别重要而在我国却很薄弱甚至空白的学科，如计算机、半导体、无线电、自动化、远距离操纵技术等，采取紧急措施。中宣部指导一批专家编制了十二年哲学社会科学发展的远景规划。我国科学技术事业进入蓬勃发展的新阶段。1958年，毛泽东进一步提出要把党和国家的工作重点转到技术革命和社会主义建设上来。

1962年底，《十二年科学规划》中任务有46项基本完成，1963年10月及时发布《1963—1972年科学技术发展远景规划》（简称《十年科学规划》），总目标是赶上20世纪60年代世界先进水平，并

---

① 《周恩来文化文选》，中央文献出版社1998年版，第807、829页。

准备向70年代水平过渡。在任务的安排上，着重抓两头，打基础。所谓两头，一头是农业和有关解决吃、穿、用问题的科学技术，另一头是国防尖端的科学技术。所谓基础，一是基础工业，二是理论基础。关键是建立一支能够独立解决中国建设中科学技术问题的又红又专的科学技术队伍。共安排了374项重点科研项目，新兴科学技术方面的包括激光、分子生物学等。还编制了《科学技术发展规划纲要》和《科学技术事业规划》《1963—1972年农业科学技术发展规划》。中国科学技术事业取得了一系列重大成果，一些重要的现代科学分支和新兴应用技术，如生物物理学、分子物理学、地球化学、射电天文学、高能物理以及核技术、喷气技术、计算机技术、半导体技术、自动化技术、无线电技术等，也都在这一时期逐步发展起来。

中国的工业技术有很大提高，水力采煤和重介质选煤试验成功，并开始推广。机械工业正向大型和精密的方向发展，中国自制的135吨电气机车和内燃机车试运行，5000吨沿海货轮制成，中国生产的红旗牌高级轿车开始使用。在广播通信设备方面，标志着国际水平的1000千瓦的中波广播机研制成功。钢铁工业初步建立起适合中国资源条件的合金钢系统。在化学化工方面研制出许多新型的化工产品，石油化学、高分子化学、分析化学等领域都取得了显著的成绩。对于各种资源的利用以及建筑、纺织、轻工、交通运输等方面的科学技术工作，也都有一些创造性的成就，技术水平都有所提高。

农业方面，中国初步完成了全国耕地的土壤普查，世界上最早育成的矮秆水稻得到大面积推广。由于采取品种、灌溉、栽培、肥料等综合的技术措施，大大提高了中国粮食作物的复种指数。选育了可以推广的稻、麦、棉、玉米等8种作物169种优良新品种，一般可增产10%—15%。中国基本掌握了11种主要病虫害的发生规律，提出了不少有效的控制、防治方法，尤其是深入研究了东亚飞蝗的生活史，为预报虫情进而消灭飞蝗虫害作出了贡献。科技工作者还做了大量的调查勘探工作。对中国的自然资源、自然条件有了概括性的了解，绘制了中国第一部国家大地图集和各种专门地图集，为经济建设提供了重要的基本资料和科学根据。在植树造林、控制水土流失、建立气象预报等方面也取得了显著成绩。

　　社会主义建设人才是关键。毛泽东提出了要造就既懂政治又懂业务、又红又专的干部队伍和建立一支宏大的工人阶级知识分子队伍的任务。"我们的教育方针，应该使受教育者在德育、智育、体育几方面都得到发展，成为有社会主义觉悟的有文化的劳动者。"[①] 德育应当体现时代精神。"要发展共产主义的情操、风格和集体英雄主义的气概，就是时代的德育。"[②] "学校要大力进行思想教育，进行遵守纪律、艰苦创业的教育。""应当重视培养学生创造精神，不要使他们像温室里的花朵一样。"[③] 中共中央提出教育要与生产劳动相结合的方针，并把其作为培养德、智、体全面发展的社会主义新人、消灭脑力劳动和体力劳动差别的根本原则。1958年5月，刘少奇提出实行"两种劳动制度、两种教育制度"的主张，得到中共中央和毛泽东的赞同与支持。在办好全日制学校的同时，相继创办了各种类型的半工（农）半读学校和业余学校。这一主张适应了当时我国的国情，对于提高国民的文化、技术素质，提高全社会的劳动生产率，促进我国经济社会的发展进步，起到了积极推动作用。1949年我国80%的人口是文盲，农村的文盲率更是超过近95%，适龄儿童小学入学率不足20%；1978年，我国适龄儿童小学净入学率达到95.5%，小学毕业生入学率达到87.7%，全国文盲和半文盲率则下降到1964年（第二次全国人口普查）的33.58%和1982年（第三次全国人口普查）的22.81%。高等学校的毕业生为前七年的4.9倍，培养了大量的专业技术人才。到1965年底，全国自然科学技术人员已达245.8万人，其中有研究生学历的1.6万人，本科学历的

---

　　① 《毛泽东文集》第7卷，人民出版社1999年版，第226页。
　　② 同上书，第398页。
　　③ 同上书，第246—247页。

113万人。全国专门的科学研究机构达到1714个，专门从事科学研究人员达到12万人。

新中国高度重视发展体育事业，提出了"发展体育运动，增强人民体质"的指导方针。从1956年到1976年，中国运动员先后有123人次打破世界纪录。

卫生工作坚持预防为主的原则，在城乡建立三级医疗服务网并严格执行基层首诊制度。到1965年，我国共建立卫生防疫站2499所、结核病防治所等专科防治所（站）822所、妇幼保健站（所）2910个，以及血吸虫病领导小组、厂矿防疫站、农村卫生室等各类适合我国国情的公共卫生单位。鼠疫、天花、霍乱、血吸虫病、黑热病、麻风病、结核病、克山病、大骨节病等数千年来一直严重影响中国人民健康甚至严重威胁人民生命安全的各类传染病和地方病，基本得到了彻底消灭或有效控制。1965年6月26日，毛泽东进一步做出"把医疗卫生工作重点放到农村去"的决定，政府开始引导和扶持农村合作医疗和赤脚医生制度，创造了世界瞩目的中国式初级卫生保健模式。到1976年，全国实行合作医疗制度的生产大队的比重高达93%，覆盖了全国农村人口的85%。全国卫生经费的65%以上用于农村，形成了集预防、医疗、保健功能于一身的三级（县、乡、村）卫生服务网络，中国农村基本上实现了"小病不出村、大病不出乡"的目标，被世界卫生组织和世界银行誉为"不发达国家实现初级卫生保健的独有典范"[①]。联合国妇女儿童基金会在1980—1981年年报中称：中国的赤脚医生制度在落后的农村地区提供了初级护理，为不发达国家提高医疗卫生水平提供了样板。[②] 人民健康水平有了根本提高。全国人口的死亡率从1949年的20‰下降到1976

[①] 王绍光：《中国公共卫生的危机与转机》（上、下），《国情报告》[第六卷2003年（下）]，党建读物出版社、社会科学文献出版社2012年版，第12、27页。

[②] 转引自李砚洪《赤脚医生：20世纪中国的温暖记忆》，《党史文苑》2008年第11期。

年的 7.25‰。人均预期寿命，1949 年为 35 岁，1975 年提高到 68.8 岁。

1958 年毛泽东提出：中国医药学是一个伟大的宝库，应当努力发掘，加以提高。传统医学的现代应用得到重视。1967 年 5 月从中草药里发掘筛选抗疟药物的工作启动，到 1978 年 6 月 17 日《光明日报》头版头条刊发消息《治疟新药"青蒿素"研制成功》，称"这是我国医药卫生科技人员走中西医结合道路，发掘祖国医药学宝库所取得的一项重大科研成果"。"青蒿素"治疗疟疾的有效性不仅仅是惠及中国人民，也是对世界作出的重大贡献。2015 年，抗疟中药研究项目组组长屠呦呦因此获得诺贝尔生理学或医学奖。颁奖词写道："屠呦呦的这一发现，缓解了亿万人的疼痛和苦恼，在 100 多个国家拯救了数百万人的生命，尤其是儿童的生命。"

四　建设现代化的国防和革命军队

抗美援朝战争胜利震慑了敌对势力，大大提升了中国的国际地位，也使中国站在了亚洲对抗美国的最前沿。美国先后与韩国、日本和中国台湾签订共同防御条约，在远东地区还有外层遏制线，在军事上加紧遏制中国，并继续阻挠中国加入联合国。中国采取了积极防御的国防战略方针，调整国防和军队建设重点与结构，加强军队正规化、现代化建设，建立强大的国防力量，发展尖端武器。1959 年底，毛泽东在读苏联《政治经济学教科书》时，正式将国防现代化列为"四个现代化"的目标之一。他指出："建设社会主义，原来要求是工业现代化，农业现代化，科学文化现代化，现在要加上国防现代化。"[①]"四个现代化"目标反映了工业与农业、科学文化与经济建设、富国与强军目标之间的有机统一。

1956 年 3 月召开的中央军委扩大会议上，彭德怀代表军委作了《关于保卫祖国的战略方针和国防建设问题》的报告，提出了"积

---

① 《毛泽东文集》第 8 卷，人民出版社 1999 年版，第 116 页。

极防御，防敌突袭"的方针。据此，军队精简整编，军力建设突出重点。按照裁剪数量、提高质量的原则，军队在1955年和1958年两次大规模裁减员额，使军队总员额由1953年的400余万缩减到240万左右。步兵相对减少，加强炮兵、装甲兵、工程兵、铁道兵、通信兵和防化兵等建设，特别是加强了空军、海军的建设。到1958年，空军占全军总人数的12.2%，海军占5.8%，炮兵占4.8%，装甲兵占2.3%[①]，军兵种比例趋于合理。各军种发展根据作战需求明确建设重点，军队整体作战力量提升明显；军事训练体现"少而精""短而少"的原则，突出基础战术和技术训练，掀起群众性练兵热潮。20世纪60年代，中央军委提出了"整军备战"和"备战整军"的方针，旨在通过备战促进整军，按战备的要求加强军队建设，以解决国防和军队建设的关系问题。

立足自卫，研发尖端武器。中国处在美国严重的核讹诈和核威慑的阴影之下。为打破超级大国的核垄断和核讹诈，1955年1月，毛泽东主持召开中共中央书记处扩大会议，做出了发展中国原子能事业的战略决策。随后由陈云、聂荣臻、薄一波组成领导小组，负责原子能工业发展工作。导弹研究院和原子能研究设计院，汇集了钱学森、钱三强、邓稼先等一批一流科学家进行研究设计。十二年科学规划以原子能、火箭、喷气技术和遥感技术等为研究重点，为国防尖端技术发展奠定了坚实基础。1958年初，中央军委批准了全军《国防科学技术研究工作十年（1958—1967年）规划纲要》，包括导弹及核武器的研制。毛泽东指出，听说原子弹就是这么大一个东西，没有那个东西，人家就说你不算数，"搞一点原子弹、氢弹、洲际导弹，我看有十年功夫是完全可能的"[②]。当时，中国希望在研制核武器方面得到苏联的帮助，也得到苏联的承诺。但早期研制工

[①]《中国人民解放军》上册，当代中国出版社1994年版，第156页。
[②]《建国以来毛泽东军事文稿》中卷，军事科学出版社、中央文献出版社2010年版，第387页。

作刚开始,因苏联向中国提出建立长波电台①和联合舰队问题,导致中苏关系急剧恶化。1959年6月,苏联单方面撕毁双边协定。1960年7月停止援建项目的技术设备供应,撤走在华专家并带走全部图纸。毛泽东指出:"赫鲁晓夫不给我们尖端技术,极好!如果给了,这个账是很难还的。"②

为突破国防尖端技术,国家组织全国大协作。1961年初,中共中央在批转聂荣臻《关于1961年、1962年科技工作安排的报告》,明确要求把从中央到地方各方面的技术力量组织起来,全国"一盘棋",拧成"一股绳",统一安排,分工负责,通力合作,共同完成国防科技任务。1962年11月,中央批准成立以周恩来为主任的中央专门委员会,统一领导、协调国防尖端科学技术工作。除了国防尖端技术攻关任务的统一领导、合作攻关外,从产品设计、试制、生产到原材料的供应都进行全国协作。这促进了民用科技和基础工业的发展。新中国在尖端科学技术领域取得一系列重要的成就。1964年10月16日,中国成功地爆炸了第一颗原子弹。1967年6月,爆炸了第一颗氢弹。1970年1月,第一枚中远程导弹发射成功。同年4月,第一颗人造地球卫星发射成功。1975年,可回收人造地球卫星试验成功。这些成就表明,中国在尖端科技领域的某些方面正接近世界先进水平。

实现"两弹"结合,并装备部队,大大提高了中国核武器的实战效能。1967年9月,中国防空部队用国产的地空导弹击落了一架美国的U-2高空侦察机。中国掌握"两弹一星"技术,提高了战略威慑力,打破了超级大国的核垄断,提高了新中国的国际地位。

---

① 1958年4月18日,赫鲁晓夫命苏联国防部部长马利诺夫斯基致函中国国防部部长彭德怀,信中说:为了指挥苏联在太平洋地区活动的潜艇,迫切希望在1958年至1962年间,由中苏共同建设一座大功率的长波无线电中心和一座远程通信的特种收报无线电中心(即长波电台)。这涉及中国主权问题,中国予以拒绝。

② 转引自《当代中国的国防科技事业》(上),当代中国出版社1992年版,第45页。

正如邓小平所指出的:"过去也好,今天也好,将来也好,中国必须发展自己的高科技,在世界高科技领域占有一席之地。如果六十年代以来中国没有原子弹、氢弹,没有发射卫星,中国就不能叫有重要影响的大国,就没有现在这样的国际地位。这些东西反映了一个民族的能力,也是一个民族、一个国家兴旺发达的标志。"[1]

实行尖端武器与常规武器并举,是中国武器装备发展方针。在以两弹为主,导弹第一,尖端武器取得历史性突破进展的同时,加快常规武器的国产化进程,实现引进购买—仿制改进—自行研制的转变,主战装备逐步实现国产化,中国走出了一条符合国情的武器装备发展之路。国防工业从无到有。新中国的国防工业建设在"一五"计划期间起步。在156个重点建设项目中,国防工业占了27%。到1959年,国防工业体系粗具规模,从各种轻型武器到常规火炮、装甲战车、作战飞机、小型水面舰艇,中国都能自行生产。1970年12月26日,中国自行设计制造的第一艘核动力潜艇建成下水,于1974年正式编入海军战斗序列,加强了海上防御能力。我军的武器装备水平与世界先进水平的距离大幅度地缩小。人民解放军基本实现了从以陆军为主体向建设现代化的陆、海、空军以及诸兵种合成军队转变,初步具备了在现代条件下诸军兵种协同作战的能力。军队建立起现代化正规化的制度。这一切极大提升了中国的国防能力。

加强国防后备力量建设。为解决"平时少养兵,战事用兵多"的矛盾,1957年6月,中央军委发出《关于改进兵役工作的指示》,提出了民兵与预备役合二为一的国防后备力量体制。1958年"在全国范围内把能拿武器的男女公民武装起来,以民兵组织的形式,实行全民皆兵"[2]。民兵建设蓬勃发展,到1958年底,全国建立民兵师5175个;到1976年,全国武装基干民兵的人数达到1800多万,成

---

[1] 《邓小平文选》第3卷,人民出版社1993年版,第279页。

[2] 《建国以来毛泽东军事文稿》中卷,军事科学出版社、中央文献出版社2010年版,第463页。

为防范侵略战争的重要武装力量。

大力推进军队革命化建设。革命化是我军的优良传统，是战斗力的重要源泉。1957年10月，毛泽东在《做革命的促进派》中强调，军队要经常进行"三大纪律、八项注意"的教育。先后在连队中进行社会主义教育运动，开展"四好连队""五好战士"运动和向雷锋、南京路上好八连学习活动，干部下连队当兵，改进工作作风，涌现了一批先进典型和模范人物。虽然20世纪60年代后受"左"的思想影响，军队的政治工作一度受到严重干扰，但军队长期革命化建设的显著成效毋庸置疑。

维护祖国统一。1956年，毛泽东通过各种渠道向蒋介石表示：台湾只要同美国断绝关系归还祖国，其他一切都好办，台湾一切照旧。我们进入联合国的条件是：只能"一个中国"，不仅要进入联合国大会，而且要进入安全理事会和其他各种组织。反对"两个中国"这一点，台湾和我们是一致的。[①] 因中东地区爆发革命，1958年7月，美国出兵黎巴嫩。这一举动遭到全世界的一致声讨。为了转移世界舆论的视线，美国积极支持蒋介石集团向大陆沿海地区骚扰，使台海地区的紧张局势不断升级。为了挫败美国"划峡而治"制造"两个中国"的阴谋，并打击国民党军在东南沿海地区肆意破坏的嚣张气焰，1958年8月23日开始，中国人民解放军对据守金门岛的国民党军进行惩罚性大规模炮击，但"打而不登，封而不死"，并规避了与美军的直接冲突，因此也摸清了美国对中国的战略底牌。

1963年，周总理根据两岸关系的新形势，在总结十年来对台工作的基本经验的基础上，将中国共产党对台政策归纳为"一纲四目"。"一纲"是指台湾必须回到祖国的怀抱，这是原则问题，不容商量。"四目"包括：一、台湾回归祖国后，除外交必须统一于中央外，当地军政大权、人事安排等"悉委于"蒋介石，由蒋介石安排；

[①] 《毛泽东年谱（1949—1976）》第3卷，中央文献出版社2013年版，第4、5页。

二、台湾所有军政费用和经济建设一切费用的不足部分，全部由中央政府拨付；三、台湾的社会改革可以从缓，等到时机成熟后，尊重蒋介石的意见协商后再进行；四、双方互约不派特务，不做破坏对方团结的事情。如果台湾回归祖国，一切可照旧。① 中国共产党对台政策由"解放台湾"向"和平统一"方向转变。

20世纪60年代初，中国周边局势恶化，特别是进入60年代中期，呈现出多面临敌的态势。东南方向，美国不仅积极支持台湾当局利用大陆经济困难，对大陆沿海进行武装袭扰和破坏活动，而且每年部署其第七舰队以及驻日、菲等国和台湾地区的美军，在太平洋进行以中国为假想敌的联合军事演习。西南方向，印度不甘心失败，美苏也利用印度打压中国，最终演变为边界冲突。南部方向，美国加紧了对越南的侵略，将战火烧到了中国的南大门，使中国的安全受到了直接严重威胁。北部地区，苏联的军事威胁加剧。鉴于严峻形势，新中国领导人的危机感陡然增加，进而改变了过去认为世界大战可以避免的看法。1964年，毛泽东提出了战备和进行三线建设的要求。"备战、备荒、为人民"："第一是备战，人民和军队总得先有饭吃有衣穿，才能打仗，否则虽有枪炮，无所用之。第二是备荒，遇了荒年，地方无粮棉油等储蓄，仰赖外省接济，总不是长久之计。一遇战争，困难更大。""第三是国家积累不可太多，要为一部分人民至今口粮还不够吃、衣被甚少着想；再则要为全体人民分散储备以为备战备荒之用着想；三则更加要为地方积累资金用之于扩大再生产着想。"② "第一，我们不要打，而且反对打"；"第二，但是我们不怕打，要打就打。"③ 珍宝岛事件后，苏联在中苏、

---

① 张治中致陈诚的信，1963年1月4日。转引自金冲及主编《周恩来传》，中央文献出版社2008年版，第1299—1300页。

② 参见《建国以来毛泽东军事文稿》下卷，军事科学出版社、中央文献出版社2010年版，第337页。

③ 《建国以来毛泽东军事文稿》中卷，军事科学出版社、中央文献出版社2010年版，第343页。

中蒙边境大幅增兵。立足于为应付最坏的局面，毛泽东提出了"早打、大打、打核战争"的战备指导思想，发展地方武装、加快建设大三线和防御工程体系、加强战略物资储备等一整套措施。

对于严重威胁我国安全或者挑起边境冲突之敌，我军都予以坚决的自卫还击和打击，起到"以小战止大战"的作用，显示中国人民维护和平制止战争的力量、意志和决心，从而有效制止了可能发生的更大规模的战争，维护了中国乃至世界和平。1962年对印自卫反击战，1969年珍宝岛自卫反击战、1974年西沙群岛自卫反击战，都是中国在忍无可忍的情况下实施的，在政治上、道义上积极争取国际社会的同情和支持。

在上述国防战略指导下，20世纪六七十年代，我国一方面建立起了国防战略大后方，战略物资储备粗具规模，完善了国防工程体系，建成了比较完整配套的常规兵器工业基地、电子工业基地、战略核武器科研生产基地、航空工业基地，形成了雄厚的战略后方生产基础，初步建成了比较完善的国防交通体系、全国通信网络和后勤保障体系，提高了全民的国防观念，极大地增强了中国国防实力。充分的战备，对霸权主义国家形成了强大的威慑力，使敌人不敢大规模入侵，保卫了国家安全；另一方面，也存在对于国际形势、战争威胁的过火反应，"三五"计划的重心由解决吃穿用问题转到备战和国防建设，把经济建设放在服从于战备的地位，这就扰乱了中国建设的步伐。全国范围的"三线建设"，一定程度上改变了旧中国工业集中于沿海地区的不合理布局，但包括"大三线"和"小三线"，选址按照所谓"山、散、洞"的原则，影响了建设效益。军队处于临战准备状态，以野营拉练为主，规模急速膨胀。对战备的投入过大，在一定程度上影响了人民生活水平的提高。

五 独立自主的和平外交战略

大规模的社会主义建设需要一个和平友好的环境，毛泽东等党和国家领导人为此做出不懈的努力。毛泽东准确把握第二次世界大战后50—70年代世界格局的巨大变化，先后提出了中间地带、"两个中间地带"和划分"三个世界"等理论，为中国确立了一个与国力和国家利益相符合的战略地位。

1956年8月，毛泽东在审阅中共八大政治报告稿时，专门加写了一段话："为了和平和建设的利益，我们愿意和世界上一切国家，包括美国在内，建立友好关系。"[①]他提出要团结全世界一切可能团结的力量。首先"团结苏联，团结兄弟党、兄弟国家和人民，还要团结所有爱好和平的国家和人民，借重一切有用的力量"[②]；其次是同赞成"和平共处五项原则"的国家建立和发展友好关系，反对在国际事务中使用武力和武力威胁，支持世界人民的和平运动[③]。对于当时敌视我国的美国，中国共产党仍然希望努力通过和平协商的方法来解决同美国的争端，"把敌人缩小到最少"[④]。

苏伊士运河事件使国际局势重新趋于紧张，美国同英、法等国的矛盾充分暴露。美国加强对台援助，中共中央提出要重视"国际阶级斗争"，对美从争取缓和转为斗争。1957年毛泽东第二次访苏，提出了"中间地带"思想。指出：一个社会主义阵营，一个资本主义阵营，当中还有一个中间地带。中间地带这十三亿人口，两个阵营都在争夺。

20世纪50年代末至60年代前期，中苏矛盾不断加剧，特别是在关于国际共产主义运动总路线的论战中，双方关系破裂。随着美国越南战争升级，中美关系日趋紧张。中国同时与美苏两大国对抗，反对"美苏合作主宰世界"就成为中国对待国际问题的一个基本立场。毛泽东根据国际力量格局的变化，提出了"两个中间地带"理论。他认为在美、苏两个超级大国之外，还有两个中间地带，一个

---

① 《建国以来毛泽东文稿》第6册，中央文献出版社1992年版，第148页。
② 《毛泽东文集》第7卷，人民出版社1999年版，第88页。
③ 同上书，第117页。
④ 同上书，第62页。

是亚、非、拉,另一个是以欧洲为代表的资本主义国家,他们反对美、苏控制。①

中国加强对"两个中间地带"国家的外交工作。一是加强同亚、非、拉等被压迫的广大经济落后国家的团结和合作。刘少奇、周恩来等领导人多次访问亚非国家。1960 年与古巴建交,拉开了中拉关系新篇章。20 世纪 60 年代初期,中国先后通过和平谈判解决了同缅甸、尼泊尔、蒙古国、巴基斯坦和阿富汗等国的边界问题,稳定一部分周边环境。亚非拉民族独立运动不断高涨,中国坚持无产阶级国际主义,支持和援助被压迫民族的解放事业、新独立国家的建设事业和各国人民的正义斗争,坚决反对帝国主义、霸权主义、殖民主义和种族主义,维护世界和平,发展同各国人民的友谊,在国际事务中发挥着越来越大的作用,但对外援助存在不量力而行的问题。二是在平等互利的原则基础上,继续改善和发展与西方资本主义国家的关系,建立国际反霸统一战线,争取和平。加强中日之间民间交流。1964 年中法建交,新中国打开了外交新局面。"文化大革命"开始后,中国外交陷入严重混乱。1968 年起,中国开始调整外交政策,以恢复同其他国家的正常关系。

推动中美关系走向正常化。1969 年中苏边界冲突,苏联取代美国成为对中国最大和最直接的威胁。陈毅、叶剑英、徐向前、聂荣臻四位元帅建议,利用美苏矛盾,缓解中美矛盾,努力打开中美关系的大门,在寻求共同安全利益的基础上,联合美国,抗御对中国最具威胁的苏联霸权主义。尼克松就任美国总统,开始检讨美国的对华政策,向中国领导人发出改善关系的信息。毛泽东、周恩来敏锐地觉察到美方的变化,抓住时机,中美和解的进程通过一系列充满戏剧性的行动启动:以 1971 年的"乒乓外交"为序幕,然后有基辛格访华,1972 年 2 月尼克松访华,中美双方在上海发表联合公报,实现了中美关系的正常化。1971 年 10 月,第 26 届联合国大会以压

---

① 《毛泽东文集》第 8 卷,人民出版社 1999 年版,第 344 页。

倒性多数票通过了阿尔巴尼亚、阿尔及利亚等23国的提案,恢复新中国在联合国的合法权利。这是中国外交史上具有历史意义的伟大胜利,也是中国和广大主持正义的国家长期斗争而取得的重大胜利。从此,中国在联合国中发挥日益重要的作用,成为维护世界和平、反对霸权主义的一支中坚力量。

1974年毛泽东在会见赞比亚总统卡翁达时提出划分"三个世界"的思想。第一世界,指美国和苏联两个拥有最强的军事和经济力量,在世界范围推行霸权主义的超级大国;第三世界,指亚、非、拉和其他地区的发展中国家;第二世界,指处于这两者之间的发达国家。其主要观点是:中国属于第三世界,要加强同第三世界国家的团结;同时,还要争取实现与第二世界国家的联合;在第一世界美苏两个超级大国之中,发展与美国的关系,集中力量反对苏联的霸权主义。中国作为一支重要的国际力量积极参与国际关系调整,提高了国际战略地位,开创了外交新格局。同中国建交的国家从1956年的24个增加到1976年111个。这为"文化大革命"结束后顺利地实行改革开放,广泛参与国际事务奠定了基础。

六 党群关系好比鱼水关系

"在人民群众中,我们毕竟是沧海一粟,只有我们正确地表达人民的想法,我们才能管理。"[1] 1956年中共八大召开前,全国有党员1073万名,比中共七大时增加8倍,比1949年全国胜利时增加2倍,但是党员在全国6亿人口中仍然是极少数,建设社会主义需要团结"一切可以团结的人","包括社会的、党内的一切可以团结的力量"[2]。

中国共产党对斯大林个人崇拜教训进行分析,认为斯大林后期"一方面承认人民群众是历史的创造者,承认党必须永远地联系群众,必须发展党内民主,发展自我批评和自下而上的批评,另一方

---

[1] 《列宁选集》第4卷,人民出版社2012年版,第695页。
[2] 《毛泽东文集》第7卷,人民出版社1999年版,第62页。

面却又接受和鼓励个人崇拜,实行个人专断",陷于理论和实践相脱节的矛盾。① 当共产党已经成为领导全国政权的政党的时候,党和国家的工作人员就面临有可能利用国家机关独断独行、脱离群众、脱离集体领导、实行命令主义、破坏党和国家的民主制度的这样一个很大的危险性。"我们需要建立一定的制度来保证群众路线和集体领导的贯彻实施,而避免脱离群众的个人突出和个人英雄主义,减少我们工作中的脱离客观实际情况的主观主义和片面性。"② "在社会主义国家中,党和国家的任务,就在于依靠群众和集体的力量,及时地调整经济制度和政治制度的各个环节,及时地发现和纠正工作中的错误"③,防止陷入主观主义。只有依靠人民群众的智慧,坚持群众路线,从群众中来,到群众中去,依靠集体领导和个人负责相结合的制度,才能避免党和国家的领导人把个人放在党和群众之上,一定要"打掉官风"④。1963 年,周恩来专门写作《反对官僚主义》,总结官僚主义的 20 种表现形态,指出,"官僚主义是领导机关中最容易犯的一种政治病症","官僚主义是剥削阶级长期统治的遗产"⑤,在我国有着肥沃的土壤,很容易侵入党和国家的肌体。邓小平也强调克服官僚主义是一项长期的斗争,绝不能松懈怠惰。

  1959 年 10 月 26 日,全国工业、交通运输、基本建设和财贸方面社会主义建设先进集体和先进生产者大会在人民大会堂召开,国家主席刘少奇握住北京市崇文区清洁队淘粪工人时传祥的手,亲切地说:"你是老时吧!"了解了清洁工人的工作和生活情况,并说,你淘大粪是人民勤务员,我当主席也是人民勤务员,这只是革命分工不同,都是革命事业不可缺少的一部分。这表现了领导人亲民爱

---

  ① 《关于无产阶级专政的历史经验》,《人民日报》1956 年 4 月 5 日。
  ② 《建国以来重要文献选编》第 8 册,中央文献出版社 2011 年版,第 198—199 页。
  ③ 《建国以来重要文献选编》第 9 册,中央文献出版社 1994 年版,第 572 页。
  ④ 《毛泽东文集》第 7 卷,人民出版社 1999 年版,第 354—355 页。
  ⑤ 《周恩来选集》下卷,人民出版社 1984 年版,第 418 页。

民的高尚情怀和人民公仆本色。

能够与人民群众保持良好关系，与党始终重视加强自身建设、保持党的先进性有关。20世纪60年代初，毛泽东深刻批判了赫鲁晓夫关于"全民党"的错误观点，指出："有些人说共产党是'全民的党'，我们不这样看。我们的党是无产阶级政党，是无产阶级的先进部队，是用马克思列宁主义武装起来的战斗部队。"[①] "没有正确的政治观点，就等于没有灵魂。"[②] 他反复教育干部要懂得一些马列主义，懂得多一些更好，就是要搞马列主义的，不搞修正主义。第二，强调要为大多数群众谋利益，是无产阶级政治家必须具备的政治品格。"为了保证我们的党和国家不改变颜色，我们不仅需要正确的路线和政策，而且需要培养和造就千百万无产阶级革命事业的接班人。"[③] 加强党内教育和党内监督始终是抓手。

第三节 社会主义建设道路探索在曲折中发展

社会主义建设道路的探索也有曲折和失误。第一次是混淆了政治问题与思想问题，反右派斗争扩大化；第二次是出现了由于对经济发展规律认识不够和对在经济文化落后的中国建设社会主义的长期性、艰巨性估计不足，更由于毛泽东及中央和地方不少领导同志在胜利面前滋长了骄傲自满情绪，开展"大跃进"、人民公社化运动，急于求成，要"跑步进入共产主义"，遭遇了社会主义道路探索的第一个严重挫折。为了纠正失误，毛泽东大兴调查研究之风，实

[①] 《毛泽东著作选读》下册，人民出版社1986年版，第833—834页。
[②] 《毛泽东文集》第7卷，人民出版社1999年版，第226页。
[③] 《建国以来重要文献选编》第19册，中央文献出版社2011年版，第61页。

事求是，提出了"社会实践是检验真理的唯一标准"①，加强马克思主义认识论学习教育，在认真总结经验教训中，"对于社会主义的认识，对于如何建设社会主义的认识，大为深入了"②。但由于没有从根本上纠正党在指导思想上"左"的错误，加上国内外错综复杂的局势，很多关于社会主义建设的正确思想没有在实践中得到贯彻落实，"以阶级斗争为纲"的错误继续发展，发生了"文化大革命"这样的全局性、长时间严重错误，对社会主义建设道路的探索走入迷途。

一　开门整风与反右派斗争

根据中共八大精神和党内外出现的新情况、新问题，1957年4月27日，中共中央下发《关于整风运动的指示》，决定在全党进行一次反对官僚主义、宗派主义和主观主义的整风运动。采取整风的办法来全面加强党的思想、组织、作风建设，是中国共产党的一个创造。在执政的条件下，党容易产生脱离群众的官僚主义等错误倾向，更需要采取整风的办法来加以解决。根据中共中央的设想，这次整风是一次既严肃认真又和风细雨的思想教育运动，是一次认真开展批评和自我批评的自我教育运动，通过发动群众向党提出批评建议，也是发扬社会主义民主的正常步骤。

这场运动采取的是开门整风形式。各级党组织纷纷召开座谈会和小组会，听取党内外群众的意见，迅速在全社会形成一个"鸣放"的高潮。毛泽东和中共中央真诚地希望通过这种方式，加强党外人士对共产党员特别是党员领导干部的批评、监督，进一步密切党同群众的联系，毛泽东曾经肯定开门整风取得的成果，指出：开展整风"这是天下第一大事"，"不整风党就会毁了"。③

在整风运动中人们提出的各种意见，绝大多数是诚恳的。但确

---

① 《毛泽东著作选读》下册，人民出版社1986年版，第890页。
② 《建国以来重要文献选编》第15册，中央文献出版社1997年版，第118页。
③ 《建国以来毛泽东文稿》第6册，中央文献出版社1992年版，第468页。

有极少数资产阶级右派分子乘机向党和新生的社会主义制度发动进攻，他们把共产党在国家政治生活中的领导地位攻击为"党天下"，要求"轮流坐庄"；竭力抹杀社会主义改造和建设的成绩，否定社会主义制度的优越性；还把人民民主专政制度说成是产生主观主义、官僚主义和宗派主义的根源。有的人甚至散布煽动性言论，鼓动一些不明真相的人上街闹事。以大鸣、大放、大字报、大辩论的形式，人为地加剧了政治紧张气氛和不稳定状态。这说明，事情正在起变化。

6月8日，中共中央发出组织力量反击右派分子进攻的党内指示。同日，《人民日报》发表题为《这是为什么?》的社论。对这种进攻进行坚决反击是完全正确和必要的。在涉及重大政治原则的大是大非问题上，如果不能旗帜鲜明，就会造成思想上和政治上的混乱。但是，中共中央对此没有充分的思想准备和应对经验，对阶级斗争的形势作了过于严重的估计，把大量思想认识问题当作政治问题，又在划定"右派分子"的具体执行中，很多单位将标准简单化，为下级单位指定"右派分子"的百分比，这就造成了反右派斗争的严重扩大化，全国划定的右派分子达55万人，把一批知识分子、爱国人士和党内干部错划为"右派分子"，造成了不幸的后果。这是深刻的教训。

反右派斗争严重扩大化的另一个重要影响，是1957年9月至10月召开的中共八届三中全会开始改变中共八大关于我国社会主要矛盾的正确判断，认为当前国内的主要矛盾仍然是无产阶级和资产阶级、社会主义道路和资本主义道路的矛盾。1959年国庆前夕，根据毛泽东的建议，开始分批给被划为右派分子的人进行甄别，对被错误批判的同志进行平反，到1962年大多数人已摘帽。

二 急于求成的"大跃进"和人民公社化运动

"大跃进"和人民公社化运动，是1958年发动的。"大跃进"主要表现为生产力发展方面的盲目冒进，主要标志是在经济建设各个领域提出不切实际的高指标；人民公社化运动主要表现为生产关系和社会制度变革等方面的盲目冒进，重点表现在乡社合一的公社所有制在全国的普遍建立和以所谓供给制为核心的农村分配制度的急剧变革上。"大跃进"和人民公社化运动急于求成、超越阶段，结果欲速则不达，打乱了国家正常的经济建设秩序，造成了国民经济比例的严重失调，人民生活也因此受到很大影响，留下了深刻的教训。

"大跃进"运动的发生，反映了党的领导人和广大人民群众迫切要求改变我国经济文化落后状况的愿望。早在1954年6月，毛泽东在中央人民政府第30次会议上就说："我们要建成一个伟大的社会主义国家，大概经过五十年即十个五年计划，就差不多了，就像个样子了，就同现在大不一样了。"[1] 1955年10月，在中共中央召开的一次关于工商业社会主义改造问题的座谈会上，毛泽东更是明确说："我们的目标是要赶上美国，并且要超过美国。"他说："哪一天赶上美国，超过美国，我们才吐一口气。现在我们不像样子嘛，要受人欺负。我们这么大一个国家，吹起来牛皮很大，历史有几千年，地大物博，人口众多，但是一年才生产二百几十万吨钢，现在才开始造汽车，产量还很少，实在不像样子。"[2] 社会主义改造进入高潮时，他强调："我国人民应该有一个远大的规划，要在几十年内，努力改变我国在经济上和科学文化上的落后状况，迅速达到世界上的先进水平。"[3] 周恩来也提出"我们要又多、又快、又好、又省地发展社会主义建设"[4]。毛泽东认为，1956年社会主义阵营之所以发生波匈事件，1957年上半年中国少数人之所以闹事的直接原因，是有一些物质上的要求不能得到满足，社会主义制度还没有显

---

[1] 《毛泽东文集》第6卷，人民出版社1999年版，第329页。
[2] 同上书，第500页。
[3] 《毛泽东文集》第7卷，人民出版社1999年版，第2页。
[4] 《周恩来文化文选》，中央文献出版社1998年版，第807页。

示出与资本主义制度的比较优势。要巩固社会主义制度，就必须加快各项建设事业，慢腾腾地搞建设，必须有比资本主义快得多的速度，否则永远赶超不了资本主义国家。[①] 而民主革命的辉煌业绩，执政全国之初的巨大成功，所有制改造的高歌猛进，1957年"一五"计划的提前完成，极大地增强了中国共产党人领导经济建设的信心，激发了全国人民在短时间内彻底改变祖国"一穷二白"面貌的斗志，也促使人们普遍开始"头脑发热"，毛泽东估计"中国可能在三四个五年计划内，初步地改变面貌"[②]。

1957年9月召开的中共八届三中全会揭开了批评反冒进和农业"大跃进"的序幕。会上，毛泽东对1956年以来的反冒进提出严厉批评。全会通过的《1956年到1967年全国农业发展纲要（修正草案）》（即农业四十条），提出一些超过实际的高指标。10月27日，《人民日报》发表《建设社会主义农村的伟大纲领》的社论，要求农业和农村各方面工作要"实现一个巨大的跃进"。为给农业增产增收打基础，这年冬季掀起农田水利建设高潮。

此时，社会主义阵营存在"赶超"思想。苏共二十大，赫鲁晓夫代表苏共中央宣称："苏联人民已经建成了社会主义"，现在的任务就是要在"尽短的时间内"，"加速为共产主义创立强大的物质和生产基础"。这一急于向共产主义过渡的思想获得了大会的一致通过，并被称作"苏联建设共产主义社会"的"进一步行动的纲领"。[③] 1957年11月，毛泽东到莫斯科参加十月革命胜利四十周年庆典及各国共产党和工人党代表会议。会议期间，赫鲁晓夫告诉毛泽东，苏联将在今后15年内主要工业产品产量赶上并超过美国。毛泽东在同英国共产党负责人波立特、高兰谈话中了解到，英国当时钢产量为2000万吨，再过15年有可能达到3000万吨。他认为，作

---

① 参见罗平汉《赶超思想与"大跃进"的发动》，《河北学刊》2008年第4期。
② 《建国以来重要文献选编》第10册，中央文献出版社2011年版，第53页。
③ 《在列宁主义的旗帜下》，《真理报》1956年2月27日。

为主要工业产品的钢产量，中国赶上或超过英国是可能的。11月18日，他在各国共产党和工人党代表会议的讲话中，宣布中国15年钢产量赶上并超过英国的设想。

12月2日，刘少奇在中国工会八大的祝词中，把这个赶超设想公布于全国。1958年元旦，《人民日报》发表了题为《乘风破浪》的社论，指出，在中国建立一个现代化的工业基础和现代化的农业基础，从现在算起，还要十年到十五年的时间。要在十五年左右的时间内，在钢铁和其他重要工业产品产量方面赶上和超过英国；在这以后，还要进一步发展生产力，准备再用二十年到三十年的时间赶上并且超过美国，以便逐步地由社会主义社会过渡到共产主义社会。此时，超英赶美和实现共产主义都有了明确的时间表。"超英赶美"成为"大跃进"的重要口号，是中国向贫穷落后宣战的口号。

经过南宁会议、成都会议的批评反冒进，到1958年5月中共八大二次会议通过了"鼓足干劲、力争上游、多快好省地建设社会主义"的社会主义建设总路线，完成了"大跃进"的全面发动。会议认为："建设速度的问题，是社会主义革命胜利后摆在我们面前的最重要的问题。我们的革命就是为了最迅速地发展社会生产力。我国经济本来很落后，我国的外部还有帝国主义，只有尽可能地加快建设，才能尽快地巩固我们的社会主义国家，提高人民的生活水平。"[1]

"多、快、好、省"本来是相互制约的，但在宣传中和实际工作中片面地只追求多与快，超英赶美的时间一再提前，一度把超过英国的时间表提前到"只需要两年到三年，两年是可能的"[2]，钢产量指标不断加码，要求翻一番达到1070万吨。作为当事人——主管工业生产和交通运输工作的薄一波，对"大办钢铁"过程曾有过详细的回忆。

对钢产量翻番，"本来是有怀疑的，许多人都说行，我也大概算

---

[1] 《建国以来重要文献选编》第11册，中央文献出版社2011年版，第264页。
[2] 《建国以来毛泽东文稿》第7册，中央文献出版社1992年版，第278页。

了一下，觉得有那么多高炉，那么多平炉，那么多矿山，那时又强调算活帐、算大帐，反对见物不见人，这么一算，也觉得行。于是，在北戴河会议上，我把鞍钢、武钢、太钢等这些大钢铁厂的党委书记、厂长和这些大钢厂所在地的工业书记都叫上，去毛主席那里开会。大家去了一谈，都说钢产量可以翻番。有几位地方上的负责人极力主张翻番。毛主席很高兴。我心里不踏实，怕完不成，就向毛主席建议把'1070'写到公报上。毛主席赞成。我的意思是，大家都这样主张，就得大家负责任，把'1070'写到公报上有'将军'之意。毛主席对'1070'是有过怀疑的。他引用了一句古诗：'夕阳无限好，只是近黄昏。'因为那时已经到9月份了，钢产量还不到'1070'的三分之一，离年底不到四个月，还有三分之二的任务能完成吗？但是，还是下了决心，定了纪律，要保证实现。于是，六千万人上山找矿、挖煤、伐木炼土铁，全国各地方都动员起来大办钢铁"[①]。

工业战线是"以钢为纲"，农业战线则是"以粮为纲"。《农业四十条》提出，1967年农业产量要达到粮食1万亿斤、棉花1亿担，这已经是很高的指标了（我国粮食总产量到1998年才达到1万亿斤，棉花总产量在1984年才突破1亿担），但许多省还表示要提前实现目标。"心潮逐浪高"。报刊上出现了"人有多大胆，地有多大产"，"不怕做不到，就怕想不到"的口号。农业领域开始放高产卫星，报道的早稻亩产由800斤飙升至亩产3.6万斤。浮夸风严重。

人民公社化运动应运而生。1958年4月下旬，毛泽东在广州期间曾和刘少奇、陆定一议论过未来中国农村的组织形式。据陆定一说："毛主席和刘少奇同志谈到几十年后我国的情景时，曾经这样说：那时我国的乡村中将是许多共产主义的公社，每个公社有自己的农业、工业，有大学、中学、小学，有医院，有科学研究机关，有商店和服务行业，有交通事业，有托儿所和公共食堂，有俱乐部，

[①] 薄一波：《三十年来经济建设的回顾》，《薄一波文选（一九三七——一九九二年）》，人民出版社1992年版，第352页。

也有维持治安的民警等等。若干乡村公社围绕着城市，又成为更大的共产主义公社。前人的'乌托邦'想法，将被实现，并将被超过。我们的教育方针和其他文教事业，也将朝着这个目标去发展。"① 一些地方闻风而动，在6月间便开始试办作为共产主义雏形的公社。

毛泽东对试办中的公社采取积极扶植的态度。8月4日和5日，毛泽东视察河北的徐水、定县和安国，肯定了徐水公社"组织军事化、行动战斗化、生活集体化"的做法。人民公社这种生产组织形式，就从毛泽东等领导人对未来农村的一种设想，经过一些地区的试办，很快变成中国农村的现实发展方向。8月份，在北戴河召开的中共中央政治局扩大会议上，通过了《关于在农村建立人民公社问题的决议》，提出"应该积极地运用人民公社的形式，摸索出一条过渡到共产主义的具体途径"。短短时间内，全国74万个农业生产合作社合并成为2.6万多个人民公社。人民公社实行"政社合一"的体制，其基本特点被概括为"一大二公"。所谓"大"，就是规模大，原来一二百户规模的农业生产合作社被合并成拥有四五千户甚至一两万户的人民公社；所谓"公"，就是公有化程度高，原来经济条件各不相同的农业生产合作社被合并以后，主要财产归人民公社所有，收入在全社范围内统一核算和分配。这种组织形式严重地脱离了农村生产力实际水平，致使"一平二调"严重泛滥，引起和助长了"共产风"，进而造成政府与农民关系的紧张状态和对农业生产力的严重破坏。

毛泽东是"大跃进"和人民公社化运动的积极倡导者和推动者，又是中央领导集体中较早地觉察并实际纠正"左"倾错误的领导人。从1958年11月初主持召开第一次郑州会议，到1959年7月庐山会议前期，他领导全党和全国人民对已经觉察到的错误进行了初步纠正，着重纠正急于向全民所有制和向共产主义过渡的倾向，以及企图过早地取消商品生产和商品交换的倾向，并决定开展整顿人民公

---

① 陆定一在中共八大二次会议上的发言记录，1958年5月19日。

社的工作。1959年2月召开的第二次郑州会议，针对人民公社存在的平均主义和过分集中的问题，提出队为基础、分级管理、三级核算、各计盈亏、按劳分配、承认差别的方针。但是党内的高层领导对1958年以来的工作和当前形势的估计存在着严重分歧。7月14日，彭德怀给毛泽东写信，着重指出"大跃进"存在的严重问题和突出矛盾。毛泽东错误地对彭德怀的信提出尖锐批评，并发展到在全党范围开展了"反右倾"斗争。纠"左"进程因此中断，使错误延续了更长时间，加上当时的自然灾害和苏联政府背信弃义地撕毁合同，导致国民经济出现三年严重困难局面，国家和人民遭受重大损失。

三 国民经济的调整与"四个现代化"目标的提出

恩格斯说："伟大的阶级，正如伟大的民族一样，无论从哪方面学习都不如从自己所犯错误的后果中学习来得快。"[1] 毛泽东在探索中受挫后，总结教训，认识到搞社会主义"没有耐心是不行的"[2]；"我们对于社会主义时期的革命和建设，还有一个很大的盲目性，还有一个很大的未被认识的必然王国。""我们要以第二个十年时间去调查它，去研究它，从其中找出它的固有的规律，以便利用这些规律为社会主义的革命和建设服务。"[3]

毛泽东提倡领导干部读书，认为读社会主义政治经济学，可以减少工作中的事务主义，可以学习和借鉴苏联的社会主义建设经验，可以提高领导干部的理论水平，可以澄清人们头脑中一系列错误、混乱的思想。毛泽东组织了一个读书小组，一起读苏联《政治经济学教科书》。读书期间，他对社会主义建设若干理论问题进行思考，

---

[1]《马克思恩格斯选集》第4卷，人民出版社1972年版，第285页。
[2]《毛泽东年谱（1949—1976）》第3卷，中央文献出版社2013年版，第505页。
[3]《建国以来重要文献选编》第13册，中央文献出版社2011年版，第371—372页。

提出了一些富有价值的创见。

他提出了中国仍处于"不发达的社会主义"阶段的论断。他指出："社会主义这个阶段，又可分为两个阶段，第一个阶段是不发达的社会主义，第二个阶段是比较发达的社会主义。后一阶段可能比前一阶段需要更长的时间。""在我们这样的国家，完成社会主义建设是一个艰巨的任务，建成社会主义不要讲得过早了。"[①] 1962年1月，他强调："中国的人口多、底子薄，经济落后，要使生产力很大地发展起来，要赶上和超过世界上最先进的资本主义国家，没有一百多年的时间，我看是不行的。"[②] 毛泽东提出的"不发达的社会主义"阶段的判断，是"社会主义初级阶段"理论的一个重要思想源头。

社会主义商品经济问题是毛泽东关注的重点问题。他指出，商品经济的社会性质要看商品生产与什么社会制度相联系，与资本主义相联系就是资本主义经济，与社会主义相联系就是社会主义经济。除了不同所有制经济之间需要商品经济外，还提出了生产力水平也决定商品经济的命题，揭示了我国商品生产和商品交换长期存在的重要性，他认为，按劳分配、商品生产、价值法则等在社会主义阶段是适应生产力发展的，是社会主义的客观规律。他指出价值规律是一所伟大的学校[③]，阐明"要利用商品生产、商品交换和价值法则，作为有用的工具，为社会主义服务"[④]。

1961年9月的《社会主义建设的几个问题》学习资料，系统反映了毛泽东、刘少奇这一代领导人对社会主义的认识："一、什么是社会主义：（一）社会主义是共产主义的低级阶段；（二）不断革命论和革命发展阶段论相结合；（三）建设社会主义需要一个很长的历史时期。二、社会主义经济建设的几个问题：（一）生产关系要适合

---

① 《毛泽东年谱（1949—1976）》第4卷，中央文献出版社2013年版，第264页。
② 同上书，第270页。
③ 同上书，第545页。
④ 《毛泽东文集》第7卷，人民出版社1999年版，第435页。

生产力的发展;(二)农业是国民经济发展的基础;(三)不能剥夺农民,巩固工农联盟;(四)有计划按比例规律和计划工作;(五)生产资料生产的增长最终还是要依赖于消费品的增长;(六)商品生产和价值规律;(七)坚持按劳分配,反对平均主义。"[1] 这些原则尽管还不完备,但基本上是正确的,深化了党对社会主义本质的认识。

邓小平说:"生产关系究竟以什么形式为最好,恐怕要采取这样一种态度,就是哪种形式在哪个地方能够比较容易比较快地恢复和发展农业生产,就采取哪种形式;群众愿意采取哪种形式,就应该采取哪种形式,不合法的使它合法起来。这都是些初步意见,还没有作最后决定,以后可能不算数。"[2] 这包含了之后中国改革的基本思路。1962年初,毛泽东论述了坚持民主集中制在社会主义建设和探索规律中的极端重要性。1963年11月,他提出了"社会实践是检验真理的唯一标准"[3],提出要加强马克思主义认识论教育。

国民经济陷入严重困难,农业农村首当其冲。1960年10月底,河南信阳饿死人的情况传到北京,引起中央的震惊。11月3日,中共中央发出《关于农村人民公社当前政策问题的紧急指示信》(农业"十二条"),要求以坚决的态度纠正"共产风"等"左"倾错误。8月,周恩来、李富春提出对国民经济实行"调整、巩固、充实、提高"八字方针。1961年1月,先后召开了部署农村整风整社的中央工作会议和中共八届九中全会。全会通过了对国民经济实行"调整、巩固、充实、提高"的八字方针。毛泽东号召"大兴调查研究之风",反复强调恢复实事求是的作风。

为找到解决问题的办法,中央领导人相继深入基层做细致的调查研究,问计于民。毛泽东直接组织和指导三个调查组,分赴浙江、

---

[1] 《建国以来毛泽东文稿》第9册,中央文献出版社1996年版,第556—557页。
[2] 《邓小平文选》第1卷,人民出版社1994年版,第323页。
[3] 《毛泽东著作选读》下册,人民出版社1986年版,第890页。

湖南、广东农村基层作调查。刘少奇、周恩来、朱德、陈云、邓小平等领导人和各省、市、自治区党委书记也深入基层进行调查研究。1961年4、5月间，刘少奇去湖南调查，44天中有32天住在农村。在长沙县广福公社天华大队一个普通农舍里，住了18天，开了11个座谈会，并亲自到社员家里嘘寒问暖，同老党员、老贫民促膝谈心。同年7、8月间，刘少奇又跋山涉水，深入大、小兴安岭，察看森林资源和林业工人生活的情况。陈云先后在广西、吉林、河北、山东、河南、安徽、浙江、江苏以及上海等地调查，考察农业、钢铁、矿山、化肥等生产性问题和人民群众生活问题。这些调查研究，有利于中央集思广益，调整政策，迅速做出符合客观实际、有利于群众的正确决断。3月，毛泽东主持起草了《农村人民公社工作条例（草案）》（即"农业六十条"），经过反复修改，确定以生产队为基本核算单位，要求认真贯彻按劳分配的原则，废除供给制，停办公共食堂。"农业六十条"的贯彻执行，对于克服严重存在的平均主义，调动农民的生产积极性，推动恢复和发展农业生产，起到了十分重要的作用。

为落实贯彻调整国民经济的方针，战胜当前的困难，1962年1月11日至2月7日，中共中央在北京召开扩大的中央工作会议（即"七千人大会"），包括中央、省市自治区党委、地委、县委四级负责人以及重要厂矿党委和军队的负责干部。

会上畅所欲言，开展批评和自我批评。大会围绕刘少奇向大会提交的书面报告进行讨论。1月27日，刘少奇对书面报告作口头说明时，坦诚在经济方面遇到了相当大的困难，关于造成经济困难的原因，一方面是由于自然灾害，另一方面在很大程度上是由于工作中的失误，有的地方是"三分天灾、七分人祸"。他提出首先要负责任的是中央，包括中央各部门，包括国务院和国务院所属的各部门。[①] 他反省："这几年，我们吃了不调查研究的亏，吃了不讲民主

---

① 《刘少奇选集》（下），人民出版社1985年版，第422页。

的亏。我们不发扬民主，不善于听人家的意见，不充分在人民中间讨论，不认真取得他们的同意，这是一条很大的经验教训。"[1]

1月30日，毛泽东在会上发表长篇讲话，重点是讲民主集中制，强调无论党内党外，都要有充分的民主生活，要让群众讲话，领导干部要善于听取别人的意见和建议，有了错误，一定要作自我批评和接受别人的批评。他承担了"大跃进"失误的领导责任，说：是中央犯的错误，直接的归我负责，间接的我也有份。他指出："人对客观世界的认识，由必然王国到自由王国的飞跃，要有一个过程。对于社会主义建设，我们还缺乏经验。中国的人口多、底子薄，经济落后，要使生产力很大地发展起来，要赶上和超过世界上最先进的资本主义国家，没有一百多年的时间，我看是不行的。对于建设社会主义的规律的认识，必须有一个过程。必须从实践出发，逐步地克服盲目性、认识客观规律。经济建设工作中间的许多问题，还不懂得。"[2] 他建议会议特意延长几天，让同志们把话讲出来，让大家出气，解决难题，要上下通气，在互动中找出难题背后的深层原因。民主气氛活跃了，心气顺了，认识也就统一了。毛泽东在讲话中提出，工、农、商、学、兵、政、党这七个方面的工作，都应当好好地总结经验制定一整套的方针、政策和办法[3]。

这次会议虽然仍然肯定"三面红旗"，没有从根本指导思想上清理"大跃进""反右倾"的错误，但对待缺点错误比较实事求是，发扬民主，增强了党的凝聚力，在动员全党团结奋斗战胜困难方面起了积极作用。

七千人大会前后，在刘少奇、周恩来、陈云、邓小平等主持下，中共中央陆续制定出的工业七十条、农业六十条、商业四十条、高教六十条、科学十四条、文艺八条等各行各业的切合实际的具体工

---

[1] 《刘少奇年谱（1898—1969）》（下），中央文献出版社1996年版，第548页。
[2] 《毛泽东年谱（1949—1976）》第5卷，中央文献出版社2013年版，第79页。
[3] 同上书，第80页。

作条例。大会结束后,中央召开西楼会议和5月工作会议,继续纠"左",对国民经济进行了大刀阔斧的调整压缩,为扭转严重困难局面发挥了重要作用。如精简城镇人口,清理和下放劳动力,各行各业支援农业,加大对农业的资金投入,改良和提高农业技术,大力增加农业生产资料,如化肥、农药和农业机械、农具等的生产,以支援农业。恢复社员自留地,鼓励经营家庭副业,恢复农村集市贸易;大胆实行生产责任制的探索,以安徽"责任田"为主要代表、遍及全国十几个省区的包产到户试验;进口粮食,降低农业税,减少粮食征购量,提高农副产品收购价格,增加农民收入。1962年中国经济有明显好转。农业、轻工业和重工业的产值比(按当年价格计算)由1960年的21.8∶26.1∶52.1调整为1965年的37.3∶32.3∶30.4。[①]

由于党和国家在经济、政治方面采取了有力措施,到1966年国民经济得到了比较顺利的恢复和发展。对内克服了经济的困难,对外顶住了苏联领导集团施加的压力,还清了对苏联的全部债款。根据毛泽东的意见,1963年9月召开的中央工作会议提出了在过渡阶段任务完成后国民经济分两步走的长远设想,即第一步,经过三个五年计划,到1980年建立一个独立的、比较完整的工业体系和国民经济体系;第二步,到20世纪末全面实现四个现代化。1964年底,周恩来在第三届全国人大一次会议上所作的《政府工作报告》中,正式宣布"把我国建设成为一个具有现代农业、现代工业、现代国防和现代科学技术的社会主义强国"[②]。"四个现代化"上升为国家战略,只是"科学文化"变成了"科学技术"。毛泽东认为要赶上和超过世界上最先进的资本主义国家,没有一百多年的时间,是不

[①] 中华人民共和国农业部计划司编:《中国农村经济统计大全(1949—1986)》,农业出版社1989年版,第52页。

[②] 《建国以来重要文献选编》第12册,中央文献出版社2011年版,第10页。

行的。① 这一思想是改革开放后中国共产党提出社会主义现代化目标和"三步走"战略步骤的直接思想来源。

在艰苦的岁月里，毛泽东等领导人率先节衣缩食，领袖和人民，干部和群众，休戚与共，同甘共苦，一起渡过难关，涌现出无数先进典型和英雄模范人物，形成了具有特定内涵的时代精神。以王进喜为代表的大庆石油工人、科技人员和干部，喊出了"宁肯少活20年，拼命也要拿下大油田"的口号，吃大苦耐大劳，体现中国工人阶级"爱国、求实、创新、奉献"的精神，铸就了铁人精神。山西昔阳县大寨大队党支部书记陈永贵等共产党员，带领群众艰苦奋斗，向"七沟八梁一面坡"的贫瘠土地开战，连年战胜严重自然灾害，使生产获得很大发展。全国上下掀起"工业学大庆""农业学大寨"的热潮。河南兰考县委书记焦裕禄，心中装着全体人民，唯独没有自己，带领全县人民摆脱贫困面貌，鞠躬尽瘁，"生也沙丘，死也沙丘"，展现了一个优秀县委书记的光辉形象。河南林县人民在县委领导下，经过几年苦战，开太行山，引漳河水入境，修建了"人造天河"红旗渠，创造了人间奇迹。沈阳军区工程兵某部运输连班长雷锋，理想信念坚定，在平凡的工作岗位上"甘当螺丝钉"，勇于奉献，乐于助人，表现出伟大的共产主义精神。以钱学森、李四光、钱三强、华罗庚、邓稼先、茅以升等为代表的一批著名科学家辛勤工作，表现了"热爱祖国、无私奉献、自力更生、艰苦奋斗、大力协同、勇于攀登"的精神，为祖国的科技事业和经济文化建设事业作出了重大贡献，成为知识分子的杰出代表。

资料显示，1966年与1956年相比，全国工业固定资产按原价计算，增长3倍。钢铁工业方面，建立了鞍山、武汉、包头等钢铁工业基地。机械制造工业方面，建成了机床、冶金、采矿、电站、石化等工业设备制造以及飞机、汽车、工程机械制造等十多个基本行业，能够独立自行设计和制造一部分现代化大型工业设备。1964

---

① 《毛泽东文集》第8卷，人民出版社1999年版，第302页。

年，我国主要机器设备自给率达到90%以上。工业区域布局和门类结构显著改善。与此同时，我国兴建了一批新的内地工业基地，国防工业也逐步建设起来。资源勘探成绩很大。铁路、公路、水运、空运和邮电事业，都有很大发展。同时，兴修水利设施，大搞农田基本建设，实行科学实验种田，极大提高了农业抵御自然灾害能力和粮食生产水平。1965年，全国人均消费的粮食为366斤、猪肉11斤、食糖2.4斤。人民的生活水平已经有了改善。

同时，随着调整工作的不断深入，如中央领导层对形势估量和工作指导上的分歧逐渐扩大。刘少奇等人认为，"只有暴露了问题，才好解决问题"①，他对困难形势的估计比较严重，和党内一些同志对各地出现的包产到户表示支持。毛泽东则视其为右倾机会主义的表现，斥之为"黑暗风""单干风"和"翻案风"。把这些同苏联赫鲁晓夫对"大跃进"、人民公社化运动的指责联系起来，加上美国越来越明显的战争威胁，毛泽东在1962年秋召开的中共八届十中全会"重提阶级斗争"，把无产阶级与资产阶级的阶级斗争、社会主义与资本主义两条道路的斗争当成整个社会主义时期的主要矛盾。这实际上是把社会主义社会中一定范围内长期存在的阶级斗争扩大化、绝对化，预示着党在探索中国社会主义建设道路的进程中再发生新的波折已不可避免。鉴于庐山会议的教训，他提出不要因为强调阶级斗争而放松经济调整工作，要把经济工作放在第一位。

中国共产党在探索社会主义建设道路的过程中，除了关于阶级斗争的问题，还有一个如何看待社会主义条件下的官僚主义问题。不发达国家在启动现代化阶段，一般都会选择国家主导、计划发展的战略，社会主义国家更是如此。这几乎是发展初期唯一有效的调控方式，但也产生了一个副作用，就是权力高度集中体制下难以避免的官僚主义问题。毛泽东对此保持高度的敏感和忧虑，认为它是

---

① 薄一波：《若干重大决策与事件的回顾》（下），中共党史出版社2008年版，第736页。

旧社会的遗留，严重地破坏了党群关系和人与人之间的平等。

1963—1965年间，部分农村和少数城市基层开展了社会主义教育运动。虽然运动对于解决干部作风和经济管理等方面的问题起了一定作用，但随着运动发展，种种问题也暴露出来了，毛泽东对干部脱离人民群众，甚至同群众对立的问题十分担心，认为这样发展下去，这些干部就会变成"官僚主义者阶级"，资本主义将复辟，改变党和国家颜色。在1964年下半年社教运动全面铺开之时，中苏两党论战不断升级，国内的反修防修与国际上的反对修正主义斗争相配合。由于1959年以来的中共党内高层领导意见分歧一步步积累，毛泽东认定问题首先出在党的上层。1965年初，他错误地提出了运动的重点是整所谓"党内走资本主义道路的当权派"。8月，他在一次谈话中强调：领导人，领导集团很重要。许多事情都是这样，领导人变了，整个国家就会改变颜色。①

毛泽东关于阶级斗争的理论和实践上的错误发展得越来越严重，而党内个人崇拜现象逐步发展，损害了民主集中制，不能及时纠正错误。林彪、江青、康生这些野心家又别有用心地利用和助长了这些错误。这就导致了"文化大革命"的发生。

在意识形态领域，对一些文艺作品、学术观点和文艺界学术界的一些代表人物也进行了错误的、过火的政治批判，在对待知识分子问题、教育科学文化问题上发生了越来越严重的"左"的偏差，并发展成为"文化大革命"的导火线。

四 "文化大革命"及其结束

1966年5月开始的"文化大革命"，使党、国家和人民遭到新中国成立以来最严重的挫折和损失。这场"文化大革命"是毛泽东发动和领导的，从文化领域发端。

1965年11月10日，上海《文汇报》发表姚文元《评新编历史

---

① 《毛泽东年谱（1949—1976）》第5卷，中央文献出版社2013年版，第521页。

剧〈海瑞罢官〉》一文。该文是江青到上海秘密组织策划的,毫无根据地把《海瑞罢官》一剧中的"退田""平冤狱",同1962年受到指责的"单干风""翻案风"联系起来,认为"是当时资产阶级反对无产阶级专政和社会主义革命的斗争焦点",对其作了猛烈批判。文章受到抵制后,斗争迅速扩大到政治领域。

  毛泽东发动"文化大革命"的出发点是要反对修正主义、防止资本主义复辟、维护党的纯洁性和寻求中国自己的社会主义建设道路。他的主要论点是:一大批资产阶级的代表人物、反革命的修正主义分子,已经混进党里、政府里、军队里和文化领域的各界里,相当大的一个多数的单位的领导权已经不在马克思主义者和人民群众手里。党内走资本主义道路的当权派在中央形成了一个资产阶级司令部,它有一条修正主义的政治路线和组织路线,在各省、市、自治区和中央各部门都有代理人,因此只有实行"文化大革命",公开地、全面地、自下而上地发动群众来揭发上述阴暗面,才能把被"走资本主义道路的当权派"篡夺的权力重新夺回来。"文化大革命"的实质是一个阶级推翻一个阶级的政治大革命,以后还要进行多次。这就是所谓"无产阶级专政下继续革命的理论"。毛泽东提出的所谓"无产阶级专政下继续革命的理论",虽然主观上是为加强党的建设,消除官僚主义思想特权,有防止党和国家变质的战略思考,但其既不符合马克思主义,也不符合中国实际,对当时国内阶级形势以及党和国家政治状况的估计是完全错误的,严重地偏离了毛泽东思想的正确轨道,对"走资派""左派""右派"这些概念也没有提出明确的判别标准,助长了混乱与过火斗争。这些错误被他重用的林彪、江青等人所利用。

  1966年5月,中共中央召开政治局扩大会议。会议通过的《中国共产党中央委员会通知》(即"五·一六通知"),系统地阐发了发动"文化大革命"的主要论点。会议决定设立"中央文化革命小组"。这个小组被江青等人把持,实际上凌驾于中央政治局之上。1967年1月,王洪文等人在张春桥、姚文元的策划下,夺取了中共上海市委、市人民委员会的领导权。全国掀起了"打倒一切、全面内战"的狂潮。他们把批判的矛头，集中指向刘少奇、邓小平等老一辈无产阶级革命家。党的各级领导干部普遍受到批判和斗争，党的各级组织普遍受到冲击并陷于瘫痪、半瘫痪状态。2月前后，因为对这种局势深感忧虑，在有部分中共中央政治局委员、国务院和中共中央军委领导人参加的不同会议上，谭震林、陈毅、叶剑英、李富春、李先念、徐向前、聂荣臻等对"文化大革命"的错误做法提出强烈的批评。但这次抗争却被诬称为"二月逆流"而遭到压制和打击。"全面夺权"造成了长达20个月的社会大动乱。林彪、江青等制造了所谓《关于叛徒、内奸、工贼刘少奇罪行的审查报告》，成为共和国历史上的最大冤案。

毛泽东设想通过"天下大乱，达到天下大治"[①]。他说："干部垮得这么多，究竟是个好事还是坏事？现在要批评极左派思想——怀疑一切。"[②] 主张干部经过群众运动，改掉一些毛病有利于重新工作。为了稳定局势，他采取了一系列非常措施，如派人民解放军实行"三支两军"（支左、支工、支农、军管、军训），派工人宣传队进学校等，在各省、市、自治区相继成立革命委员会。1969年初筹备召开九大时，毛泽东为把九大开成他期望的"团结的大会，胜利的大会"，2月19日，特意召集中央文革碰头会成员和陈毅、李富春、李先念、徐向前、聂荣臻、叶剑英等开会，当面对在座的几位老同志到工厂做调查研究的活动表示肯定。1969年4月召开的中共九大把"文化大革命"的错误理论和实践合法化。

中共九大闭幕后，按照毛泽东的部署，开展了"斗、批、改"运动。树欲静而风不止。林彪反革命集团同江青集团产生了尖锐的矛盾，发生了林彪反革命集团阴谋夺取最高权力，策动反革命武装政变未遂后仓皇出逃、坠机身亡的事件，客观上宣告了"文化大革

[①]《毛泽东年谱（1949—1976）》第5卷，中央文献出版社2013年版，第597页。
[②]《毛泽东传（1949—1976）》（下），中央文献出版社2003年版，第1504页。

命"的理论和实践的失败。

毛泽东承认自己用错了人、听信了谗言,宣布根本不存在"二月逆流",为那些老干部平了反,赶到八宝山参加了陈毅的追悼会。周恩来在毛泽东的支持下主持中央日常工作,开始推动落实干部政策,并进行整顿,开展批判极"左"思潮,努力恢复国家的正常秩序。1972 年初,国务院有关部门起草了《一九七二年全国计划会议纪要》,确立整顿企业的七项制度,强调恢复和发展生产、反对经济工作中的无政府主义,成为工矿企业落实党的各项经济政策的重要依据,恢复合理的规章制度,把生产搞上去。强调加强基础理论研究,提出要批判"理论无用"的错误思想,中学毕业生可以直接上大学;提出学习大寨的经验有三条,一是实事求是,二是自力更生,三是先公后私,如果只讲"公",不讲"私"就不符合实际,也不科学。陈云受周恩来委托,研究外贸问题,"对资本主义要很好地研究"[①]。1972 年和 1973 年两次大规模从国外引进先进工业设备。解放老干部和科学技术骨干,整顿生产、科研、教学等各方面的秩序。

周恩来组织批判极"左"思潮,动乱局面逐步得到控制,经济和社会生活出现了转机。但是,把"文化大革命"看作是一生中所做的两件大事之一的毛泽东,担心批判极"左"思潮会从根本上否定"文化大革命",主张应该批判林彪的极右。1973 年 8 月召开的中共十大,继续了九大的"左"倾错误方针,江青、张春桥、姚文元、王洪文在中央政治局内结成"四人帮"。王洪文还当上了中共中央副主席。在开展的"批林批孔"运动中,江青等把矛头指向周恩来,趋稳的局势又遭破坏。江青等人借四届人大图谋"组阁",毛泽东公开批评,告诫她"不要搞成四人小宗派",作出维护安定团结的指示。他建议周恩来继续担任总理,提议邓小平担任国务院第一副总理的国务院领导人选。1975 年 1 月,四届人大召开,周恩来重申

---

① 《陈云年谱》修订本下卷,中央文献出版社 2015 年版,第 196 页。

了把中国建设成为"四个现代化"的社会主义强国的宏伟目标。

周恩来病重后,邓小平在毛泽东的支持下主持中共中央和国务院的日常工作,并进行全面整顿。但是,随着整顿的深入发展,逐渐涉及"文化大革命"的指导思想及其政策本身。毛泽东不能容忍邓小平系统地纠正"文化大革命"的错误,在1975年底有了所谓"批邓、反击右倾翻案风"运动。"四人帮"趁机想把一大批老一辈革命家和老干部重新打倒,全国又陷入混乱。1976年1月8日,周恩来逝世,举国悲痛。清明节前后,爆发了以天安门事件为代表的悼念周总理、反对"四人帮"的运动,为后来粉碎"四人帮"奠定了群众基础。中共中央政治局和毛泽东对天安门事件的性质作出错误判断,并且错误地撤销了邓小平党内外一切职务,提议华国锋担任中共中央第一副主席、国务院第一副总理。

9月9日,毛泽东逝世。江青反革命集团加紧进行夺取党和国家最高领导权的阴谋活动。10月6日,华国锋、叶剑英、李先念等领导粉碎了"四人帮",结束了十年内乱。

"文化大革命"的发生,对于中国共产党、新中国和中国人民来说,是一场灾难。中共中央《关于建国以来党的若干历史问题的决议》指出:"对于党和国家肌体中确实存在的某些阴暗面,当然需要作出恰当的估计并运用符合宪法、法律和党章的正确措施加以解决,但决不应该采取'文化大革命'的理论和方法。在社会主义条件下进行所谓'一个阶级推翻一个阶级'的政治大革命,既没有经济基础也没有政治基础。它必然提不出任何建设性的纲领,而只能造成严重的混乱、破坏和倒退。"它使国民经济遭受严重损失,民主和法制被践踏,大批干部和群众遭受迫害,学术文化事业在许多方面遭到摧残,科技水平在一些领域同世界先进国家的差距进一步拉大,党风和社会风气遭到严重破坏。历史已经判明,"文化大革命"是一场由领导者错误发动,被反革命集团利用,给党、国家和各族人民带来严重灾难的内乱,是历史悲剧。

毛泽东在"文化大革命"中犯了严重错误,但他的错误是一个伟大的革命家、伟大的马克思主义者所犯的错误,他在犯严重错误的时候,还多次要求全党认真学习马克思、恩格斯、列宁的著作,还始终认为自己的理论和实践是马克思主义的,是为巩固无产阶级专政所必需的,这是他的悲剧所在。"本来要走进这个房间,结果却走进了另一个房间。"①

毛泽东犯阶级斗争扩大化的错误也有国际因素的影响。自20世纪50年代中期以后,时任美国国务卿的杜勒斯刚抛出"和平演变"战略。所谓"和平演变",就是西方敌对势力以军事威胁为后盾,以经济、政治、思想和文化渗透为主要手段,来达到颠覆社会主义制度的目的。防止和平演变是毛泽东晚年思考的重大历史课题。他对赫鲁晓夫否定苏联社会主义的历史和历史经验的错误做法的看法是"一则以忧",就是预判这有可能导致社会主义改革的逆向发展和现实的社会主义制度被颠覆,要防止党和国家被改变颜色,力图找到一条能够保证党和人民政权纯洁性的有效途径。1964年以后,毛泽东把防止"和平演变"问题正式提上日程,并提出了一系列应采取的措施。如坚持不懈地同党内诸如贪污受贿、以权营私、蜕化变质等腐败现象进行毫不调和的斗争,干部要参加集体生产劳动,等等。毛泽东几次提出中央出了修正主义怎么办的问题。他把警惕党内特别是党的高层领导出修正主义问题,作为防止"和平演变"、防止资本主义制度复辟的一个战略思想,作为一个重大的理论问题和实际问题提出来。遗憾的是,他对什么是修正主义没有作出准确的、恰如其分的解释,相反还把党内不同意见,把一些反对"左"的错误做法的正确意见当成了修正主义,甚至把一些属于马克思主义原理和社会主义原则的东西,也当作修正主义来批判,这就使他对当时党内状况的估计越来越陷入了"左"的错误。

---

① 列宁在《资产阶级知识分子反对工人的方法》中引俄国作家亚·谢·格里鲍耶陀夫的喜剧《智慧的痛苦》第一幕第四场中的台词。参见《列宁全集》第20卷,人民出版社1958年版,第459页。

美国长期对中国封锁、包围和军事威胁。中苏关系恶化，中国四面临敌的严峻国家安全形势，使得新中国领导人危机感陡然增加，尤其是苏联在中苏、中蒙边境地区大量增兵，而且多次在边界上挑起事端。据统计，从1964年10月到1969年2月，苏联边防军在中苏边境地区挑起的各种边界冲突就达4180件[1]，还叫嚣要对中国的核设施实施"外科手术"式的打击[2]。他更担心的是修正主义思潮向中国共产党党内渗透并寻找"代理人"的问题，因为最危险的敌人往往是内部的敌人[3]。加上20世纪60年代，除了反对帝国主义和新老殖民主义的革命运动不断高涨，西方发达国家后现代主义异军突起，左翼思潮席卷西方主要国家，斗争的目标是"建立人人参与的新制度以取代现在的官僚机构"，把道德至上的信条作为其意识形态的主旨，等等。"中国越来越激进的现代化模式选择，有一个越来越激进的世界形势背景。"[4]

由于社会主义运动历史不长，怎样建设社会主义，怎样巩固和发展社会主义，并没有现成的道路可循，必须在实践中进行艰苦探索。探索的曲折，反映了认识规律的不易、真正实现马克思主义与中国实际相结合的艰巨性。习近平总书记指出："在中国这样的社会历史条件下建设社会主义，没有先例，犹如攀登一座人迹未至的高山，一切攀登者都要披荆斩棘、开通道路。毛泽东同志晚年的错误有其主观因素和个人责任，还在于复杂的国内国际的社会历史原因，应该全面、历史、辩证地看待和分析"[5]，"不能把错误的责任完全

---

[1] 《当代中国的军事工作》（上），中国社会科学出版社1989年版，第635页。

[2] 参见 Gordon H. Chang, *Friendsand Enemies*, Stanford University Press, 1990, pp. 285–286.

[3] ［英］克莱尔·霍林沃斯：《毛泽东和他的分歧者》，高湘泽、尹赵、刘辰诞译，河南人民出版社1989年版，第103页。

[4] 郑谦：《60年代的中国与世界》，《百年潮》2004年第7期。

[5] 习近平：《在纪念毛泽东诞辰120周年座谈会上的讲话》，《人民日报》2013年12月27日。

推到毛泽东同志身上"①。这些失误为之后的中国特色社会主义探索提供了历史教训和借鉴。

第四节　改革开放的酝酿

"文化大革命"造成的严重后果，使中国举国上下反思，这不仅大大增强了中国再次启动改革的动力，促使全党和全国人民达成中国必须改革的广泛共识，而且增加了全社会对改革前期阵痛的承受力。"文化大革命"结束后，与其说我们知道如何改革或在改革中应当怎么做，不如说我们痛切地知道不能怎样做。经过十年动乱，中国在20世纪70年代末走上了一条成功的渐进改革之路。②

一　1975年的全面整顿：拨乱反正的第一次尝试

1973年3月，邓小平重新回到了中央领导岗位。毛泽东称赞他"政治思想强"，"人才难得"。1975年1月，在毛泽东、周恩来的支持下，邓小平担任中共中央副主席、国务院第一副总理、中央军委副主席等党和国家的重要领导职务，开始大刀阔斧地对全国工作进行整顿。这是拨乱反正的试验。

经过八年"文化大革命"，中国问题成堆，困难重重。1974年8月，毛泽东指出："无产阶级文化大革命，已经八年。现在，以安定为好。全党全军要团结。"③ 这表明了毛泽东想结束"文化大革命"的愿望。11月6日，他在听取李先念关于国民经济情况汇报时提出"把国民经济搞上去"④。12月，毛泽东与周恩来商议四届全国人大

---

① 《邓小平文选》第3卷，人民出版社1993年版，第271页。

② 郑谦：《60年代的中国与世界》，《百年潮》2004年第7期。

③ 转引自《毛泽东传（1949—1976）》（6），中央文献出版社2013年版，第2665页。

④ 同上书，第2683页。

时谈到了理论问题。主要是：我国现在实行的是商品制度，工资制度也不平等，有八级工资制，等等。这些"跟旧社会没有多少差别"的商品经济的形式，不是社会主义所固有的。虽然目前仍有必要继续实行这种制度，但在无产阶级专政下加以限制。[①] 这反映了毛泽东对社会主义的认识。打破等级制度和特权思想，避免贫富悬殊、两极分化的社会现象，铲除滋生资产阶级的土壤和条件，始终是毛泽东力图解决的重要问题，并成为他发动"文化大革命"所要达到的理想目标之一。这些认识明显地带有他对马克思、恩格斯、列宁、斯大林著作中某些设想和论点的误解或教条理解，在实际生活中是行不通的。[②]

邓小平把毛泽东关心的"理论问题""安定团结"和"要把国民经济搞上去"三件事拢在一起，明确三项重要指示"就是今后我们一个时期各项工作的纲"[③]。以"三项指示为纲"代替"以阶级斗争为纲"，并强调全党全国都要为实现"四化"而奋斗，这就是大局。他运用毛泽东关于学习理论、"反修防修"的指示着重解决以下实际问题：反对资产阶级派性，增强无产阶级党性，实现安定团结；反对搞资本主义的活动；反对资产阶级的生活作风和思想作风。随着"四人帮"对所谓"唯生产力论"的攻击，邓小平强调限制"资产阶级法权"也要有个物质基础，不然怎么过渡到共产主义？

坚持党的领导，才能实现安定团结。"文化大革命"中，"踢开党委闹革命"。整顿中，邓小平明确提出："搞好安定团结，发展社会主义经济，需要加强党的领导，把我们党的优良作风发扬起来，坚持下去。这是一个非常重要的问题。"[④] 他采取了四条措施：建立

[①] 《毛泽东年谱（1949—1976）》第6卷，中央文献出版社2013年版，第564、572页。

[②] 转引自《毛泽东传（1949—1976）》（6），中央文献出版社2013年版，第2683页。

[③] 《邓小平思想年谱》，中央文献出版社1998年版，第9页。

[④] 《邓小平文选》第2卷，人民出版社1994年版，第12页。

一个坚强的领导班子,坚决同派性作斗争,认真落实政策,建立必要的规章制度。他把批派性和调班子结合起来,解放了大批老干部,不少人重新分配了工作。各省、市、自治区党委的领导重新恢复和建立起来,解决了领导班子"软、懒、散"的问题,派性斗争在全国各地得到了遏制。他从浙江、河南等地严重存在突击入党,突击提干问题,提出党也要整顿,并把整党作为整顿的核心,部署在1975年冬至1976年春进行"全面整顿"。既加强思想政治工作,也建章立制。他主持制定了《关于加快工业发展的若干问题》(以下简称《工业二十条》)和《关于科技工作的几个问题》(以下简称《汇报提纲》),以使工业生产和科技工作有所遵循。按照《工业二十条》的要求,国务院有关部门还制定了财政金融"十条"、教育工作汇报提纲以及企业管理、基本建设管理、物资管理、物价管理、劳动管理等一系列条例。

1975年2月初,邓小平主持国务院工作,雷厉风行地领导铁路整顿,召开工业书记会议,发出中共中央9号文件,首先解决老大难单位徐州铁路局的问题。他采取了一竿子到底直接诉诸群众的办法,中央文件直接传达到群众,做到家喻户晓,人人明白。用中央文件来教育群众、发动群众、组织群众,不到一个月就取得了突破性进展。随即在工交战线各行各业推广铁路整顿的经验,并乘胜转入钢铁工业和国防科技的重点整顿,规定任务,限时完成,令行禁止。短短三四个月,铁路运输面貌改观,煤炭工业恢复发展,钢铁扭转欠产局面,整个工交战线发生显著变化。国防科技事业恢复正常,为当年取得"三星高照"的优异成绩奠定了基础。

7月初,毛泽东提出要调整党的文艺政策,先后对周扬一案、电影《创业》相继作出批示。7月14日,他再次对文艺调整发表谈话。他还批准了邓小平关于在国务院设立政治研究室的提议。邓小平借此把整顿从经济部门引导到上层建筑特别是意识形态领域,推动文艺的调整、军队的整顿、教育的整顿、科技的整顿、地方的整顿、农业的整顿,并赋予整顿双重任务:先是拨乱反正,进而实行改革发展。邓小平提出对文艺作品不能求全责备,"样板戏不能一花独放",否则就会阻碍文艺发展;提倡文艺作品题材多样化,不能把"三突出"①的理论绝对化,并积极推动电影《创业》的重新上映和《海霞》的公开上映。

邓小平着重抓了三件事:计划工作务虚会和《工业二十条》《汇报提纲》,制定发展国民经济的10年长远规划。在《汇报提纲》中,邓小平强调科学技术是生产力,科学科研工作要走在前面,否则,就要拖整个国家建设的后腿。"科学技术叫生产力,科技人员就是劳动者!"②他认为,坚持按劳分配原则,"在社会主义建设中始终是一个很大的问题,大家都要动脑筋想一想"。"如果不管贡献大小、技术高低、能力强弱、劳动轻重,工资都是四五十块钱,表面上看来似乎大家是平等的,但实际上是不符合按劳分配原则的,这怎么能调动人们的积极性?"③在讨论工业发展时,鉴于中国打开外交新局面后,有了与西方发达国家进行交流的机会,他把引进新技术、新设备,扩大进出口作为加快工业发展的"一个大政策"④。1974年12月,他同毛泽东谈话时说,当然,我们什么也不搞,也可以发展,但是速度慢些。现在国际上没有哪个国家可以脱离国际范围,都是取长补短,包括美国。

邓小平的上述整顿一定程度上否定了"文化大革命"中流行的极"左"思潮和错误做法。针对"四人帮"对毛泽东的指示断章取义、肆意歪曲,他指出:"割裂毛泽东思想这个问题,现在实际上并没有解决。""恐怕在相当多的领域里,都存在怎样全面学习、宣传、贯彻毛泽东思想的问题。毛泽东思想紧密联系着各个领域的实践,紧密联系着各个方面工作的方针、政策和方法,我们一定要全面地

---

① "三突出",指按江青意见归纳出的文艺创作中塑造人物的模式,即在所有人物中突出正面人物,在正面人物中突出英雄人物,在英雄人物中突出主要英雄人物。
② 《邓小平文选》第2卷,人民出版社1994年版,第34页。
③ 同上书,第30—31页。
④ 同上书,第29页。

学习、宣传和实行。"① 这实际上涉及了党的理论联系实际的思想路线问题。他还极力发掘毛泽东的正确认识。政研室整理的第一篇文稿是毛泽东的《论十大关系》，准备收入《毛泽东选集》第 5 卷。他希望早日定稿并公开发表，"作为全国学理论的重要文献"②。

1975 年的整顿成效十分显著。军队完成了"三支两军"任务，开始实施缩编方案，步入正规化、现代化建设的轨道。随着文艺政策的调整，不少电影、戏剧、文学作品被解禁，广大群众的文化生活逐步活跃起来。农村政策的稳定和放宽，使得农副业生产和社队企业得到发展。整顿交通，改变了拥挤、争抢的混乱状况。生产、工作和社会秩序逐步趋于正常。这是"文化大革命"10 年中经济发展状况最好的一年。

毛泽东支持纠正"文化大革命"中的具体错误，但不容许从根本上否定"文化大革命"路线和这场运动。1976 年初开始的"批邓、反击右倾翻案风"中断了全面整顿工作，《论全党全国各项工作的总纲》《工业二十条》《汇报提纲》被"四人帮"攻击为三株大毒草。毛泽东表示，邓小平"还是人民内部问题"，"批是要批的，但不应一棍子打死"③。

1975 年的整顿是对"文化大革命"拨乱反正的开始，反映了人民的愿望，也是对社会主义建设的探索，虽然这种建设思路还不完全具备理论形态，但与"抓革命，促生产"、坚持"无产阶级专政下的继续革命"完全不同，反映了邓小平等把党和国家的工作转入经济建设轨道的努力。"整顿的业绩和他在整顿中表现出来的风骨，赢得了党心、军心、民心，为粉碎'四人帮'准备了广泛的群众基础。"④

---

① 《邓小平文选》第 2 卷，人民出版社 1994 年版，第 37 页。
② 《建国以来毛泽东文稿》第 13 册，中央文献出版社 1998 年版，第 444 页。
③ 《邓小平年谱（1975—1997）》（上），中央文献出版社 2004 年版，第 147 页。
④ 《江泽民同志在邓小平同志追悼大会上致悼词》，《人民日报》1997 年 2 月 26 日。

二 粉碎"四人帮"后拨乱反正的初步开展

1976年粉碎"四人帮"迎来了胜利的十月，广大干部群众强烈要求纠正"文化大革命"的错误理论与实践。如何清除十年内乱造成的政治上思想上的混乱，推动中国社会主义事业步入正轨，是当务之急，但又不是一件容易的事。1977年2月7日，《人民日报》、《红旗》杂志、《解放军报》社论《学好文件抓住纲》，提出了"两个凡是"的方针，即"凡是毛主席作出的决策，我们都坚决维护，凡是毛主席的指示，我们都始终不渝地遵循"。这个方针，在理论上违背了马克思主义基本原理，在实践上为新形势下坚持真理、修正错误设置了障碍。针对"两个凡是"的错误，邓小平虽然尚未复出，仍以高度的责任感给中央写信，提出"我们必须世世代代地用准确的完整的毛泽东思想来指导我们全党、全军和全国人民"。他在不同场合多次批评"两个凡是"，指出它不符合马克思主义。[①]陈云、叶剑英、聂荣臻、徐向前等老一辈革命家也反复强调实事求是的优良传统，抵制"两个凡是"的推行。

1977年7月召开的中共十届三中全会，恢复了邓小平的全部职务。邓小平的复出和其他老干部陆续恢复工作，为改革开放做了组织准备。要实现现代化，关键是科学技术要能上去。发展科学技术，必须有知识，有人才，要抓教育。邓小平自告奋勇管科教，决心以教育和科学作为突破口，实行全面的拨乱反正。

8月初，他主持召开科学和教育工作座谈会，倾听科教界的意见，了解科教工作的实际情况。他赞成大家提出的恢复国家科委的意见；认为全国教育战线"十七年"的工作，主导方面是红线，应当肯定，"十七年"中，绝大多数知识分子辛勤劳动，努力工作，取得了很大成绩；号召尊重劳动、尊重人才。他强调要培养一种好的学风。他说，在科学研究中，要尊重个人的兴趣，要解决用非所学

---

① 《邓小平文选》第2卷，人民出版社1994年版，第38页。

的问题。科学是实事求是、老老实实的学问，是不允许弄虚作假的。坚持百家争鸣的方针，允许争论。不同学派之间要互相尊重，取长补短。要提倡学术交流。学术刊物要办起来。会上，决定恢复高考招生制度。这对于科教领域的拨乱反正起了重要作用。从1977年秋天到1978年夏天，全国共有1160万人参加了高考。

1978年3月，全国科学大会召开。邓小平强调科学技术是生产力，知识分子已经是工人阶级的一部分。这从根本上改变了社会对知识、知识分子的态度。一大批优秀文艺作品解禁。文联、作协等组织恢复工作。学术界开展关于经济理论问题的讨论、批影射史学，教育界推翻关于教育战线的"两个估计"，文艺界批判"文艺黑线专政论"，出现了伤痕文学。

8月12日至18日，中共十一大召开，到会的代表有1510名，代表着全国3500多万名党员。华国锋主持大会并代表中央向大会作了政治报告，总结了同"四人帮"的斗争，宣告"文化大革命"结束。《报告》重申必须调动党内外、国内外一切积极因素，团结一切可以团结的力量，为在本世纪内把中国建设成为伟大的社会主义的现代化强国而奋斗，指出这是中国共产党在新时期的根本任务。但大会仍然肯定"文化大革命"的错误理论和实践，因而没有从根本上着手纠正"文化大革命"的错误，没有完成"文化大革命"结束后制定新的路线方针政策的任务。

1978年二三月间举行的五届全国人大一次会议，通过《中华人民共和国宪法》，选举叶剑英为全国人大常委会委员长，继续任命华国锋为国务院总理，任命邓小平、李先念等13人为副总理。与此同时举行的全国政协五届一次会议选举邓小平为全国政协主席。恢复政协工作，对于坚持和发展中国共产党领导的多党合作和政治协商制度，发展统一战线，具有重要意义。

三　真理标准问题讨论与马克思主义的思想路线的恢复

人们急切地期待国家迅速摆脱困境，迈开大步前进，但是，实践中步履维艰。揭批"四人帮"运动受到"两个凡是"方针的限制，平反冤假错案，一遇到毛泽东批准的、定了的案子，便不准触动。在科学、教育、文化领域进行拨乱反正，也有人拿出毛泽东批示过的文件进行阻挠。在生产上，混乱状况有所好转，国民经济得到比较快的恢复，人民生活水平也有所提高，但又发生急于求成的冒进倾向，加剧了国民经济的比例失调。因此，"文化大革命"结束后的两年间，党和国家工作有所前进，如一些领域的拨乱反正已经开始，经济建设、社会各项事业和外交工作在一定程度上有所恢复和发展，但由于"左"的指导思想没有得到根本纠正，党和国家工作出现了在徘徊中前进的局面。

面对"两个凡是"造成的严重影响，人们认识到要彻底澄清"四人帮"造成的思想混乱，必须首先解决以下问题：究竟应当用什么样的态度对待毛泽东的指示？判定历史是非的标准到底是什么？1978年5月10日，中央党校内部刊物《理论动态》发表经中央党校副校长胡耀邦审定的《实践是检验真理的唯一标准》一文。第二天，《光明日报》以特约评论员名义公开发表这篇文章，新华社向全国转发。文章鲜明地提出：社会实践不仅是检验真理的标准，而且是唯一的标准。马克思主义的理论宝库不是一堆僵死不变的教条。文章明确提出，不能拿现成的公式去限制、宰割、剪裁无限丰富的飞速发展的革命实践，应该勇于研究新的实践中提出的新问题。

文章一经发表，便在广大干部群众中引起强烈反响，引发了全国范围的关于真理标准问题的讨论。《实践是检验真理的唯一标准》阐述的问题是马克思主义的常识，但由于它同"两个凡是"尖锐对立，并且触及盛行多年的思想僵化和个人崇拜现象，因此也受到一些领导人的强烈指责。真理标准问题讨论面临巨大压力。

在关键时刻，邓小平对这场讨论给予及时而有力的支持。6月2日，他在全军政治工作会议的讲话中着重阐述了毛泽东关于实事求是的观点，批评在对待毛泽东和毛泽东思想问题上"两个凡是"的错误态度，号召"一定要肃清林彪、'四人帮'的流毒，拨乱反正，打破精神枷锁，使我们的思想来个大解放"①。此后，《解放军报》《人民日报》《光明日报》等报刊连续发表文章，许多老一辈革命家也以不同方式支持或参与讨论。在邓小平等的大力支持下，中央各部门地方和军队的负责人相继发表讲话或文章，表明支持的态度。理论界、学术界、新闻界更是踊跃参与，站到讨论的前沿。真理标准问题大讨论，不仅为哲学的自我反思和自我发展注入了强劲动力，促使中国马克思主义哲学研究的根本转变，而且批判危害多年的极"左"思潮，极大地解放了人们的思想，为重新确立马克思主义的思想路线和进行改革开放，奠定了坚实的思想理论基础，是中共十一届三中全会实现伟大历史转折的思想先导。

在领导和支持真理标准问题讨论中，邓小平等老一辈革命家始终着眼大局，把推进社会主义现代化建设作为这场讨论的落脚点，使真理标准问题讨论的过程成为引导人们思考国家向何处去这一重大课题的过程。通过这场讨论，反思过去的曲折，思考未来的出路，党内外思想日益活跃，开始出现酝酿对外开放和对若干体制进行改革的新局面。

四　通过改革开放加快建设步伐的总体思路开始形成

中国的发展，不仅要依靠新中国取得的成绩和积累的建设经验，也要解放思想，借鉴和学习别国的先进技术和经验。粉碎"四人帮"后，中国对外交往迅速扩大。在对国际形势及其发展趋向进行总体分析的基础上，1977年12月，邓小平作出世界战争可能推迟，我国经济建设可以争取更多的和平时间的判断。1978年3月，邓小平指出："独立自主不是闭关自守，自力更生不是盲目排外。""任何一个民族、一个国家，都需要学习别的民族、别的国家的长处，学习人家的先进科学技术。"②为改变落后面貌、加快

---

① 《邓小平文选》第2卷，人民出版社1994年版，第119页。
② 同上书，第91页。

社会经济发展，学习借鉴国外先进管理经验和科学技术，成为领导人日益关注的问题。

在1977年3月召开的中央工作会议上，李先念指出，为了加快社会主义建设，必须破除"四人帮"对所谓"洋奴哲学"的批判，大胆引进一些新技术和新设备，进口一些我们短缺的原材料。国家计委《关于1977年国民经济计划的几个问题的汇报提纲》，强调要把我们急需的国外新技术学到手，把学习和独创很好地结合起来。

1977年开始的中国领导人以及各类代表团出访，对改革开放的酝酿和启动产生了直接影响。通过广泛的出访活动，走出国门看世界，直观感受到了中外发展水平的差距，也看到了国际社会给中国经济发展带来的巨大机遇，开阔了视野，拓展了思路。1978年上半年，中国加强与发达国家和正在进行改革的国家的联系和交往，学习和借鉴世界上不同类型国家的建设经验，提出一系列改革思想和措施。1978年从5月2日到6月6日，谷牧副总理率领中国政府访问西欧五国代表团，对法国、联邦德国、瑞士、丹麦、比利时进行访问。向中央政治局作访问汇报，着重谈了三方面问题：第一，战后，西欧发达国家的经济确有很大发展，尤其是科学技术日新月异，我们已经落后很多了，他们在社会化大生产的组织管理方面有许多值得借鉴的经验；第二，西方发达国家在资金、商品、技术方面要找市场，都看好与中国发展关系，我们要很好地利用这个良机；第三，国际经济运行中有许多通行的办法，凡是对我们有利的，都可以采纳运用。各类出访活动从最初的为引进技术服务，到为改革开放启动服务，顺应了历史转折的需要。

7月6日至9月9日，国务院召开务虚会。许多与会者提出改革僵化的经济管理体制、引进国外先进技术和资金的建议，包括灵活运用国际上通行的各种贸易和合作方式，搞"三来一补"等。李先念提出：实现四个现代化是一场根本改变我国经济和技术落后面貌的伟大革命，既然要大幅度地改变目前落后的生产力，也就必然要多方面地改变生产关系和上层建筑。我们应该有魄力、有能力利用国外的先进技术、设备、资金和组织经验来加快建设。

国务院务虚会所取得的成果，在9月5日召开的全国计划工作会议上转化成中共中央的决策。会议明确指出，为适应实现四个现代化的需要，在经济工作上，必须实现三个转变：从上到下都要把注意力转到生产斗争和技术革命上来；从那种不计经济效果、不讲工作效率的落后的管理制度和管理方法转到按照经济规律办事的科学管理的轨道上来；从那种闭关自守或半闭关自守转到积极地引进国外先进技术、利用国外资金大胆地进入国际市场上来。"三大转变的提出，标志着改革的原则问题上达成了一致。"[①]

邓小平深感加快发展的紧迫性和改革的必要性，先是在中央领导层大声疾呼：社会主义就是要加快发展生产力，要学习、引进国外先进技术和管理经验，大胆改革经济管理体制；随后，又到部分省市，同地方领导人谈他思考已久的想法，促成解放思想的浩大声势。1978年9月，邓小平访问朝鲜回国后，在东北三省及唐山、天津等地视察。他走一路讲一路，用他自己的话说是"到处点火"。他说，我们现在要实现四个现代化，有好多条件，毛泽东同志在世的时候没有，现在有了。中央如果不根据现在的条件思考问题、下决心，很多问题就提不出来、解决不了。他呼吁，世界天天发生变化，新的事物不断出现，新的问题不断出现，我们关起门来不行，不动脑筋永远陷于落后不行。一定要根据现在的有利条件加速发展生产力，使人民的生活好一些。一句话，"就是要革命，不要改良，不要修修补补"[②]。他还提出，揭批"四人帮"的群众运动要适时结束，转入正常工作，从而提出了把党和国家工作重点转移到现代化建设

---

① 李正华：《中国改革开放的酝酿与起步·前言》，方志出版社2007年版，第3页。

② 杨胜群、陈晋：《邓小平东北"点火"倡导解放思想》，《领导文萃》2010年第5期。

上来的重要主张。这为随后召开的中央工作会议和中共十一届三中全会作出把党和国家工作中心转移到经济建设上来、实行改革开放的历史性决策，奠定了思想基础。

实践上，1978年初，安徽滁县出现了联产计酬的生产责任制。9月，肥西县出现了包产到户。四川等农村也有类似的创造。城市在尝试扩大企业自主权和民主管理、发展专业化与协作，等等。

本章小结

这一历史时期，以毛泽东同志为主要代表的中国共产党人论述了要实行马克思主义与中国实际"第二次结合"的基本思想，对建设什么样的社会主义、怎样建设社会主义进行了艰辛探索，虽然经历了严重曲折，但仍然取得了巨大成就，积累了在中国这样一个社会生产力水平十分落后的东方大国进行社会主义建设的重要经验，以创造性的内容为马克思主义宝库增添了新的财富。这些思想成果，为党继续进行探索并系统形成中国特色社会主义理论体系提供了重要的基础。

社会主义建设取得了辉煌的成就，中国实现了经济独立，并快速发展。根据世界银行数据显示，1960年我国GDP为597.16亿美元，到1978年增加到1495.4亿美元，增长2.5倍。这样的经济增长速度不仅在我国是史无前例的，而且在世界上也十分罕见。中国赖以进行现代化建设的物质技术基础，很大一部分是在此期间建设起来的；全国经济文化建设等方面的骨干力量和他们的工作经验，大部分也是在这个时期培养和积累起来的；提高了人民健康水平；提升了国际地位，改善了国际环境，为在新的历史时期开创中国特色社会主义奠定了基础。

第 三 章

中国特色社会主义的开创
（1978—1992）

1978年12月，中共中央召开十一届三中全会，深刻总结我国社会主义建设正反两方面经验，借鉴世界社会主义历史经验，作出把党和国家工作中心转移到经济建设上来、实行改革开放的历史性决策。以邓小平同志为主要代表的中国共产党人团结带领全党全国各族人民，深刻揭示社会主义本质，确立社会主义初级阶段基本路线，明确提出走自己的路、建设中国特色社会主义，科学回答了建设中国特色社会主义的一系列基本问题，成功开创了中国特色社会主义。

第一节　历史性伟大转变的胜利实现

中共十一届三中全会以后，经过全党全军全国各族人民的艰苦努力，中国共产党在指导思想上完成拨乱反正的艰巨任务，在各条战线的实际工作中取得拨乱反正的重大胜利，开启改革开放的进程，实现历史性的伟大转变。在历史大转变的时刻，党中央及时地正确地开展了反对"左"和右的倾向的两条战线的思想斗争，深化了对如何适合中国国情开展社会主义现代化建设的认识。

一　中共十一届三中全会与党和国家工作重点转移

在全党和全国人民开始思想解放的氛围中,改革开放探索的思潮涌起。1978年7月6日至9月9日召开的国务院务虚会,讨论了经济管理体制改革问题,提出放手发挥经济手段的作用,坚决实行专业化,发展合同制,贯彻按劳分配的原则,扩大企业的自主权。会议强调要放手利用国外资金,大量引进国外先进技术设备。9月5日至10月22日召开的全国计划会议,进一步确定经济战线必须实行三个转变,即把主要注意力转到生产斗争和技术革命上来,转到按照经济规律办事、把民主和集中很好地结合起来的科学管理轨道上来,转到积极地引进国外先进技术、利用国外资金、大胆地进入国际市场上来。这实际上已经初步提出了把工作重心转变到经济建设上来,实行改革和开放的要求。

邓小平等老一辈革命家也多次发表了关于改革开放和把党和国家工作重点转移到经济建设上来的重要主张。1978年9月8日,邓小平率中国党政代表团赴平壤参加朝鲜民主主义人民共和国成立三十周年庆祝活动,13日启程回国,回京途中视察了东北三省以及唐山和天津等地,并发表一系列重要谈话。在谈话中,邓小平强调了恢复实事求是思想路线,发展生产力,实现党的工作重点转移等问题。例如,邓小平在听完吉林省委的汇报后指出:"现在摆在我们面前的问题,关键还是实事求是、理论与实际相结合、一切从实际出发。这是政治问题,是思想问题,也是我们实现四个现代化的现实问题。"他在沈阳军区提出:"揭批'四人帮'运动总有个底,总不能还搞三年五年吧!要区别一下哪些单位可以结束,有百分之十就算百分之十,这个百分之十结束了,就转入正常工作,否则你搞到什么时候。"邓小平听取辽宁省委常委工作汇报时又指出:"马克思主义认为,归根到底要发展生产力。我们太穷了,太落后了,老实说对不起人民。我们现在必须发展生产力,改善人民生活条件。"邓小平对天津市委的领导说:"现在不能搞平均主义。毛主席讲过先让一部分人富裕起来。好的管理人员也应该待遇高一点,不合格的要刷下来,鼓励大家想办法。讲物质刺激,实际上就是要刺激。"①

回北京后,邓小平继续阐述进行党的工作重点转移,实行改革开放的主张。10月11日,他在中国工会第九次全国代表大会上作《工人阶级要为实现四个现代化作出优异贡献》的致辞,指出:揭批"四人帮"的斗争"在全国广大范围内已经取得决定性的胜利,我们已经能够在这一胜利的基础上开始新的战斗任务",现在党中央、国务院要求加快实现四个现代化的步伐,"这是一场根本改变我国经济和技术落后面貌,进一步巩固无产阶级专政的伟大革命。这场革命既要大幅度地改变目前落后的生产力,就必然要多方面地改变生产关系,改变上层建筑,改变工农业企业的管理方式和国家对工农业企业的管理方式,使之适应于现代化大经济的需要"②。

这时,党内已经有相当多的人认识到,要实现社会主义现代化奋斗目标,必须把党和国家工作重点转移到现代化建设上来。这样,在接下来召开的中央工作会议上,党和国家工作重点转移成为一项主要议题。1978年11月10日,中共中央工作会议在北京举行。会议开幕后,华国锋宣布:中央政治局决定,在讨论上面这些议题之前,先讨论从1979年1月起把全党工作重点转移到社会主义现代化建设上来的问题。他指出:"中央政治局常委和中央政治局一致认为,适应国内外形势的发展,及时地、果断地结束揭批'四人帮'的群众运动,把全党工作重点转移到社会主义现代化建设上来,是完全必要的","这是一个关系全局的问题,是我们这次会议的中心思想"。③ 12月13日,中央工作会议举行闭幕会,宣布会后将召开中央全会,进一步确定全党工作重点转移的方针和任务。邓小平发

---

① 《邓小平年谱(1975—1997)》(上),中央文献出版社2004年版,第376、380、388页。

② 《邓小平文选》第2卷,人民出版社1994年版,第135—136页。

③ 转引自《陈云传》(下),中央文献出版社2005年版,第1476页。

表了《解放思想，实事求是，团结一致向前看》的重要讲话，指出："解放思想，开动脑筋，实事求是，团结一致向前看，首先是解放思想。只有思想解放了，我们才能正确地以马列主义、毛泽东思想为指导，解决过去遗留的问题，解决新出现的一系列问题，正确地改革同生产力迅速发展不相适应的生产关系和上层建筑，根据我国的实际情况，确定实现四个现代化的具体道路、方针、方法和措施。"什么叫解放思想？邓小平强调："只有解放思想，坚持实事求是，一切从实际出发，理论联系实际，我们的社会主义现代化建设才能顺利进行，我们党的马列主义、毛泽东思想的理论也才能顺利发展。"也就是说，解放思想一是要在马克思主义的指导下，完整地准确地理解毛泽东思想；二是要打破习惯势力和主观偏见的束缚，实现思想观念的更新、思维方式的变革、精神状况的改造；三是要以问题为中心，研究新情况解决新问题，"要向前看，就要及时地研究新情况和解决新问题，否则我们就不可能顺利前进"[①]。这篇纲领性讲话，是对"文化大革命"以来党和国家的历史和现实深刻反思的一个成果，它明确了党的主要任务和前进方向，实际上成为中共十一届三中全会的主题报告。

1978年12月18日至22日，中共中央召开十一届三中全会，全会的中心议题是确定把全党工作重点转移到社会主义现代化建设上来。全会指出，"现在就应当适应国内外形势的发展，及时地、果断地结束全国范围的大规模的揭批林彪、'四人帮'的群众运动，把全党工作的着重点和全国人民的注意力转移到社会主义现代化建设上来"。这是党在政治路线上最根本的拨乱反正。

全会提出新时期改革开放的任务，指出"实现四个现代化，要求大幅度地提高生产力，也就必然要求多方面地改变同生产力发展不适应的生产关系和上层建筑，改变一切不适应的管理方式、活动方式和思想方式，因而是一场广泛、深刻的革命"，因此，"根据新

[①] 《邓小平文选》第2卷，人民出版社1994年版，第141、143、149页。

的历史条件和实践经验，采取一系列新的重大的经济措施，对经济管理体制和经营管理方法着手认真的改革，在自力更生的基础上积极发展同世界各国平等互利的经济合作，努力采用世界先进技术和先进设备，并大力加强实现现代化所必需的科学和教育工作"。

全会深入讨论经济管理体制改革问题，认为我国经济管理体制的一个严重缺点是权力过于集中，应该有领导地大胆下放，让地方和工农业企业在国家统一计划的指导下有更多的经营管理自主权；应该着手大力精简各级经济行政机构，把它们的大部分职权转交给企业性的专业公司或联合公司；应该坚决实行按经济规律办事，重视价值规律的作用，注意把思想政治工作和经济手段结合起来，充分调动干部和劳动者的生产积极性；应该在党的一元化领导之下，认真解决党政企不分、以党代政、以政代企的现象等。全会深入讨论农业问题，从"必须首先调动我国几亿农民的社会主义积极性，必须在经济上充分关心他们的物质利益，在政治上切实保障他们的民主权利"的指导思想出发，全会提出了发展农业生产的一系列政策措施和经济措施。

全会对民主和法制问题进行认真讨论，提出加强社会主义法制，使民主制度化、法律化，使这种制度和法律具有稳定性、连续性和极大的权威，做到有法可依，有法必依，执法必严，违法必究。全会认真讨论"文化大革命"中发生的一些重大政治事件和"文化大革命"前遗留下来的某些历史问题，决定撤销中央发出的有关"反击右倾翻案风"运动和天安门事件的错误文件，审查和纠正过去对彭德怀、陶铸、薄一波、杨尚昆等同志所作的错误结论，确立解决历史遗留问题必须遵循实事求是、有错必纠的原则。

全会深入讨论坚持唯物主义的思想路线问题，一致认为，只有在马列主义、毛泽东思想的指导下，解放思想，努力研究新情况新事物新问题，坚持实事求是、一切从实际出发、理论联系实际的原则，才能顺利地实现工作中心的转变。全会高度评价关于实践是检验真理的唯一标准问题的讨论，认为这对于促进全党同志和全国人民解放思想，端正思想路线，具有深远的历史意义。①

中共十一届三中全会实现了在党和国家历史上具有深远意义的伟大转折，标志着中国共产党从根本上冲破了长期"左"倾错误的严重束缚，在思想上、政治上和组织上恢复和确立马克思主义的正确路线；标志着党和国家从严重的历史挫折中重新奋起，结束粉碎"四人帮"以来党和国家工作在徘徊中前进的局面，揭开改革开放和社会主义现代化建设新时期的序幕。

二 拨乱反正的全面展开和《历史决议》的通过

中共十一届三中全会后一段时期内，党和国家各条战线的主要任务是拨乱反正，以消除混乱局面，恢复正常秩序。第一，开展了彻查审判林彪、江青两个反革命集团篡党夺权、祸国殃民的罪行的工作。1979年初，党中央成立"两案"审理领导小组，经过8个多月的艰苦努力，完成"两案"审查任务。1980年2月，中共中央决定将"两案"交由司法机关审判。对林彪、江青反革命集团10名主犯的审判，从1980年11月20日开始，到1981年1月25日正式判决，分为法庭调查，法庭辩论，评议、判决和宣判三个阶段，历时67天。各省、市人民法院和中国人民解放军军事法院对林彪、江青反革命集团其他骨干成员也进行了审判。对林彪、江青两个集团的审判，标志着我国社会主义民主法制进一步迈向健康发展的轨道。第二，落实干部政策，彻底平反纠正"文化大革命"期间的冤假错案。中共十一届三中全会后陆续平反的冤假错案有以下几类：一是平反涉及党、政、军一些高级领导干部的重大冤假错案，其中影响最大的是为刘少奇平反；二是平反民主党派人士、爱国民主人士、各界知名人士的冤假错案；三是平反有关部委的冤假错案；四是平反地方性事件中的重大冤假错案；五是平反"文化大革命"期间的

---

① 《中国共产党第十一届中央委员会第三次全体会议公报（一九七八年十二月二十二日通过）》，《人民日报》1978年12月24日。

反革命案件和刑事案件中的冤假错案；六是平反涉及重大历史是非的案件。中共十一届三中全会结束到 1981 年底，全国各级法院复查了"文化大革命"中判处的 120 万余件刑事案件（其中反革命案件近 30 万件，普通刑事案件 90 多万件），从中改判纠正了冤假错案 30.1 万余件，涉及当事人 32.6 万余人，使一大批受林彪、"四人帮"迫害的人昭雪沉冤。各地人民法院还主动复查了 1977 年和 1978 两年中判处的反革命案件 3.3 万件，改判纠正了错案 2.1 万件。[①] 到 1983 年，复查纠正冤假错案的工作基本完成，属于冤假错案的都实事求是地进行了纠正，予以了平反。第三，全面解决新中国成立以来受阶级斗争扩大化错误影响而造成的历史遗留问题。一是为 1957 年错划的右派分子改正和落实政策，到 1981 年全部完成，全国共改正错划右派分子 54 万多人。二是为给得到改造的地、富、反、坏"四类分子"全面评审摘帽，这项工作于 1984 年全部完成。三是宣布原工商业者已改造为劳动者，到 1981 年初，全国有 70 万原为劳动者的小商、小贩、小手工业者从原资产阶级工商业者中区别出来，恢复劳动者身份。四是落实知识分子政策，解决历史遗留问题。五是落实原国民党起义投诚人员政策，在政治上、工作上、生活上作了妥善安置。六是全面落实民族、宗教、侨务政策，纠正这些领域的错误政策和措施。在 1987 年 10 月中共十三大召开之前，全国基本完成落实各项统战政策、侨务政策、对台胞台属政策和知识分子政策的工作。这些调整社会关系的举措，正确处理了党内和人民内部的一系列矛盾，有效调动了全党同志和社会各阶层人员的积极性，对促进社会安定团结，巩固和发展爱国统一战线，推动改革开放和社会主义现代化建设事业发展，起到了十分重要的作用。

正确评价新中国成立以来一些重大历史问题和思想路线是非问题，是拨乱反正的一项重要内容。大约从 1979 年初开始，思想理论

---

① 《当代中国的审判工作》（上），当代中国出版社、香港祖国出版社 2009 年版，第 115 页。

界出现了右的偏向，一些人打着思想解放的旗号，否定毛泽东思想，否定毛泽东的历史地位，借以否定党的历史。为了进一步深入总结新中国成立以来的历史经验，尤其是正确评价毛泽东和毛泽东思想，1979年11月，中共中央决定着手起草《关于建国以来党的若干历史问题的决议》。作为起草工作的主持人，邓小平于1980年3月19日提出起草历史决议的三条总的要求：第一，确立毛泽东的历史地位，坚持和发展毛泽东思想，这是最核心的一条。第二，对新中国成立三十年来历史上的大事进行实事求是的分析，对一些负责同志的功过是非作出公正的评价。第三，通过这个决议对过去的事情作个基本的总结。这个总结宜粗不宜细，总结过去是为了引导大家团结一致向前看。① 从1980年3月至1981年6月，起草组经过多次修改讨论，形成决议草案，提交1981年6月15日至22日召开的中共十一届六中全会预备会议审议。6月22日，邓小平看了决议草案后，认为它"实事求是地、恰如其分地评价'文化大革命'，评价毛泽东同志的功过是非"，可以起到总结经验、统一思想、团结一致向前看的作用。②

1981年6月27日至29日，中共十一届六中全会在北京举行，全会审议和通过《中共中央关于建国以来党的若干历史问题的决议》。《决议》分8个部分，围绕确立毛泽东的历史地位和毛泽东思想的指导地位这个中心思想，运用马克思主义的辩证唯物论和历史唯物论，对新中国成立32年来党的重大历史事件特别是"文化大革命"作出了正确的总结，科学地分析了在这些事件中党的指导思想的正确和错误，分析了产生错误的主观因素和社会原因，实事求是地评价了毛泽东在中国革命中的历史地位，充分论述了毛泽东思想

---

① 中央文献研究室编：《邓小平年谱（1975—1997）》（上），中央文献出版社2004年版，第610页。

② 中央文献研究室编：《邓小平年谱（1975—1997）》（下），中央文献出版社2004年版，第750页。

作为党的指导思想的伟大意义。

《决议》还初步概括了中共十一届三中全会以来，党已经逐步确立的一条适合中国情况的社会主义建设的正确道路的10个主要内容。主要包括：在社会主义改造基本完成以后，我国所要解决的主要矛盾，是人民日益增长的物质文化需要同落后的社会生产之间的矛盾；社会主义经济建设必须从我国国情出发，量力而行，积极奋斗，有步骤分阶段地实现现代化的目标；社会主义生产关系的变革和完善必须适应于生产力的状况，有利于生产的发展；在剥削阶级作为阶级消灭以后，阶级斗争已经不是主要矛盾，由于国内的因素和国际的影响，阶级斗争还将在一定范围内长期存在，在某种条件下还有可能激化；逐步建设高度民主的社会主义政治制度，是社会主义革命的根本任务之一；社会主义必须有高度的精神文明；改善和发展社会主义的民族关系，加强民族团结，对于我们这个多民族国家具有重大意义；在战争危险依然存在的国际条件下，必须加强现代化的国防建设；在对外关系上，必须继续坚持反对帝国主义、霸权主义、殖民主义和种族主义，维护世界和平；必须把我们党建设成为具有健全的民主集中制的党。《决议》虽然还没有使用"中国特色社会主义"来指称这条道路，但这条"适合我国情况的社会主义现代化建设的正确道路"的科学内涵和具体路径，已经清晰可见。

《中共中央关于建国以来党的若干历史问题的决议》的通过，标志着中国共产党在指导思想上完成了拨乱反正的历史任务，为党和国家的发展奠定了重要的政治基础，也为开创建设中国特色社会主义道路作出了不可磨灭的历史贡献。

三 改革开放的起步

中共十一届三中全会以后，改革开放迈出了步伐。经济体制改革首先在农村突破并取得成功。农村改革的突破口，是推行以包产到户、包干到户为主要形式的家庭联产承包责任制。这一改革，

1978年末、1979年初首先在安徽、四川、云南、广东等地实行。农村出现的改革势头，很快引起一些争议，有人认为包产到户、包干到户会搞乱人民公社"三级所有，队为基础"的体制，从而偏离社会主义。1980年4—5月，邓小平多次发表谈话，肯定农村生产责任制。他说："最近一二年来，我们强调因地制宜，在农村加强了生产组的与家庭的生产责任制，取得明显效果，生产成倍增加"，"农村政策放宽以后，一些适宜搞包产到户的地方搞了包产到户，效果很好，变化很快"，并提出这种做法不会影响集体经济的发展。[①] 邓小平对包产、包干到户的明确支持，有助于消除人们僵化思想和畏惧心理，也推动了中央对包产、包干到户的政策转变。1981年10月4日至21日，中央召开农村工作会议，对以包产到户、包干到户为特征的家庭承包责任制进行充分肯定。1981年12月5日至21日，全国农村工作会议召开，高度评价中共十一届三中全会以来亿万农民建立生产责任制的伟大实践。1982年1月1日，中共中央批转《全国农村工作会议纪要》，正式为包产到户、包干到户正了名，全国农村改革更迅猛地发展起来。1982年，农业获得少有的大丰收，农业总产值比上年增加11.2%，[②] 农村面貌出现可喜变化。

在农村改革的带动下，城市经济体制改革开始试点工作。一是针对原有体制下国家对企业管得过多过死、企业缺乏活力等弊病，扩大国营企业经营管理自主权，实行利润留成的制度；实行工业生产责任制，明确企业对国家承担的经济责任，在企业与国家的关系上实行经济责任制的同时，在企业内部实行层层落实到人的经济责任制。这在相当程度上解决了"大锅饭"问题，调动了企业、干部和职工的积极性。二是针对计划经济体制下只有单一公有制的情况，鼓励发展城镇集体经济和个体经济。对城镇集体经济和个体经济的

[①] 《邓小平文选》第2卷，人民出版社1994年版，第314、315页。

[②] 中华人民共和国国家统计局：《关于一九八二年国民经济和社会发展计划执行结果的公报》，《人民日报》1983年4月30日第2版。

发展采取积极扶持的方针，不仅推动所有制结构在改革中进一步改善，逐步形成以国有经济为主体，集体、个体、私营等多种经济成分并存和共同发展的局面，而且有效解决了多年积累的知识青年就业问题。此外，还在沙市、常州开展城市经济体制综合改革试点。

1979—1981年，针对多年来造成的国民经济重大比例失调，党中央领导开展了国民经济调整。国家采取了压缩计划外投资、加强农业、优先发展轻纺工业、扩大就业、调高职工工资等政策，使得从1981年起国民经济长期存在的积累率过高和农业、轻工业严重滞后的情况有了很大改变，轻重工业比例关系趋于协调，积累与消费关系比较合理。

政治体制改革必须同经济体制改革相配套、相适应，否则必然会阻碍经济体制改革，拖经济发展的后腿。政治体制改革从何处着手？邓小平等中央领导人经过深思熟虑，把"改革并完善党和国家的领导制度"作为改革并完善党和国家各方面制度的关键任务。1980年8月18日，邓小平在中央政治局扩大会议上发表《党和国家领导制度的改革》的讲话，分析党和国家现行的领导制度、干部制度中存在的官僚主义、权力过分集中、家长制、干部领导终身制和形形色色的特权现象以及产生这些弊端的社会历史原因，提出当前党和国家要逐步实行的重大改革措施，包括建议修改宪法、设立中央顾问委员会、实行党政分开、各级党委要真正实行集体领导和个人分工负责相结合的制度、各企事业单位要普遍成立职工代表大会或代表会议等。邓小平在讲话中还提出逐步实现干部队伍年轻化、知识化、专业化的要求。这一讲话，对于建设什么样的中国特色社会主义政治制度具有顶层设计意义，成为党和国家领导制度改革的纲领性文件。

此后，党和国家领导制度改革逐步开展起来。健全中央领导体制方面，从中央到地方各级党委都设立政法工作机构；设立中央书记处作为中央政治局及其常务委员会领导下的处理经常性工作的机构，进一步健全中共中央工作机制。在改善党的领导制度方面，建立老干部离休退休和退居二线的制度，妥善解决新老干部适当交替的问题。到 1982 年底，中央直属机关和中央国家机关已有 7260 多名老干部办理离休手续，占应离休人数的 81%。[①] 为了提高工作效率，克服官僚主义，党中央还领导开展了精简行政机构的工作，干部队伍的年轻化、知识化和专业化向前迈进了可喜的一步。

对外开放也开启了进程。起初主要是吸收各种形式的外资，改革外贸体制、扩大地方外贸经营自主权等，对外开放的重大突破是创办经济特区。自 1979 年经中央批准，深圳、珠海、汕头和厦门试办四个出口特区，1980 年 8 月 26 日，五届全国人大常委会十五次会议同意在广东省深圳、珠海、汕头和福建省厦门设置经济特区，经济特区由国家立法而正式诞生，四个经济特区的建设很快进入有序轨道，成为我国对外开放的窗口、经济体制改革的试验区和经济发展的示范区。

四 深化对社会主义重大理论问题的认识

改革开放面临的形势和改革开放实践的初步成功，促使邓小平等中央领导人对于在中国这样一个人口多、底子薄的发展中国家如何开展社会主义现代化建设进行深刻的思考，从而对社会主义的一些重大理论问题有了新的认识。

第一，明确对社会主义社会主要矛盾作出正确判断。改革开放新时期实现党和国家工作重点的转移，工作重点转移必然涉及对社会主义社会主要矛盾的判断以及与此相关的对阶级斗争的认识。然而，改革开放前后，一部分人"以阶级斗争为纲"的思想观念不能完全转变过来，认为"把阶级斗争、生产斗争和科学实验三大革命运动一起抓起来，这是我们贯彻执行新时期总任务，建设社会主

[①] 中共中央党史研究室：《中国共产党的九十年》，中共党史出版社、党建读物出版社 2016 年版，第 675 页。

强大国家的极为重要的指导思想"①。为了从思想上解决这些问题，邓小平1979年3月30日在中央召开的党的理论工作务虚会上发表讲话，1980年1月16日在中央召集的干部会议上发表讲话，集中地阐述了主要矛盾、阶级斗争、无产阶级专政下继续革命等重大思想理论问题。邓小平指出，研究社会的主要矛盾要联系社会的基本矛盾，他肯定并重申了毛泽东在《关于正确处理人民内部矛盾的问题》一文中对于基本矛盾的看法，即"在社会主义社会中，基本的矛盾仍然是生产关系和生产力之间的矛盾，上层建筑和经济基础之间的矛盾"。关于新时期的主要矛盾，他指出："我们的生产力发展水平很低，远远不能满足人民和国家的需要，这就是我们目前时期的主要矛盾，解决这个主要矛盾就是我们的中心任务"②。

邓小平从四个方面对社会主义社会的阶级斗争作出准确分析。首先，"社会主义社会中的阶级斗争是一个客观存在"。邓小平指出：虽然剥削制度和剥削阶级已经消灭，但仍然有"反革命分子，有敌特分子，有各种破坏社会主义秩序的刑事犯罪分子和其他坏分子，有贪污盗窃、投机倒把的新剥削分子，并且这种现象在长时期内不可能完全消灭"。所以，阶级斗争会在一定范围长期存在。其次，社会主义社会的阶级斗争显然不同于过去历史上阶级社会的阶级斗争。邓小平指出：社会主义社会的阶级斗争"是历史上的阶级斗争在社会主义条件下的特殊形式的遗留"，在社会主义社会不可能形成"过去历史上的阶级对阶级的斗争"。再次，反对把阶级斗争扩大化。过去的阶级斗争扩大化给党和国家事业带来了严重的损害，因此邓小平强调：我们"不认为党内有一个资产阶级，也不认为在社会主义制度下，在确已消灭了剥削阶级和剥削条件之后还会产生一个资产阶级或其他剥削阶级"。最后，党内斗争是什么性质就是什么性质。邓小平反对把党内斗争动不动就说成是路线斗争，主张"党内斗争

---

① 《三大革命运动一起抓》，《人民日报》1978年4月22日。
② 《邓小平文选》第2卷，人民出版社1994年版，第182页。

是什么性质就说什么性质，犯了什么错误就说是什么错误，讲它的内容，原则上不再用路线斗争的提法"。与阶级斗争相联系的是"文化大革命"中形成的"无产阶级专政下继续革命的理论"。这个理论实际上是毛泽东关于社会主义阶段阶级斗争的"左"倾错误观点发展到"文化大革命"时期的总概括，也是"文化大革命"的总的指导思想。邓小平指出：这个提法，如果按照提出的当时的解释，即所谓"向走资派夺权"，也就是撇开党委闹革命，打倒一切，那么实践已经证明是错误的。①

第二，明确指出社会主义现代化建设要坚持四项基本原则。中共十一届三中全会之后，随着对"左"的指导思想的否定和思想解放运动的深入，党内及社会上各种思想活跃起来，社会上极少数人曲解"解放思想"的口号，打着"社会改革"的幌子，夸大党在社会主义建设时期的错误，进而怀疑共产党的领导、社会主义制度、无产阶级专政、马列主义和毛泽东思想。在这种情况下，如果不澄清理论争议，明确社会主义现代化建设应该坚持的基本原则，大力加强稳定社会政治秩序的工作和思想政治教育，就会使现代化建设在刚刚迈出第一步的时候就遇到严重的障碍。1979年3月30日，邓小平在党的理论工作务虚会上明确提出社会主义现代化建设必须坚持四项基本原则的要求。邓小平指出：我们当前以及今后相当长一个历史时期的主要任务就是搞现代化建设。能否实现四个现代化，决定我们国家的命运、民族的命运。要在中国实现四个现代化，必须在思想政治上坚持四项基本原则，这是实现四个现代化的根本前提。

关于坚持社会主义道路，邓小平认为，其一，只有社会主义才能救中国，这是中国人民从五四运动以来的切身体验中得出的不可动摇的历史结论。其二，社会主义的中国在经济、技术、文化等方面现在还不如发达的资本主义国家，但这不是社会主义制度造成的，从根本上说是新中国成立以前的历史造成的，是帝国主义和封建主

---

① 《邓小平文选》第 2 卷，人民出版社 1994 年版，第 168—169、182 页。

义造成的。社会主义革命已经使我国大大缩小了同发达资本主义国家在经济发展方面的差距。其三，社会主义制度在根本上比资本主义制度好。社会主义的经济以公有制为基础，生产是为了最大限度地满足人民的物质、文化需要，而不是为了剥削。因此，我国人民能有共同的政治经济社会理想，共同的道德标准，这些特点资本主义社会永远不可能有。

关于坚持无产阶级专政，邓小平强调，无产阶级专政对于人民来说就是社会主义民主，是工人、农民、知识分子和其他劳动者所共同享受的民主，是历史上最广泛的民主。在社会主义社会，国内还存在反革命分子、敌特分子以及各种刑事犯罪分子，国际上还存在帝国主义和霸权主义，因此国家的专政职能不可能消亡。没有无产阶级专政，我们就不可能保卫和建设社会主义。

关于坚持党的领导，邓小平指出：自有国际共产主义运动以来，就证明没有无产阶级政党就不可能有国际共产主义运动。自十月革命以来，更证明没有共产党领导就不可能有社会主义革命，不可能有无产阶级专政，不可能有社会主义建设。在中国，没有共产党领导，就没有社会主义新中国。今天，离开了中国共产党，谁来组织社会主义的经济、政治、文化？谁来组织中国四个现代化？再搞那种踢开党委闹革命，那就只能把四个现代化吹得精光，这绝不是什么危言耸听，而是大量实践所证明的客观真理。

关于坚持马列主义和毛泽东思想，邓小平强调，毛泽东思想是马列主义的普遍原理同中国革命的具体实践相结合的成果，中国反帝反封建革命的胜利、新中国的成立和社会主义制度的建立，"是毛泽东思想指引的结果"，毛泽东思想"过去是中国革命的旗帜，今后将永远是中国社会主义事业和反霸权主义事业的旗帜，我们将永远高举毛泽东思想的旗帜前进"[①]。实践证明，坚持四项基本原则，是中国共产党全党团结统一和全国各族人民团结一致的共同的政治基

---

① 《邓小平文选》第 2 卷，人民出版社 1994 年版，第 172 页。

础，也是中国社会主义现代化建设的政治保证。

第三，对什么是社会主义、怎样建设社会主义进行了初步回答。新中国成立后，社会主义建设取得了很大成就，但就整体而言，由于从50年代末以后"左"的错误接连发生，到"文化大革命"结束时，国民经济已经濒临崩溃边缘，人民群众生活仍然总体贫困，发展水平不但与世界先进国家相比差距进一步扩大，与周边新兴国家和地区相比也已经明显落后。面对这种状况，邓小平等中央领导人对什么是社会主义，如何建设社会主义进行了深刻反思，作出了初步回答。

关于什么是社会主义，邓小平等中央领导人总结社会主义建设的经验教训，明确提出贫穷不是社会主义，社会主义首先要发展生产力。邓小平指出："经济长期处于停滞状态总不能叫社会主义。人民生活长期停止在很低的水平总不能叫社会主义。"[①] 社会主义中国只有发展生产力，改善人民的物质文化生活，才能在与资本主义的竞争中取得优势，也才能实现根本的长治久安。邓小平指出："讲社会主义，首先就要使生产力发展，这是主要的。只有这样，才能表明社会主义的优越性。社会主义经济政策对不对，归根到底要看生产力是否发展，人民收入是否增加。这是压倒一切的标准。空讲社会主义不行，人民不相信。"[②]

关于怎样建设社会主义，邓小平等中央领导人进行了多方面的思考。一是在中国建设社会主义必须从中国实际出发，探索适合中国国情的现代化道路。改革开放以后，邓小平对到20世纪末实现"四个现代化"的目标进行重新思考，关注在中国这样一个贫穷落后、人口众多的东方大国搞社会主义现代化建设所面临的困难，尤其是同世界发达国家的差距。到1979年3月，邓小平提出了"中国式的四个现代化""中国式现代化"的概念，在他看来，到20世纪末，中国大概只能达到发达国家70年代的水平。1979年12月6日，

---

① 《邓小平文选》第2卷，人民出版社1994年版，第312页。
② 同上书，第314页。

邓小平在会见日本首相大平正芳时指出：四个现代化是中国式的四个现代化，是"小康之家"，到20世纪末，中国的四个现代化即使达到了某种目标，国民生产总值人均水平也还是很低的。就算达到那样的水平，同西方来比，也还是落后的。所以，"中国到那时也还是一个小康的状态"[1]。也就是说，达到小康水平，是到20世纪末中国实现现代化的一个初步目标，这一目标比较符合中国国情，又与发达国家的现代化概念和水平作了区别。

二是允许一部分人一部分地区先富起来。1978年12月，邓小平在《解放思想，实事求是，团结一致向前看》的讲话中指出："在经济政策上，我认为要允许一部分地区、一部分企业、一部分工人农民，由于辛勤努力成绩大而收入先多一些，生活先好起来。一部分人生活先好起来，就必然产生极大的示范力量，影响左邻右舍，带动其他地区、其他单位的人们向他们学习。这样，就会使整个国民经济不断地波浪式地向前发展，使全国各族人民都能比较快地富裕起来。""这是一个大政策，一个能够影响和带动整个国民经济的政策。"[2] 这一思想既是总结过去企图用平均主义消灭一切差别实现共同富裕，结果只能适得其反的经验教训的成果，又是根据中国各地区之间、人与人之间在经济发展上存在一些差距的客观事实而提出的。邓小平要求"要研究一下哪些地方条件更好，可以更广大地开源"，提出广东要上几个台阶，力争用二十年的时间赶上亚洲"四小龙"，广东、福建沿海地区试办经济特区的决策应运而生。

第二节　建设有中国特色的社会主义

随着党对社会主义认识的深化，1982年9月召开的中国共产党

---

[1] 《邓小平文选》第2卷，人民出版社1994年版，第237页。
[2] 同上书，第152页。

第十二次全国代表大会，明确提出"建设有中国特色的社会主义"的重大命题；1984年10月中共十二届三中全会制定了全面经济改革纲领，对经济体制改革作出新的判断。理论认识的前进，进一步推动了改革开放和现代化建设事业的全面开展。

一 中共十二大提出"建设有中国特色的社会主义"的命题

为了全面开创社会主义现代化建设的新局面，确定继续前进的正确道路、战略目标、战略步骤、战略重点和与此相适应的具体方针政策，1982年9月1—11日，中国共产党第十二次全国代表大会在北京召开。邓小平致开幕词，正式提出了"建设有中国特色的社会主义"的崭新命题。他指出："我们的现代化建设，必须从中国的实际出发。无论是革命还是建设，都要注意学习和借鉴外国经验。但是，照抄照搬别国经验、别国模式，从来不能得到成功。这方面我们有过不少教训。把马克思主义的普遍真理同我国的具体实际结合起来，走自己的道路，建设有中国特色的社会主义，这就是我们总结长期历史经验得出的基本结论。"[①]

大会部署了建设有中国特色的社会主义的总任务，指出新时期的总任务是：团结全国各族人民，自力更生，艰苦奋斗，逐步实现工业、农业、国防和科学技术的现代化，把我国建设成高度文明、高度民主的社会主义国家。这个总任务包括以下具体内容：第一，在全面开创新局面的各项任务中，首要的任务是，要把社会主义现代化经济建设继续推向前进。从1981年到20世纪末的20年，中国经济建设总的奋斗目标是，在不断提高经济效益的前提下，力争使全国工农业的总产值翻两番，即由1980年的7100亿元增加到2000年的28000亿元，使人民的物质文化生活可以达到小康水平。为实现经济建设的小康社会目标，确定分两步走的战略部署：前10年主

[①] 中共中央文献研究室：《十二大以来重要文献选编》（上），人民出版社1986年版，第3页。

要是打好基础，积蓄力量，创造条件，后 10 年要进入一个新的经济振兴时期。第二，要建设高度的社会主义精神文明。大会强调在建设高度的物质文明的同时，一定要努力建设高度的社会主义精神文明，这是社会主义的重要特征。社会主义精神文明的建设分为文化建设和思想建设两个方面：文化建设指的是教育、科学、文学艺术等各项文化事业的发展和人民群众知识水平的提高；思想建设决定着精神文明的社会主义性质，它的主要内容是工人阶级的、马克思主义的世界观和科学理论，是共产主义的理想、信念和道德，是同社会主义政治制度相适应的权利义务观念和组织纪律观念，即革命的理想、道德和纪律。第三，要建设高度的社会主义民主。大会指出，建设高度的社会主义民主，是我们的根本目标和根本任务之一。必须按照民主集中制的原则，继续改革和完善国家的政治体制和领导体制，把社会主义民主扩展到政治、经济、文化和社会生活各个方面，并把社会主义民主建设同社会主义法制建设紧密地结合起来，使社会主义民主制度化、法律化，等等。第四，要坚持独立自主的外交政策。大会指出，把爱国主义和国际主义结合起来，从来是我们处理对外关系的根本出发点。中国坚持执行独立自主的外交政策，以"和平共处"五项原则发展同各国的外交关系。第五，中国共产党要把自己建设成为领导社会主义现代化事业的坚强核心。大会强调必须加强新时期党的建设，包括健全党的民主集中制，使党内政治生活进一步正常化；改革领导机构和干部制度，实现干部队伍的革命化、年轻化、知识化、专业化；加强党在工人、农民、知识分子中的工作，密切党同群众的联系；用三年时间，有计划有步骤地进行整党，使党风根本好转等。

"建设有中国特色的社会主义"这个重大命题的提出，是以邓小平同志为核心的第二代中央领导集体在总结中国社会主义建设正反两方面经验的基础上，对"什么是社会主义，怎样建设社会主义"的科学回答。如果说在此之前党对中国特色社会主义道路的认识和实践还处于"自发"状态的话，那么在"建设有中国特色的社会主义"科学命题提出之后,党对中国特色社会主义道路的认识和实践就进入"自觉"状态。它一经提出,即成为中国新时期现代化建设和改革开放的指导思想,为中国的发展指明了根本方向和道路。

二 把党建设成为领导社会主义现代化事业的坚强核心

中共十二大提出"把党建设成为领导社会主义现代化事业的坚强核心",这标志着党开始用一种新的思路指导自身建设。党的事业与党的建设紧密相连,围绕这个目标,党在有计划有步骤地进行整党、纠正党员干部中的不正之风、推进干部队伍新老交替等方面,采取新的举措,推动党的建设出现新的局面。

第一,开展全面整党工作。针对"文化大革命"遗留下来的党内思想、作风、组织三个严重不纯和纪律松弛的问题,中共十二大决定,从1983年下半年开始,用3年时间对党的作风和组织进行一次全面整顿。1983年10月11—12日召开的中共十二届二中全会,通过《中共中央关于整党的决定》,确定从1983年冬季开始全面整党。为了保证整党工作的日常领导,这次全会选举产生了中央整党工作指导委员会。这次整党,中央要求全体党员无例外地参加。当时,全党有4000万名党员,其中有900多万名干部,有近250万个基层和基层以上的党组织。这次整党,采取从中央到基层组织,自上而下、分期分批整顿;每个单位党组织的整顿,也是自上而下,先领导班子、领导干部,后党员群众。这次整党实际上是分三期进行的。1987年5月26日,中央整党工作指导委员会召开全国整党工作总结会议,宣布历时3年半的全国整党工作基本结束。经过整党,全党在思想、作风、纪律、组织四个方面,都比整党前有了进步,党内存在的思想、作风、组织严重不纯的状况有了改变,同时积累了一些正确处理党内问题的重要经验。

第二,纠正惩治党员干部中的腐败和不正之风。20世纪80年代初期,陈云提出"执政党的党风问题是有关党的生死存亡的问题",得到邓小平等中央领导人的高度认可。针对在商品经济大潮的冲击下出现的部分党员干部、党政机关直接参与经商活动,以权谋私、搞"权钱交易"的不正之风,1984年12月3日,中共中央、国务院发出《关于严禁党政机关和党政干部经商、办企业的决定》,要求各级党政领导机关特别是经济部门及其领导干部更要正确发挥领导和组织经济建设的职能,坚持政企职责分开、官商分离的原则,发扬清正廉明、公道正派的作风,切实做到一心一意为发展生产服务,为企业和基层服务,为国家的繁荣强盛和人民的富裕幸福服务;绝不允许运用手中的权力,违反党和国家的规定去经营商业,兴办企业,牟取私利,与民相争。中央纪委和各级纪检机关查处大量违纪案件。从1982—1986年,共处分违纪党员650141人,其中开除党籍的有151935人。1985—1986年,处分省军级干部74人,地师级干部635人。①

第三,加强干部队伍建设。针对干部队伍文化水平低、业务能力差、普遍老化,难以适应改革开放和现代化建设的迫切要求,中共十二大把"努力实现干部队伍的革命化、年轻化、知识化、专业化"写入党章。1983年6月25—30日,中央召开工作会议,陈云在会上提出干部队伍三个梯队的配备问题和建立第三梯队的设想,指出:"现在主持中央日常工作的同志也是六十岁以上的人了,……要抓紧选拔五十岁上下、特别是四十岁上下的优秀干部,趁我们还在的时候,把第三梯队也建立起来。"② 这次会议正式作出建立第三梯队干部队伍的决策。在中央的推动下,全国范围内进行了规模空前的干部新老交替,到1985年12月,有126.8万名新中国成立前参加革命工作的老干部办理了离休手续。同时,全国已有46.9万名德才兼备、年富力强的中青年干部走上县级以上领导岗位,成为推进改革开放和社会主义现代化建设的中坚力量。③

---

① 《中央纪律检查委员会向党的第十三次全国代表大会的工作报告(一九八七年十月三十日)》,《人民日报》1987年11月5日第2版。

② 《陈云文选》第3卷,人民出版社1995年版,第325页。

③ 《陈云传》(下),中央文献出版社2005年版,第1716页。

三　全面改革纲领的制定与社会主义有计划商品经济的提出

长期以来，社会主义被认为只能实行计划经济，然而社会主义发展出现的弊端使中国逐渐突破这一认识。邓小平等中央领导人一直在不停地思考这个问题，对计划和市场关系的认识在逐渐明确。1979年11月邓小平会见美国客人，他在谈话中论及社会主义与资本主义的关系，明确指出："说市场经济只存在于资本主义社会，只有资本主义的市场经济，这肯定是不正确的。社会主义为什么不可以搞市场经济，这个不能说是资本主义。我们是计划经济为主，也结合市场经济，但这是社会主义的市场经济。……市场经济不能说只是资本主义的。市场经济，在封建社会时期就有了萌芽。社会主义也可以搞市场经济。同样地，学习资本主义国家的某些好东西，包括经营管理方法，也不等于实行资本主义。这是社会主义利用这种方法来发展社会生产力。把这当作方法，不会影响整个社会主义，不会重新回到资本主义。"[1] 当时这一思想在党的领导层没有达成共识，邓小平也在继续思考这个问题。1982年7月他同国家计委负责人谈话时说：计划与市场的关系问题如何解决？解决得好，对经济发展很有利；解决得不好，就会糟。苏联在这方面也没有解决好。[2]

改革开放实践的初步成效激发了干部群众对改革的热情和信心，越来越多的人认识到，推进有中国特色社会主义现代化建设事业，必须摆脱旧的计划经济体制和忽视商品经济等旧观念的束缚，全面开展经济体制改革。在这种背景下，1984年10月20日，中共十二届三中全会在北京召开，通过《中共中央关于经济体制改革的决定》（以下简称《决定》），把经济体制改革重点从农村转向城市，并明确提出了社会主义计划经济是在公有制基础上有计划的商品经济的论断。

《决定》阐述以城市为重点的经济体制改革的基本任务、性质和

---

[1] 《邓小平文选》第2卷，人民出版社1994年版，第236页。
[2] 《邓小平年谱（1975—1997）》（下），中央文献出版社2004年版，第832页。

基本政策，指出经济体制改革的基本任务就是进一步解放思想，走自己的路，建立起具有中国特色的、充满生机和活力的社会主义经济体制，促进生产力的发展。《决定》强调，改革经济体制，是在坚持社会主义制度前提下，改革生产关系和上层建筑中不适应生产力发展的一系列相互联系的环节和方面。这种改革，是在党和政府领导下有计划、有步骤、有秩序地进行的，是社会主义制度的自我完善和发展。《决定》指出，增强企业的活力特别是增强全民所有制的大、中型企业的活力，是以城市为重点的整个经济体制改革的中心环节，并需要进行计划体制、价格体系、国家机构管理经济的职能和劳动工资制度等方面的配套改革。

《决定》确定建立自觉运用价值规律的计划体制，发展社会主义商品经济。这是计划体制的重大改革。《决定》指出，改革计划体制，首先要突破把计划经济同商品经济对立起来的传统观念，明确认识社会主义计划经济必须自觉依据和运用价值规律，是在公有制基础上的有计划的商品经济。根据这一认识，《决定》突破"计划经济为主、市场调节为辅"的提法，对经济体制进行了新的概括：第一，就总体说，我国实行的是计划经济，即有计划的商品经济，而不是那种完全由市场调节的市场经济；第二，完全由市场调节的生产和交换，主要是部分农副产品、日用小商品和服务修理行业的劳务活动，它们在国民经济中起辅助的但不可缺少的作用；第三，实行计划经济不等于以指令性计划为主，指令性计划和指导性计划都是计划经济的具体形式；第四，指导性计划主要依靠运用经济杠杆的作用来实现，指令性计划则是必须执行的，但也必须运用价值规律。这些观点是根据马克思主义基本原理同我国实际相结合的原则，在社会主义经济理论上的新突破，回答了长期困扰社会主义改革的理论问题，使经济体制改革向社会主义市场经济的方向迈出了至关重要的一步。

中共十二届三中全会通过的《中共中央关于经济体制改革的决定》，虽然在改革目标模式上还没有提出建立社会主义市场经济体制，但在公有制基础上有计划的商品经济改革目标的提出，已经具有了明确的市场取向，体现了党对经济体制改革问题的新认识，是对马克思主义政治经济学的新发展。

邓小平对《决定》评价极高，说："我的印象是写出了一个政治经济学的初稿，是马克思主义基本原理和中国社会主义实践相结合的政治经济学。""这次经济体制改革的文件好，就是解释了什么是社会主义，有些是我们老祖宗没有说过的话，有些新话。"[①] 这一理论的突破，与改革实践的发展密切相关。随着经济成分的多样化和我国与国际经济交往的日益扩大，商品经济大大发展起来，价值规律的作用日益覆盖全社会的经济领域。商品经济的发展极大地增强了人们的商品经济意识。所以邓小平才说："过去我们不可能写出这样的文件，没有前几年的实践不可能写出这样的文件。写出来，也很不容易通过，会被看作'异端'。我们用自己的实践回答了新情况下出现的一些新问题。"[②]

四　改革开放和现代化建设事业的全面开展

按照中共十二大以来党中央的部署，全国迅速掀起全面改革开放和现代化建设的热潮。首先是以城市为重点的经济体制改革全面展开。农村改革在巩固的基础上进一步深入，自1983年采取初步调整农村产业结构、改革农产品统购派购制度等切实有效的措施，促使大量农村劳动力从土地的束缚中解放出来，投入到非农产业中去，社队企业得到迅速发展。尤其是1984年3月1日，中共中央、国务院转发《关于开创社队企业新局面的报告》，充分肯定乡镇企业在整个国民经济和社会发展中的地位和作用，促使乡镇企业进入高速发展时期，1987年全国乡镇企业总产值第一次超过了农业总产值，这是农村经济的历史性变化。1984年十二届三中全会以后，以城市为

[①] 《邓小平文选》第3卷，人民出版社1993年版，第83、91页。

[②] 同上书，第91页。

重点的经济体制改革全面深入地开展起来。承包经营责任制、股份制等多种经营方式，使得城市国有企业活力得到极大增强；"大的方面管住管好、小的方面放开放活"的计划体制改革，使经济杠杆在宏观调节中的作用明显加强；从"调放结合，以调为主"到"以放为主"改革不合理的价格体制和过于集中的价格管理体制，并实行生产资料价格双轨制，推进了市场调节经济新机制的确立。

社会主义民主法制建设是社会主义现代化建设的一个根本任务。随着改革开放的全面展开，1978年宪法的许多地方已经不适应新时期政治经济生活和现代化建设的需要。1980年9月10日，五届全国人大三次会议接受中共中央建议，成立宪法修改委员会，主持修改宪法。1982年11月23日，宪法修改委员会将《中华人民共和国宪法修改草案》和关于宪法修改草案的报告提请五届全国人大五次会议审议。12月4日，五届全国人大五次会议以无记名投票方式通过了新修改的《中华人民共和国宪法》（以下简称"八二宪法"）。"八二宪法"总的指导思想是坚持四项基本原则，它继承和发展了1954年宪法的基本原则，正确总结新中国成立以来的历史经验，用国家根本大法的形式，对国家的根本政治制度和基本政治制度、基本经济制度、国家的根本任务、公民的基本权利和义务、国家机构的设置和职责范围等重大问题作了明确的规定，成为新时期安邦治国的总章程。1983年6月6日至21日召开的第六届全国人民代表大会第一次会议，是按照新宪法选举产生的首届全国人民代表大会。此后，六届全国人大及其常委会不断加强立法工作，努力健全社会主义的法律体系，六届全国人民代表大会期间制定了29个法律，国家政治生活、经济生活、社会生活的主要方面呈现出有法可依的局面。

社会主义法制建设的发展，推动人民代表大会制度、中国共产党领导的多党合作和政治协商制度、民族区域自治制度进一步完善。为了改进和完善选举制度和人民代表大会制度，六届全国人大常委会于1986年12月通过了关于修改《中华人民共和国全国代表大会和地方各级人民代表大会选举法》和《中华人民共和国地方各级人民代表大会和地方各级人民政府组织法》的决定，对选举程序和方式作了一些改进，以切实保障选民的民主权利，更好地建设社会主义民主政治。1982年9月，中共十二大阐述了"长期共存，互相监督""肝胆相照，荣辱与共"的方针，进一步发展和完善中国共产党领导的多党合作和政治协商制度，使得各民主党派在国家政治生活中的作用进一步发挥。各民主党派领导人和无党派人士代表参加关于国家领导人安排的协商和一些法律、章程的修订及制定工作，对中国共产党及其党政机关的廉政建设进行监督，在经济、教育、科技、文化和促进祖国统一等方面都发挥了积极作用。根据"八二宪法"关于民族区域自治的规定及其充分尊重和保障各少数民族管理本民族内部事务的民主权利的精神，1984年5月，六届全国人大二次会议通过《中华人民共和国民族区域自治法》，把宪法关于民族区域自治的基本原则具体化，规定民族区域自治是中国的一项重要政治制度，在维护国家统一、保证中央人民政府统一领导的前提下，充分照顾各民族自治地方的特点和需要。城乡基层民主建设也取得较大进展。1983年10月12日，中共中央、国务院发出《关于实行政社分开建立乡政府的通知》，要求实行政社分开，设立村民委员会作为基层群众性自治组织，村委会由村民民主选举产生，协助乡人民政府搞好本村的行政工作和生产建设工作。此后，全国普遍以原人民公社为单位成立乡政府，以生产大队为基础建立村民委员会，以生产队为基础建立村民小组。到1985年底，全国共建立村民委员会94.9万个。在普遍建立村民委员会的基础上，1987年11月24日，六届全国人大常委会二十三次会议通过了《中华人民共和国村民委员会组织法（试行）》，推动广大村民依法积极参加村委会的选举和建设。在城市基层民主建设方面，"八二宪法"在总结我国居民委员会实行群众自治经验的基础上，首次以根本法的形式明确规定了居民委员会的性质、任务和作用。据此，全国各地对城市居民委员会的组织进行整顿，建立符合宪法规定、体现城市居民自我管理、自我教育和自我服务精神的城市居民委员会，并健全其组织机构和各项规章制度。到1989年12月，七届全国人大常委会十一次会议通过《中华人民共和国城市居民委员会组织法》，标志着城市居民委员会的建设进入一个新的历史发展阶段。

中共十二大以后尤其是1985年以后，改革向科技、教育、文化、卫生领域迈进。科技体制改革方面，1985年3月13日，中共中央作出《关于科学技术体制改革的决定》，从进一步放开技术市场、扩大科研机构的自主权、加强科研经费管理、促进科技人员合理流动等方面部署开展改革。国家从20世纪80年代中期启动、实施了"星火计划""八六三计划""火炬计划"等重大科技计划，充分发挥科技对于经济发展的重要作用。教育体制改革方面，1983年10月，邓小平为北京景山学校题词"教育要面向现代化，面向世界，面向未来"，为教育事业的改革和发展指明了方向。1985年5月27日，中共中央作出《关于教育体制改革的决定》，强调有步骤地实行九年制义务教育；调整中等教育结构，大力发展职业技术教育；改革高等学校的招生计划和毕业生分配制度，扩大高等学校的办学自主权。此后，教育体制改革全面展开，并取得显著成绩。文化体制的改革，主要从艺术表演团体的经营机制市场化改革入手，实行承包经营责任制，以此推进繁荣艺术创作，加强培养艺术人才等工作。卫生体制也逐步适应改革开放新形势，从改革中找出路，从单一的向国家"等、靠、要"转为多渠道、多层次、多形式办医，坚持国家、集体、个人一起上的方针，为卫生事业的发展增添了活力。此外，保护环境、防治污染和农村贫困地区扶贫开发工作逐步开展起来，体育事业在改革开放中也迎来欣欣向荣的春天。

党中央在积极推进社会主义物质文明建设的同时，努力建设高度社会主义的精神文明。1979年9月29日，叶剑英在庆祝中华人民共和国成立三十周年大会上的讲话首次提出了在建设高度物质文明的同时，建设高度的社会主义精神文明的问题。1980年12月25日，邓小平在中央工作会议上首次阐明了社会主义精神文明的科学内涵，指出："所谓精神文明，不但是指教育、科学、文化（这是完全必要的），而且是指共产主义的思想、理想、信念、道德、纪律，革命的立场和原则，人与人的同志式关系，等等。"① 这是我们党最早关于精神文明建设包括思想道德和教育科学文化两个方面建设的论述。整个20世纪80年代，加强道德建设和思想建设是社会主义精神文明建设的重要内容。道德建设方面，自1981年开展了"五讲四美三热爱"群众性活动，涌现出大批文明村（镇）、文明厂（矿）、文明街道等文明单位，以及身残志坚的"优秀共青团员"张海迪、"新时期的活雷锋"朱伯儒等先锋模范人物。这些道德建设活动，对于缔造和发展人与人之间社会主义的新型关系，对于树立良好的社会风尚，起了很好的作用。思想建设方面，1983年10月召开的十二届二中全会，提出在思想战线清除精神污染的问题。之后，以理论界、文艺界为重点的思想战线展开清除污染的斗争，很快刹住极少数人搞精神污染的歪风。1986年9月中共十二届六中全会通过《中共中央关于社会主义精神文明建设指导方针的决议》之后，思想战线又开展了反对资产阶级自由化的斗争，在一定程度上遏制了思想战线的混乱形势。

20世纪80年代初，深圳等四个经济特区在吸引和利用外资、引进先进技术以及各项建设中取得突出成就，初步显示出强大的生命力。1984年1月下旬到2月中旬，邓小平到深圳、珠海、厦门经济特区和上海视察，提出了把经济特区办得更快更好和增加开放城市的意见，"除现在的特区之外，可以考虑再开放几个港口城市，如大连、青岛。这些地方不叫特区，但可以实行特区的某些政策"②。1984年3月26日至4月6日，中央书记处和国务院联合召开沿海部分城市座谈会，确定进一步开放14个沿海港口城市。1985年2月，中央又决定把长江、珠江三角洲和闽南厦（门）漳（州）泉（州）

---

① 《邓小平年谱（1975—1997）》（上），中央文献出版社2004年版，第700页。
② 《邓小平年谱（1975—1997）》（下），中央文献出版社2004年版，第957、958、963页。

三角地区开辟为沿海经济开放区。这样，我国初步形成由经济特区、沿海开放城市和沿海开放区组成，多层次、有重点、点面结合的对外开放格局。

五　国防、外交的调整

军队改革和国防现代化是国家现代化建设的重要内容。20 世纪 80 年代，中国的国际环境有了较大改善，军队建设指导思想发生战略性转变，从过去随时准备应付大规模侵略战争转变到和平时期建设的轨道上来。1981 年 9 月，邓小平提出"把我军建设成为一支强大的现代化、正规化的革命军队"的总目标。① "八二宪法"提出"加强武装力量的革命化、现代化、正规化建设"，军队在巩固国防、保卫祖国的同时，参加国家建设事业，努力为人民服务。1985 年 5 月 23 日至 6 月 6 日，中央军委召开扩大会议，邓小平在会上对国际形势和我国周边安全进行科学分析，指出：虽然世界战争的危险还是存在的，但是世界和平力量的增长超过战争力量的增长，因此"在较长时间内不发生大规模的世界战争是有可能的，维护世界和平是有希望的"②。基于这一判断，这次会议做出军队减少员额一百万人的战略决策。1985—1987 年，中国采取了大规模裁军行动，军队总员额由 423.8 万人减到 323.5 万人。军队精简整编工作的完成，为军队制度改革提供有利条件。1988 年通过的《中国人民解放军军官军衔条例》《中国人民解放军文职干部暂行条例》《中国人民解放军现役军官服役条例》，构成新时期中国人民解放军干部制度的基本框架，使人民解放军向正规化迈出关键一步。改革开放新时期，我国贯彻积极防御的军事战略方针，在战略上实行防御、自卫和后发制人的原则，坚持"人不犯我，我不犯人，人若

---

① 《邓小平文选》第 2 卷，人民出版社 1994 年版，第 395 页。
② 《邓小平年谱（1975—1997）》（下），中央文献出版社 2004 年版，第 1011、1051 页。

犯我，我必犯人"方针。按照这一方针，人民解放军自 1979 年在中越边境、南海南沙群岛开展了对越自卫反击战，在保卫国家领土主权斗争中作出了新贡献。

根据改革开放和社会主义现代化建设的需要，中共中央重新定位中国外交出发点，突出维护国家经济利益在中国国际战略和外交政策中所占的地位。这样，努力争取世界和平，为国内经济建设创造一个良好的环境，成为中国对外工作总的指导方针。

1978 年 12 月 16 日，中美两国政府同时发表《中华人民共和国和美利坚合众国关于建立外交关系的联合公报》，决定自 1979 年 1 月 1 日起建立外交关系，结束了长达 30 年之久的不正常状态。中美建交后，两国关系发展并不顺利，其中最主要的障碍是台湾问题。1979 年 3 月，美国国会通过《与台湾关系法》，给中美关系造成损害。进入 20 世纪 80 年代以后，在美苏争霸的战略格局中，苏联日渐处于衰势，多次提出希望同中国改善关系。在这种情况下，中国开始改变联美抗苏的"一条线"战略。1982 年，从争取和平、延缓战争和寻求更均衡的对外关系的需要出发，中国政府开始把反对霸权主义，维护世界和平，加强同第三世界国家的团结与合作，作为新时期基本外交政策。1982 年 8 月 21 日，邓小平在会见联合国秘书长德奎利亚尔时指出："中国的对外政策是一贯的，有三句话，第一句话是反对霸权主义，第二句话是维护世界和平，第三句话是加强同第三世界的团结和合作，或者叫联合和合作。"[①] 按照这一思路，中国政府启动改善中苏关系的进程。中苏两国从 1982 年开始就关系正常化问题进行磋商，中苏关系的几个障碍逐渐解决，两国关系逐步好转。20 世纪 80 年代中期，美苏、中苏关系都有所改善，国际形势明显趋于缓和。1984 年 5 月 17 日，邓小平提出"和平问题"和"南北问题"已成为世界上两大突出问题的论断。1985 年 3 月 4 日，邓小平进一步指出："现在世界上真正大的问题，带全球性的战略问

---

① 《邓小平年谱（1975—1997）》（下），中央文献出版社 2004 年版，第 841 页。

题，一个是和平问题，一个是经济问题或者说发展问题。和平问题是东西问题，发展问题是南北问题。"① 1986 年 4 月，六届全国人大四次会议把中国外交政策概括为"独立自主的和平外交政策"，并分十个方面阐述了这一政策的主要内容和基本原则。至此，中国已基本完成了外交方针的调整。

随着外交方针的重大调整，中国在发展同世界各国友好关系方面取得重要进展，中国的对外关系格局已显示出向全方位发展的新特点。一是发展与大国之间的友好关系。1978 年 8 月，中日签订了友好和平条约；1983 年 11 月，中日双方共同确定"和平友好、平等互利、互相信赖、长期稳定"四项原则，为中日睦邻友好关系的进一步健康发展奠定基础。中美之间虽然在台湾问题上始终存在障碍，但是中美两国在经济、贸易及科技交流合作方面保持较好的势头，美国已经成为中国第三大贸易伙伴。中苏关系在 1989 年实现了正常化。中国还积极推进发展同欧洲国家、澳大利亚、新西兰、加拿大等国的关系。二是推进周边外交，实现睦邻友好。这是中国在 20 世纪 80 年代对外关系的一个重要方面。中国与朝鲜、蒙古国、印度、印度尼西亚、老挝等国的关系都得到改善。三是在非洲、拉丁美洲，中国同第三世界国家的友好关系进一步巩固。1983 年至 1987 年，中国同 10 个国家建立外交关系，使建交国总数达到 135 个。② 20 世纪 80 年代，中国还积极参与以联合国为中心的多边外交活动，广泛参加各种国际多边条约和国际公约，大力发展与国际组织的关系，在一些国际机构中积极发挥作用，扩大了中国的国际影响。

六 "一国两制"构想的提出

20 世纪 80 年代，以邓小平同志为核心的第二代中央领导集体

---

① 《邓小平年谱（1975—1997）》（下），中央文献出版社 2004 年版，第 1031 页。
② 中共中央党史研究室：《中国共产党新时期简史》，中共党史出版社 2011 年版，第 55 页。

在毛泽东、周恩来等老一辈革命家关于和平解放台湾问题设想的基础上，创造性地提出"一国两制"[①]构想，并确立为解决祖国统一问题的一项基本国策，开辟了以和平方式实现祖国统一的新途径。

1979年1月1日，全国人大常委会发表《中华人民共和国全国人民代表大会常务委员会告台湾同胞书》，郑重宣布反对"台湾独立"和争取实现祖国和平统一的方针。同日，中国人民解放军福建前线部队停止对大金门、小金门等岛屿的炮击，从而迈出了实行和平统一政策的第一步。1981年8月26日，邓小平会见台湾、香港知名人士时，提出和平解决台湾问题的思路，即"台湾不搞社会主义，社会制度不变，外国资本不动，甚至可以拥有自己的武装力量。台湾人民的生活水平不降低"[②]。1981年9月30日，全国人大常委会委员长叶剑英向新华社记者发表《关于台湾回归祖国实现和平统一的方针政策》的谈话，进一步阐述了中央关于和平解决台湾问题、实现祖国和平统一的九条方针政策。尽管这时还没有使用"一国两制"的概念，但是"一国两制"构想的轮廓已经跃然纸上。1982年1月11日，邓小平在会见美国华人协会主席时正式提出"一个国家，两种制度"的概念，他说："九条方针是以叶副主席的名义提出来的，实际上就是一个国家两种制度。两种制度是可以允许的。他们不要破坏大陆的制度，我们也不破坏他们那个制度。"[③] 1982年《中华人民共和国宪法》第31条规定："国家在必要时得设立特别行政区。在特别行政区内实行的制度按照具体情况由全国人民代表大会以法律规定。"[④] "一国两制"构想的实质内容载入国家根本大法，

---

① "一国两制"是"一个国家，两种制度"的简称，指的是在中华人民共和国境内，国家的主体实行社会主义制度，香港、澳门和台湾实行资本主义制度。

② 《邓小平年谱（1975—1997）》（下），中央文献出版社2004年版，第764页。

③ 同上书，第797页。

④ 《中华人民共和国宪法 一九八二年十二月四日中华人民共和国第五届全国人民代表大会第五次会议通过》，《人民日报》1982年12月5日第1版。

实行"一国两制"有了宪法的保证。1983年6月25日,邓小平在会见美国西东大学教授时,又进一步阐述了实现台湾和祖国大陆和平统一的六条具体构想。1984年5月,六届全国人大二次会议明确指出:"从国家和民族的根本利益出发,鉴于历史的经验和台湾的现实,我们提出了祖国统一之后可以实行'一个国家,两种制度'的设想。"① 至此,"一国两制"构想正式成为解决祖国统一问题的一项基本国策。

"一国两制"构想虽然主要是为了解决台湾问题而提出的,但是首先被成功运用于解决香港问题和澳门问题。1981年12月,中共中央作出1997年7月1日收回香港的决定。1982年10月,中英关于香港问题的谈判正式开始。1984年9月,中英双方在中方政策基础上达成协议。1984年12月19日,中英两国政府在北京正式签署《中英关于香港问题的联合声明》,确认中国政府将于1997年7月1日恢复对香港行使主权。1985年5月27日,中英两国政府在北京互换批准书,《中英关于香港问题的联合声明》正式生效,香港回归进入过渡期。

香港问题解决后,澳门回归问题随即被提上日程。1986年6月,中国和葡萄牙两国政府开始就澳门问题举行谈判。1987年4月13日,中葡两国总理在北京正式签署《中葡关于澳门问题的联合声明》,宣布中国政府将于1999年12月20日对澳门恢复行使主权,设立澳门特别行政区。1988年1月15日,中葡双方交换批准文件,联合声明生效,澳门回归过渡期由此正式开始。两个特别行政区除外交、国防属于中央人民政府管理外,享有高度自治权,现行法律基本不变,社会、经济制度不变,生活方式不变。这样,"一国两制"构想迈出了从理论转化为实践的关键性一步。

---

① 《政府工作报告——一九八四年五月十五日在第六届全国人民代表大会第二次会议上》,《人民日报》1984年6月2日第1版。

第三节　沿着有中国特色的社会主义道路前进

改革开放的全新实践，深化了中国共产党对社会主义现代化建设的理论认识，1987年中国共产党第十三次全国代表大会提出社会主义初级阶段理论和党在社会主义初级阶段基本路线，确定"三步走"发展战略，对中国特色社会主义理论的主要内容作出系统概括。改革开放理论基础的创新，极大地鼓舞了全国人民的热情和干劲，改革开放的步伐大为加快，整个国民经济提高到一个新的水平。

一　中共十三大提出社会主义初级阶段理论和党的基本路线

自1978年十一届三中全会到1987年的九年间，我国发生了深刻的变化。1986年同1978年相比，国民生产总值、工农业总产值、国家财政收入和城乡居民平均收入水平都大体翻了一番。中国共产党明确认识到我国正处于社会主义的初级阶段，在此基础上寻找出了一条符合中国国情的有中国特色的社会主义道路。

1987年10月25日至11月1日，中共十三大召开。大会对十一届三中全会以来九年间十亿人民丰富生动的实践经验进行创造性的理论概括，第一次系统地阐明了社会主义初级阶段的理论，明确提出了党在这个阶段的基本路线，并依据这个理论和路线制定了全面改革的基本方针和行动纲领。

社会主义初级阶段理论，是中共十一届三中全会后以邓小平同志为核心的第二代中央领导集体正确总结了包括我国在内的国际社会主义事业的历史经验而得出的科学论断，也是从我国社会性质和社会发展阶段这个根本问题上对基本国情得出的正确认识。1979年9月29日，叶剑英在庆祝中华人民共和国成立三十周年大会上的讲话中提出，社会主义制度还处在幼年时期，我国的社会主义制度还不完善，经济和文化还不发达。1981年6月27日，中共十一届六中全会通过的《关于建国以来党的若干历史问题的决议》中提出："尽管我们的社会主义制度还是处于初级的阶段，但是毫无疑问，我国已经建立了社会主义制度，进入了社会主义社会，任何否认这个基本事实的观点都是错误的。"[①] 这里讲的初级阶段，是针对当时一股否定社会主义的思潮而说的。虽然提出了我国现在还处在社会主义初级阶段，但强调的是我国已进入社会主义。1982年9月1日，中共十二大报告指出："我国的社会主义社会现在还处在初级发展阶段，物质文明还不发达。但是，如同有了一定程度发展的现代经济，有了当代最先进的阶级——工人阶级及其先锋队共产党，社会主义革命就有可能成功一样，在建立起了社会主义制度以后，我们就能够在建设物质文明的同时，建立起高度的社会主义精神文明。"[②] 这里所讲的初级阶段是针对在建设两个文明中，一些人提出的物质文明不发达，精神文明无法开展而说的，强调的是在社会主义初级阶段能够建设精神文明。1986年9月28日，中共十二届六中全会在《关于社会主义精神文明建设指导方针的决议》中指出："我国还处在社会主义的初级阶段，不但必须实行按劳分配，发展社会主义的商品经济和竞争，而且在相当长历史时期内，还要在公有制为主的前提下发展多种经济成分，在共同富裕的目标下鼓励一部分人先富裕起来"，"在道德建设上，一定要从实际出发，鼓励先进，照顾多数，把先进性的要求同广泛性的要求结合起来"[③]。这段话当时是针对道德建设说的，强调中国现在还处在社会主义初级阶段，全民范围的道德建设应该肯定分配方面的合理差别，在道德建设上要从实

---

① 中共中央文献研究室：《关于建国以来党的若干历史问题的决议》（注释本），人民出版社1985年版，第61页。

② 中共中央文献研究室：《十二大以来重要文献选编》（上），人民出版社1986年版，第26页。

③ 中共中央文献研究室：《十二大以来重要文献选编》（下），人民出版社1986年版，第1180—1181页。

际出发,不能提出过高的要求。这些论述,都是针对当时的不同问题提出的,没有从社会主义建设全局层面作出阐述。

1987年2月,邓小平对中共十三大报告起草小组说:"要在理论上阐述什么是社会主义,我们的改革是不是社会主义"①。中共十三大召开前两个月,邓小平会见外宾说:"十三大要阐述中国社会主义是处在一个什么阶段,就是处在初级阶段,是初级阶段的社会主义。""社会主义的初级阶段,就是不发达的阶段。一切都要从这个实际出发,根据这个实际来制订规划。"②

中共十三大把正确认识我国现在正处于社会主义的初级阶段,作为建设有中国特色的社会主义的首要前提,作为中国共产党制定一切方针政策的依据,指出:第一,我国社会已经是社会主义社会,必须坚持而不能离开社会主义;第二,我国的社会主义社会还处在初级阶段,必须从这个实际出发,而不能超越这个阶段。我国从20世纪50年代生产资料私有制的社会主义改造基本完成,到社会主义现代化的基本实现,至少需要上百年时间,都属于社会主义初级阶段。这个阶段,既不同于社会主义经济基础尚未奠定的过渡时期,又不同于已经实现社会主义现代化的阶段。我国在现阶段所面临的主要矛盾,是人民日益增长的物质文化需要同落后的社会生产之间的矛盾。阶级斗争在一定范围内还会长期存在,但已经不是主要矛盾。为了解决现阶段的主要矛盾,就必须大力发展商品经济,提高劳动生产率,逐步实现工业、农业、国防和科学技术的现代化,并且为此而改革生产关系和上层建筑中不适应生产力发展的部分。总体来说,我国社会主义初级阶段,是逐步摆脱贫穷、摆脱落后的阶段;是由农业人口占多数的手工劳动为基础的农业国,逐步变为非农产业人口占多数的现代化的工业国的阶段;是由自然经济占很大比重,变为商品经济高度发达的阶段;是通过改革和探索,建立和

---

① 《邓小平年谱(1975—1997)》(下),中央文献出版社2004年版,第1168页。
② 同上书,第1203页。

发展充满活力的社会主义经济、政治、文化体制的阶段；是全民奋起，艰苦创业，实现中华民族伟大复兴的阶段。

党在社会主义初级阶段的基本路线，是中共十一届三中全会以来逐步明确并一贯坚持的路线。1978年12月，邓小平在中共十一届三中全会主题报告的讲话中提出了"如果现在再不实行改革，我们的现代化事业和社会主义事业就会被葬送"①的著名论断。1979年3月30日，邓小平阐述现代化建设必须坚持四项基本原则时，不仅强调了"坚持四项基本原则"，而且明确提出把经济建设作为党的中心任务的思想，并强调"过去搞民主革命，要适合中国情况，走毛泽东同志开辟的农村包围城市的道路。现在搞建设，也要适合中国情况，走出一条中国式的现代化道路"②。1981年《中共中央关于建国以来党的若干历史问题的决议》，第一次以党的正式文件形式确认了我国社会现阶段的主要矛盾和中心任务，并把坚持改革开放政策和坚持四项基本原则这两个基本点纳入了适合我国情况的社会主义现代化建设的正确道路的内容。1985年8月28日，邓小平开始把"一个中心"与"两个基本点"放在一起讲。他说："我们拨乱反正，就是要在坚持四项基本原则的基础上发展生产力。为了发展生产力，必须对我国的经济体制进行改革，实行对外开放的政策。"③尽管没有提出"基本路线"概念，但"一个中心"与"两个基本点"思想已经联为一体了。到1987年六七月间，邓小平对"一个中心、两个基本点"作了深刻阐述。他指出："搞社会主义现代化建设是基本路线。要搞现代化建设使中国兴旺发达起来，第一，必须实行改革、开放政策；第二，必须坚持四项基本原则……这两个基本点是相互依存的。"④

中共十三大对党在社会主义初级阶段基本路线进行了全面而深

---

① 《邓小平文选》第2卷，人民出版社1994年版，第150页。
② 同上书，第163页。
③ 《邓小平文选》第3卷，人民出版社1993年版，第138页。
④ 同上书，第248页。

刻的阐述,指出:"在社会主义初级阶段,我们党的建设有中国特色的社会主义的基本路线是:领导和团结全国各族人民,以经济建设为中心,坚持四项基本原则,坚持改革开放,自力更生,艰苦创业,为把我国建设成为富强、民主、文明的社会主义现代化国家而奋斗。坚持社会主义道路、坚持人民民主专政、坚持中国共产党的领导、坚持马克思列宁主义毛泽东思想这四项基本原则,是我们的立国之本。坚持改革开放的总方针,是十一届三中全会以来党的路线的新发展,它赋予四项基本原则以新的时代内容。坚持四项基本原则和坚持改革开放这两个基本点,相互贯通,相互依存,统一于建设有中国特色的社会主义的实践。不能以僵化的观点看待四项基本原则,否则就会怀疑以至否定改革开放的总方针。也不能以自由化的观点看待改革开放,否则就会离开社会主义轨道。在初级阶段,在我们尚未摆脱不发达状态之前,否定社会主义制度、主张资本主义制度的资产阶级自由化思想将长期存在。如果思想僵化,不改革开放,就不能更好地显示社会主义的优越性和增强社会主义的吸引力,也就会在实际上助长资产阶级自由化思想的滋长和蔓延。排除僵化和自由化这两种错误思想的干扰和影响,将贯串社会主义初级阶段的全过程。由于'左'的积习很深,由于改革开放的阻力主要来自这种积习,所以从总体上说,克服僵化思想是相当长时期的主要任务。总之,以经济建设为中心,坚持两个基本点,这就是我们的主要经验,这就是党在社会主义初级阶段的基本路线的主要内容。"[①] "一个中心、两个基本点"基本路线的确立,规定了中国特色社会主义道路的基本走向和核心内容。

社会主义初级阶段的理论和党的基本路线不仅是改革开放9年经验的概括和总结,而且是新中国成立38年来正反两方面经验的概括和总结。这是马克思主义在中国的新发展,是建设有中国特色的

[①] 中共中央文献研究室:《十三大以来重要文献选编》(上),中央文献出版社2011年版,第13—14页。

社会主义的纲领性文献。

二 确定现代化发展"三步走"战略

中共十三大正式提出了我国"三步走"发展战略,即"第一步,实现国民生产总值比一九八〇年翻一番,解决人民的温饱问题。这个任务已经基本实现。第二步,到本世纪末,使国民生产总值再增长一倍,人民生活达到小康水平。第三步,到下个世纪中叶,人均国民生产总值达到中等发达国家水平,人民生活比较富裕,基本实现现代化。然后,在这个基础上继续前进"[1]。

"三步走"发展战略是在改革开放实践中逐步形成的,它发端于邓小平等中央领导人对于中国如何实现四个现代化建设的思考。自1975年领导整顿工作,邓小平开始对到20世纪末实现"四个现代化"的目标进行重新思考,关注在中国这样一个贫穷落后、人口众多的东方大国搞社会主义现代化建设所面临的困难,尤其是同世界发达国家的差距。到1979年3月,邓小平提出了"中国式的四个现代化""中国式现代化"的概念,在他看来,到20世纪末,中国大概只能达到发达国家70年代的水平。1979年12月6日,邓小平与日本首相大平正芳会谈时,首次用"小康"指代到20世纪末中国达到的现代化水平。这一小康社会构想在中共十二大上确定为以后20年我国经济社会的发展目标,即从1981年到20世纪末的20年,力争使全国工农业的年总产值翻两番,使人民物质文化生活可以达到小康水平。

中共十二大以后,邓小平重点思考"小康"之后中国如何发展的问题。1984年4月18日,邓小平在会见英国外宾时,第一次对"小康"之后的发展目标作了设想,"我们的第一个目标就是到本世纪末达到小康水平,第二个目标就是要在三十年至五十年内达到或

---

[1] 中共中央文献研究室:《十三大以来重要文献选编》(上),中央文献出版社2011年版,第14页。

接近发达国家的水平"。1986年9月23日又提出"到下个世纪中叶达到中等发达国家水平"。①1987年4月30日，邓小平在会见西班牙外宾时，第一次从战略上对中国现代化建设作出分"三步走"的部署，把20世纪最后20年的"一步"分为"两步"，加上21世纪前50年的"一步"，共分"三步走"。他说："我们原定的目标是，第一步在八十年代翻一番。以一九八〇年为基数，当时国民生产总值人均只有二百五十美元，翻一番，达到五百美元。第二步是在本世纪末，再翻一番，人均达到一千美元。实现这个目标意味着我们进入了小康社会，把贫困的中国变成小康的中国。那时国民生产总值超过一万亿美元，虽然人均数还很低，但是国家的力量有很大增加。我们制定的目标更重要的还是第三步，在下世纪用三十年到五十年再翻两番，大体上达到人均四千美元。做到这一步，中国就达到中等发达的水平。"②

邓小平的这一战略构想为中共十三大所确定。"三步走"发展战略，从中国社会主义初级阶段的基本国情和经济发展的内在规律出发，以社会主义初级阶段的主要矛盾为线索，以社会生产的发展水平和相应的人民生活水平为标志，来划分经济建设的战略步骤，确定每一步所要达到的目标。可以说，这是一个渐进的经济建设发展战略，明确了此后近70年间中国经济建设的历史任务和奋斗目标。"三步走"发展战略，尽管后来又有某些细化和微调，但基本上成为实现中华民族伟大复兴的路线图。

三 进一步加深对社会主义商品经济的认识

1984年10月中共十二届三中全会通过的《中共中央关于经济体制改革的决定》，提出社会主义计划经济是在公有制基础上有计划的

---

① 《邓小平年谱（1975—1997）》（下），中央文献出版社2004年版，第970、1140页。

② 同上书，第1183页。

商品经济，解决了社会主义同商品经济统一的问题，还没有解决社会主义同市场经济统一的问题。当时全党在计划经济是社会主义、市场经济是资本主义这一点上，还没有突破。随着经济体制改革的深化，邓小平等中央领导人不断加深对于社会主义与市场经济的认识。

1985年10月，邓小平会见美国企业家代表团。美方提出：中国经济改革以来，人民要致富，出现了少数贪污腐化和滥用权力的现象，这是否反映了市场经济和社会主义制度之间一个潜在的、很难解决的矛盾？邓小平回答说："社会主义和市场经济之间不存在根本矛盾。问题是用什么方法才能更有力地发展社会生产力。""我们发挥社会主义固有的特点，也采用资本主义的一些方法（是当作方法来用的），目的就是要加速发展生产力。在这个过程中出现了一些消极的东西，但更重要的是，搞这些改革，走这样的路，已经给我们带来了可喜的成果。中国不走这条路，就没有别的路可走。只有这条路才是通往富裕和繁荣之路。"[①] 这次谈话展现出邓小平的新认识，一是认为社会主义和市场经济之间不存在根本矛盾，一定要搞社会主义市场经济；二是改革开放是通往富裕和繁荣之路，一定要坚持走这条道路。

在筹备中共十三大的过程中，1987年2月邓小平同几位中央负责同志谈话，对计划和市场关系的看法更加明确了。他说："为什么一谈市场就说是资本主义，只有计划才是社会主义呢？计划和市场都是方法嘛。只要对发展生产力有好处，就可以利用。它为社会主义服务，就是社会主义的；为资本主义服务，就是资本主义的。好像一谈计划就是社会主义，这也是不对的，日本就有一个企划厅嘛，美国也有计划嘛。我们以前是学苏联的，搞计划经济。后来又讲计划经济为主，现在不要再讲这个了。"[②] 这是邓小平对我国经济体制

---

① 《邓小平思想年谱（1975—1997）》，中央文献出版社1998年版，第342、343页。

② 《邓小平年谱（1975—1997）》（下），中央文献出版社2004年版，第1168页。

改革思想的又一个重大突破。

中共十三大接受了邓小平的这些观点,在论及经济体制改革时不再讲计划经济为主,而是指出:社会主义有计划商品经济的体制,应该是计划与市场内在统一的体制。在这个问题上,需要明确几个基本观念:第一,社会主义商品经济同资本主义商品经济的本质区别,在于所有制基础不同。建立在公有制基础上的社会主义商品经济为在全社会自觉保持国民经济的协调发展提供了可能,我们的任务就是要善于运用计划调节和市场调节这两种形式和手段,把这种可能变为现实。社会主义商品经济的发展离不开市场的发育和完善,利用市场调节决不等于搞资本主义。第二,必须把计划工作建立在商品交换和价值规律的基础上。以指令性计划为主的直接管理方式,不能适应社会主义商品经济发展的要求。不能把计划调节和指令性计划等同起来。应当通过国家和企业之间、企业与企业之间按照等价交换原则签订订货合同等多种办法,逐步缩小指令性计划的范围。国家对企业的管理应逐步转向以间接管理为主。第三,计划和市场的作用范围都是覆盖全社会的。新的经济运行机制,总体上来说应当是"国家调节市场,市场引导企业"的机制。国家运用经济手段、法律手段和必要的行政手段,调节市场供求关系,创造适宜的经济和社会环境,以此引导企业正确地经营决策。实现这个目标是一个渐进过程,必须为此积极创造条件。中共十三大还提出要加快建立和培育社会主义市场体系,这个体系还必须是竞争的和开放的。这些认识,表明距离确认建立社会主义市场经济即有国家调控的市场经济,只隔一层窗户纸了。

四 形成建设有中国特色的社会主义理论基本轮廓

中共十三大第一次提出了"建设有中国特色的社会主义理论"这一概念,并系统地概括了建设有中国特色的社会主义理论的主要观点。

中共十三大概括了马克思主义中国化的两次飞跃,指出:马克思主义与我国实践的结合,经历了六十多年。在这个过程中,有两次历史性飞跃。第一次飞跃，发生在新民主主义革命时期，中国共产党人经过反复探索，在总结成功和失败经验的基础上，找到了有中国特色的革命道路，把革命引向胜利。第二次飞跃，发生在十一届三中全会以后，中国共产党人在总结新中国成立三十多年来正反两方面经验的基础上，在研究国际经验和世界形势的基础上，开始找到一条建设有中国特色的社会主义的道路，开辟了社会主义建设的新阶段。

中共十三大梳理了建设有中国特色的社会主义理论的主要观点，指出："十一届三中全会以来，我们党在对社会主义再认识的过程中，在哲学、政治经济学和科学社会主义等方面，发挥和发展了一系列科学理论观点。包括：关于解放思想，实事求是，以实践作为检验真理的唯一标准的观点；关于建设社会主义必须根据本国国情，走自己的路的观点；关于在经济文化落后的条件下，建设社会主义必须有一个很长的初级阶段的观点；关于社会主义社会的根本任务是发展生产力，集中力量实现现代化的观点；关于社会主义经济是有计划商品经济的观点；关于改革是社会主义社会发展的重要动力，对外开放是实现社会主义现代化的必要条件的观点；关于社会主义民主政治和社会主义精神文明是社会主义重要特征的观点；关于坚持四项基本原则同坚持改革开放的总方针这两个基本点相互结合、缺一不可的观点；关于用'一个国家、两种制度'来实现国家统一的观点；关于执政党的党风关系到党的生死存亡的观点；关于按照独立自主、完全平等、互相尊重、互不干涉内部事务的原则，发展同外国共产党和其他政党的关系的观点；关于和平与发展是当代世界的主题的观点，等等。这些观点，构成了建设有中国特色的社会主义理论的轮廓，初步回答了我国社会主义建设的阶段、任务、动力、条件、布局和国际环境等基本问题，规划了我们前进的科学轨道。"[①] 这十二个方面的内容，是中国共产党第一次对中国特色社会

---

① 《中国共产党第十三次全国代表大会文件汇编》，人民出版社1987年版，第70—71页。

主义理论的主要内容作出系统概括,标志着邓小平理论轮廓的形成。

中共十三大强调,必须破除离开生产力来抽象谈论社会主义的历史唯心主义观念,从根本上划清科学社会主义同种种空想的界限。因为马克思主义的历史唯物主义从来认为,生产力是一切社会发展的最终决定力量。生产关系和上层建筑只有适应生产力的发展,才能促进生产力的发展。社会主义优越性的充分发挥和吸引力的不断增强,归根到底,都取决于生产力的发展。一切有利于生产力发展的东西,都是符合人民根本利益的,因而是社会主义所要求的,或者是社会主义所允许的。一切不利于生产力发展的东西,都是违反科学社会主义的,是社会主义所不允许的。

五 深化改革、扩大开放的新举措

加快经济体制改革,必须克服原有行政管理体制的弊端。中共十三大分析了"政府机构庞大臃肿,层次过多,职责不清,互相扯皮"的问题,提出"必须下决心对政府工作机构自上而下地进行改革"的任务。根据这一要求,国务院立即着手制定改革中央政府机构的方案。1988年3月25日至4月13日召开的第七届全国人民代表大会第一次会议,审议并原则批准了国务院机构改革方案。国务院机构改革,合并裁减了一些专业管理部门和综合部门内部的专业机构,完善或新建了一些综合和行业管理机构。这次改革不仅解决了一批部门之间职能交叉、重复的问题,而且为逐步实行国家公务员制度创造了一定的条件。中共十三大把建立国家公务员制度作为干部人事制度改革的重点,七届全国人大一次会议决定组建国家人事部,该部既是国家公务员管理机构,又是建立和推行国家公务员制度的职能部门。1989年,国家公务员制度在国务院国家环保局、民政部、建设部和轻工业部等部委和省政府少数部门开始试点。

中共十三大提出建立社会主义有计划商品经济新体制,是计划与市场内在统一的体制。在这种体制下,计划和市场的作用范围都是覆盖全社会的,新的经济运行机制,总体上来说应当是"国家调节市场,市场引导企业"的机制。这就为下一步深化改革明确了方向,即围绕转变企业经营机制这个中心环节,分阶段地进行计划、投资、物资、财政、金融、外贸等方面体制的配套改革,逐步建立起有计划商品经济新体制的基本框架。按照这一精神,1988年,经济体制改革出台不少新的措施。其中深化企业改革方面,明确重点是配套、完善、深化、发展承包制,进一步解决全民大中型企业经营机制问题,提高经济效益。1988年实行承包制的预算内全民所有制企业,由1987年底占企业总数的83%,扩大到90%以上。超过半数的承包企业实行了工资总额同经济效益指标挂钩,特别是有不少企业积极推行优化劳动组合,这对于打破"铁饭碗""铁交椅",改变企业人浮于事的状况,起了一定作用。推进投资体制改革方面,为解决中央包揽过多、投资结构不合理、资金来源不稳定等问题,采取了划分中央、地方、企业的投资范围、实行基本建设基金制、建立专业投资公司,采取经济办法管理经营性投资等措施。物资体制改革方面,减少生产资料分配和管理的中间层次,促进生产资料市场的形成,解决物资分配的条块分割问题。金融体制改革方面,主要是在搞好社会资金综合平衡的前提下,进一步发展和完善金融市场,提高资金使用效益,并强化中央银行的宏观管理职能,严格控制货币发行量和信贷规模,完善存款准备金制度,加强银行对企业的监督等。此外,1988年3月,国务院印发《国务院住房制度改革领导小组关于在全国城镇分期分批推行住房制度改革实施方案》,宣布从1988年开始,住房制度改革正式列入中央和地方的改革计划,用三五年时间,在全国分期分批展开。

随着经济体制改革的深化,对外开放的步伐进一步加大。1988年3月18日,国务院发出《关于扩大沿海经济开放区范围的通知》,决定适当扩大沿海经济开放区,新划入沿海经济开放区的有140个市、县,包括辽东半岛、山东半岛、河北环渤海湾地区一些市县,以及杭州、南京、沈阳3个省会城市。全国由经济特区、沿海开放城市和经济开放区构成的沿海对外开放前沿地带显著扩大,市、县增加到288个,面积约32万平方公里,人口增加到1.6亿。1988年4月13日,七届全国人大一次会议通过国务院提出的关于设立海南省和建立海南经济特区的议案。海南岛揭开了扩大开放、深化改革、加快发展的新的一页。至此,中国形成从南到北由5个经济特区、14个沿海开放城市、3个沿海开放地区、2个开放的半岛构成的对外开放格局。

改革开放的全面推开促进了经济快速增长,也带来了经济环境和经济秩序中的一些问题。1988年突出表现为"四过一乱",即,过旺的社会需求、过快的工业发展速度、过多的信贷和货币投放、过高的物价涨幅、经济秩序特别是流通秩序混乱。这些问题加上生产资料价格双轨制引发"官倒"和腐败现象,群众反映强烈。当时有一种意见认为,物价问题及其引发的负面现象,只能通过深化价格改革,理顺不合理的价格体系来解决。

1988年4—5月,中央多次召开会议,讨论生产资料价格双轨制改革、部分农产品价格改革等问题,提出在深化价格改革中解决物价问题的思路。5月28日,国务院决定成立国务院物价委员会,制订五年价格、工资改革方案。8月15日至17日,中央政治局第十次全体会议在北戴河召开,讨论并原则通过国务院《关于价格、工资改革的初步方案》。该方案提出,从1989年起用5年左右的时间,逐步放开原材料和加工产品的价格,基本上取消生产资料价格双轨制;较大幅度地提高能源、交通、通信、公用事业等基础设施的价格,有步骤地提高农产品的价格水平,消费品价格逐步实行市场调节。在价格改革过程中,通过调整工资和适当增加补贴,保证大多数职工生活水平不降低。虽然这个方案并不是马上部署实施,但是8月19日清晨中央人民广播电台广播了中央政治局讨论并原则通过《关于价格、工资改革的初步方案》的消息,同日《人民日报》也进行了报道,从而引起广大人民群众的震动和恐慌。当天,全国各地出现抢购,进而出现挤兑。加上一些商家乘机利用群众怕涨价的心理,制造要涨价的谣言引诱群众抢购,从而使涨价风、抢购风愈演愈烈。

面对上述形势,中央认识到经济环境恶化、经济秩序混乱的严重性。1988年9月26日至30日,中央召开十三届三中全会,决定在坚持改革、开放总方向的前提下,把1989年和1990年两年改革和建设的重点放到治理经济环境和整顿经济秩序上,以扭转物价上涨幅度过大的态势,创造理顺价格的条件,使经济建设持续、稳步、健康地发展。按照中央的部署,从1988年9月开始,各部门、各地方开展治理整顿。治理经济环境,主要是压缩社会总需求,抑制通货膨胀;整顿经济秩序,主要是整顿经济生活中特别是流通领域中出现的各种混乱现象。整理整顿很快取得初步成效,到1989年上半年,国民经济运行发生明显变化,农业生产增收,工业速度逐步下降,固定资产投资规模有所控制,金融形势有所缓和,消费市场比较平稳,物价涨幅逐步回落。然而,就在1989年春夏之交,国内爆发了政治风波,对于我国各方面工作产生不小的影响。

第四节　在严峻考验中坚持中国特色社会主义道路

20世纪80年代末90年代初,在国内外形势十分复杂、世界社会主义出现严重曲折的严峻考验面前,党和政府依靠广大人民群众平息政治风波,捍卫了中国特色社会主义;经受住苏联东欧剧变的冲击,逐步打破西方"制裁",在国际上站稳脚跟;进一步深化改革和开发开放上海浦东,经济社会发展走上健康平稳的轨道。以1992年邓小平南方谈话为标志,邓小平建设有中国特色社会主义理论逐步走向成熟。

一　在历史关键时刻捍卫社会主义国家政权

1989年前后,东欧一些社会主义国家在改革方向和决策上发生严重失误,西方敌对势力乘机推行"和平演变",各国共产党和工人党在短时间内纷纷丧失政权,发生社会主义制度演变为资本主义制度的剧烈动荡。我国在改革开放中出现的资产阶级自由化思潮,利用人民群众对于通货膨胀的焦虑以及对于一些党员干部中存在的腐败现象的不满情绪,大肆泛滥传播。

在这种复杂的国内外形势下,极少数人在北京高校密谋策划,要借1989年五四运动70周年、新中国成立40周年之机,煽动学潮,挑起事端,煽动反对中国共产党的领导、反对社会主义制度。

1989年4月15日胡耀邦在北京逝世,中共中央发布讣告并举行追悼会,人民群众以各种形式表达自己的哀思。在悼念活动期间,出现了一些不正常情况。极少数人借机制造谣言,利用大小字报指名攻击党和国家领导人,攻击党的领导和社会主义制度；蛊惑群众冲击党中央、国务院所在地中南海的新华门；在西安、长沙等城市发生一些不法分子打、砸、抢、烧的犯罪活动。5月13日,极少数别有用心的人煽动一些学生进行绝食,占据天安门广场。由于学生绝食引起社会上部分人从各种不同角度出发的同情,加上新闻媒体舆论的错误导向,前往声援的人越来越多。

5月17日,中央政治局常委会议决定在北京部分地区实行戒严,以挽救危及国家安危的混乱局面。5月19日晚,中共中央、国务院召开中央和北京市党政军干部大会,号召大家紧急动员起来,采取坚决果断措施,制止在首都已经发生的动乱,迅速恢复各方面的正常秩序。根据国务院令,自5月20日10时起,北京市部分地区实行戒严。但是动乱策划者利用政府和戒严部队采取的克制态度,继续鼓动学生占据天安门广场,组织各种非法活动,最终发展成为一场反革命暴乱。

在党和国家生死存亡的紧要关头,中央政治局在邓小平和其他老一辈革命家坚决有力的支持下,依靠人民,旗帜鲜明地反对动乱,于6月4日采取果断措施,一举平息了北京地区的反革命暴乱。此后,北京和其他大中城市很快恢复正常秩序。这场斗争的胜利,捍卫了我国社会主义性质的国家政权,维护了人民的根本利益。

二 新的中央领导集体的形成和打破西方"制裁"

政治风波的发生,暴露了中央领导层存在的问题。1989年6月23—24日,中央召开十三届四中全会,审议并通过了《关于赵紫阳同志在反党反社会主义的动乱中所犯错误的报告》。全会认为,赵紫阳在关系党和国家生死存亡的关键时刻犯了支持动乱和分裂党的错误,对动乱的形成和发展负有不可推卸的责任,其错误的性质和造成的后果是极为严重的。全会决定,撤销他的中央委员会总书记、中央政治局常务委员会委员、中央政治局委员、中央委员会委员和中共中央军事委员会第一副主席的职务。全会对中央领导机构的部分成员进行了必要的调整:选举江泽民为中央委员会总书记,增选江泽民、宋平、李瑞环为中央政治局常委,新的中央政治局常委会由江泽民、李鹏、乔石、姚依林、宋平、李瑞环组成。全会强调,继续坚决执行十一届三中全会以来的路线、方针和政策,继续坚决执行十三大确定的"一个中心、两个基本点"的基本路线。四项基本原则是立国之本,必须毫不动摇、始终一贯地加以坚持;改革开放是强国之路,必须坚定不移、一如既往地贯彻执行,绝不回到闭关锁国的老路上去。全会重申,我国坚持独立自主的和平外交政策不变,我国将在和平共处五项原则的基础上继续同世界各国发展友好关系,对维护世界和平继续作出贡献。

新的中央领导集体组成后,立即采取一系列措施,努力克服面临的国内外困难局面。国内方面,1989年7月28日,中共中央、国务院作出《关于近期做几件群众关心的事的决定》,提出近期在惩治腐败和带头廉洁奉公、艰苦奋斗方面先做7件事,包括进一步清理整顿公司,坚决制止高干子女经商,取消对领导同志少量食品的"特供",严格按规定配车,严格禁止进口小轿车,严格控制领导干部出国,严肃认真地查处贪污、受贿、投机倒把等犯罪案件,特别要抓紧查处大案要案。这些惩治腐败的措施,取得了良好的社会效果。国际方面，面对1989年政治风波过后以美国为首的一些西方国家掀起的反华浪潮和经济"制裁"，中国政府进行有理、有利、有节的斗争，在苏东剧变的复杂国际风云中逐渐站稳脚跟。

1989年政治风波平息以后，西方国家纷纷向中国施压。6月5日，美国总统布什宣布对中国采取中止一切中美政府间军售和商业性武器出口，中断中美两国军事领导人之间的互访活动等"制裁"措施。6月20日，美国白宫发言人菲茨沃特在一篇书面声明中宣布，布什总统下令对中国采取新的"制裁"措施，包括美国政府停止参加与中华人民共和国政府官员的所有高层接触，美国将寻求国际金融机构推迟考虑向中国提供新的贷款。在此期间，美国国会先后通过20多项干涉中国内政的议案，试图进一步在政治上和经济上对中国施加压力。在美国的带动下，6—7月，加拿大、欧共体12国、澳大利亚、新西兰、日本等几乎所有的西方发达国家公开宣布对中国进行各类形式的"制裁"，他们企图中止高层接触以在政治上和外交上孤立中国；延缓贷款、撤走技术人员、恶化经济贸易，试图在经济上加重中国的困难；中止高技术和军事方面的合作以在军事上威胁中国，达到它们以压促变的目的。

与此同时，从1989年下半年起，东欧各国长期执政的共产党先后失去执政地位，11月，被视为冷战时代象征的柏林墙被推倒。1991年底，苏联解体，第二次世界大战后形成的社会主义阵营不复存在，持续几十年的东西方冷战格局宣告结束。

面对复杂的国际局势，邓小平反复强调，要保持稳定和坚持改革开放，并提出了冷静观察、稳住阵脚、沉着应付、韬光养晦、善于守拙、决不当头、有所作为的指导方针。他指出，发达国家欺侮落后国家的政策没有变，中国自己要稳住阵脚；帝国主义肯定想要社会主义国家变质，东欧、苏联社会主义国家动乱，中国不能乱，"中国肯定要沿着自己选择的社会主义道路走到底。谁也压不垮我们。只要中国不垮，世界上就有五分之一的人口在坚持社会主义"。在对外关系的处理上，对于西方国家，邓小平强调虽然发达国家对中国戒心更大，但是"我们还是友好往来。朋友还要交，但心中要有数"；对于苏联解体、东欧剧变，邓小平指出，"不管苏联怎么变化，我们都要同它在和平共处五项原则的基础上从容地发展关系，包括政治关系，不搞意识形态的争论"①。

根据这些方针，中国妥善解决了与苏联前各加盟共和国的关系，1991年12月，中国政府承认12个苏联前加盟共和国独立，到1992年6月，中国完成与所有的苏联前加盟共和国建立外交关系的任务。为冲破西方封锁，中国确定了90年代初外交工作的两个重点：一是开展睦邻外交，稳定和积极发展同周边国家的关系，加强同发展中国家的团结与合作。1990年8月中国与印度尼西亚恢复两国外交关系；1990年10月，中国与新加坡两国政府签署联合公报，宣布两国从10月3日起建立外交关系。1991年10月中国越南发表《中越联合公报》，宣布中越关系正常化，声明中越两国将在和平共处五项原则基础上发展睦邻友好关系。二是打破西方国家"制裁"，逐步恢复和稳定同西方国家的关系。针对西方国家出于各自利益在制裁中国的政策、做法上不尽一致的情况，中国逐个突破，推动西方国家陆续取消对华制裁。1990年日本政府率先宣布全面解除对日本人访华的限制，两国重开经济、贸易等领域的合作和交往，1991年中日关系完全恢复正常。1990年，西欧国家陆续采取一些措施，松动对华关系。1990年10月22日，欧共体在卢森堡举行十二国外长会议，决定取消1989年下半年起对中国采取的限制措施，恢复同中国在政治、经济和文化领域的正常关系；1991年中英关系基本恢复。到1991年底，中国同大多数西方国家的关系基本回到正常轨道。

对于美国，中国始终坚持严正立场，指责美国干涉中国内政，申明中国不怕"制裁"、不怕孤立，决不会让步。为了促进中美关系回到正常轨道，一方面，利用中国的国际地位迫使美国采取主动。由于中国作为联合国安理会常任理事国在国际事务中发挥着越来越

---

① 《邓小平文选》第3卷，人民出版社1993年版，第320、321、353页。

重大的作用,许多国际问题没有中国的参与是很难解决的。1990年11月召开的联合国安理会部长级会议上,美国国务卿贝克主动邀请与中国外长钱其琛会晤,钱其琛应邀对美国进行为期两天的正式访问。这是自1989年6月以来中国外长首次正式访问美国,布什总统于11月30日在白宫会见了钱其琛。这实际上表明美国中止高层互访的"制裁"已经被打破了。另一方面,中国政府趁热打铁,为进一步恢复和发展中美关系作出艰苦的努力。1991年11月15日,中国外长钱其琛邀请美国国务卿贝克到北京进行为期3天的正式访问。根据贝克访华期间双方达成的有关谅解,美国国务院于1992年2月21日宣布,美国政府打算取消1991年6月实施的对华"制裁"。这样,经过两年多的较量与谈判,美国对华的制裁措施虽然还没有完全解除,但在高层互访以及部分经济领域已有突破。1993年11月18日至21日,亚太经合组织领导人非正式会议在美国西雅图召开。中美两国领导人借机在西雅图举行中美元首正式会晤。这标志着以美国为首的西方发达国家对中国实行"制裁"的政策基本被打破。

三 治理整顿中深化改革、扩大对外开放

苏联解体和东欧剧变,是因为他们无论是在经济上还是政治上都出现了重大问题。在经济上,实行高度集中的计划经济体制,排斥市场竞争,同时,实行重工轻农、重速度轻效益、重生产轻消费的经济发展模式,导致地方、企业和劳动者缺乏积极性,整个经济生活缺乏活力,国民经济比例严重失调,消费品短缺。再加上同美国军备竞赛的拖累,苏联经济从20世纪60年代初就开始走下坡路,80年代中后期陷入困境。在政治上,实行高度集权的政治体制。党政职能不分,党包揽一切,把党组织混同于国家行政机关,党内缺乏民主监督,权力失控,腐败盛行。最重要的是改革方向不对,放弃社会主义和党的领导。苏联、东欧的失败,不是实践马克思主义、科学社会主义理论的必然结果,而是在许多方面背离了马克思主义、科学社会主义的基本原理;或者说,是对马克思主义、科学社会主

义采取教条主义的僵化态度所受到的惩罚。苏联、东欧的失败，不是搞社会主义改革的失败，而是长期不思改革，不得不改革时，又把握不住社会主义的原则和方向所导致的灾难。

中国经受住了国内外的严峻考验，其中的根本原因就在于中国坚持了改革开放，中国在改革开放中既不丢掉老祖宗，又不照抄照搬别国经验、别国模式，而是把马克思主义基本原理同我国的具体实际相结合，走自己的路，开辟了建设有中国特色社会主义的新道路，从而促进了经济社会的发展，得到了人民群众的拥护。邓小平曾就此总结指出："如果没有改革开放的成果，'六·四'这个关我们闯不过，闯不过就乱，乱就打内战"，"为什么'六·四'以后我们的国家能够很稳定？就是因为我们搞了改革开放，促进了经济发展，人民生活得到了改善"[①]。1991年，邓小平进一步明确指出："坚持改革开放是决定中国命运的一招。"[②] 这些认识更加坚定了深化改革开放的决心。

深化改革开放，必须首先克服经济面临的困难。1989年11月6—9日，中央召开十三届五中全会，审议并通过《中共中央关于进一步治理整顿和深化改革的决定》，"用三年或者更长一些时间基本完成治理整顿任务"，并且"继续深化改革和扩大对外开放"。随后展开进一步治理整顿。继续控制社会总需求方面，主要采取了包括继续压缩投资总规模、坚决调整投资结构、加强对消费基金的管理、控制消费需求的过快增长等措施。进一步整顿经济秩序方面，金融系统、外贸系统、商业系统、物资系统都认真开展了清理整顿公司工作，生产资料市场、重要消费品流通领域都整肃了市场秩序，并且加强农业基础产业，调整经济结构。治理整顿很快取得明显成效，国民经济增长有较大幅度的回升，通货膨胀得到有效控制，物价指数大幅度回落；粮棉油等连年增产，农业总产值连年增长；投资结

[①] 《邓小平文选》第3卷，人民出版社1993年版，第371页。

[②] 《邓小平年谱（1975—1997）》（下），中央文献出版社2004年版，第1330页。

构有所改善,农业、基础工业投资有较大幅度增长;对外贸易保持了较好的增长势头,国家外汇结存较多增长。

在治理整顿经济过程中,改革开放继续推进。第一,粮油统销价格改革取得突破。1991年4月4日,国务院做出《关于调整粮油统销价格的决定》,从1991年5月1日起,适当提高粮油统销价格。国家定量供应城镇居民的3种粮食统销价格每500克平均提价0.10元,6种食油实行购销同价,全国平均每500克提高1.35元。这次改革,虽然没有彻底解决粮油购销价格倒挂问题,但毕竟是20多年来粮油价格的一次重大调整,在解决问题的道路上前进了一大步,为后来取消凭票定量供应粮油、实行敞开供应建立了良好开端。

第二,股票市场初步建立。1989年稳步试行以公有制为主的股份制,到1991年底,全国有各种类型股份制试点企业约3220家(不包括乡镇企业中的股份合作制和中外合资、国内联营企业),其中向社会公众发行股票的股份制试点企业89家,占2%。[1] 股份制企业的发展,特别是股票的公开发行,必然推动股票市场的产生。1990年1月26日,中国人民银行上海分行代上海市政府向国务院提交请示报告,提出"完善证券市场,建立证券交易所"的建议;5月4日,上海市政府向国务院和中国人民银行总行上报《关于成立上海证券交易所的请示》。1990年11月26日,经国务院授权、中国人民银行批准,上海证券交易所正式宣布成立。1990年12月19日,上海证券交易所开业并进行首批30种证券上市交易,其中股票8种。这是新中国成立以来大陆的第一家证券交易所。开业3个多月以后,各类证券交易量不断递增,仅股票交易就达1726万元。[2] 1991年4月11日,中国人民银行批准成立深圳证券交易所。7月3

---

[1] 刘鸿儒:《关于我国试行股份制的几个问题》,《人民日报》1992年6月23日第5版。

[2] 计泓赓、龚雯:《我国证券市场初具规模 专业证券公司已有四十六家》,《人民日报》1991年4月19日第2版。

日，深圳证券交易所正式开业，实现了股票的集中交易。

第三，住房、养老、医疗改革进一步推进。1991年初，国务院确定住房制度、社会保险制度和医疗制度改革是今后改革的三项重要任务，鼓励各地积极进行试点。这三项改革的基本方针是资金和费用由国家全包改为国家、集体和个人共同负担。当年，这三项改革都有所推进。1991年6月7日，国务院发出《关于继续积极稳妥地进行城镇住房制度改革的通知》，主要从合理调整公有住房的租金、出售公有住房、实行新房新制度、住房建设推行国家、集体、个人三方共同投资体制等方面，对下一步住房改革进行具体规划和部署。1991年6月，国务院启动企业职工养老保险制度改革，改变养老保险完全由国家、企业包下来的办法，实行国家、企业、个人三方共同负担，职工个人也要缴纳一定的费用；城镇集体所有制企业、对外商投资企业中方职工、城镇私营企业职工和个体劳动者，也要逐步建立养老保险制度。1991年4月，民政部还在山东进行农村社会养老保险试点，实行以个人交费为主，集体补助、国家扶持为辅，投保自愿，标准自选，量力而行，不搞整齐划一，受到群众欢迎。医疗改革方面，根据1986年中国政府承诺在2000年实现第30届世界卫生大会提出"2000年人人享有卫生保健"全球战略目标，1990年3月，卫生部等部委联合制定并试行《我国农村实现"2000年人人享有卫生保健"的规划目标》，开始实施"人人享有卫生保健"的工作。在这一过程中，为解决农村居民看病难、看病贵、因病致贫问题，1991年1月17日，国务院批转卫生部等部委《关于改革和加强农村医疗卫生工作的请示》，提出稳定推行农村合作医疗保健制度，为实现人人享有卫生保健提供社会主义保障。这样，农村合作医疗制度的重建提上日程。

第四，开发、开放浦东。1990年1—2月，邓小平在上海过春节，其间提出请上海的同志思考一下，能采取什么大的动作，在国际上树立更加改革开放的旗帜。2月13日，中共上海市委书记、市长朱镕基向邓小平汇报了浦东开发开放的设想。邓小平给予支持，说：" 你们搞晚了。但现在搞也快，上海条件比广东好，你们的起点可以高一点。……胆子要大一点，怕什么。"[①] 1990年2月26日，中共上海市委、市政府正式向中央、国务院提出《关于开发开放浦东的请示》。1990年4月18日，李鹏代表中共中央、国务院在上海大众汽车有限公司成立五周年大会上宣布：中共中央、国务院同意上海市加快浦东地区的开发，在浦东实行经济技术开发区和某些经济特区的政策。4月30日，上海市政府召开新闻发布会，宣布以引进外资为主的开发浦东十项政策，浦东新区立即成为外商洽谈投资的热点。

经过治理整顿深化改革，1990年底，国民经济和社会发展基本完成"七五"计划目标。中共中央和国务院着手制定"八五"计划。1990年12月25—30日，中共十三届七中全会召开，讨论并通过《中共中央关于制定国民经济和社会发展十年规划和"八五"计划的建议》，提出了今后十年我国国民经济和社会发展的基本任务和方针政策。《建议》总结了十一届三中全会建设有中国特色社会主义的基本理论和基本实践，提出了十二条根本指导原则，比较系统地阐明建设有中国特色社会主义理论的主要内容。这十二条原则主要包括：坚持工人阶级领导的以工农联盟为基础的人民民主专政，不断完善人民代表大会制度，不断完善共产党领导的多党合作和政治协商制度，不断巩固和发展最广泛的爱国统一战线，努力加强社会主义民主和社会主义法制建设；坚持把发展社会生产力作为社会主义的根本任务，专心致志地搞好现代化建设，不断提高人民的物质文化生活水平；通过改革不断完善社会主义的经济、政治体制和其他领域的管理体制，充分调动中央、地方、企业和广大劳动人民的主动性、积极性和创造性；采取发展对外经济贸易关系、利用外资和引进先进技术等多种形式，通过举办经济特区、经济开放区和实行必要的特殊政策与灵活措施，不断扩大对外开放；坚持以社会

[①] 《邓小平年谱（1975—1997）》（下），中央文献出版社2004年版，第1308页。

主义公有制为主体的多种经济成分并存的所有制结构，发挥个体经济、私营经济和其他经济成分对公有制经济的有益的补充作用，并对它们加强正确的管理和引导；积极发展社会主义的有计划商品经济，实行计划经济与市场调节相结合，努力促进国民经济持续、稳定、协调发展；实行以按劳分配为主体、其他分配方式为补充的分配制度，允许和支持一部分人、一部分地区通过诚实劳动和合法经营先富起来，鼓励先富起来的帮助未富起来的，以利于全体人民和各个地区逐步实现共同富裕；坚持以马克思列宁主义、毛泽东思想为指导，继承和发扬祖国优秀文化遗产，借鉴和吸收世界上一切优秀文化成果，不断提高全民族的思想道德和科学文化素质，建设社会主义精神文明；建立和发展平等互助、团结合作、共同繁荣的社会主义民族关系，坚持和完善民族区域自治制度，反对民族歧视、民族压迫和民族分裂；按照"一个国家，两种制度"的构想和实践，促进祖国统一大业的逐步实现；坚持独立自主的和平外交政策，在和平共处五项原则的基础上发展同一切国家的友好关系，反对霸权主义和强权政治，支持被压迫民族和被压迫人民的正义斗争，维护世界和平和促进人类进步；坚持共产党的领导，不断改善党的领导制度、领导作风和领导方法，加强党的政治、思想、理论和组织建设，使党始终成为社会主义事业的坚强领导核心。这十二条原则表明，中国共产党对社会主义的认识进入了一个新的阶段。

1991年4月9日，第七届全国人民代表大会第四次会议批准《国民经济和社会发展十年规划和第八个五年计划纲要》。1991年是"八五"计划实施的第一年，也是继续进行治理整顿的第三年。这一年，国民经济增长有较大幅度的回升；治理整顿取得明显成效，基本完成中央规定的任务。在整个经济继续向好发展的形势下，1991年9月23日至27日，中央召开工作会议认为，经过三年努力，整个国民经济已经恢复到正常的增长速度，经济秩序有比较明显的改善，治理整顿的主要任务已经基本完成，经济工作的重点，应当是在保持总量基本平衡的基础上，进一步转向调整结构和提高效益，努力保持国民经济的持续、稳定、协调发展；经济生活中存在的经济效益下降趋势尚未根本扭转、一些主要经济关系还没有理顺等问题，涉及经济管理体制和经济运行的深层次矛盾，只有通过深化改革、综合治理来解决，需要一个过程。这样，治理整顿完成其历史使命，国民经济发展进入新的阶段。

四　邓小平南方谈话及关于社会主义的新论断

20世纪90年代初，随着东欧国家的剧变和苏联的解体，社会主义在世界范围内的实践陷入低潮。冷战结束，世界开始走向多极化。在这种形势下，中国的改革开放既面临重大机遇，又遭遇严峻挑战。一方面，我国打破西方国家的"制裁"后，在国际上回旋余地增大，有利于进一步加入全球性竞争与合作格局。另一方面，我国经济在贯彻治理整顿方针过程中，经济发展速度有所放缓。同时，世界社会主义发生的曲折对我国也产生一定的负面影响，有人对社会主义的前途缺乏信心，对中国的改革开放产生疑虑；有人则提出改革开放究竟是姓"社"还是姓"资"的问题，认为和平演变的主要危险来自经济领域，担心搞市场经济，创办经济特区，发展非公有制经济，会导致资本主义，等等。中国的改革开放又一次走到了历史的重要关头。

党在积极应对错综复杂的国际局势，保持国内政治、经济、社会稳定的同时，认真思考和研究加快经济发展和深化改革开放的重大问题。邓小平于1992年1月18日至2月21日到武昌、深圳、珠海、上海等地视察，发表重要谈话，从理论上深刻回答长期困扰和束缚人们思想的许多重大认识问题，为中国改革开放注入新的生机和活力。

邓小平南方谈话的论断，主要集中在以下几个方面：第一，毫不动摇地坚持"一个中心，两个基本点"的基本路线。针对人们对中国改革开放的担心和疑虑，邓小平旗帜鲜明地指出："要坚持党的十一届三中全会以来的路线、方针、政策，关键是坚持'一个中心、两个基本点'。不坚持社会主义，不改革开放，不发展经济，不改善人民生活，只能是死路一条。基本路线要管一百年，动摇不得。只有坚持这条路线，人民才会相信你，拥护你。谁要改变三中全会以来的路线、方针、政策，老百姓不答应，谁就会被打倒。"还说："在这短短的十几年内，我们国家发展得这么快，使人民高兴，世界瞩目，这就足以证明三中全会以来路线、方针、政策的正确性，谁想变也变不了。说过去说过来，就是一句话，坚持这个路线、方针、政策不变。"①

第二，明确回答了在什么是社会主义以及怎样建设社会主义问题上长期困扰和束缚人们思想的许多重大理论问题。针对人们对中国改革开放提出的姓"资"还是姓"社"的问题，邓小平一针见血地指出："改革开放迈不开步子，不敢闯，说来说去就是怕资本主义的东西多了，走了资本主义道路。要害是姓'资'还是姓'社'的问题。判断的标准，应该主要看是否有利于发展社会主义社会的生产力，是否有利于增强社会主义国家的综合国力，是否有利于提高人民的生活水平。"关于计划与市场的关系及社会主义的本质，他指出："计划多一点还是市场多一点，不是社会主义与资本主义的本质区别。计划经济不等于社会主义，资本主义也有计划；市场经济不等于资本主义，社会主义也有市场。计划和市场都是经济手段。社会主义的本质，是解放生产力，发展生产力，消灭剥削，消除两极分化，最终达到共同富裕。"②

第三，提出发展才是硬道理，提出要抓住时机，发展经济。邓小平指出："对于我们这样发展中的大国来说，经济要发展得快一点，不可能总是那么平平静静、稳稳当当。要注意经济稳定、协调地发展，但稳定和协调也是相对的，不是绝对的。发展才是硬道

---

① 《邓小平文选》第3卷，人民出版社1993年版，第370—371页。
② 同上书，第372—373页。

理。"他认为"从我们自己这些年的经验来看,经济发展隔几年上一个台阶,是能够办得到的。""从国际经验来看,一些国家在发展过程中,都曾经有过高速发展时期,或若干高速发展阶段。日本、南朝鲜、东南亚一些国家和地区,就是如此。现在,我们国内条件具备,国际环境有利,再加上发挥社会主义制度能够集中力量办大事的优势,在今后的现代化建设长过程中,出现若干个发展速度比较快、效益比较好的阶段,是必要的,也是能够办到的。我们就是要有这个雄心壮志!"①

第四,坚持两手抓,两手都要硬。邓小平强调在抓改革开放的同时,要抓打击各种犯罪活动,建设社会主义精神文明。他指出:"打击各种犯罪活动,扫除各种丑恶现象,手软不得。""开放以后,一些腐朽的东西也跟着进来了,中国的一些地方也出现了丑恶的现象,如吸毒、嫖娼、经济犯罪等。要注意很好地抓,坚决取缔和打击,决不能任其发展。""在整个改革开放过程中都要反对腐败。对干部和共产党员来说,廉政建设要作为大事来抓。还是要靠法制,搞法制靠得住些。总之,只要我们的生产力发展,保持一定的经济增长速度,坚持两手抓,社会主义精神文明建设就可以搞上去。"②

第五,正确的政治路线要靠正确的组织路线来保证,中国的事情能不能办好,社会主义和改革开放能不能坚持,经济能不能快一点发展起来,国家能不能长治久安,从一定意义上说,关键在人。说到底,关键是我们共产党内部要搞好。他指出:"中国要出问题,还是出在共产党内部。对这个问题要清醒,要注意培养人,要按照'革命化、年轻化、知识化、专业化'的标准,选拔德才兼备的人进班子。……就是要选人民公认是坚持改革开放路线并有政绩的人,大胆地放进新的领导机构里,使人民感到我们真心诚意搞改革开放。

---

① 《邓小平文选》第 3 卷,人民出版社 1993 年版,第 375—377 页。
② 同上书,第 378—379 页。

人民,是看实践。人民一看,还是社会主义好,还是改革开放好,我们的事业就会万古长青!"①

第六,用马克思主义的历史唯物主义认识人类社会发展规律,指出社会主义经历一个长过程发展后必然代替资本主义,这是社会历史发展不可逆转的总趋势,但道路是曲折的。针对有人对社会主义前途缺乏信心,邓小平坚信:"世界上赞成马克思主义的人会多起来的,因为马克思主义是科学。"他说:"从一定意义上说,某种暂时复辟也是难以完全避免的规律性现象。一些国家出现严重曲折,社会主义好像被削弱了,但人民经受锻炼,从中吸收教训,将促使社会主义向着更加健康的方向发展。因此,不要惊慌失措,不要认为马克思主义就消失了,没用了,失败了。哪有这回事!"②

南方谈话是邓小平理论的集大成之作,它深入分析国际国内形势,科学总结中共十一届三中全会以来党的基本实践和基本经验,从理论上深刻回答当时困扰和束缚人们思想的一系列重大问题,进一步对建设有中国特色社会主义理论作了非常精辟、深刻、系统的论述,把这一理论推进到一个新的高度,极大地促进了广大干部和群众的思想解放,鼓舞了全党和全国各族人民的精神和干劲。

1992年2月28日,中共中央发出通知,要求全党传达学习邓小平南方谈话。3月9—10日,中央政治局召开全体会议,讨论中国改革和发展的若干重大问题。会议完全赞同邓小平的南方谈话,认为谈话不仅对中国当前的改革和建设,对开好十四大具有十分重要的指导作用,而且对中国整个社会主义现代化建设事业具有重大而深远的意义。这次会议,是把中国改革开放和现代化建设事业推进到一个新的阶段的重要会议。5月16日,中央政治局会议通过的《中共中央关于加快改革,扩大开放,力争经济更好更快地上一个新台阶的意见》指出:抓紧有利时机,加快改革开放步伐,力争经济更

---

① 《邓小平文选》第3卷,人民出版社1993年版,第380—381页。
② 同上书,第382、383页。

好更快地上一个新台阶,是当前全党的战略任务。

为了进一步用邓小平南方谈话精神统一全党思想,6月9日,江泽民在中共中央党校省部级干部进修班作《深刻领会和全面落实邓小平同志的重要谈话精神,把经济建设和改革开放搞得更快更好》的重要讲话,讲了加快改革开放和经济建设的发展、改革也是革命也是解放生产力、大胆向资本主义国家学习和借鉴有用的东西、加快经济体制改革、推进政治体制改革、坚持"两手抓"的方针等9个方面的问题。在谈到加快经济体制改革时,江泽民列举了关于对计划与市场和建立新经济体制的几种不同提法,表示:"我个人的看法,比较倾向于使用'社会主义市场经济体制'这个提法。"① 这一讲话,很好地阐明和发挥了邓小平南方谈话精神,从思想上理论上为中共十四大的召开作了直接准备。

本章小结

改革开放是中国共产党和全国各族人民的一次伟大觉醒,是中国人民和中华民族发展史上一次伟大革命,正是这个伟大觉醒这个伟大革命孕育了中国特色社会主义从理论到实践的伟大创造。从1978年12月中共十一届三中全会开始,到1992年邓小平发表南方谈话,以邓小平同志为主要代表的中国共产党人,团结带领全党全国各族人民,深刻总结我国社会主义建设正反两方面经验,借鉴世界社会主义历史经验,作出把党和国家工作中心转移到经济建设上来、实行改革开放的历史性决策,深刻揭示社会主义本质,确立党在社会主义初级阶段的基本路线,明确提出走自己的路、建设有中国特色的社会主义,科学回答了建设有中国特色社会主义的一系列基本问题,制定了到21世纪中叶分三步走、基本实现社会主义现代

---

① 《江泽民文选》第1卷,人民出版社2006年版,第202页。

化的发展战略,成功开创了中国特色社会主义。可以说,1978—1992年是党和国家继往开来,开创建设有中国特色的社会主义道路,并沿着这条道路阔步前进的历史。在这一过程中,以邓小平同志为核心的党的第二代中央领导集体科学回答我国社会主义建设的一系列基本问题,创立了中国特色社会主义理论体系的开篇之作即邓小平理论,坚持、完善和发展了中国特色社会主义制度。

这些实践成果、理论成果和制度成果,继承和发展了马克思列宁主义、毛泽东思想,初步指明了坚持和发展中国特色社会主义的总依据、总布局、总任务,把对社会主义的认识提高到新的科学水平。正如习近平总书记所指出:"正是这些重大思想理论和实践,使20世纪的中国又一次发生天翻地覆的变化。"①

---

① 习近平:《在纪念邓小平同志诞辰110周年座谈会上的讲话》(2014年8月20日),《人民日报》2014年8月21日第2版。

第 四 章

把中国特色社会主义全面推向 21 世纪（1992—2002）

从 1992 年中共十四大到 2002 年中共十六大这十年间，国际形势发生了重大而复杂的变化，世界多极化和经济全球化深入发展。国内改革开放和社会主义现代化建设进入新阶段，出现了许多新情况新问题。面对新的国内外形势，以江泽民同志为主要代表的中国共产党人，高举邓小平理论伟大旗帜，团结带领全党和全国各族人民，从容应对来自各方面的困难和风险，妥善处理一系列关系党和国家发展的重大问题，加快改革开放步伐，成功把中国特色社会主义全面推向 21 世纪。

第一节 改革开放和社会主义现代化建设进入新阶段

中共十四大确立了社会主义市场经济的改革目标，作出了抓住机遇、加快发展的重大决定，推动我国改革开放和社会主义现代化建设进入新的发展阶段。面对加快发展过程中出现的经济过热现象，中共中央和国务院果断实施宏观调控政策，实现了经济"软着陆"。

一　中共十四大确立社会主义市场经济目标

1992年10月召开的中共十四大，将建立社会主义市场经济体制确定为我国经济体制改革的目标模式。大会报告明确指出："实践的发展和认识的深化，要求我们明确提出，我国经济体制改革的目标是建立社会主义市场经济体制，以利于进一步解放和发展生产力。"[①]这是中共十四大作出的一项具有深远意义的重大决策，是对中国特色社会主义发展道路的历史性贡献。以此作为主要标志，我国改革开放和社会主义现代化建设进入新的发展阶段。

我国经济体制改革确定什么样的目标模式，是关系整个社会主义现代化建设全局的一个重大问题，其核心是正确认识和处理计划与市场的关系。传统观念认为，市场经济是资本主义特有的东西，计划经济才是社会主义经济的基本特征。中共十一届三中全会后，随着改革开放的不断深入，我们逐步摆脱这种观念，形成新的认识，对推动改革和发展起了重要作用。中共十二大提出计划经济为主，市场调节为辅；中共十二届三中全会指出商品经济是社会经济发展不可逾越的阶段，我国社会主义经济是公有制基础上的有计划商品经济；中共十三大提出社会主义有计划商品经济的体制应该是计划与市场内在统一的体制；中共十三届四中全会后，提出建立适应有计划商品经济发展的计划经济与市场调节相结合的经济体制和运行机制。这些都是对社会主义建设规律认识的不断深化，表明我们对建立社会主义的新经济体制在理论和实践上的认识已比较成熟。

邓小平1992年初在南方谈话中关于计划与市场关系的论述，从根本上解除了把计划经济和市场经济看作属于社会基本制度范畴的思想束缚。他指出："计划多一点还是市场多一点，不是社会主义与资本主义的本质区别。计划经济不等于社会主义，资本主义也有计

[①] 中共中央文献研究室：《十四大以来重要文献选编》（上），中央文献出版社2011年版，第16页。

划；市场经济不等于资本主义，社会主义也有市场。计划和市场都是经济手段。"① 这个精辟论断，使我们在计划与市场关系问题上的认识有了新的重大突破，为中共十四大确立我国经济体制改革的目标模式奠定了思想基础，提供了理论依据。

中共十四大召开前的6月9日，江泽民在中共中央党校省部级干部进修班上做的《深刻领会和全面落实邓小平同志的重要谈话精神，把经济建设和改革开放搞得更快更好》的重要讲话中，针对关于建立什么样的新经济体制的讨论中提出了"建立计划与市场相结合的社会主义商品经济体制""建立社会主义有计划的市场经济体制"和"社会主义市场经济体制"等意见，明确表示他比较倾向于使用"社会主义市场经济"这个提法。② 6月12日，江泽民征求邓小平对使用"社会主义市场经济"这一提法的意见。邓小平赞成使用这个提法。他说："实际上我们是在这样做，深圳就是社会主义市场经济。不搞市场经济，没有竞争，没有比较，连科学技术都发展不起来。"邓小平还说："在党校的讲话可以先发内部文件，反映好的话，就可以讲。这样十四大也就有了一个主题了。"③ 经过充分的酝酿和准备，社会主义市场经济体制的改革目标在中共十四大上正式确立下来。

建立社会主义市场经济体制，就是要使市场在社会主义国家宏观调控下对资源配置起基础性作用④，使经济活动遵循价值规律的要求，适应供求关系的变化；通过价格杠杆和竞争机制的功能，把资

---

① 《邓小平文选》第3卷，人民出版社1993年版，第373页。
② 《江泽民文选》第1卷，人民出版社2006年版，第200—202页。
③ 《邓小平年谱（1975—1997）》（下），中央文献出版社2004年版，第1347、1348页。
④ 党的十八大以来，以习近平同志为核心的党中央总结社会主义市场经济建立和完善的实践经验，在2013年11月党的十八届三中全会通过的《中共中央关于全面深化改革若干重大问题的决定》中，又提出使市场在资源配置中起决定性作用和更好发挥政府作用。这是对社会主义市场经济理论的重大发展，为深化和拓展社会主义经济体制改革开辟了广阔前景。

源配置到效益较好的环节中去，并给企业以压力和动力，实现优胜劣汰；运用市场对各种经济信号反应比较灵敏的优点，促进生产和需求的及时协调。由于市场也有其自身的弱点和消极方面，因此必须加强和改善国家对经济的宏观调控。

社会主义市场经济体制是同我国社会主义基本制度结合在一起的。在所有制结构上，以公有制包括全民所有制和集体所有制经济为主体，多种经济成分长期共同发展，不同经济成分还可以自愿实行多种形式的联合经营。国有企业、集体企业和其他企业都进入市场，通过平等竞争发挥国有企业的主导作用。在分配制度上，以按劳分配为主体，多种分配方式并存。运用包括市场在内的各种调节手段，既鼓励先进，促进效率，合理拉开收入差距，又防止两极分化，逐步实现共同富裕。在宏观调控上，我们社会主义国家能够把人民的当前利益与长远利益、局部利益与整体利益结合起来，更好地发挥计划和市场两种手段的长处。国家计划是宏观调控的重要手段之一，重点是合理确定国民经济和社会发展的战略目标，搞好经济发展预测、总量调控、重大结构与生产力布局规划，集中必要的财力物力进行重点建设，综合运用经济杠杆，促进经济更好更快地发展。把社会主义制度与市场经济结合起来，是前无古人的伟大创举，是中国共产党人对马克思主义的重大发展，是社会主义发展史上的重大突破。

建立社会主义市场经济体制的改革目标的确立，是对中共十二届三中全会提出的公有制基础上有计划商品经济改革目标的进一步发展，使中国经济体制改革和社会主义现代化建设的方向更加明确，是中国共产党人在社会主义理论上的认识飞跃，对我国的经济体制改革具有重大指导意义。

中共十四大作出建立社会主义市场经济体制的重大决策之后，中共中央和国务院加快了建立社会主义市场经济体制的步伐，在1993年11月中共十四届三中全会上审议通过《中共中央关于建立社会主义市场经济体制若干问题的决定》（以下简称《决定》），为社会主义市场经济体制的建立提供了一份纲领性的文件。

《决定》对"转换国有企业经营机制，建立现代企业制度""培育和发展市场体系""转变政府职能，建立健全宏观经济调控体系""建立合理的个人收入分配和社会保障制度"等重大问题作出决定，明确了建立社会主义市场经济体制的基本任务和要求。《决定》指出，建立社会主义市场经济体制的目的是要最大限度地解放和发展生产力，增强国家的综合国力，提高人民的生活水平。为实现这个目标，必须坚持以公有制为主体、多种经济成分共同发展的方针，进一步转换国有企业经营机制，建立适应市场经济要求，产权清晰、权责明确、政企分开、管理科学的现代企业制度；建立全国统一开放的市场体系，实现城乡市场紧密结合，国内市场与国际市场相互衔接，促进资源的优化配置；转变政府管理经济的职能，建立以间接手段为主的完善的宏观调控体系，保证国民经济健康运行；建立以按劳分配为主体，效率优先、兼顾公平的收入分配制度，鼓励一部分地区一部分人先富起来，走共同富裕的道路；建立多层次的社会保障制度，为城乡居民提供同我国国情相适应的社会保障，促进经济发展和社会稳定。[①] 这些主要环节是相互联系和相互制约的有机整体，构成社会主义市场经济体制的基本框架。

《决定》制定了建立社会主义市场经济体制的总体规划，勾画了社会主义市场经济体制的基本框架，规定了国有企业改革的基本方向，总结了中国改革开放的基本经验，也借鉴了市场经济发达国家的有益经验，回答了改革实践中提出的许多重大问题，在理论和政策上都有新的突破，思想性和指导性都很强，是继续深化改革的纲领性文件。《决定》的通过，标志着中国经济体制改革开始向着建立社会主义市场经济体制的目标整体性推进。

按照中共十四大和十四届三中全会《决定》的要求，我国加快

[①] 参见中共中央文献研究室编《十四大以来重要文献选编》（上），中央文献出版社2011年版，第452—466页。

了建立社会主义市场经济体制的步伐。经过不懈努力，到 2000 年，我国成功实现了由计划经济体制向社会主义市场经济体制的转变，社会主义市场经济体制基本框架初步建立。国有大中型企业建立现代企业制度的改革取得重要进展。在公有制经济进一步发展的同时，私营经济、个体经济得到较快发展，多种所有制经济共同发展的格局迅速形成。市场体系建设继续推进，资本、技术、劳动力等要素市场迅速发展，市场在资源配置中的基础性作用明显增强。社会保障制度和政府机构等方面改革取得重大进展。国家宏观调控体系进一步健全。与此同时，价格改革步伐逐步加快。到 2000 年，市场调节价在社会商品零售总额、农副产品收购总额和生产资料销售总额中所占比例分别达到 95.8%、92.5% 和 87.4%。① 社会主义市场经济体制的初步建立，使我国经济发展的体制环境发生重大变化。

二 抓住机遇，加快改革开放步伐

中共十四大作出的另一项具有深远意义的重大决策是要求全党抓住机遇，加快发展，集中精力把经济建设搞上去。大会报告指出："世界上许多国家特别是我们周边的一些国家和地区都在加快发展。如果我国经济发展慢了，社会主义制度的巩固和国家的长治久安都会遇到极大困难。所以，我国经济能不能加快发展，不仅是重大的经济问题，而且是重大的政治问题。"报告又指出："九十年代我国经济的发展速度，原定为国民生产总值平均每年增长百分之六，现在从国际国内形势的发展情况来看，可以更快一些。根据初步测算，增长百分之八到九是可能的，我们应该向这个目标前进。"②

1989 年 11 月，中共十三届五中全会分析当时我国经济面临的严

---

① 中共中央党史研究室：《中国共产党的九十年》，中共党史出版社、党建读物出版社 2016 年版，第 846—847 页。

② 中共中央文献研究室：《十四大以来重要文献选编》（上），中央文献出版社 2011 年版，第 14 页。

重困难,作出了《关于进一步治理整顿和深化改革的决定》,确定从1989年起,用三年或更长一些时间,基本完成治理整顿的任务。经过三年努力治理整顿取得较好效果,过热的经济明显降温,通货膨胀得到有效控制,但治理整顿期间我国经济发展速度有所放缓。随着治理整顿的结束和"七五"计划的完成,中共中央在积极应对复杂的国际形势、维护国内政治稳定的同时,也在思考和研究加快经济发展和深化改革开放的重大问题。

邓小平在南方谈话中反复强调要抓住时机,发展经济,提出"发展才是硬道理"的著名论断,为中共十四大作出加快发展的重大决策提供了指导思想。邓小平指出:"现在,周边一些国家和地区经济发展比我们快,如果我们不发展或发展得太慢,老百姓一比较就有问题了。所以,能发展就不要阻挡,有条件的地方要尽可能搞快点,只要是讲效益,讲质量,搞外向型经济,就没有什么可以担心的。低速度就等于停步,甚至等于后退。要抓住机会,现在就是好机会。"他进一步指出:"对于我们这样发展中的大国来说,经济要发展得快一点,不可能总是那么平平静静、稳稳当当。要注意经济稳定、协调地发展,但稳定和协调也是相对的,不是绝对的。发展才是硬道理。"他还指出:"从国际经验来看,一些国家在发展过程中,都曾经有过高速发展时期,或若干高速发展阶段。日本、南朝鲜、东南亚一些国家和地区,就是如此。现在,我们国内条件具备,国际环境有利,再加上发挥社会主义制度能够集中力量办大事的优势,在今后的现代化建设长过程中,出现若干个发展速度比较快、效益比较好的阶段,是必要的,也是能够办到的。我们就是要有这个雄心壮志!"①

根据邓小平南方谈话精神,中共中央和国务院采取了一系列加快改革和发展的措施。3月9日至10日,中共中央政治局召开全体会议,讨论我国改革和发展的若干重大问题,决定用邓小平南方谈

---

① 《邓小平文选》第3卷,人民出版社1993年版,第375—377页。

话精神进一步统一全党思想，加快改革开放和社会主义现代化建设步伐。5月16日，中共中央政治局通过了《关于加快改革、扩大开放、力争经济更好更快地上一个新台阶的意见》。6月9日，江泽民在中共中央党校省部级干部进修班上的讲话中，强调要解放思想，实事求是，放开手脚，大胆试验，排除各种干扰，抓住有利时机，集中精力把经济建设和改革开放搞得更快更好。

在邓小平南方谈话精神的指导下，经过一系列工作，全党关于加快经济发展的认识更加一致。在此基础上，中共十四大作出了抓住机遇、加快改革开放步伐的重大决策，并对我国20世纪90年代的经济发展速度进行了调整。报告指出："当前，要紧紧抓住有利时机，加快发展，有条件能搞快一些的就快一些，只要是质量高、效益好、适应国内外市场需求变化的，就应当鼓励发展。"报告同时指出："要坚持从实际出发，注意量力而行，搞好综合平衡，不要一讲加快发展，就一哄而起，走到过去那种忽视效益，片面追求产值，争相攀比，盲目上新项目，一味扩大基建规模的老路上去。"[①] 大会还对加快经济发展作出战略部署，提出了必须努力实现关系全局的十个方面的主要任务。

中共十四大后，我国进入深化改革、扩大开放的新的发展阶段。中共中央、国务院先后出台一系列重大改革举措，推动我国经济体制改革向纵深领域拓展。

一是深化国有企业改革。中共十四大后，国有企业按照"产权清晰、权责明确、政企分开、管理科学"的要求，从1994年底开始，选择在100家国有大中型企业中进行建立现代企业制度的试点，在18个城市进行优化资本结构和资产重组的配套改革试点。在试点企业中进行了公司制、股份制改造，使企业成为自主经营、自负盈亏、自我发展、自我约束的市场主体，使股份制成为切实转换企业

[①] 中共中央文献研究室：《十四大以来重要文献选编》（上），中央文献出版社2011年版，第15页。

经营机制、建立现代企业制度的有效途径。

二是财税体制改革迈出重要步伐。1993年国务院决定实行分税制，主要是按照中央和地方政府的事权划分，合理确定各级财政的支出范围；根据事权和财权相结合的原则，将税种划分为中央税、地方税和中央地方共享税，并建立中央税收和地方税收体系，由中央和地方两套税务机构分别征管；科学核定地方收支数额，逐步实行比较规范的中央财政对地方的税收返还和转移支付制度；建立健全分级预算制度，硬化各级预算约束。

三是金融体制改革稳步推进。从1994年开始，逐步建立起在国务院领导下，独立执行货币政策的中央银行宏观调控体系，以及政策性金融与商业性金融分离，以国有商业银行为主体、多种金融机构并存的金融组织体系；建立统一开放、有序竞争、严格管理的金融市场体系。同时加强中央银行在宏观调控中的职能和作用。

四是推进价格体制改革。从1993年起，国家陆续开放竞争性的商品价格，有计划地提高了粮食、棉花、石油、煤炭等基础产品价格，大部分生产资料价格由"双轨制"并轨为单一的市场价格，逐步确立起市场价格在价格体系中的主体地位，以经济手段为主的价格调控体系开始建立。这表明我国已平稳渡过最容易引起震动的价格改革关。

五是加快外贸体制改革。主要是以统一政策、放开经营、平等竞争、自负盈亏、工贸结合、推行代理制为方向，将外贸进口的指令性计划改为指导性计划，逐步降低关税总水平，建立适应国际经济通行规则的运行机制，加快外贸体制与国际接轨，同时赋予具备条件的企业进出口经营权，改变外贸企业经营机制转换滞后的状态，提高其应对国际市场竞争的能力。

六是汇率改革迈出关键步伐。从1994年1月1日起，国家实行普遍的银行结汇售汇制，取消外汇双重汇率，实行人民币牌价与外汇调剂市场价并轨，建立起以市场供求为基础的有管理的单一的浮动汇率制度。1996年12月1日，国家又实行人民币经常项目下的可兑换，进一步沟通了国内外市场。汇率改革为扩大对外开放、提高人民币的信誉、进一步拓宽国际市场，提供了良好环境。

七是深化投资融资体制改革。主要是按照不同投资主体的投资范围和各类建设项目的不同情况，分别实行不同的投资方式，进一步强化企业的投资主体地位，在投资融资领域更多地引入市场竞争机制；对各种经营性固定资产投资项目试行资本金制度，使投资项目必须先落实资本金后才能进行建设；各地在基础设施、基础产业和公共事业的基础建设中引入多种融资方式，直接融资在固定资产投资中的比重不断上升。

通过上述改革，极大地增强了经济发展的活力，我国呈现改革开放全面推进、经济迅猛发展的蓬勃景象，我国经济在深化改革中大步前进。

三 实施宏观调控，实现经济"软着陆"

中共十四大后，广大干部群众解放思想，抓住机遇，加快发展的热情高涨。围绕建立社会主义市场经济体制的各项改革和对外开放不断取得新进展，市场机制的作用进一步扩大，整个经济呈现了蓬勃发展的强劲势头。1992年国内生产总值达到26638.1亿元，比上年增长14.2%，1993年达到34634.4亿元，比上年增长13.5%。①

在深化改革、扩大开放、加快经济发展的过程中，由于一些地方和部门片面追求高速度，也由于旧的宏观调控机制逐渐失效，新的调控机制尚未健全，以致出现了新的经济过热现象。具体表现为：货币投放过量，金融秩序混乱；投资需求和消费需求都出现膨胀趋势；财政困难状况加剧；工业增长速度过快，基础设施和基础工业的瓶颈制约进一步加大；出口增长乏力，进口增长过快，国家外汇结存基本无增长；物价上涨过快，通货膨胀呈加速之势。这些情况表明，当时的宏观经济环境已经绷得很紧，如果不抓住时机，进一

---

① 《中国统计年鉴2000》，中国统计出版社2000年版，第53—55页。

步深化改革，抓紧实施宏观调控措施，将会导致社会供需总量严重失衡，通货膨胀进一步加剧，甚至会引起经济大的波动，影响社会安定。

中共中央和国务院及时发现了上述问题，果断采取一系列加强宏观调控的措施。1992年4月4日，江泽民给中共中央领导同志写信，提出"要善于把干部和群众高涨的劲头和积极性引导好、保护好、发挥好"，"要在深化改革上下功夫，避免只在扩大投资规模上做文章，以防出现新的重复建设和产品积压"[1]。同年10月，中共中央召开各地区各部门主要负责同志参加的经济情况通报会，强调既要抓住机遇、加快发展，又要注意可能出现的各种问题，保证改革开放和经济发展的顺利进行。1993年4月，中共中央召集省委书记、省长会议，讨论解决乱集资、乱拆借、房地产热和开发区热的问题。5月19日，江泽民给国务院有关领导同志写信，提出要抓紧时机解决当前经济工作中存在的一些突出问题，否则解决问题的重要时机会稍纵即逝；倘若问题积累，势必酿成大祸。[2]

1993年6月24日，中共中央、国务院制定了《关于当前经济情况和加强宏观调控的意见》，以整顿金融秩序为重点，提出了16条加强宏观调控的措施：一是严格控制货币发行，稳定金融形势；二是坚决纠正违章拆借资金；三是灵活运用利率杠杆，大力增加储蓄存款；四是坚决制止各种乱集资；五是严格控制信贷总规模；六是专业银行要保证对储蓄存款的支付；七是加快金融改革步伐，强化中央银行的金融宏观调控能力；八是投资体制改革要与金融体制改革相结合；九是限期完成国库券发行任务；十是进一步完善有价证券发行和规范市场管理；十一是改进外汇管理办法，稳定外汇市场价格；十二是加强房地产市场的宏观管理，促进房地产业的健康发展；十三是强化税收征管，堵住减免税漏洞；十四是对在建项目进

---

[1]《江泽民文选》第1卷，人民出版社2006年版，第195—196页。
[2]《江泽民文选》第2卷，人民出版社2006年版，第532页。

行审核排队,严格控制新开工项目;十五是积极稳妥地推进物价改革,抑制物价总水平过快上涨;十六是严格控制社会集团购买力的过快增长。① 这16条措施主要是实行适度从紧的财政政策和货币政策,整顿金融秩序和流通环节,控制投资规模,加强价格监督,其中有13条主要强调的是运用经济手段。

6月22日,在《意见》出台前夕,江泽民去住地看望邓小平,听取他对加强宏观调控的意见。邓小平赞同江泽民提出的加强宏观调控,突出抓金融工作的建议,并指出:什么时候政府都要管住金融。通货膨胀,人民受损失。人民币不能贬值太多,市场物价要控制住。② 7月13日,江泽民又去住所看望陈云,向他通报中共中央加强宏观调控16条意见下达后的情况。江泽民说:"中央采取十六条宏观调控措施以后,听到的反映是好的。改革开放同宏观调控是统一的,不是矛盾的。搞社会主义市场经济不要宏观调控是错误的,这个观点要扭过来。"陈云表示:"我双手赞成十六条",并请中央考虑"快刀斩乱麻,重病要用重药医","应该把中央的财力收回来","要防止外国把中国'苏联化'"。③ 邓小平和陈云的重要意见,为中共中央实施宏观调控提供了指导思想。

为确保宏观调控措施落实到位,中共中央、国务院在1993年7月连续召开了全国金融工作会议和全国财政、税收工作会议。提出了两个"约法三章"。金融系统的"约法三章"是:第一,立即停止和认真清理一切违章拆借,已违章拆出的资金要限期收回;第二,任何金融机构不得擅自或变相提高存贷款利率;第三,立即停止向银行自己兴办的各种经济实体注入信贷资金,银行要与自己兴办的

---

① 中共中央文献研究室:《十四大以来重要文献选编》(上),中央文献出版社2011年版,第273—280页。

② 《邓小平年谱(1975—1997)》(下),中央文献出版社2004年版,第1361—1362页。

③ 转引自《陈云传》(四),中央文献出版社2015年版,第1850页。

各种经济实体彻底脱钩。[1] 财税部门的"约法三章"是：第一，严格控制税收减免；第二，要严格控制财政赤字，停止银行挂账；第三，财税部门及所属机构，未经人民银行批准，一律不准涉足商业性金融业务，所办公司要限期与财税部门脱钩。[2]

这次宏观调控与以往的治理整顿不同，中共中央从实际出发，提出了着眼于加快改革步伐和主要运用经济办法的指导方针，力求通过加快形成社会主义市场经济体制的办法来解决当前经济发展中出现的问题，采取了"软着陆""点刹车"的微调手段，准确把握力度，对症下药，着重于结构性调整，既控制经济增长率、物价涨幅，又确保货币投放、信贷规模、投资规模的适度增长。由于方法对头，宏观调控很快见效。到1994年上半年，我国金融、外汇、财政、物价四大平衡一致趋向好转，经济生活中的某些无序现象得到治理，某些过热现象有所降温，整个国民经济开始转入加快改革、优化结构、提高效益的健康轨道。

经过三年努力，经济过热的势头终于得到遏制，宏观调控取得显著成效。一是过度投资得到有效控制，固定资产投资增长速度从1993年的62%降为1996年的14.8%，达到比较正常的增长幅度；货币发行量随之减少，基本实现了调控目标。二是金融秩序迅速好转，信贷规模总量得到控制，制止了乱集资、乱拆借等现象。三是物价逐渐放开且涨幅明显回落，商品零售价格指数从1994年10月的25.2%的最高涨幅，降到1996年的6.1%。四是经济增长仍然保持了较高速度。1993年到1996年，国内生产总值年均增长12%，年度经济增长率的波动幅度只有一两个百分点。[3] 这次宏观调控，既有效抑制了通货膨胀，又保持了经济增长的较

---

[1] 中共中央文献研究室：《十四大以来重要文献选编》（上），中央文献出版社2011年版，第304页。

[2] 同上书，第310—311页。

[3] 中共中央党史研究室：《中国共产党的九十年》，中共党史出版社、党建读物出版社2016年版，第806页。

快速度，我国经济成功实现从发展过快到"高增长、低通胀"的"软着陆"，避免了经济的大起大落，也为后来我们抵御亚洲金融危机的冲击打下了基础。

四　加强社会主义精神文明建设

中共十四大后，以江泽民同志为主要代表的中国共产党人，在深化改革、扩大开放、加快经济发展的同时，也十分重视加强社会主义精神文明建设，把精神文明建设的具体目标纳入国民经济和社会发展规划，有力地推动了物质文明建设和精神文明建设的相互促进、协调发展。

加强思想理论建设是精神文明建设的首要任务。中共十四大确立了邓小平建设有中国特色社会主义理论在全党的指导地位。1993年2月，中共中央宣传部向全国发出通知，要求认真组织开展学习邓小平建设有中国特色社会主义理论的活动，用以武装全党和全国人民的头脑，统一全党和全国人民的思想。同年11月，《邓小平文选》第三卷正式出版后，中共中央立即作出《关于学习〈邓小平文选〉第三卷的决定》，强调要联系当前的形势和任务，学习邓小平同志的著作，用建设有中国特色社会主义理论武装全党，教育干部和人民。在中共中央的推动下，全党和全国人民迅速兴起学习《邓小平文选》第三卷的热潮。从1993年底到1994年5月，中共中央先后组织党政军各部门的主要领导以及部分专家学者分批到中央党校参加理论研讨班，认真研读《邓小平文选》第三卷。1994年11月，《邓小平文选》三卷本的出版，把广大干部群众的理论学习活动进一步引向深入。1995年5月，中共中央宣传部组织编写了《邓小平同志建设有中国特色社会主义理论学习纲要》，作为广大干部群众学习《邓小平文选》的重要辅助材料。中共十五大确立了邓小平理论为党的指导思想。1998年6月，中共中央又就深入学习邓小平理论发出通知。随着全党和全国人民学习邓小平理论的不断深入，中国特色社会主义理论逐步深入人心，有力地推动了社会主义精神文明建设的开展。

爱国主义教育是精神文明建设的一项基础性工程。根据中共十四大关于加强爱国主义教育的精神，1994年8月，中共中央先后印发《爱国主义教育实施纲要》和《关于进一步加强和改进学校德育工作的若干意见》，要求各级有关部门把爱国主义作为加强精神文明建设的基础工程来抓，要求教育战线站在历史的高度，以战略眼光来认识新时期学校德育工作的重要性，大力加强青年学生的思想道德建设。根据中共中央的要求，各级党委着力加强了爱国主义教育基地的建设。1995年5月，中宣部、国家教委、文化部、共青团中央等部委联合发起推荐"百种爱国主义教育图书"和看"百部爱国主义教育电影"等活动，受到广大群众特别是青少年的热烈响应。

为加强新形势下社会主义精神文明建设，1996年10月，中共十四届六中全会作出《关于加强社会主义精神文明建设若干重要问题的决议》（以下简称《决议》），对新形势下社会主义精神文明建设作出总体部署。《决议》指出，我国社会主义精神文明建设的指导思想是以马克思列宁主义、毛泽东思想和邓小平建设有中国特色社会主义理论为指导，坚持党的基本路线和基本方针，加强思想道德建设，发展教育科学文化，以科学的理论武装人，以正确的舆论引导人，以高尚的精神塑造人，以优秀的作品鼓舞人，培育有理想、有道德、有文化、有纪律的社会主义公民，提高全民族的思想道德素质和科学文化素质，团结和动员各族人民把我国建设成为富强、民主、文明的社会主义现代化国家。

《决议》提出，今后十五年我国社会主义精神文明建设的主要目标是：在全民族牢固树立建设有中国特色社会主义的共同理想，牢固树立坚持党的基本路线不动摇的坚定信念；实现以思想道德修养、科学教育水平、民主法制观念为主要内容的公民素质的显著提高，实现以积极健康、丰富多彩、服务人民为主要要求的文化生活质量的显著提高，实现以社会风气、公共秩序、生活环境为主要标志的城乡文明程度的显著提高；在全国范围形成物质文明建设和精神文明建设协调发展的良好局面。①

《决议》着眼于我国跨世纪宏伟目标的实现，系统阐述了精神文明建设在中国特色社会主义建设中的战略地位，回答了在新的形势下建设和发展社会主义精神文明的一系列基本问题，是指导跨世纪精神文明建设的纲领性文献。

为从组织上保证中共十四届六中全会《决议》的贯彻落实，1997年4月，中共中央成立了中央精神文明建设指导委员会，随后，各省市区也相继成立了相应机构。各地区、各部门在制定2010年远景目标时，都把加大对精神文明建设的投入、开展群众性精神文明创建活动列为重要内容。

中共十四届六中全会后，在全国各地广泛开展了以创建文明城市、文明村镇、文明行业为主要内容的群众性精神文明建设活动。1997年3月，中宣部在已经确定300个文明行业示范点的基础上，又对创建文明城市和文明村镇作出部署，并确定了100个创建文明城市示范点和200个文明村镇示范点的名单，使这项活动形成了各方面齐抓共管、广大群众积极参与的良好局面。在此过程中，推广文明服务用语，制定市民、村民公约，开展百城万店无假货活动，实行社会服务承诺制，文明上岗优质服务，组织文化科技卫生"三下乡"等形式多样的精神文明建设活动在社会各界广泛开展，收到良好效果，一批环境优美、秩序优良、文明程度和服务水平较高的先进典型相继涌现，有力地推进了社会主义精神文明建设活动。

思想道德建设是精神文明建设活动的一项重要内容，以江泽民同志为主要代表的中国共产党人对此高度重视。中共十四届六中全会通过的《决议》，在总结多年来思想道德建设经验的基础上，明确提出了新形势下思想道德建设的基本任务。其主要内容是：坚持爱国主义、集体主义、社会主义教育，加强社会公德、职业道德、家庭美德

---

① 中共中央文献研究室：《十四大以来重要文献选编》（下），中央文献出版社2011年版，第137、139页。

建设，鼓励支持一切有利于解放和发展社会主义社会生产力的思想道德，一切有利于国家统一、民族团结、社会进步的思想道德，一切有利于追求真善美、抵制假恶丑、弘扬正气的思想道德，一切有利于履行公民权利与义务、用诚实劳动争取美好生活的思想道德，团结和引导亿万人民积极向上，不断提高全民族的思想道德水平。[1]

中共十四届六中全会后，全社会思想道德建设逐步走向深入。各主要城市普遍制定了《文明市民守则》和《市民行为道德规范》，各行各业也结合自身特点制定了行业和职业道德规范标准。在此基础上，2001年9月，中共中央印发了《公民道德建设实施纲要》（以下简称《纲要》）。《纲要》提出，要把法制建设与道德建设、依法治国与以德治国紧密结合起来，通过公民道德建设的不断深化和拓展，逐步形成与发展社会主义市场经济相适应的社会主义道德体系。要通过道德建设，在全民族牢固树立建设有中国特色社会主义的共同理想和正确的世界观、人生观、价值观，在全社会大力倡导"爱国守法、明礼诚信、团结友善、勤俭自强、敬业奉献"的基本道德规范，努力提高公民道德素质，促进人的全面发展，培养一代又一代有理想、有道德、有文化、有纪律的社会主义公民。[2]

《纲要》颁布后，全国各地迅速兴起学习和贯彻的热潮，各地区各部门及时出台实施细则。各地通过张贴标语、设置公益广告牌、下乡演出等方式，积极宣传《纲要》内容。各级新闻媒体大力宣传"爱国守法、明礼诚信、团结友善、勤俭自强、敬业奉献"20字基本道德规范，营造了浓厚的舆论氛围，使20字基本道德规范深入人心。全社会逐渐形成重视思想道德建设的良好风尚，使社会主义精神文明建设得到全面推进，为改革开放和社会主义现代化建设提供

---

[1] 中共中央文献研究室：《十四大以来重要文献选编》（下），中央文献出版社2011年版，第140页。

[2] 中共中央文献研究室：《十五大以来重要文献选编》（下），中央文献出版社2011年版，第220、221页。

了日益强大的精神动力和智力支持。

第二节 在邓小平理论的指引下继往开来

中共十五大后，以江泽民同志为主要代表的中国共产党人，高举邓小平理论伟大旗帜，提出社会主义初级阶段的基本纲领，明确和实施跨世纪发展的战略规划，提出依法治国基本方略，推进祖国和平统一大业，把中国特色社会主义成功推向21世纪。

一　中共十五大确立邓小平理论为党的指导思想

1997年9月召开的中共十五大高举邓小平理论伟大旗帜，大会通过的党章修正案把邓小平理论确立为党的指导思想，明确规定：中国共产党以马克思列宁主义、毛泽东思想、邓小平理论作为自己的行动指南。作出这个历史性决策，是中共十五大的重要贡献，对此后中国的发展进步产生了重大而深远的影响。

中共十五大报告对邓小平理论的历史地位和指导意义作了深刻阐述。报告指出，中国共产党把马克思列宁主义同中国实际相结合有两次历史性飞跃，产生了两大理论成果。第一次飞跃的理论成果是被实践证明了的关于中国革命和建设的正确的理论原则和经验总结，它的主要创立者是毛泽东，我们党把它称为毛泽东思想。第二次飞跃的理论成果是建设有中国特色社会主义理论，它的主要创立者是邓小平，我们党把它称为邓小平理论。这两大理论成果都是党和人民实践经验和集体智慧的结晶。

报告强调，实践证明，作为毛泽东思想的继承和发展的邓小平理论，是指导中国人民在改革开放中胜利实现社会主义现代化的正确理论。在当代中国，只有把马克思主义同当代中国实践和时代特征结合起来的邓小平理论，而没有别的理论能够解决社会主义的前途和命运问题。邓小平理论是当代中国的马克思主义，是马克思主义在中国发展的新阶段。

报告指出，邓小平理论之所以能够成为马克思主义在中国发展的新阶段，是因为：

第一，邓小平理论坚持解放思想、实事求是，在新的实践基础上继承前人又突破陈规，开拓了马克思主义的新境界。实事求是是马克思列宁主义的精髓，是毛泽东思想的精髓，也是邓小平理论的精髓。1978年邓小平《解放思想，实事求是，团结一致向前看》这篇讲话，是在"文化大革命"结束以后，中国面临向何处去的重大历史关头，冲破"两个凡是"的禁锢，开辟新时期新道路、开创建设有中国特色社会主义新理论的宣言书。1992年邓小平南方谈话，是在国际国内政治风波严峻考验的重大历史关头，坚持中共十一届三中全会以来的理论和路线，深刻回答长期束缚人们思想的许多重大认识问题，把改革开放和现代化建设推进到新阶段的又一个解放思想、实事求是的宣言书。

第二，邓小平理论坚持科学社会主义理论和实践的基本成果，抓住"什么是社会主义、怎样建设社会主义"这个根本问题，深刻地揭示社会主义的本质，把对社会主义的认识提高到新的科学水平。新时期的思想解放，关键就是在这个问题上的思想解放。我国社会主义在改革开放前所经历的曲折和失误，改革开放以来在前进中遇到的一些困惑，归根到底都在于对这个问题没有完全搞清楚。拨乱反正，全面改革，从以阶级斗争为纲到以经济建设为中心，从封闭半封闭到改革开放，从计划经济到社会主义市场经济，近20年的历史性转变，就是逐渐搞清楚这个根本问题的进程。这个进程，还将在今后的实践中继续下去。

第三，邓小平理论坚持用马克思主义的宽广眼界观察世界，对当今时代特征和总体国际形势，对世界上其他社会主义国家的成败，发展中国家谋求发展的得失，发达国家发展的态势和矛盾，进行正确分析，作出了新的科学判断。世界变化很大很快，特别是日新月异的科学技术进步深刻地改变了并将继续改变当代经济社会生活和世界面貌，任何国家的马克思主义者都不能不认真对待。邓小平理论正是根据这种形势，确定我们党的路线和国际战略，要求我们用新的观点来认识、继承和发展马克思主义，强调只有这样才是真正的马克思主义，墨守成规只能导致落后甚至失败。这是邓小平理论鲜明的时代精神。

第四，邓小平理论形成了新的建设有中国特色社会主义理论的科学体系。它是在和平与发展成为时代主题的历史条件下，在我国改革开放和现代化建设的实践中，在总结我国社会主义胜利和挫折的历史经验并借鉴其他社会主义国家兴衰成败历史经验的基础上，逐步形成和发展起来的。它第一次比较系统地初步回答了中国社会主义的发展道路、发展阶段、根本任务、发展动力、外部条件、政治保证、战略步骤、党的领导和依靠力量以及祖国统一等一系列基本问题，指导我们党制定了在社会主义初级阶段的基本路线。它是贯通哲学、政治经济学、科学社会主义等领域，涵盖经济、政治、科技、教育、文化、民族、军事、外交、统一战线、党的建设等方面比较完备的科学体系，又是需要从各方面进一步丰富发展的科学体系。[1]

关于邓小平理论的主要内容，1992年10月召开的中共十四大将其概括为9个方面：

在社会主义的发展道路问题上，强调走自己的路，不把书本当教条，不照搬外国模式，以马克思主义为指导，以实践作为检验真理的唯一标准，解放思想，实事求是，尊重群众的首创精神，建设有中国特色的社会主义。

在社会主义的发展阶段问题上，作出了我国还处在社会主义初级阶段的科学论断，强调这是一个至少上百年的很长的历史阶段，制定一切方针政策都必须以这个基本国情为依据，不能脱离实际，

---

[1] 中共中央文献研究室：《十五大以来重要文献选编》（上），中央文献出版社2011年版，第9—11页。

超越阶段。

在社会主义的根本任务问题上,指出社会主义的本质是解放生产力,发展生产力,消灭剥削,消除两极分化,最终达到共同富裕。强调现阶段我国社会的主要矛盾是人民日益增长的物质文化需要同落后的社会生产之间的矛盾,必须把发展生产力摆在首要位置,以经济建设为中心,推动社会全面进步。判断各方面工作的是非得失,归根到底,要以是否有利于发展社会主义社会的生产力,是否有利于增强社会主义国家的综合国力,是否有利于提高人民的生活水平为标准。科学技术是第一生产力,经济建设必须依靠科技进步和劳动者素质的提高。

在社会主义的发展动力问题上,强调改革也是一场革命,也是解放生产力,是中国现代化的必由之路,僵化停滞是没有出路的。经济体制改革的目标,是在坚持公有制和按劳分配为主体、其他经济成分和分配方式为补充的基础上,建立和完善社会主义市场经济体制。政治体制改革的目标,是以完善人民代表大会制度、共产党领导的多党合作和政治协商制度为主要内容,发展社会主义民主政治。同经济、政治的改革和发展相适应,以"有理想、有道德、有文化、有纪律"为目标,建设社会主义精神文明。

在社会主义建设的外部条件问题上,指出和平与发展是当代世界两大主题,必须坚持独立自主的和平外交政策,为我国现代化建设争取有利的国际环境。强调实行对外开放是改革和建设必不可少的,应当吸收和利用世界各国包括资本主义发达国家所创造的一切先进文明成果来发展社会主义,封闭只能导致落后。

在社会主义建设的政治保证问题上,强调坚持社会主义道路、坚持人民民主专政、坚持中国共产党的领导、坚持马克思列宁主义毛泽东思想。这四项基本原则是立国之本,是改革开放和现代化建设健康发展的保证,又从改革开放和现代化建设获得新的时代内容。

在社会主义建设的战略步骤问题上,提出基本实现现代化分三步走。在现代化建设的长过程中要抓住时机,争取出现若干个发展速度比较快、效益又比较好的阶段，每隔几年上一个台阶。贫穷不是社会主义，同步富裕又是不可能的，必须允许和鼓励一部分地区一部分人先富起来，以带动越来越多的地区和人们逐步达到共同富裕。

在社会主义的领导力量和依靠力量问题上，强调作为工人阶级先锋队的共产党是社会主义事业的领导核心，党必须适应改革开放和现代化建设的需要，不断改善和加强对各方面工作的领导，改善和加强自身建设。执政党的党风，党同人民群众的联系，是关系党生死存亡的问题。必须依靠广大工人、农民、知识分子，必须依靠各民族人民的团结，必须依靠全体社会主义劳动者、拥护社会主义的爱国者和拥护祖国统一的爱国者的最广泛的统一战线。党领导的人民军队是社会主义祖国的保卫者和建设社会主义的重要力量。

在祖国统一的问题上，提出"一个国家，两种制度"的创造性构想。在"一个中国"的前提下，国家的主体坚持社会主义制度，香港、澳门、台湾保持原有的资本主义制度长期不变，按照这个原则来推进祖国和平统一大业的完成。[①]

中共十五大是在世纪之交的关键时刻召开的一次极为重要的大会。大会确立邓小平理论为党的指导思想，明确了我国跨世纪发展的奋斗目标和战略任务。以这次大会为标志，我国进入高举邓小平理论伟大旗帜，推动中国特色社会主义事业跨世纪发展的关键时期。

二 提出社会主义初级阶段基本纲领

中共十五大对社会主义发展道路的一个重要理论贡献，就是在系统论述党在社会主义初级阶段基本路线的基础上，明确提出了党在社会主义初级阶段的基本纲领。报告指出，建设有中国特色社会主义的经济，就是在社会主义条件下发展市场经济，不断解放和发

[①] 中共中央文献研究室：《十四大以来重要文献选编》（上），中央文献出版社2011年版，第9—11页。

展生产力。建设有中国特色社会主义的政治,就是在中国共产党领导下,在人民当家作主的基础上,依法治国,发展社会主义民主政治。建设有中国特色社会主义的文化,就是以马克思主义为指导,以培育有理想、有道德、有文化、有纪律的公民为目标,发展面向现代化、面向世界、面向未来的,民族的科学的大众的社会主义文化。上述建设有中国特色社会主义的经济、政治、文化的基本目标和基本政策,有机统一,不可分割,构成党在社会主义初级阶段的基本纲领。[①]

中共十一届三中全会后,我们党在改革开放的伟大实践中,不断加深对社会主义发展道路的认识。1987年10月召开的中共十三大,正确分析当时的基本国情和生产力发展水平,作出我国还处于社会主义初级阶段的科学论断,并据此提出了社会主义初级阶段的基本路线。在党的纲领中明确提出社会主义初级阶段的科学概念,这在马克思主义历史上是第一次,是中国共产党人对科学社会主义理论的创造性发展,是对丰富马克思主义理论宝库作出的重要贡献。

我们讲一切从实际出发,最大的实际就是中国正处于并将长期处于社会主义初级阶段。我们讲要搞清楚"什么是社会主义,怎样建设社会主义",就必须搞清楚什么是初级阶段的社会主义,在初级阶段怎样建设社会主义。中共十一届三中全会前我们在建设社会主义中出现失误的根本原因之一,就在于提出的一些任务和政策超越了社会主义初级阶段。中共十一届三中全会后我们的改革开放和社会主义现代化建设取得成功的根本原因之一,就是克服了那些超越阶段的错误观念和政策,又抵制了抛弃社会主义基本制度的错误主张。这样做,没有离开社会主义,而是在脚踏实地建设社会主义,使社会主义在中国真正活跃和兴旺起来,广大人民从切身感受中更加拥护社会主义。

[①] 中共中央文献研究室:《十五大以来重要文献选编》(上),中央文献出版社2011年版,第16—17页。

中共十五大肩负把中国特色社会主义全面推向21世纪的历史重任，承担改革攻坚和开创新局面的艰巨任务。而要完成这样的使命和任务，解决种种矛盾，澄清种种疑惑，使全党和全国人民认识到为什么必须实行这样的路线和政策而不能实行别样的路线和政策，关键还在于对所处社会主义初级阶段的基本国情要有统一认识和准确把握。为此，中共十五大进一步阐述了社会主义初级阶段问题，郑重指出：全党要毫不动摇地坚持党在社会主义初级阶段的基本路线，把以经济建设为中心同四项基本原则、改革开放这两个基本点统一于建设有中国特色社会主义的伟大实践。这是近20年来我们党最宝贵的经验，是我们事业胜利前进最可靠的保证。[1]

在此基础上，中共十五大又首次提出了社会主义初级阶段的基本纲领。报告指出，根据邓小平理论和社会主义初级阶段的基本路线，围绕建设富强民主文明的社会主义现代化国家的目标，进一步明确什么是社会主义初级阶段有中国特色社会主义的经济、政治和文化，怎样建设这样的经济、政治和文化是必要的。

关于建设有中国特色社会主义的经济，报告提出：要坚持和完善社会主义公有制为主体、多种所有制经济共同发展的基本经济制度；坚持和完善社会主义市场经济体制，使市场在国家宏观调控下对资源配置起基础性作用；坚持和完善按劳分配为主体的多种分配方式，允许一部分地区一部分人先富起来，带动和帮助后富，逐步走向共同富裕；坚持和完善对外开放，积极参与国际经济合作和竞争。保证国民经济持续快速健康发展，人民共享经济繁荣成果。

关于建设有中国特色社会主义的政治，报告提出：要坚持和完善工人阶级领导的、以工农联盟为基础的人民民主专政；坚持和完善人民代表大会制度和共产党领导的多党合作、政治协商制度以及民族区域自治制度；发展民主，健全法制，建设社会主义法治国家。

---

[1] 中共中央文献研究室：《十五大以来重要文献选编》（上），中央文献出版社2011年版，第15页。

实现社会安定，政府廉洁高效，全国各族人民团结和睦，生动活泼的政治局面。

关于建设有中国特色社会主义的文化，报告提出：要坚持用邓小平理论武装全党，教育人民；努力提高全民族的思想道德素质和教育科学文化水平；坚持为人民服务、为社会主义服务的方向和百花齐放、百家争鸣的方针，重在建设，繁荣学术和文艺。建设立足中国现实、继承历史文化优秀传统、吸取外国文化有益成果的社会主义精神文明。[①]

围绕党在社会主义初级阶段的基本路线和基本纲领，大会对社会主义初级阶段的所有制结构和公有制实现形式、推进政治体制改革等问题提出了一系列新论断，实现了在社会主义理论问题上的又一次思想解放和认识深化。

报告指出：公有制为主体、多种所有制经济共同发展，是我国社会主义初级阶段的一项基本经济制度。公有制经济不仅包括国有经济和集体经济，还包括混合所有制经济中的国有成分和集体成分。国有经济控制国民经济命脉，对经济发展起主导作用。国有经济起主导作用，主要体现在控制力上。公有制实现形式可以而且应当多样化。一切反映社会化生产规律的经营方式和组织形式都可以大胆利用。要努力寻找能够极大促进生产力发展的公有制实现形式。非公有制经济是我国社会主义市场经济的重要组成部分，对促进国民经济的发展有重要作用。坚持按劳分配为主体、多种分配方式并存的制度。把按劳分配和按生产要素分配结合起来，坚持效率优先、兼顾公平，使收入差距趋向合理，防止两极分化，有利于优化资源配置，促进经济发展，保持社会稳定。

报告还指出：我国经济体制改革的深入和社会主义现代化建设跨越世纪的发展，要求我们在坚持四项基本原则的前提下，继续推

---

① 中共中央文献研究室：《十五大以来重要文献选编》（上），中央文献出版社2011年版，第16页。

进政治体制改革,进一步扩大社会主义民主,健全社会主义法制,依法治国,建设社会主义法治国家。依法治国,是党领导人民治理国家的基本方略,是发展社会主义市场经济的客观需要,是社会文明进步的重要标志,是国家长治久安的重要保障。

党在社会主义初级阶段的基本纲领,是邓小平理论的重要内容,是党的基本路线在经济、政治、文化等方面的展开,是中共十一届三中全会后近20年改革开放和社会主义现代化建设最主要经验的总结。中共十五大对社会主义初级阶段基本纲领的提出和论述,把我们党对社会主义发展道路的认识推进到新的阶段。

三 明确和实施跨世纪发展的战略规划

中共十五大抓住世纪之交的历史机遇,在我国经济发展"三步走"战略第二步目标即将实现之际,进一步明确了我国跨世纪发展的战略规划,提出了新的"三步走"发展战略。报告提出:展望下世纪,我们的目标是,第一个十年实现国民生产总值比2000年翻一番,使人民的小康生活更加宽裕,形成比较完善的社会主义市场经济体制;再经过十年的努力,到中国共产党成立一百年时,使国民经济更加发展,各项制度更加完善;到21世纪中叶中华人民共和国成立一百年时,基本实现现代化,建成富强民主文明的社会主义国家。[①] 这个新的"三步走"发展战略,为把中国特色社会主义全面推向21世纪规划了蓝图,成为后来党的十八大提出的"两个一百年"奋斗目标的雏形。

中共十五大围绕这个战略规划,对我国跨世纪发展作出战略部署。

在经济体制改革和经济发展战略方面,报告提出,从现在起到下世纪的前十年,是我国实现第二步战略目标、向第三步战略目标

---

① 中共中央文献研究室:《十五大以来重要文献选编》(上),中央文献出版社2011年版,第4、17页。

迈进的关键时期。在这个时期，建立比较完善的社会主义市场经济体制，保持国民经济持续快速健康发展，是必须解决好的两大课题。为此，一定要坚持社会主义市场经济的改革方向，使改革在一些重大方面取得新的突破，并在优化经济结构、发展科学技术和提高对外开放水平等方面取得重大进展，真正走出一条速度较快、效益较好、整体素质不断提高的经济协调发展的路子。报告提出的具体措施包括：调整和完善所有制结构；加快推进国有企业改革；完善分配结构和分配方式；充分发挥市场机制作用，健全宏观调控体系；加强农业基础地位，调整和优化经济结构；实施科教兴国战略和可持续发展战略；努力提高对外开放水平；不断改善人民生活等。

在政治体制改革和民主法制建设方面，报告指出，发展社会主义民主政治，是我们党始终不渝的奋斗目标。没有民主就没有社会主义，就没有社会主义现代化。社会主义民主的本质是人民当家作主。国家一切权力属于人民。发展民主必须同健全法制紧密结合，实行依法治国。推进政治体制改革，必须有利于增强党和国家的活力，保持和发挥社会主义制度的特点和优势，维护国家统一、民族团结和社会稳定，充分发挥人民群众的积极性，促进生产力发展和社会进步。当前和今后一段时间，政治体制改革的主要任务是：发展民主，加强法制，实行政企分开、精简机构，完善民主监督制度，维护安定团结。

在中国特色社会主义文化建设方面，报告提出，建设中国特色社会主义，必须着力提高全民族的思想道德素质和科学文化素质，为经济发展和社会全面进步提供强大的精神动力和智力支持，培育适应社会主义现代化要求的一代又一代有理想、有道德、有文化、有纪律的公民。

在加强党的自身建设方面，报告提出，全党要按照新的伟大工程的总目标，从思想上、组织上、作风上全面加强党的建设，不断提高领导水平和执政水平，不断增强拒腐防变的能力，以新的面貌和更强大的战斗力，带领人民完成新的历史任务。

这些战略部署，是我国跨世纪发展规划在各个方面的具体展开。中共十五大后，党和政府全面落实这些部署，在国企改革攻坚、深化农村改革以及推进政治体制改革等方面迈出重要步伐，对中国特色社会主义事业的跨世纪发展起到了强有力的推动作用。

在国企改革攻坚方面，根据中共十五大提出的国企改革方向和中共十五届一中全会提出的国企三年脱困目标，大批国有企业按照建立现代企业制度的要求，进行了公司制和股份制改革。不少大型企业和企业集团按照国际惯例进行资产重组后，在境内外的资本市场成功上市，不仅募集了大量社会资金，改善了资产结构和经营状况，而且在建立现代企业制度、促进多元投融资体制形成、提高经济运行效率等方面都发挥了重要作用。与此同时，党和政府按照发展社会主义市场经济的要求，对纺织等一批国有企业实行战略性改组，调整产业结构，转换经营机制，建立新的管理体制，取得明显进展和积极成效。在此过程中，出现了大量职工下岗问题。1998年6月，中共中央、国务院发出《关于切实做好国有企业下岗职工基本生活保障和再就业工作的通知》，提出争取用五年左右时间，初步建立适应社会主义市场经济体制要求的社会保障体系和就业机制。各级政府按照中共中央的部署，积极采取措施，加大再就业培训力度，创造新的就业岗位，解决下岗职工的基本生活保障问题，同时加快社会保障制度改革。这些措施为下岗职工的基本生活提供了保障，很大程度上化解了国有企业改革的困难和风险。1999年9月，中共十五届四中全通过《关于国有企业改革和发展若干重大问题的决定》，明确了到2010年国有企业改革和发展的主要目标和指导方针。会议还提出了从战略上调整国有企业经济布局等一系列重大政策措施，使国有企业改革的总体思路更加清晰。按照中共十五届四中全会精神，国有企业展开了多层面、深层次的改革攻坚。到2000年底，国有企业经营状况大为改善，三年脱困目标基本实现。

在深化农村改革方面，针对1996年后出现的农产品供给相对过剩、市场粮价持续下降、农民收入增速放缓等突出问题，中共十五大提出要坚持把农业放在经济工作的首位，稳定党在农村的基本政策，深化农村改革，确保农业和农村经济发展，农民收入增加。根据中共十五大的精神，1998年初，中共中央在《关于1998年农业和农村工作的意见》中，确定了"四分开、一完善"的粮食流通体制改革思路，即实行政企分开、储备与经营分开、中央与地方责任分开、新老粮食财务挂账分开，完善粮食价格形成机制。同年5月，国务院又下发《关于进一步深化粮食流通体制改革的决定》，提出了按保护价敞开收购农民余粮、粮食收储企业实行顺价销售、粮食收购资金封闭运行等三项政策和加快粮食收储业自身改革的措施。为解决农产品相对过剩问题，中共中央加强了对农业结构的战略性调整，部署各地着重抓好三个方面的工作：全面优化农作物品种，努力提高农产品质量；积极发展畜牧水产业，优化农业产业结构；调整农业生产布局，发挥区域比较优势。同时，积极发展小城镇和乡镇企业，转移农村富余劳动力，拓宽城乡市场。通过这些措施，优化了农业和农村经济结构，农产品质量明显提高，农民收入得到增长。1998年10月，中共十五届三中全会通过《中共中央关于农业和农村工作若干重大问题的决定》，从政治、经济、文化三个方面提出农业和农村实现跨世纪发展的目标和任务。全会还提出，要坚定不移地贯彻土地承包期再延长30年的政策。会后，农村改革和农业发展迈出新步伐。其中最主要的是中共中央自2000年起在农村实行税费改革试点，大幅减轻农民负担。农村改革的不断深化，促进了农业经济的发展、农民收入的增长和农村社会的稳定。

在推进政治体制改革方面，中共十五大后，行政体制改革和政府职能转变进一步加快。1998年3月，九届全国人大一次会议通过《国务院机构改革方案》。这次改革主要围绕精简机构和人员、实行政企分开、加强宏观调控部门、调整和减少专业经济部门、加强执法监管部门、明确各政府部门职责等方面展开。经过精简，国务院部委由40个精简为29个，各部门内设司局级机构比原来减少200多个，机关干部编制总数减少了一半。机构改革完成后，又围绕转变政府职能，采取了一系列深化改革的措施。主要有：解除政府主管部门与所办经济实体和直属企业的行政隶属关系，把一批重点企业下放给地方管理；军队、武警部队和政法机关所办经营型企业全部移交给地方；中央党政机关与所办经济实体和所管理的企业脱钩；取消国有企业的行政级别，管理人员不再享有国家机关干部的行政级别待遇；加强政府综合管理和服务企业的职能，改革行政审批制度，着力解决审批项目和环节繁多、随意性大、职能扭曲等弊端。这些改革措施，使市场环境得到有效改善，适应了发展社会主义市场经济的需要。

四　提出和实施依法治国基本方略

依法治国基本方略，是以江泽民同志为主要代表的中国共产党人，在新时期社会主义法治建设的进程中逐步提出并于中共十五大正式确立的。

1989年9月26日，江泽民同志当选中共中央总书记不久，在中外记者招待会上回答《纽约时报》记者提问时就郑重宣布："我们绝不能以党代政，也绝不能以党代法。这也是新闻界讲的究竟是人治还是法治的问题，我想我们一定要遵循法治的方针。"[1] 向世人公开表明了我们党实施法治的坚定立场和坚强决心。

1994年12月9日，江泽民同志在第一次中央领导同志法制讲座开始前的讲话中首次提出"以法治国"。他指出："建设社会主义法制，实行以法治国，是为了把我们国家建设成为富强、民主、文明的社会主义现代化国家。"[2]

1996年2月8日，江泽民同志在第三次中央领导同志法制讲座结束时的讲话中，又把"以法治国"的提法改为"依法治国"，并

---

[1]《就我国内政外交问题江泽民等答中外记者问》，《人民日报》1989年9月27日。

[2]《中共中央举办法律知识讲座》，《人民日报》1994年12月10日。

将其确定为"党和政府管理国家和社会事务的重要方针"。他说："加强社会主义法制建设,依法治国,是邓小平建设有中国特色社会主义理论的重要组成部分,是我们党和政府管理国家和社会事务的重要方针。"在这次讲话中,江泽民同志首次阐述了依法治国的具体内容。他指出:"实行和坚持依法治国,就是使国家各项工作逐步走上法制化的轨道,实现国家政治生活、经济生活、社会生活的法制化、规范化;就是广大人民群众在党的领导下,依照宪法和法律的规定,通过各种途径和形式,管理国家事务,管理经济和文化事业,管理社会事务;就是逐步实现社会主义民主的制度化、法律化。"①江泽民关于依法治国内涵的论述,表明依法治国基本方略的提出已渐趋成熟。

1996年3月17日,八届全国人大四次会议通过的《国民经济和社会发展"九五"计划和2010年远景目标纲要》,根据中共中央的建议,把"依法治国,建设社会主义法制国家"②作为一项重大方针确定下来,并提出了具体任务和要求。

1997年9月12日,江泽民在中共十五大报告中把"依法治国"正式确立为党领导人民治理国家的基本方略。报告指出:"依法治国,就是广大人民群众在党的领导下,依照宪法和法律规定,通过各种途径和形式管理国家事务,管理经济文化事业,管理社会事务,保证国家各项工作都依法进行,逐步实现社会主义民主的制度化、法律化,使这种制度和法律不因领导人的改变而改变,不因领导人看法和注意力的改变而改变。"中共十五大报告还把依法治国的目标由"建设社会主义法制国家"改为"建设社会主义法治国家",突出了法治在国家治理中的重要作用。这样,中共十五大报告对依法治国作了全面深入的论证和概括,从而把它作为党领导人民治理国

---

① 《江泽民文选》第1卷,人民出版社2006年版,第511页。
② 中共中央文献研究室:《十四大以来重要文献选编》(中),中央文献出版社2011年版,第824页。

家的基本方略正式确立下来。

1999年3月15日，九届全国人大二次会议通过的宪法修正案，又将"依法治国，建设社会主义法治国家"[1] 载入宪法，上升为国家意志，使其具有法律效力。

依法治国基本方略的确立，是新时期法治建设发展到一定阶段的必然产物，是新时期法治建设史上具有里程碑意义的标志性成果。此后，我国法治建设进入以实施依法治国基本方略为主要内容、以建设社会主义法治国家为奋斗目标的新的发展阶段。

在立法工作方面，1997年中共十五大报告在确立依法治国基本方略的同时，首次提出"加强立法工作，提高立法质量，到2010年形成有中国特色社会主义法律体系"[2]。这对立法工作提出了新的更高要求。为此，九届全国人大及其常委会加快立法步伐。经过不懈努力，在前几届工作的基础上，到2003年3月九届全国人大任期结束前，构成中国特色社会主义法律体系的各个法律部门已经齐全，每个法律部门中主要的法律已经基本制定出来，加上国务院制定的行政法规和地方人大制定的地方性法规，中国特色社会主义法律体系已经初步形成。[3]

在依法行政方面，中共十四大后，我国建立了一系列规范和监督政府行为的法律制度。1994年5月《国家赔偿法》的颁布，确立了我国国家赔偿的法律制度，在保障公民的基本权利和促进国家机关及其工作人员依法行使职权方面迈出重要步伐。1996年3月通过的行政处罚法是关于行政处罚制度的第一部通则性法典。1999年4月通过的行政复议法，把行政复议制度作为行政机关内部自我纠正错误的一种监督制度，加以法律化和规范化。通过建立这些法律制

---

[1] 中共中央文献研究室：《十五大以来重要文献选编》（上），中央文献出版社2011年版，第711页。

[2] 同上书，第28页。

[3] 参见《全国人民代表大会常务委员会工作报告》，《人民日报》2003年3月22日。

度，各级人民政府的行政权力已逐步纳入法制化轨道，依法行政的观念在国家行政机关及其工作人员中基本确立。新时期法治建设在行政领域取得突出成就。

在司法和司法行政工作方面，中共十四大后，我国司法和司法行政机关健全组织机构，拓展工作领域，加强队伍建设，司法和司法行政工作得到持续发展，为落实依法治国基本方略、建设社会主义法治国家作出了重要贡献。

一是在人民法院组织机构健全和完善的过程中，刑事、民事、经济、行政、海事等各项审判工作全面开展。据统计，1993—1997年，全国法院共审结一审刑事、民事、经济、行政、海事案件22417744件，每年平均递增11.47%；1998—2002年全国法院共审结和执行各类案件4050万余件，同比增长31.14%。[1] 这些审判活动，依法打击犯罪，维护社会治安和经济秩序，依法保护公民的民主权利和其他合法权益，为改革开放和现代化建设提供了稳定的社会环境。

二是在检察机关恢复和完善的过程中，检察工作得到很大发展。1993年至1997年，全国检察机关共立案侦查贪污贿赂、渎职和侵犯公民人身权利、民主权利等职务犯罪案件387352件，其中贪污案102476件，贿赂案70507件，挪用公款案61795件，徇私舞弊案5507件，玩忽职守案22211件。[2] 1998年至2003年，全国检察机关共立案侦查贪污贿赂、渎职等职务犯罪案件207103件。[3] 在检察工作开展的过程中，检察机关自身及队伍建设也有很大发展。到2001年12月底，我国共有各类检察干部213269人，其中检察长3585人，副检察长10509人，检查委员会委员14352人，检察员102866人，

---

[1] 参见《最高人民法院工作报告》，《人民日报》1998年3月24日；《法院审判工作五年进展明显》，《人民日报》2002年12月23日。

[2] 参见《最高人民检察院工作报告》，《人民日报》1998年3月24日。

[3] 参见《最高人民检察院工作报告》，《人民日报》2003年3月23日。

助理检察员 35554 人，书记员 22574 人，司法警察 11282 人，其他干部 12547 人。① 全国检察机关认真履行批捕、起诉职责，依法查办和积极预防职务犯罪，强化对诉讼活动的法律监督，维护司法公正，在新时期法治建设进程中作出了重要贡献。

三是在司法行政机关恢复与健全的过程中，司法行政工作也全面恢复和开展。律师和公证队伍不断壮大，业务范围不断拓宽，法律援助工作不断推进。到 2001 年底，我国已有律师事务所 10225 个，律师工作人员 122585 人；公证处 3186 个，公证人员 19303 人。② 到 2002 年 6 月止，全国已建立各级法律援助机构 2299 个，专职法律援助工作人员已达 8000 多名，其中 50% 为法律援助专职律师，基本担负起了组织和实施法律援助的职能。我国法律援助基本框架已形成，法律援助的范围不断扩大，受援人数日益增多，全国法律援助办案数量持续上升。截至 2002 年 8 月，各级法律援助机构共接待解答法律咨询 489 万余人次，办理各类法律援助案件 63 万余件，有 70 余万人次通过法律援助维护了自己的合法权益。③ 这些司法行政工作在化解社会矛盾，维护公平正义、服务经济发展、维护社会稳定中发挥了重要作用。

在普法工作方面，从 1986 年起，全国人大常委会在全民中实施普及法律知识的五年规划。到 2002 年中共十六大召开前，已连续实施了三个普法五年规划，"四五"普法规划已开始实施。经过全国规模的普法活动，全体公民的法律素质明显提高。依法维护自身合法权益的能力不断增强；履行法律义务的自觉性不断提高；运用法律武器同各种违法犯罪行为做斗争的现象不断增多；遇到问题找法、解决问题靠法的观念开始确立。所有这些都有力地推动了社会主义法治国家建设的历史进程。

---

① 参见《中国法律年鉴（2002 年）》，中国法律年鉴社 2002 年版，第 1241 页。
② 同上书，第 1253 页。
③ 参见《我国法律援助基本框架形成》，《人民日报》2002 年 8 月 1 日。

五　推进祖国和平统一大业

完成祖国统一大业,是中华民族的根本利益,是全体中国人民包括台湾同胞、港澳同胞和海外侨胞在内的共同愿望。20世纪末,在邓小平"一国两制"方针的指导和推动下,香港、澳门顺利回归,海峡两岸人员往来和经济文化交流不断加强。中国在完成祖国和平统一大业的道路上迈出重要步伐。

1996年1月26日,香港特别行政区筹备委员会成立,标志着中国政府对香港恢复行使主权的准备工作进入具体实施阶段。同年12月16日,李鹏总理签署国务院令,任命董建华为香港特别行政区第一任行政长官,于次年7月1日就职。香港回归各项准备工作全部就绪。

1997年6月30日午夜至7月1日凌晨,举世瞩目的中英两国政府香港政权交接仪式在香港会议展览中心新翼隆重举行。23时56分,象征中英两国政府香港政权交接的降旗、升旗仪式开始。随着英国国旗的降下,7月1日零时整,在雄壮的中华人民共和国国歌声中,中国国旗和香港特别行政区区旗一起徐徐升起。江泽民主席庄严宣告:"根据中英关于香港问题的联合声明,两国政府如期举行了香港交接仪式,宣告中国对香港恢复行使主权。中华人民共和国香港特别行政区正式成立。这是中华民族的盛事,也是世界和平与正义事业的胜利。"[①] 经历了百年沧桑的香港回到祖国的怀抱,香港的发展从此进入一个崭新的时代。

在香港回归的同时,澳门回归的各项准备工作也开始进行。1993年3月,八届全国人大一次会议审议通过了《中华人民共和国澳门特别行政区基本法》。1998年5月5日,澳门特别行政区筹备委员会在北京成立。1999年5月20日,国务院任命何厚铧为澳门特别行政区第一任行政长官。筹委会经过一年多紧张、高效的工作,顺

---

① 《江泽民文选》第1卷,人民出版社2006年版,第651页。

利完成了澳门回归的各项准备工作。

1999年12月19日午夜至20日凌晨,中葡两国政府澳门政权交接仪式在澳门文化中心花园馆隆重举行。随着葡萄牙国旗的降下,12月20日零时整,在雄壮的中华人民共和国国歌声中,中国国旗和澳门特别行政区区旗一起徐徐升起。江泽民主席庄严宣告:"中国政府对澳门恢复行使主权。历史将永远记住这一举世关注的重要时刻。从这一刻起,澳门的发展进入了一个崭新的时代。"[①] 澳门的回归,标志着在中国国土上彻底结束了外国列强的占领。

在香港、澳门顺利回归的同时,海峡两岸关系也取得重要进展。1992年10月,大陆海峡两岸关系协会与台湾海峡交流基金会举行商谈,达成"九二共识",各自以口头方式表述"海峡两岸均坚持一个中国原则",为成功会谈铺平了道路。1993年4月27—28日,大陆海协会会长汪道涵与台湾海基会董事长辜振甫在新加坡举行了首次会谈。这次会谈达成《汪辜会谈共同协议》《两会联系与会谈事宜协议》等文件,标志着两岸关系发展迈出了历史性的重要一步。

为更明确地向海内外阐明中国政府在台湾问题上的方针政策,1995年1月30日,江泽民发表《为促进祖国统一大业的完成而继续奋斗》的讲话,提出了发展两岸关系、推动祖国和平统一的八项主张。主要内容是:

(一)坚持"一个中国"原则。中国的主权和领土决不容许分割,任何制造"台湾独立"的言行和违背"一个中国"原则的主张,都应坚决反对。(二)对于台湾同外国发展民间性经济文化关系,我们不持异议。但是,反对台湾以搞"两个中国""一中一台"为目的的所谓"扩大国际生存空间"的活动。(三)进行海峡两岸和平统一谈判。在"一个中国"的前提下,什么问题都可以谈,包括台湾当局关心的各种问题。作为第一步,双方可先就正式结束两岸敌对状态进行谈判,并达成协议。(四)努力实现和平统一,中国

[①] 《江泽民文选》第2卷,人民出版社2006年版,第484页。

人不打中国人。我们不承诺放弃使用武力,绝不是针对台湾同胞,而是针对外国势力干涉中国统一和搞"台湾独立"的图谋的。(五)大力发展两岸经济交流与合作,以利于两岸经济共同繁荣,造福整个中华民族。应当采取实际步骤加速实现直接"三通",促进两岸事务性商谈。(六)中华文化是维系全体中国人的精神纽带,也是实现和平统一的一个重要基础。两岸同胞要共同继承和发扬中华文化的优秀传统。(七)要充分尊重台湾同胞的生活方式和当家作主的愿望,保护台湾同胞一切正当权益。(八)我们欢迎台湾当局的领导人以适当身份前来访问,我们也愿意接受台湾方面的邀请前往台湾。可以共商国是,也可以先就某些问题交换意见。中国人的事我们自己办,不需要借助任何国际场合。①

这八项主张提出了发展两岸关系的新建议和新思路,充分体现了中国共产党和中国政府在台湾问题上以国家和民族大义为重,尊重历史与现实,既坚持原则又求同存异的公正立场,是中国政府解决台湾问题,发展两岸关系,推动祖国统一大业的纲领性文件。

在海峡两岸人员交流和经贸往来不断扩大的同时,台湾岛内"台独"势力也渐趋活跃。1995年5—6月,李登辉赴美进行所谓"私人访问"并发表"台独"言论,极力鼓吹"两个中国""一中一台""台湾独立"。面对台湾当局不断加剧的分裂活动,中国共产党和中国政府坚持"一个中国"的原则,坚定地开展了反"台独"分裂斗争。

1995年5月23日,中国外交部就美国政府允许李登辉对美国进行所谓"私人访问"一事发表严正声明并提出强烈抗议。10月11日,江泽民在会见美国《新闻周刊》高级代表团和《美国新闻与世界报道》周刊总编辑莫蒂默·朱克曼一行时再次指出,台湾问题是中国的内政。我们还是主张"和平统一、一国两制"的方针。我们反对的就是"两个中国""一中一台"和"台湾独立"。我们不承诺

---

① 参见中共中央文献研究室《十四大以来重要文献选编》(中),中央文献出版社2011年版,第221—224页。

放弃使用武力。我们下定了这个决心,万一出现分裂祖国的局面,不管是来自境外的国际敌对势力,还是台湾本身的分裂主义势力,我们可能不可避免地要用非和平的方式。当然,我们绝对不希望有这样的一天。①

为显示中国政府和中国人民反对"台独"的坚强决心,中国人民解放军于1995年7—8月和1996年3月,先后在东海海域进行了大规模军事演习。中国人民反"台独"的斗争震动了世界,打击了台湾分裂势力的嚣张气焰。世界上绝大多数国家重申坚持"一个中国"原则。美国政府也作出继续奉行"一个中国"政策的承诺,并表示不支持"台独"。迫于各方面压力,台湾领导人不得不表示,目前不会也没有必要立刻宣布"台湾独立"。

当海峡两岸关系初步稳定后,1997年9月,江泽民在中共十五大报告中再次向台湾当局发出举行政治谈判的倡议,表明了争取和平统一的诚意。1998年10月14—19日,台湾海基会董事长辜振甫一行访问了祖国大陆。大陆海协会会长汪道涵会晤并宴请了辜振甫一行。江泽民会见了辜振甫一行,希望他们继续为两岸关系的发展作出贡献。

就在祖国大陆方面和台湾岛内有识之士积极推动两岸关系发展的时候,台湾当局却选择了继续破坏和对抗的道路。1999年7月,李登辉在接受"德国之声"记者采访时抛出所谓"两国论",声称两岸关系是"国家与国家,至少是特殊的国与国的关系"。2000年3月,台湾民进党领导人陈水扁赢得选举后作出"四不一没有"的承诺,不但拒不接受"一个中国"原则,不久后又否认"九二共识"的存在。2002年8月,陈水扁公然声称"台湾跟对岸中国一边一国",鼓吹要用"公民投票"的方式决定"台湾的前途、命运和现状"。

---

① 参见《会见美国〈新闻周刊〉和〈美国新闻与世界报道〉客人时江主席谈中美关系、台湾问题、中国发展前景》,《人民日报》1995年10月18日。

针对岛内"台独"分裂活动，中央政府果断采取措施，从政治、军事、外交、舆论等方面开展反分裂反"台独"斗争，打击了台湾分裂势力的气焰。中国政府明确指出：坚持"一个中国"原则，是发展两岸关系和实现和平统一的基础。世界上只有一个中国，祖国大陆和台湾同属一个中国，中国的主权和领土完整不容分割。

尽管有台湾当局的种种阻挠，但两岸关系的发展并没有停顿。经过海峡两岸同胞的共同努力，两岸往来日渐频繁，民间交流不断扩大，经贸合作蓬勃发展。这些都有力地推动了祖国和平统一大业的进程。

第三节　开展跨世纪的各项工作

世纪之交，以江泽民同志为主要代表的中国共产党人，在邓小平理论的指引下，制定和实施跨世纪发展战略，推进中国特色军事变革，构建全方位对外关系新格局，跨世纪各项工作得到全面推进，总体小康目标基本实现。

一　制定和实施跨世纪发展战略

中共十四大后，以江泽民同志为主要代表的中国共产党人，在邓小平理论和"三个代表"重要思想的指引下，着眼于社会主义市场经济体制的建立和中国特色社会主义跨世纪的发展，制定和实施了一系列跨世纪的发展战略，并取得突破性进展和显著成就，有力地推动了改革开放和社会主义现代化建设的顺利进行。

一是实施科教兴国战略。科教兴国战略是在科学技术对我国现代化建设的推动作用日益受到重视的基础上逐步形成的。1992年3月，国务院颁布《国家中长期科学技术发展纲领》，对面向21世纪的科技发展作出规划。1993年7月，八届全国人大常委会第二次会议通过《中华人民共和国科学技术进步法》，这是新中国成立以来第一部关于科学技术的法律,是科技体制改革的重要成果。1995年5月,中共中央、国务院作出《关于加速科学技术进步的决定》(以下简称《决定》),正式提出科教兴国战略。《决定》指出:实施科教兴国,要全面落实科学技术是第一生产力的思想,坚持教育为本,把科技和教育摆在经济、社会发展的重要位置,增强国家的科技实力及向现实生产力转化的能力,提高全民族的科技文化素质,把经济建设转移到依靠科技进步和提高劳动者素质的轨道上来,加速实现国家的繁荣强盛。5月26—30日,中共中央、国务院在北京召开全国科学技术大会,江泽民在会上指出:创新是一个民族进步的灵魂,是国家兴旺发达的不竭动力。如果自主创新能力上不去,一味靠技术引进,就永远难以摆脱技术落后的局面。① 1997年9月中共十五大重申实行科教兴国战略,强调要把教育和科技摆在优先发展的战略地位,把发展教育和科学作为文化建设的基础性工程。从1998年起,国家逐年加大了对科技事业的投入,并建立健全了对广大科技人员的表彰激励机制。在教育方面,1993年2月,中共中央、国务院颁布《中国教育改革和发展纲要》,提出了到20世纪末我国教育发展的总目标。此后,国家先后实施了加强重点高校建设的"211"工程和"985"工程,提高了高校办学效益和质量。1995年3月,八届全国人大三次会议通过《中华人民共和国教育法》,为教育事业的发展提供了法律保障。1998年12月,教育部制定《面向21世纪教育振兴行动计划》,使我国教育事业的改革发展有了跨世纪的奋斗目标。科教兴国战略的实施推动了科学和教育事业的进步,为国家综合国力的增强和跨世纪发展目标的实现提供了有力保证。

二是实施可持续发展战略。我国是一个人口众多、资源相对不足的国家。实现经济和社会全面发展,既要依靠科技进步,更要考虑人口、资源、环境等多种因素与经济发展相协调,实现可持续发展。为此,1992年联合国环境与发展大会后,中共中央、国务院在

---

① 《江泽民文选》第1卷,人民出版社2006年版,第432页。

批转《关于出席联合国环境与发展大会的情况及有关对策的报告》中，明确提出将实施可持续发展战略。1994年3月，我国发表《中国21世纪议程——中国21世纪人口、环境与发展白皮书》，提出可持续发展的总体战略、对策和行动方案。1995年9月，中共十四届五中全会在确定经济和社会发展目标时，把实施可持续发展战略作为必须贯彻的方针之一，同时又强调了要实现经济与社会的相互协调和可持续发展问题。江泽民在会上阐述现代化建设中必须处理好的十二个重大关系时专门提到：在现代化建设中，必须把实施可持续发展作为一个重大战略。要把控制人口、节约资源、保护环境放到重要位置，使人口增长与社会生产力的发展相适应，使经济建设与资源、环境相协调，实现良性循环。[①] 1996年3月，八届全国人大四次会议批准的《国民经济和社会发展"九五"计划和2010年远景目标纲要》，对实施可持续发展战略作出具体规划。中共十五大和1998年3月召开的九届全国人大一次会议，都将实施可持续发展战略作为我国跨世纪发展的重要任务。在党和政府的高度重视和积极推动下，可持续发展战略的实施取得一些重要进展。到2002年，全国主要污染物排放总量削减了10%，主要城市大气污染有所减轻；生态保护和建设取得初步成效，累计封山育林502.7万公顷，退耕还林216.36万公顷；环保和生态建设投入逐年增加，共投入5800亿元，占国内生产总值的1.29%。与此同时，党和政府继续实施严格的计划生育政策。到2000年末，全国人口总数约为12.66亿，实现了到2000年将全国人口规模控制在13亿以内的目标。可持续发展战略的实施，促进了我国经济和社会的协调发展。

三是实施西部大开发战略。支持西部地区开发建设，缩小东西部地区的发展差距，实现东西部地区协调发展，是以江泽民同志为代表的中国共产党人面向21世纪所实施的一项重大战略。东西部地区发展差距的历史存在和逐步扩大，是一个长期困扰我国经济和社

---

① 《江泽民文选》第1卷，人民出版社2006年版，第463页。

会协调发展的全局性问题。早在20世纪50年代，毛泽东即提出要处理好沿海工业和内地工业的关系。1988年9月，邓小平曾提出"两个大局"战略构想。这些都为后来实施西部大开发战略奠定了思想基础。1995年9月，中共十四届五中全会突出地提出了区域协调发展的问题，要求在"九五"期间以及其后15年经济和社会发展中，坚持区域经济协调发展，逐步缩小地区发展差距。从"九五"计划开始，要更加重视支持内地的发展，实施有利于缓解差距扩大趋势的政策，并逐步加大工作力度，积极朝着缩小差距的方向努力。世纪之交，随着我国综合国力的显著增强，国家支持西北地区加快发展的条件基本具备，时机已经成熟。1999年3月，江泽民在九届全国人大二次会议和全国政协九届二次会议的党员负责人会议上，正式提出"西部大开发"的战略思想。同年9月，中共十五届四中全会明确提出国家要实施西部大开发战略，通过优先安排基础设施建设、增加财政转移支付等措施，支持中西部地区和少数民族地区加快发展。2000年1月，国务院成立由朱镕基总理为组长的西部大开发领导小组。该小组在进行大量调研的基础上，提出了实施西部大开发战略的初步设想。同年10月，中共十五届五中全会进一步强调：实施西部大开发战略，加快中西部地区发展，是实现现代化建设第三步战略目标的重大举措，是一项艰巨的历史任务。既要有紧迫感，又要有长期奋斗的思想准备。会后，国务院就西部大开发的资金投入、投资环境、对外对内开放、吸引人才和发展科技教育等制定了一系列具体政策，明确规定当前和今后一个时期的重点任务和目标是：力争用五到十年的时间，使西部地区基础设施和生态建设取得突破性进展，西部开发有一个良好开局；到21世纪中叶，要建成一个经济繁荣、社会进步、生活安定、民族团结、山川秀美的新西部。西部大开发战略由此全面启动。到2000年，西部地区十大重点工程全部开工。2001年，又一批重点工程相继开工。基础设施建设的加快，有力地推动了西部地区的经济发展和社会进步。

四是加入世贸组织与实施"走出去"战略。加入世贸组织，是我国改革开放进程中具有历史意义的一件大事,是中共中央、国务院从经济发展和改革开放需要出发作出的重大战略决策,标志着我国对外开放进入了一个新的阶段。1986年7月,中国政府作出申请恢复我国关贸总协定缔约国地位的决定,并成立专门机构组织对外谈判工作。1995年关贸总协定改为世界贸易组织,此项谈判随之成为加入世贸组织谈判。经过15年艰难谈判,2001年11月10日,在卡特尔首都多哈举行的世界贸易组织第四届部长级会议,通过了中国加入世贸组织的决定。12月11日,中国正式成为世贸组织成员。加入世贸组织,使中国不仅有分享经济全球化成果的权利,还可以参加制定有关规则,对我国经济体制改革和对外开放产生了重大影响。根据经济全球化的新趋势和加入世贸组织后中国面临的新形势,中共中央适时提出并实施了对外开放"走出去"战略。1997年12月24日,江泽民在接见全国外资工作会议代表时,首次把"走出去"作为一个重要战略提出,强调"这是一个大战略,既是对外开放的重要战略,也是经济发展的重要战略"[1]。1998年2月,江泽民在中共十五届二中全会上指出:在积极扩大出口的同时,要有领导有步骤地组织和支持一批有实力有优势的国有企业走出去,到国外主要是非洲、中亚、中东、东欧、南美等地投资办厂[2]。2000年10月,中共十五届五中全会进一步提出:要"实施'走出去'战略,努力在利用国内外两种资源、两个市场方面有新的突破"[3]。根据这一部署,我国企业加大了走出去力度。到2001年,我国累计参与境外资源合作项目195个,总投资46亿美元;累计设立各种境外企业6610家,其中中方投资84亿美元。[4] "走出去"战略的实施促进了

---

[1] 《江泽民文选》第2卷,人民出版社2006年版,第92页。

[2] 同上书,第105页。

[3] 中共中央文献研究室:《十五大以来重要文献选编》(中),中央文献出版社2011年版,第504—505页。

[4] 中共中央党史研究室:《中国共产党的九十年》,中共党史出版社、党建读物出版社2016年版,第832页。

开放型经济的发展，完善了全方位、多层次、宽领域对外开放格局，我国经济进一步融入经济全球化进程，获得更为广阔的发展空间。

二 积极推进中国特色军事变革

进入20世纪90年代，中共中央从改革开放和现代化建设的大局出发，围绕解决好打得赢、不变质这两大历史性课题，积极推进中国特色军事变革，国防和军队建设迈出新的步伐。

1990年12月，江泽民同志担任中共中央军委主席后不久，就在全军军事工作会议上提出了新时期军队建设的总要求，即全军部队要做到"政治合格、军事过硬、作风优良、纪律严明、保障有力"①。这个总要求涵盖了新形势下军队建设的基本内容，为新时期军队建设指明了方向。

1993年1月，中共中央军委制定了新时期军事战略方针，即要把军事斗争准备的基点，放在打赢现代技术特别是高技术条件下的局部战争上。这一军事战略方针适应了国内外形势的变化，抓住了军队建设的主要矛盾，为在信息化时代条件下进行军队和国防建设提供了科学依据。

1995年12月，中共中央军委扩大会议通过的《"九五"期间军队建设计划纲要》，明确提出科技强军战略和"两个根本性转变"的战略思想，即在军事斗争准备上，由准备应付一般条件下局部战争向准备打赢现代技术特别是高技术条件下局部战争转变；在军队建设上，由数量规模型向质量效能型、由人力密集型向科技密集型转变。实行"两个根本性转变"，要求加强国防科研，改善武器装备，提高官兵的科技素质，建立科学的体制编制，提高科技创新能力和科学管理水平，是对人民解放军建设新模式的确定。此后，中共中央军委根据高技术战争在本质上就是信息化战争的科学判断，

---

① 《江泽民文选》第1卷，人民出版社2006年版，第140页。

充实了新时期军事战略方针的内涵,把军事斗争准备的基点调整为打赢信息化条件下的局部战争。

1997年12月,江泽民在中共中央军委扩大会议上提出了国防和军队现代化建设跨世纪发展的"三步走"战略构想:第一步,从现在起到2010年,用十几年时间,努力实现新时期军事战略方针提出的各项要求,为国防和军队现代化打下坚实基础。第二步,21世纪的第二个十年,随着国家经济实力的增长和军费的相应增加,加快军队质量建设的步伐,适当加大发展高技术武器装备的力度,完善武器装备体系,全面提高部队素质,进一步优化体制编制,使国防和军队现代化建设有一个较大发展。第三步,再经过30年的努力,到21世纪中叶,实现国防和军队现代化。①

在新时期军队建设总要求和军事战略方针的指引下,我国军队和国防建设在各个方面都取得新的重要进展。

在军队思想政治建设方面,人民解放军始终把思想政治建设摆在各项建设的首位,中共十四大后,先后召开多次重要会议,研究新形势下加强和改进思想政治工作、加强部队思想政治建设的问题。1995年5月,中共中央、中央军委修订《中国人民解放军政治工作条例》,为军队开展思想政治工作提供了基本法规。1999年7月,全军政治工作会议通过《关于改革开放和发展社会主义市场经济条件下军队思想政治建设若干问题的决定》,成为军队思想政治建设的指导性文件。人民解放军始终坚持党对军队绝对领导的根本原则和制度,制定颁布了《军队党委工作条例》和《党支部工作条例》,严格执行政治纪律和组织纪律,不断强化官兵的军魂意识,确保同党中央和中央军委保持高度一致。全军广泛开展爱国奉献教育、革命人生观教育、尊干爱兵教育和艰苦奋斗教育以及中国特色军事变革主题教育,使全体官兵保持政治上的坚定性和思想道德上的纯洁性,保持坚强的革命意志和旺盛的战斗精神,保证以军事斗争准备

---

① 《江泽民文选》第2卷,人民出版社2006年版,第83—84页。

为龙头的各项任务的完成。强有力的思想政治工作保障了军队建设的协调发展和整体进步。

在军队体制编制调整方面，为推进中国特色军事变革，走中国特色精兵之路，人民解放军下决心解决影响和制约军队战斗力提高的体制性障碍，对军队体制编制进行了一系列重大而深刻的调整改革。1992年4月，中央军委作出"八五"期间军队体制编制调整改革的决定，通过继续压缩军队规模，精简机构，为百万大裁军画上了一个圆满的句号。1997年9月，中共十五大宣布，中国在20世纪80年代裁军百万的基础上，将在三年内再裁减军队员额50万。1998年4月，中央军委制定了"九五"计划期间军队体制编制调整改革方案，决定对军队领导体制、保障机制、部队编成、院校体制进行重大调整改革，并在江泽民同志的提议下，正式成立了总装备部，实现了军队武器装备建设的集中统一领导。通过精简和调整，陆军部队的比重下降，海军、空军、第二炮兵部队的比重上升，向合成和小型化、轻型化、多样化的方向迈进了一步，初步达到了精简员额、收缩摊子、优化结构的目的，为进一步实现"精兵、合成、高效"创造了条件。

在军事训练方面，全军积极探索在高技术条件下军事训练的新路子、新模式。1995年7月至1996年3月，人民解放军在东南沿海地区组织系列军事演习，既锻炼和检验了部队在高技术条件下联合作战的能力，又对遏制"台独"分裂势力、维护国家主权和领土完整产生了重要而深远的影响。1997年，沈阳军区某集团军开展高技术条件下"以劣胜优三两招"活动，这是新时期群众性科技练兵的雏形。1998年9月，总参谋部在沈阳军区某集团军举办全军运用高科技知识、普及深化训练改革成果的集训活动。2000年10月，总参谋部在四个地区联合进行"砺剑—2000"演习。这次演习应用计算机网络技术、侦察传感技术、电子对抗技术、仿真模拟技术等高新技术手段，演练和检验新的作战思想、武器装备和训练方法，交流全军部队科技练兵最新成果。这是自1964年大比武以来演练层次最高、运用技术最新、涉及范围最广的全军性军事训练成果交流活动,标志着人民解放军军事训练的组织形式和方法达到了新的水平。

在军队后勤保障体制方面,1998年,中央军委作出先实行军区联勤体制,再逐步向大联勤体制过渡,最终建立三军后勤保障一体化体制的战略决策。全军从2000年1月1日起试行三军联勤体制,改变了以往条块分割、自成体系的供给模式,标志着人民解放军的后勤保障体制改革取得较大突破。与此同时,军队后勤保障社会化改革、军队停止一切经商活动等改革也全面展开。到2002年,全军已有1500个食堂交给地方服务保障机构承办,1000多个军人服务社纳入社会商业体系,1800多个营院不同程度实行了物业管理,近300个保障性企业和农场移交国家和地方,共减少企业事业单位职工30多万人。[①] 按照统一部署,全军从1998年7月起,停止了一切经商活动。在规定的期限内,军队和武警将数以千计的经营性企业和经贸公司移交地方或撤销,体现了军队服从大局、令行禁止的良好作风。

在兵役制度调整方面,为适应改革开放和社会主义市场经济新形势,1998年12月,九届全国人大常委会第六次会议通过关于修改兵役法的决定,对兵役制度作了重大调整,把志愿兵制度提升到和义务兵制度同等重要的地位,缩短了义务兵服役期限,完善了预备役制度。这是保证新形势下兵役工作顺利进行的重大举措。1999年6月颁布新修订的《中国人民解放军现役士兵服役条例》,对现役士兵服役制度特别是士官制度进行了重大改革。1999年12月1日起,新的士官制度开始实施,人民军解放军士兵队伍专业化程度不断提升,士官成为军队建设的一支重要力量。

三 构建全方位对外关系新格局

20世纪90年代初,中共中央正确分析和把握世界多极化、经济

[①] 中共中央党史研究室:《中国共产党新时期历史大事记》(增订本),中共党史出版社2002年版,第527页。

全球化的趋势，坚持把国家主权和安全放在第一位，坚持反对霸权主义和强权政治，维护世界和平与发展，推动建立公正合理的国际政治经济新秩序，在大国关系、睦邻外交、与发展中国家合作以及积极开展多边外交等方面都取得显著成就。世纪之交，中国逐步建立起全方位对外关系新格局。

在大国关系方面，我国提出要积极致力于以发展不结盟、不对抗、不针对第三方为主要特征的新型大国关系。根据这一原则，我国分别同俄罗斯、美国、欧盟、日本等建立和发展了面向21世纪的双边关系。

俄罗斯是中国最大的邻邦。1991年底苏联解体后，中俄随即建交，实现了从中苏关系到中俄关系的平稳过渡，两国关系进入相互尊重、睦邻友好、快速发展的新阶段。1992年12月，俄罗斯总统叶利钦访华，中俄宣布互为友好国家。1994年9月，国家主席江泽民访俄，两国元首宣布建立"面向21世纪的建设性伙伴关系"。1996年4月，叶利钦总统第二次访华，两国元首宣布建立"平等信任的、面向21世纪的战略协作伙伴关系"。1997年4月，江泽民主席对俄罗斯进行国事访问，两国签署了《中俄关于世界多极化和建立国际新秩序的联合声明》，在国际社会引起积极反响。2001年7月，应俄罗斯总统普京邀请，江泽民主席访问俄罗斯，两国签订了《中俄睦邻友好合作条约》。这是两国关系史上的一个重要里程碑。

中国政府一贯从战略高度和长远角度看待和处理中美关系。1993年11月，江泽民在西雅图和美国总统克林顿举行会晤，使1989年以来的中美关系有所改善。1997年10月，江泽民应邀对美国进行国事访问，双方发表联合声明，宣布中美将共同致力于建设面向21世纪的建设性战略伙伴关系。1998年6月，克林顿总统访华，中美双方就重大问题达成共识。布什就任总统后，于2001年10月和2002年2月两次访问中国。但中美关系发展并非一帆风顺。1995年5月，美国允许台湾领导人以私人身份访问美国。1999年5月8日，以美国为首的北约轰炸中国驻南斯拉夫联盟共和国大使馆。

2001年4月1日,中美战机在中国南海空域发生撞机事件。对此,中国同美国进行了有理、有利、有节的斗争,维护了国家主权和民族尊严,也维护了两国关系稳定发展的大局。

中国同欧洲的关系自1991年基本恢复正常后,进入稳步发展阶段。1994年9月,江泽民访问法国,提出中国发展与西欧关系的四项原则。1997年5月,法国总统希拉克访华,双方宣布建立面向21世纪的全面伙伴关系。1998年,中英两国也宣布建立全面伙伴关系。同年,中国与欧盟领导人在伦敦进行首次会晤并发表联合声明,强调双方愿建立面向21世纪的长期稳定的建设性伙伴关系。随后,欧盟决定加强中欧政治对话和经贸等领域的合作与交流。在双方的共同努力下,中国同欧洲国家在各个领域的合作都显示出良好前景。

中日关系在这一时期继续发展。1995年5月,日本首相村山富市访华,承认日本对中国的侵略,表示愿意深刻反省那段历史。1998年11月,江泽民对日本进行国事访问,这是中国国家元首首次访问日本。中日双方就发展21世纪两国关系达成共识,并发表《中日联合宣言》,确认正确认识和对待历史是发展中日关系的重要基础,宣布建立"致力于和平与发展的友好合作伙伴关系"。

在发展睦邻友好关系方面,中国在20世纪90年代初同周边所有国家实现了关系正常化。此后,中国同周边国家关系不断发展。

中国同东盟的关系取得明显进展。1996年,中国成为东盟全面对话伙伴国。1997年12月,双方发表《中国—东盟首脑会议联合声明》,确立了双方建立面向21世纪的睦邻互信伙伴关系的目标原则。2001年,中国首倡并大力推动建立"中国—东盟自由贸易区",得到东盟国家的积极响应。2002年11月,双方签署《中国与东盟全面经济合作框架协议》,启动了"中国—东盟自由贸易区"谈判进程。中国同越南、老挝、柬埔寨等国家的双边关系也得到很大发展。

中国同南亚各国的友好合作也迈出新步伐。1996年11月,江泽民访问印度、巴基斯坦和尼泊尔。访印期间,江泽民提出了中国与南亚各国共同构筑面向未来的长期稳定的睦邻友好关系的五点主张。两国决定在和平共处五项原则基础上建立面向21世纪的建设性合作伙伴关系。随后，中国同巴基斯坦也宣布共同构筑面向21世纪的全面合作伙伴关系。2001年底，阿富汗新政府成立，中国政府随即予以承认。

中国与中亚的关系不断深化。1996年4月，中国、俄罗斯、哈萨克斯坦、吉尔吉斯斯坦、塔吉克斯坦五国首脑在上海举行会晤，签署《关于在边境地区加强军事领域信任的协定》，"上海五国机制"正式形成。1997年4月，中、俄、哈、吉、塔五国元首又在莫斯科签署《关于在边境地区相互裁减军事力量的协定》，"上海五国机制"进一步得到巩固。这两个重要文件的签署，首次以平等、信任、协商、互利的原则，化解了阻碍各国和地区发展的战争威胁因素，并为这个新生会晤机制的进一步发展奠定了重要的信任基础。2001年6月，中、俄、哈、吉、塔和乌兹别克斯坦六国签署《上海合作组织成立宣言》，就合作打击恐怖主义、极端主义、分裂主义"三股势力"达成广泛共识。上海合作组织是第一个由中国参与推动建立并以中国城市命名的地区性合作组织。它首倡以相互信任、裁军和合作安全为内涵的新型安全观，提供以大小国家共同倡导、安全先行、互利协作为特征的新型区域合作模式，培养了以"互信、互利、平等、协商、尊重多样文明、谋求共同发展"为主要内容的上海精神，是当代国际关系中一次重要的外交实践。

中国与东北亚国家的关系有所发展。朝鲜领导人金正日2000年、2001年两次访华。江泽民在2001年应邀对朝鲜进行了正式访问。1998年韩国总统金大中访华，中韩两国确定建立面向21世纪的伙伴关系。中国还参与了有关朝鲜半岛安全问题的磋商与对话，参加了旨在建立半岛和平机制的中、朝、韩、美四方会谈，为维护半岛及东北亚地区和平稳定作出了积极贡献。此外，1994年中国同蒙古国签订了《友好合作关系条约》，两国关系朝着长期稳定的方向发展。这对稳定中国北部边疆具有重要意义。

在加强同发展中国家合作方面，这一时期，中国领导人多次访问亚非拉发展中国家，增进了中国与这些发展中国家的传统友谊和各方面的合作。

中共十四大后，中国同非洲国家的关系继续深化，高层往来频繁，对话与合作不断增强。在国际舞台上，中国与非洲相互支持，保持了传统友谊。1996年5月，江泽民在埃塞俄比亚首都亚的斯亚贝巴非洲统一组织总部发表演讲，提出了巩固和发展面向21世纪的长期稳定、全面合作的中非关系五点建议：真诚友好、平等相待、互利互惠、加强磋商、面向未来。1999年4月，中国同埃及签署了两国建立面向21世纪战略合作关系的联合公报。2000年10月，"中非合作论坛——北京2000年部长级会议"在北京举行。会议通过了《中非合作论坛北京宣言》和《中非经济和社会发展合作纲领》。在《合作纲领》中，中国宣布在未来两年内，减免非洲重债贫穷国和最不发达国家所欠的100亿元人民币债务，以帮助非洲债务问题的解决。与此同时，中国同拉丁美洲各国的友谊也不断发展，相互了解日益加深，经贸关系稳步扩大。中国已同大多数拉丁美洲国家建交，同一些未建交的国家也发展了经贸关系和民间往来。

在开展多边外交方面，中国继续以联合国为中心参与多边外交各个领域的活动，推动建立国际政治经济新秩序。2000年9月7日，在中国的倡议下，出席联合国千年首脑会议的中、美、俄、英、法五个安理会常任理事国首脑举行了历史性的首次会晤。这一时期中国多边外交的一个突出特点，就是以更加开放的姿态积极参加一系列地区性多边组织。中国明确表示支持在平等参与、协商一致、求同存异、循序渐进的基础上开展多形式、多层次、多渠道的地区对话与合作。2001年10月，中国在上海成功举办亚太经合组织第九次领导人非正式会议。这是有史以来中国举办级别最高、规模最大的一次国际会议。这次会议的成功举办对中国外交打开新局面、促进亚太地区的经济恢复和发展，产生了积极影响。

四 基本实现总体小康目标

"小康"这个概念，最早源于《诗经》"民亦劳止，汔可小康"，描述的是中国传统社会普通百姓对衣食无忧、平安幸福生活的美好向往和热切企盼。1979年12月6日，邓小平在会见日本首相大平正芳时，回答他关于中国将来会是什么样的情况、整个现代化的蓝图如何构思时，首次提出了"小康"的概念。邓小平说："我们要实现的四个现代化，是中国式的四个现代化。我们的四个现代化概念，不是像你们那样的现代化的概念，而是'小康之家'。"[①] 邓小平最初提出的小康目标，是到2000年实现国内生产总值比1980年翻两番，人均国民生产总值达到1000美元，人民物质文化生活总体达到小康水平。

2000年正是"九五"计划收官之年，完成"九五"计划与到20世纪末基本实现小康目标在时间节点上高度契合。"九五"期间，在错综复杂的国内外形势下，全国人民在党的领导下，克服种种困难，推动改革开放和现代化建设不断取得新的成就。到2000年，"九五"计划的主要任务完成或超额完成，我国现代化建设的第二步战略目标顺利实现，生产力水平又迈上一个大台阶，人民生活总体上实现了由温饱到小康的历史性跨越。

"九五"期间，国民经济持续快速健康发展，综合国力进一步增强。国内生产总值2000年达89404亿元，平均每年增长8.3%。人均国民生产总值比1980年翻两番的任务，已经超额完成。在经济持续增长和效益改善的基础上，2000年国家财政收入达13380亿元，平均每年增长16.5%。主要工农业产品产量位居世界前列，商品短缺状况基本结束。产业结构调整取得积极进展。粮食等主要农产品生产能力明显提高，实现了农产品供给由长期短缺到总量基本平衡、丰年有余的历史性转变。淘汰落后和压缩过剩工业生产能力取得成

[①] 《邓小平年谱（1975—1997）》（上），中央文献出版社2004年版，第582页。

效，重点企业技术改造不断推进。信息产业等高新技术产业迅速成长。基础设施建设成绩显著，能源、交通、通信和原材料的瓶颈制约得到缓解。

经济体制改革全面推进，社会主义市场经济体制初步建立。国有大中型企业建立现代企业制度的改革取得重要进展。大多数国家重点企业进行了公司制改革，其中相当一部分在境内外上市。企业扭亏增盈成效显著，2000年国有及国有控股工业企业实现利润2392亿元，为1997年的2.9倍。国有大中型企业改革和脱困的三年目标基本实现。在公有制经济进一步发展的同时，私营、个体经济有了较快发展。市场体系建设继续推进，资本、技术和劳动力等要素市场迅速发展，市场在资源配置中的基础性作用明显增强。财税体制继续完善。金融改革步伐加快。城镇住房制度、社会保障制度和政府机构等方面改革取得重大进展。国家宏观调控体系进一步健全。

对外开放水平不断提高，全方位对外开放格局基本形成。对外经贸体制改革稳步推进，外向型经济迅速发展。2000年进出口总额达4743亿美元，其中出口总额2492亿美元，分别比1995年增长69%和67%。出口商品结构改善，机电产品和高技术产品所占比重提高。对外开放领域逐步扩大，投资环境继续改善。吸收外资规模增大、质量提高。五年累计实际利用外资2894亿美元，比"八五"时期增长79.6%。国家外汇储备2000年底达1656亿美元，比1995年底增加920亿美元。

人民生活继续改善，总体上达到小康水平。农村居民人均纯收入和城镇居民人均可支配收入2000年分别达到2253元和6280元，平均每年实际增长4.7%和5.7%。市场商品丰富，居民消费水平不断提高，社会消费品零售总额平均每年增长10.6%。城乡居民住房、电信和用电等生活条件有较大改善。居民储蓄存款余额五年增长一倍多，股票、债券等其他金融资产迅速增加。农村贫困人口大幅度减少，"八七"扶贫攻坚目标基本实现。

科技、教育加快发展，社会事业全面进步。"863"计划顺利实施。航空航天、信息、新材料和生物工程等高技术领域获得一批重要成果。基础研究和应用研究取得新进展。部门所属应用型科研院所企业化改革基本完成，其他科研院所体制改革全面展开。科技成果市场化、产业化进程加快。各级各类教育事业全面发展。基本普及九年义务教育和基本扫除青壮年文盲的目标初步实现。高等教育管理体制改革取得重大进展。扩大高校招生受到群众普遍欢迎。人口和计划生育工作取得新成绩。生态建设和环境保护的力度明显加大。文化、卫生、体育等各项社会事业继续发展。廉政建设和反腐败斗争不断取得成效。社会治安综合治理进一步加强。社会主义精神文明建设和民主法制建设取得新的进展。国防和军队建设迈出新的步伐。

"九五"期间，我国政府恢复对香港、澳门行使主权，祖国和平统一大业取得历史性进展。香港、澳门回归祖国以来，"一国两制"方针和基本法得到全面贯彻执行。特别行政区政府工作卓有成效，香港、澳门社会稳定，经济发展。[①]

小康目标的基本实现，是我国改革开放和社会主义现代化建设事业取得的伟大成就，是中华民族发展史上的一个新的里程碑。这就为实施"十五"计划、实现第三步战略目标奠定了良好基础。

第四节　形成并全面贯彻"三个代表"重要思想

中共十三届四中全会后，以江泽民同志为主要代表的中国共产党人，根据我们党所处的历史方位，积极推进党的建设新的伟大工程，提出党的建设总目标和总任务，开展"三讲"教育活动，加强

[①] 中共中央文献研究室：《十五大以来重要文献选编》（中），中央文献出版社2011年版，第754—757页。

党风廉政建设和反腐败斗争，形成并贯彻"三个代表"重要思想，党的自身建设得到明显增强。

一 提出党的建设总目标和总任务

在发展社会主义市场经济条件下加强和改进党的建设，需要进一步明确党的建设的总目标和总任务，科学回答建设一个什么样的党、怎样建设党的基本问题。

1983年10月12日，邓小平在中共十二届二中全会上发表的重要讲话中首次提出新时期党的建设总目标和总要求，即"把我们党建设成为有战斗力的马克思主义政党，成为领导全国人民进行社会主义物质文明和精神文明建设的坚强核心"①。

中共十三届四中全会后，以江泽民同志为核心的党的第三代中央领导集体准确判断中国共产党所处的历史方位，科学总结改革开放以来党的建设的成功经验，进一步丰富和发展邓小平新时期党的建设的理论和实践，提出了加强党的建设的总目标和总任务，推动党的建设新的伟大工程取得重要进展。

中共十四大确立了社会主义市场经济体制的改革目标。与此相适应，党的建设的目标和任务也需要进一步明确。大会报告指出："在新的历史时期，党所处的环境和肩负的任务有了很大变化，党的思想、政治、组织、作风建设都面临许多新情况和新问题。我们一定要结合新的实际，遵循党的基本路线，坚持党要管党和从严治党，加强和改进党的建设，努力提高党的执政水平和领导水平，使我们这个久经考验的马克思主义的党，在建设有中国特色社会主义的伟大事业中更好地发挥领导核心作用。"② 根据这一总体要求，大会对加强党的建设提出了五个方面的任务，即认真学习建设有中国特色

---

① 《邓小平文选》第3卷，人民出版社1993年版，第39页。
② 中共中央文献研究室：《十四大以来重要文献选编》（上），中央文献出版社2011年版，第33—34页。

社会主义的理论，增强贯彻执行党的基本路线的自觉性和坚定性；加强领导班子建设，培养社会主义事业接班人；密切党同群众的联系，坚决克服消极腐败现象；加强基层党组织建设，充分发挥党员的先锋模范作用；坚持和健全民主集中制，维护党的团结和统一。

1994年9月召开的中共十四届四中全会专门研究了新形势下党的建设问题，作出《关于加强党的建设几个重大问题的决定》（以下简称《决定》），提出了加强党的建设的总目标和总任务。这就是："在当代世界风云变幻的条件下，在当代中国改革开放和现代化建设的伟大变革中，把党建设成为用建设有中国特色社会主义理论武装起来、全心全意为人民服务、思想上政治上组织上完全巩固、能够经受住各种风险、始终走在时代前列的马克思主义政党。"[1]

根据这一目标和任务，《决定》在要求继续抓好党的思想建设和作风建设的同时，特别提出了在组织建设方面三个需要解决的突出问题：必须进一步坚持和健全民主集中制，特别要注重制度建设，以完备的制度保障党内民主，维护中央权威，保证全党在重大问题上的统一行动；必须进一步巩固和加强数以百万计的党的基层组织，使之成为能够团结和带领群众进行改革开放和现代化建设的战斗堡垒；必须进一步培养和锻炼数以万计的党的中高级领导干部，特别是培养和选拔大批德才兼备的年轻干部，形成坚定地走建设有中国特色社会主义道路，善于研究新情况、解决新问题，干练而充满活力的领导层。江泽民在全会上讲话指出："这三个方面的工作做好了，党的组织就会更加坚强、更加巩固，就能够从组织上保证第二步战略目标的实现，使中国更好地迈入二十一世纪。"[2]

1997年9月召开的中共十五大，把中共十四届四中全会提出的党的建设的总目标和总任务进一步概括为："把党建设成为用邓小平

---

[1] 中共中央文献研究室：《十四大以来重要文献选编》（中），中央文献出版社2011年版，第4页。

[2] 《江泽民文选》第1卷，人民出版社2006年版，第410页。

理论武装起来、全心全意为人民服务、思想上政治上组织上完全巩固、能够经受住各种风险、始终走在时代前列、领导全国人民建设有中国特色社会主义的马克思主义政党。"① 报告强调，加强党的思想建设，根本的是坚定不移地用邓小平理论武装全党，充分发挥党的思想政治优势；加强党的组织建设，根本的是把党建设成坚强的领导核心，充分发挥党的组织优势；加强党的作风建设，根本的是坚持全心全意为人民服务的宗旨，充分发挥党密切联系群众的优势。这就进一步明确了党的建设的总目标，确立了党的思想、组织和作风建设的根本原则，为推进党的建设新的伟大工程进一步指明了方向。大会号召全党要按照新的伟大工程的总目标，从思想上、组织上、作风上全面加强党的建设，不断提高领导水平和执政水平，不断增强拒腐防变的能力，以新的面貌和更强大的战斗力，带领人民完成新的历史任务。

党的建设总目标和总任务的提出，丰富了马克思主义建党学说，适应了发展社会主义市场经济对党的建设的新要求，为在新的历史条件下加强和改进党的建设指明了方向。

二 推进党的各方面建设和开展"三讲"教育活动

在党的建设总目标和总任务的指引下，党的各方面建设都得到有力推进，取得新的重大进展。

在党的思想建设方面，以江泽民同志为核心的党的第三代中央领导集体坚持用马克思列宁主义、毛泽东思想、邓小平理论和"三个代表"重要思想武装全体党员，组织开展了一系列学习活动，动员全党兴起学习邓小平理论的热潮。1993年10月《邓小平文选》第三卷出版后，党中央及时作出决定，要求县处级以上领导干部带头学习。1994年10月，《邓小平文选》第一、二卷增订再版后，中

---

① 中共中央文献研究室：《十五大以来重要文献选编》（上），中央文献出版社2011年版，第39页。

共中央宣传部组织编写出版了《邓小平同志建设有中国特色社会主义理论学习纲要》，为广大党员干部学习邓小平理论提供了权威辅导读本。中共十五大把邓小平理论确立为我们党的指导思想后，中共中央于1998年6月发出《关于在全党深入学习邓小平理论的通知》，进一步动员全党兴起学习邓小平理论的新高潮。据不完全统计，1993年至1996年底，全国参加各种形式脱产学习的干部约2100万人次，其中包括县处级以上干部约39万人次，省部级干部约1200人次。① 各级党委不断完善理论学习制度，创新理论学习方法，把党员领导干部参加理论学习的有关要求以制度方式固定下来，有力推动了理论学习的深入开展。

在党的制度建设方面，以江泽民同志为核心的党的第三代中央领导集体坚持以保障党员民主权利为基础，以完善党的代表大会制度和党的委员会制度为重点，从改革体制机制入手，建立健全充分反映党员和党组织意愿的党内民主制度，同时按照集体领导、民主集中、个别酝酿、会议决定的原则，完善党委内部的议事和决策机制，进一步发挥党的委员会全体会议的作用，完善集体领导下的个人分工负责制。与此同时，强调要按照总揽全局、协调各方的原则，进一步加强和完善党的领导体制，既保证党的领导核心作用，又充分发挥人大、政府、政协以及人民团体和其他方面的作用。这些原则的确立，使党的民主集中制建设逐步走向制度化和规范化。

在党的干部队伍建设方面，以江泽民同志为核心的党的第三代中央领导集体坚持正确的用人导向，用好的作风选人，选作风好的人，注重在改革和建设的实践中考察和识别干部，把那些德才兼备、实绩突出和群众公认的人及时选拔到领导岗位上来。1995年2月，中共中央颁布《党政领导干部选拔任用工作暂行条例》，对干部选拔任用的基本原则、基本程序、基本方法和扩大民主、强化监督等方

---

① 中共中央党史研究室：《中国共产党的九十年》，中共党史出版社、党建读物出版社2016年版，第870页。

面作出明确规定，为从源头上预防和治理用人上的不正之风，推进干部工作的科学化、民主化、制度化，提供了基本遵循。1996年，中共中央制定《1996年—2000年全国干部教育培训计划》，对干部教育培训工作作出全面部署。2000年6月，中共中央办公厅印发《深化干部人事制度改革纲要》，对党政干部制度改革、国有企业人事制度改革、事业单位人事制度改革等作出进一步明确规定。与此同时，加强干部交流，注意把年轻干部放到一些关键岗位、艰苦环境和情况复杂、矛盾突出、困难较多的地方去锻炼和培养。这些举措对干部队伍建设发挥了重要作用。

在党的基层组织建设方面，以江泽民同志为核心的党的第三代中央领导集体适应新形势新任务的要求，坚持围绕中心、服务大局，拓宽领域、强化功能，扩大党的工作的覆盖面，不断提高党的基层组织的凝聚力和战斗力，使党的基层组织成为贯彻"三个代表"重要思想的组织者、推动者和实践者。中共十四大后，党中央相继印发《中国共产党普通高等学校基层组织工作条例》《关于进一步加强和改进国有企业党的建设的通知》《中国共产党党和国家机关基层组织工作条例》《中国共产党农村基层组织工作条例》，中共中央组织部印发《关于加强社会团体党的建设工作的意见》和《关于在个体和私营经济等非公有制经济组织中加强党的建设工作的意见（试行）》等文件，有力指导和推动了各个领域党的基层组织的建设。

在党员队伍建设方面，以江泽民同志为核心的党的第三代中央领导集体，在坚持工人阶级先锋队性质，不断增强党的阶级基础的同时，注重吸收社会其他方面的优秀分子入党，以扩大党的群众基础和社会影响力。

改革开放以来，我国的社会阶层构成发生了新的变化，出现了民营科技企业的从业人员和技术人员、受聘于外资企业的管理技术人员、个体户、私营企业主、中介组织的从业人员、自由职业人员等社会阶层。而且，许多人在不同所有制、不同行业、不同地域之间流动频繁，人们的职业、身份经常变动。在党的路线方针政策指引下,这些新的社会阶层中的广大人员,通过诚实劳动和工作,通过合法经营,为发展社会主义社会的生产力和其他事业作出了贡献。他们也是中国特色社会主义事业的建设者。

以江泽民同志为核心的党的第三代中央领导集体,准确把握时代特征,适应社会发展变化,及时把承认党的纲领和章程、自觉为党的路线和纲领而奋斗、经过长期考验、符合党员条件的社会其他方面的优秀分子吸收到党内来,并通过党这个大熔炉不断提高广大党员的思想政治觉悟,从而不断增强我们党在全社会的影响力和凝聚力,扩大执政党的群众基础。

在新的社会阶层中发展党员,是一项政治性、政策性很强的工作。为此,以江泽民同志为核心的党的第三代中央领导集体在开展这项工作时,坚持了以下原则:一是在吸收新的社会阶层的优秀分子入党时坚持标准,严格程序,确保质量。欢迎新的社会阶层的优秀分子入党,不是毫无原则地敞开大门,更不是把那些不具备党员条件的人拉进党内。党在吸收私营企业主入党时,注重把考察现实表现同考察入党动机结合起来,严格入党手续,成熟一个,发展一个,严防那些入党动机不纯的人混进党内。二是始终坚持高度重视在思想上建党,加强对党员的教育和管理,通过党这个大熔炉不断提高广大党员的思想政治素质。党教育私营企业主党员要模范遵守国家的政策法规、守法经营、照章纳税;要坚持党的理想和宗旨,增强党的意识和组织观念,严格履行党员义务,自觉接受党组织的监督;要致富不忘回报社会,把税后利润主要用于扩大再生产,热心社会公益事业;要平等对待工人,尊重工人的合法权益,真心实意为工人谋福利。三是正确处理在新的社会阶层中发展党员与在工人、农民、知识分子、军人和干部中发展党员的关系,继续把工人、农民、知识分子、军人和干部作为发展党员的重点,做好在他们中发展党员的工作。

在党的作风建设方面,中共十三届四中全会后,以江泽民同志为核心的党的第三代中央领导集体把作风建设摆在党的建设更加突出的位置，通过开展以"三讲"为主要内容的党性党风教育、出台《关于加强和改进党的作风建设的决定》等措施，推动党的作风建设取得明显成效。

1996年10月10日，中共十四届六中全会作出决定，要对县处级以上领导干部集中进行一次以讲学习、讲政治、讲正气（简称"三讲"）为主要内容的党性党风教育。1997年9月12日，中共十五大报告提出"要继续在县级以上领导干部中深入进行以讲学习、讲政治、讲正气为主要内容的党性党风教育"。1998年6月24日，中共中央《关于在全党深入学习邓小平理论的通知》中指出："今明两年要集中一段时间，在县级以上领导干部中深入进行以讲学习、讲政治、讲正气为主要内容的党性党风教育。着重解决坚定建设有中国特色社会主义信念，提高政治敏锐性和鉴别力，坚持党的基本路线不动摇；始终同党中央保持思想上政治上的一致，坚决贯彻执行中央的方针政策和工作部署；增强在复杂形势下承受、抵御各种风险的意识和能力，居安思危，树立长期艰苦奋斗的思想；密切联系群众，坚持反腐倡廉，正确行使人民赋予的权力等问题。"11月21日，中共中央发出《关于在县级以上党政领导班子、领导干部中深入开展以"讲学习、讲政治、讲正气"为主要内容的党性党风教育的意见》（以下简称《意见》），要求通过"三讲"教育推动县级以上党政领导班子和领导干部深入学习邓小平理论和中共十五大精神，并对这次活动的必要性和重要性、基本原则、方式方法作了明确规定。

按照《意见》的要求和部署，"三讲"教育在全党展开。山东、广西、内蒙古及国土资源部、教育部、广电总局、团中央作为试点单位先行开展。1999年3月19日，为总结交流"三讲"教育试点经验，研究部署下一步工作，中央召开全国"三讲"教育工作会议，决定各省部级单位的"三讲"教育分两批进行。列入第一批的有北京、湖北等16个省、区、市和最高人民检察院等70个中央、国家机关部委办局；列入第二批的有浙江、宁夏等12个省、区、市和财政部等60个部委办局。中央政治局常委对"三讲"教育高度重视，于1999年底专门集中时间进行"三讲"学习，带头查找工作中的不足，开展批评和自我批评，提出整改措施，有力地推动了"三讲"教育的深入开展。在活动开展过程中，中央陆续派出若干巡视组、检查组，对各单位开展"三讲"教育情况进行检查和督导。

省部级单位"三讲"教育结束后，县市级"三讲"教育随即展开。为搞好这次教育活动，中央政治局常委分赴7个县市，深入调查研究，进行具体指导。2000年2月20日，江泽民到广东高州市参加领导干部"三讲"教育会议，并作了动员报告，体现了中共中央对"三讲"教育的高度重视，有力地推动了县市级"三讲"教育。到2000年9月底，全国县级以上党政领导班子、领导干部的"三讲"教育基本告一段落，开始进入总结提高、深入整改阶段。在整改阶段，参加"三讲"教育的地方和单位按照中央的要求，又开展了"回头看"活动，巩固和扩大了"三讲"教育的成果。

从1998年11月到2000年底，共有70万县处级以上领导干部参加"三讲"教育活动，其中省部级领导班子成员达2100多人。党内外干部群众对"三讲"教育十分关注，表现出很高的参与热情，仅直接听动员报告、参加民主测评和帮助整改的就有500万人以上。[①]

这次为期两年的"三讲"教育活动，自始至终在各级党委领导下，严格按照中央确定的指导思想和工作部署有计划、有步骤地进行，整个教育工作进展是顺利的，发展是健康的，成效是明显的，基本达到了中央提出的目标要求。通过"三讲"教育，领导干部普遍受到了一次深刻的马克思主义教育，提高了学习理论、增强党性锻炼的自觉性，进一步明确了前进方向；普遍增强了政治意识、大局意识、责任意识，提高了坚持党的基本路线和基本纲领、同党中央保持高度一致的自觉性；普遍受到了一次群众观点、群众路线的

[①] 中共中央党史研究室：《中国共产党的九十年》，中共党史出版社、党建读物出版社2016年版，第876页。

再教育，强化了坚持和实践党的根本宗旨的意识，促进了作风的转变和拒腐防变自觉性的提高；普遍经受了一次严格的党内生活锻炼，党的观念得到增强，贯彻民主集中制原则的自觉性和解决领导班子自身问题的能力有了提高；普遍增强了党要管党、书记带头抓党建的意识，提高了治党的能力和水平。

在"三讲"教育取得成果的基础上，2001年9月召开的中共十五届六中全会通过了《关于加强和改进党的作风建设的决定》（以下简称《决定》），这是以江泽民同志为核心的党的第三代中央领导集体加强党风建设的又一项重大举措。

《决定》把党的作风建设的总体目标确定为"八个坚持、八个反对"，即坚持解放思想、实事求是，反对因循守旧、不思进取；坚持理论联系实际，反对照抄照搬、本本主义；坚持密切联系群众，反对形式主义、官僚主义；坚持民主集中制原则，反对独断专行、软弱涣散；坚持党的纪律，反对自由主义；坚持清正廉洁，反对以权谋私；坚持艰苦奋斗，反对享乐主义；坚持任人唯贤，反对用人上的不正之风。江泽民在全会上的讲话中要求全党，必须按照"八个坚持、八个反对"的要求，紧紧围绕保持党同人民群众的血肉联系这个核心问题，把党的作风建设推进到一个新的阶段。

中共十五届六中全会后，从中央领导机关到地方各级党组织，都把加强和改进党的作风建设提上重要日程，制定具体措施，从以下几个方面贯彻落实"八个坚持、八个反对"的要求。

第一，坚决克服因循守旧、不思进取、照抄照搬、本本主义的思想作风。《决定》指出："加强和改进党的作风建设，必须把思想作风建设摆在第一位。"一个开拓进取、蓬勃向上、充满生机活力的党必须以解放思想、实事求是为鲜明的政治风格。只有这样，我们才能目光远大，胸怀宽阔，与时俱进，迎接挑战。如果对复杂多变的国际形势知之不多，对日新月异的科技进步不甚了了，我们的认识和眼界就会越来越窄，我们的事业就不能前进，就会在世界进步潮流面前落伍，就要付出落后挨打的沉重代价。为此，以江泽民同志为核心的党的第三代中央领导集体,面对充满机遇和挑战的21世纪,向全党同志特别是各级领导干部提出,要在经济全球化和科技进步日新月异的背景下参与世界竞争,要在各种文明和社会制度相互激荡中建设中国特色的社会主义,要在应对各种风险和考验的条件下坚持和改善党的领导,就必须始终站在时代前列,开动脑筋,努力探索,大胆进行理论、制度和科技创新,把马克思主义不断推进到时代的新水平。

第二,坚决克服脱离群众、脱离实际的形式主义、官僚主义歪风。《决定》指出:"坚持党的群众路线,密切联系群众,必须坚决克服形式主义、官僚主义。形式主义的要害是,贪图虚名,不务实效,劳民伤财。官僚主义的要害是,脱离群众,脱离实际,做官当老爷。官僚主义引发形式主义,形式主义助长官僚主义,已经成为影响我们事业发展的一大祸害。"抓作风建设,如果不着重解决群众反映最强烈、危害最大的形式主义和官僚主义问题,其他都无从谈起。以江泽民同志为核心的党的第三代中央领导集体痛下决心,坚决刹住形式主义、官僚主义这两股歪风,从领导机关、领导干部做起,深入实际、深入群众搞调查研究,不搞不切实际的高指标,不搞虚报浮夸的假政绩,不搞劳民伤财的达标升级活动,不搞沽名钓誉的"形象工程"。同时把评判干部政绩的标准交给群众,把是否得到群众公认,是否取得让群众满意的实实在在的政绩,作为选拔任用干部的重要依据。对那些搞形式主义、官僚主义、不负责任、弄权渎职,给党和人民事业造成严重损害的干部严肃查处。

第三,坚决克服独断专行、软弱涣散和自由主义现象。针对有的领导干部不按民主集中制原则办事,不能自觉地接受监督,在重大决策和领导工作中搞"一言堂",独断专行,家长作风严重;有的领导班子软弱涣散,各自为政,工作不协调,影响了班子的团结和正确决策;有的地方和部门对上级政策和规定有令不行,有禁不止,搞"上有政策,下有对策",地方和部门保护主义严重;有的党员和干部无视党的纪律,各行其是,搞自由主义等问题,以江泽民同志为核心的党的第三代中央领导集体坚持民主集中制原则，强调严明党的纪律，反对独断专行和软弱涣散，以保证决策的正确制定和有效执行，确保党的团结统一和生机活力。

第四，坚决克服以权谋私、贪图享乐等消极腐败现象和用人上的不正之风。针对有的党员领导干部思想堕落，精神颓废，道德沦丧，贪图享受，追求腐朽的生活方式；有的领导任人唯亲，拉帮结伙，不搞五湖四海，在选人用人问题上个人说了算，甚至徇私舞弊；有的"谋官不谋事"，千方百计拉关系、找靠山，跑官要官，甚至买官卖官等问题，以江泽民同志为核心的党的第三代中央领导集体，深入研究具有中国特色的预防和治理腐败的"治本之策"，强调解决干部生活作风问题尤为重要，指出不少腐败分子自我毁灭，都是从生活作风腐化堕落开始的，这一问题必须引起全党的充分重视。

通过贯彻《决定》精神，党的作风有了新的进步，党群关系和干群关系有了明显改善。

三 加强党风廉政建设和反腐败斗争

中共十三届四中全会后，以江泽民同志为核心的党的第三代中央领导集体把党风廉政建设和反腐败斗争作为关系党和国家生死存亡的大事来抓，"形成了领导干部廉洁自律、查处大案要案、纠正部门和行业不正之风为主要内容的反腐败三项工作格局，形成了党委统一领导、党政齐抓共管、纪委组织协调、部门各负其责、依靠群众支持和参与的反腐败领导体制和工作机制，形成了战略上总体规划、战术上分阶段部署、不断积小胜为大胜的工作路数"[①]。

1993年8月，中共十四届中央纪委召开第二次全体会议，江泽民在会上发表重要讲话，提出反对腐败要着重做好三方面的工作：一是各级党政领导干部要带头廉洁自律；二是集中力量查办一批大案要案，重点查办发生在党政领导机关和司法部门、行政执法部门、

---

① 《江泽民文选》第2卷，人民出版社2006年版，第550页。

经济管理部门工作人员中的案件；三是紧紧抓住本地区本部门本单位的突出问题，刹住群众最不满意的几股不正之风。根据江泽民的讲话精神，会议提出反腐败的新思路和新办法。这就是：反腐败要紧密结合重大改革措施和行政、经济决策的实施来进行；坚决惩处腐败分子，坚决克服各种消极腐败现象，包括纠正不正之风；加强法规和政策的研究，及时规范行为，把惩治腐败纳入法制轨道；加强综合治理，既治标又治本；在反腐败斗争中，对广大党员主要是加强思想政治教育。会后，1993年10月，中共中央和国务院作出《关于反腐败斗争近期抓好几项工作的决定》，落实会议精神，推动反腐败斗争走向深入。

为加大反腐败斗争力度，1996年1月，中共十四届中央纪委第六次全体会议又对反腐败提出了总体要求。即以邓小平建设有中国特色社会主义理论和党的基本路线为指导，全面贯彻中共十四届五中全会精神，紧紧围绕经济建设这个中心，坚持反腐败三项工作的格局，加强思想政治建设，强化党内监督机制，标本兼治，综合治理，把反腐败斗争进一步引向深入。这次会议还提出选派部级干部到地方和部门巡视，负责了解省、自治区、直辖市和中央、国家机关部委领导班子及其成员贯彻执行党的路线、方针、政策以及廉政情况，直接报告中央纪委，中央纪委及时报告党中央。1998年7月，中共中央作出决定：军队、武警部队和政法机关一律不再从事经商活动。这是从源头上预防和治理腐败的又一项重大决策。

与此同时，中共中央、国务院不断健全反腐倡廉工作机构，制定和完善加强党风廉政建设的法规制度。1993年1月，中央纪委、监察部合署办公，实行一套工作机构两个机关名称，履行党的纪律检查和行政监督两项职能的体制。1995年11月，国家反贪总局成立。1997年2月，制定《中国共产党纪律处分条例（试行）》。1998年11月，发布《关于实行党风廉政建设责任制的规定》。截至2002年，全国省部级以上机关共制定党风廉政方面的党内法规及其他规范性文件2000余件。① 这些法规制度的制定，为推进党风廉政建设和反腐败斗争提供了重要的法规依据。

　　经过各级党委、政府和纪检监察机关的不懈努力，党风廉政建设和反腐败斗争取得重要阶段性成果。从1992年10月至1997年6月，全国纪检监察机关共立案73.1万件，结案67.01万件，给予党纪政纪处分66.93万人，其中开除党籍12.15万人，被开除党籍又受到刑事处分的37492人。在受处分的党员干部中，县（处）级干部20295人，厅（局）级干部1673人，省（部）级干部78人。② 1997年10月至2002年9月，全国纪检监察机关共立案861917件，结案842760件，给予党纪政纪处分846150人，其中开除党籍137711人。被开除党籍又受到刑事追究的37790人。在受处分的党员干部中，县（处）级干部28996人，厅（局）级干部2422人，省（部）级干部98人。③

　　通过对违法乱纪和腐败分子的严厉惩处，维护了党组织的纯洁性和法律的尊严，保证了改革开放的顺利进行。反腐倡廉工作的不断深入，有效地增强了党的拒腐防变和抵御风险能力，推进了党的自身建设。

四　形成并贯彻"三个代表"重要思想

　　中共十三届四中全会后，以江泽民同志为核心的党的第三代中央领导集体准确把握时代特征，科学判断中国共产党所处的历史方位，以马克思主义的政治勇气进行理论创新，提出了"三个代表"重要思想这一系统的科学理论，丰富和发展了中国特色社会主义理

---

　　① 中共中央党史研究室：《中国共产党的九十年》，中共党史出版社、党建读物出版社2016年版，第870页。

　　② 《中国共产党第十五次全国代表大会文件汇编》，人民出版社1997年版，第93页。

　　③ 《中国共产党第十六次全国代表大会文件汇编》，人民出版社2002年版，第109页。

论体系。

2000年2月，江泽民在广东考察工作时指出："总结我们党七十多年的历史，可以得出一个重要的结论，这就是：我们党所以赢得人民的拥护，是因为我们党在革命、建设、改革的各个历史时期，总是代表着中国先进生产力的发展要求，代表着中国先进文化的前进方向，代表着中国最广大人民的根本利益，并通过制定正确的路线方针政策，为实现国家和人民的根本利益而不懈奋斗。"①

2000年5月至2001年6月，江泽民先后到北京、吉林、黑龙江、上海、江苏、浙江等地进行考察，主持召开了近30次党建工作座谈会，听取各方面的意见和建议。在考察过程中他强调指出："始终做到'三个代表'是我们党的立党之本、执政之基、力量之源。按照'三个代表'的要求抓党的建设，同新时期党的建设新的伟大工程的总目标总要求是一致的。推进党的思想建设、政治建设、组织建设和作风建设，都应贯穿'三个代表'的要求。"②在此期间，江泽民还先后在中共中央召开的经济工作会议、统战工作会议和中纪委会议上，从不同角度对新形势下加强和改进党的建设问题进行了论述，使"三个代表"重要思想不断得到充实和完善。

2001年7月1日，江泽民在庆祝中国共产党成立80周年大会上发表讲话，围绕在新的历史条件下建设一个什么样的党、怎样建设党这个重大问题，系统阐述了"三个代表"重要思想，深刻回答了新的历史条件下加强和改进党的建设的重大理论和实践问题。他指出，中国共产党八十年的奋斗历程和基本经验，"归结起来，就是必须始终代表中国先进生产力的发展要求，代表中国先进文化的前进方向，代表中国最广大人民的根本利益"③。

江泽民在讲话中深刻阐述了"三个代表"重要思想的科学内涵

---

① 《江泽民文选》第3卷，人民出版社2006年版，第2页。
② 同上书，第15页。
③ 同上书，第272页。

及其内在联系。他指出，始终代表中国先进生产力的发展要求，就是党的理论、路线、纲领、方针、政策和各项工作，必须努力符合生产力发展的规律，体现不断推动社会生产力的解放和发展的要求，尤其要体现推动先进生产力发展的要求，通过发展生产力不断提高人民群众的生活水平。始终代表中国先进文化的前进方向，就是党的理论、路线、纲领、方针、政策和各项工作，必须努力体现发展面向现代化、面向世界、面向未来的，民族的科学的大众的社会主义文化的要求，促进全民族思想道德素质和科学文化素质的不断提高，为我国经济发展和社会进步提供精神动力和智力支持。始终代表中国最广大人民的根本利益，就是党的理论、路线、纲领、方针、政策和各项工作，必须坚持把人民的根本利益作为出发点和归宿，充分发挥人民群众的积极性主动性创造性，在社会不断发展进步的基础上，使人民群众不断获得切实的经济、政治、文化利益。代表中国先进生产力的发展要求，代表中国先进文化的前进方向，代表中国最广大人民的根本利益，是统一的整体，相互联系，相互促进。发展先进生产力，是发展先进文化，实现最广大人民根本利益的基础条件。人民群众是先进生产力和先进文化的创造主体，也是实现自身利益的根本力量。不断发展先进生产力和先进文化，归根到底都是为了满足人民群众日益增长的物质文化生活需要，不断实现最广大人民的根本利益。[①]

"三个代表"重要思想的提出，在国内外引起强烈反响，全党和全国上下兴起了学习贯彻"三个代表"重要思想的热潮，有力地推动了改革开放和现代化建设的跨世纪发展。

2002年11月召开的中共十六大，高度评价"三个代表"重要思想的历史地位和重要作用，把"三个代表"重要思想同马克思列宁主义、毛泽东思想、邓小平理论一道确立为党必须长期坚持的指导思想，实现了我们党指导思想的又一次与时俱进。

[①] 参见《江泽民文选》第3卷，人民出版社2006年版，第272—281页。

报告指出:"三个代表"重要思想是对马克思列宁主义、毛泽东思想和邓小平理论的继承和发展,反映了当代世界和中国的发展变化对党和国家工作的新要求,是加强和改进党的建设、推进我国社会主义自我完善和发展的强大理论武器,是全党集体智慧的结晶,是党必须长期坚持的指导思想。始终做到"三个代表",是我们党的立党之本、执政之基、力量之源。① 报告强调:贯彻"三个代表"重要思想,必须使全党始终保持与时俱进的精神状态,不断开拓马克思主义理论发展的新境界;必须把发展作为党执政兴国的第一要务,不断开创现代化建设的新局面;必须最广泛最充分地调动一切积极因素,不断为中华民族的伟大复兴增添新力量;必须以改革的精神推进党的建设,不断为党的肌体注入新活力。总之,"三个代表"重要思想是发展的、前进的。全党必须在思想上不断有新解放,理论上不断有新发展,实践上不断有新创造,把"三个代表"重要思想贯彻到社会主义现代化建设的各个领域,体现在党的建设的各个方面,使我们党始终与时代发展同步伐,与人民群众共命运。

为进一步增强全党和全国各族人民贯彻"三个代表"重要思想的自觉性和决定性,中共十六大以后,党中央采取一系列重大举措,推动"三个代表"重要思想的学习和贯彻,使"三个代表"重要思想更加深入人心,有力地推动了党和国家各项事业的发展。

本章小结

中共十三届四中全会后,国际局势发生重大而复杂的变化,东欧剧变、苏联解体,世界社会主义出现严重曲折,我国社会主义事业的发展面临巨大的困难和压力。在这个决定党和国家前途命运的

---

① 中共中央文献研究室:《十六大以来重要文献选编》(上),中央文献出版社2011年版,第8—9页。

重大历史关头,以江泽民同志为主要代表的中国共产党人,紧紧依靠全党和全国各族人民,坚持中共十一届三中全会以来的基本路线不动摇,成功地稳住了改革和发展的大局,捍卫和发展了中国特色社会主义伟大事业。

中共十四大确立了社会主义市场经济体制的改革目标。在社会主义条件下发展市场经济,是前无古人的伟大创举,是中国共产党人对马克思主义发展作出的历史性贡献,体现了我们党坚持理论创新、与时俱进的巨大勇气。由计划经济体制向社会主义市场经济体制的转变,打开了我国经济、政治和文化发展的崭新局面,推动我国改革开放和社会主义现代化建设进入新的发展阶段。

中共十五大后,以江泽民同志为主要代表的中国共产党人,高举邓小平理论伟大旗帜,团结带领全党全国各族人民,坚持党的基本理论、基本路线,加深了对什么是社会主义、怎样建设社会主义和建设什么样的党、怎样建设党的认识,积累了治党治国新的宝贵经验,形成"三个代表"重要思想,推进党的建设新的伟大工程,成功把中国特色社会主义全面推向21世纪。

第五章

在新起点上坚持和发展中国特色社会主义（2002—2012）

2002年中共十六大以后，以胡锦涛同志为主要代表的中国共产党人，带领全党全国各族人民，根据新的发展要求，深刻认识和回答了新形势下实现什么样的发展、怎样发展等重大问题，形成了科学发展观，中国进入全面建设小康社会、加快推进社会主义现代化的新阶段。

第一节 在科学发展观指导下开创中国特色社会主义新局面

新世纪新阶段，中国共产党在全面深刻地分析国内外形势的基础上，制定了全面建设小康社会的发展目标，提出了构建社会主义和谐社会的战略任务，形成并全面贯彻科学发展观，开创了中国特色社会主义新局面。

一 中共十六大提出全面建设小康社会的奋斗目标

在迈向21世纪的征途上，经过全党和全国各族人民的共同努力，胜利完成了国民经济和社会发展的第九个五年计划，我国实现了现代化建设"三步走"战略的第一步、第二步目标。到2000年底，初步建立起社会主义市场经济体制，人民生活总体上达到小康水平。但必须看到，我国正处于并将长期处于社会主义初级阶段，达到的小康还是低水平的、不全面的、发展很不平衡的小康。

2002年11月8日至14日，中国共产党第十六次全国代表大会在北京召开。大会通过了江泽民所作的《全面建设小康社会，开创中国特色社会主义事业新局面》的报告。江泽民在报告中紧密围绕大会主题，明确回答了在新世纪新阶段党举什么旗、走什么路、实现什么样的发展目标等重大问题。报告指出，在新世纪新阶段，中国共产党高举的旗帜，就是马克思列宁主义、毛泽东思想和邓小平理论的旗帜，就是"三个代表"重要思想的旗帜；中国共产党要走的道路，就是邓小平开辟的中国特色社会主义道路；中国共产党带领人民在21世纪前50年要实现的目标，就是全面建设小康社会进而实现现代化的目标。

大会报告提出了全面建设小康社会的奋斗目标，并从经济、政治、文化等方面勾画了宏伟蓝图。报告指出：21世纪头20年是一个必须紧紧抓住并且可以大有作为的重要战略机遇期。要集中力量，全面建设惠及十几亿人口的更高水平的小康社会，使经济更加发展、民主更加健全、科教更加进步、文化更加繁荣、社会更加和谐、人民生活更加殷实。这是实现现代化建设第三步战略目标必须经过的承上启下的发展阶段，也是完善社会主义市场经济体制和扩大开放的关键阶段。经过这个阶段的建设，再继续奋斗几十年，到21世纪中叶基本实现现代化。[①] 大会通过《中国共产党章程（修正案）》，把"三个代表"重要思想作为党的行动指南写入党章，使"三个代表"重要思想同马克思列宁主义、毛泽东思想、邓小平理论一道，

---

① 中共中央文献研究室：《十六大以来重要文献选编》（上），中央文献出版社2005年版，第14—15页。

作为党必须长期坚持的指导思想。

在中共十六大提出"社会更加和谐"的目标后，对社会和谐的认识不断深化。2006年10月，中共十六届六中全会专门作出《关于构建社会主义和谐社会若干重大问题的决定》，提出到2020年，实现全面建设惠及十几亿人口的更高水平的小康社会的目标，努力形成全体人民各尽其能、各得其所而又和谐相处的局面。[①] 构建社会主义和谐社会重大战略目标的提出，使中国特色社会主义事业的总体布局由经济建设、政治建设、文化建设"三位一体"发展为经济建设、政治建设、文化建设、社会建设"四位一体"。

二 构建社会主义和谐社会的战略任务

实现社会和谐，建设美好社会，始终是人类孜孜以求的社会理想，也是中国共产党不懈奋斗的目标。党中央继提出科学发展观重大战略思想之后，又随着对社会建设认识的不断深化，从中国特色社会主义事业总体布局和全面建设小康社会的全局出发，提出构建社会主义和谐社会的重大战略任务。

针对进入21世纪以来各种社会矛盾集中凸显的客观现实，2002年召开的中共十六大上，党在部署全面建设小康社会时，提出了"社会更加和谐"的目标。十六大以后，中国共产党对社会和谐的认识不断深化。2004年9月，中共十六届四中全会通过的《中共中央关于加强党的执政能力建设的决定》，提出要提高"构建社会主义和谐社会的能力"，形成全体人民各尽其能、各得其所而又和谐相处的社会，是巩固党执政的社会基础、实现党的执政的历史任务的必然要求，把和谐社会建设摆在重要位置。2005年2月19日，胡锦涛在中央党校省部级主要领导干部"提高构建社会主义和谐社会能力"专题研讨班上指出，根据新世纪新阶段我国

---

① 中共中央文献研究室：《十六大以来重要文献选编》（下），中央文献出版社2008年版，第651页。

经济社会发展的新要求和我国社会出现的新趋势新特点，我们所要建设的社会主义和谐社会，应该是民主法治、公平正义、诚信友爱、充满活力、安定有序、人与自然和谐相处的社会。[①] 2005年3月，第十届全国人民代表大会第三次会议审议通过的《政府工作报告》单列一章就积极发展社会事业和建设和谐社会作出全面部署，要求"着力解决与人民群众切身利益相关的突出问题，维护社会稳定，努力构建社会主义和谐社会"[②]。10月，中共十六届五中全会建议将和谐社会建设纳入国民经济和社会发展第十一个五年规划。从此，社会发展方面的内容不但体现在每年的党代会报告、政府工作报告中，而且在"十一五"规划和"十二五"规划中占据了与国民经济同样重要的地位。

为了进一步推动社会主义和谐社会建设，2006年10月，中共十六届六中全会专门作出《关于构建社会主义和谐社会若干重大问题的决定》（以下简称《决定》），对建设社会主义和谐社会的重要性、紧迫性及一系列相关问题作了界定和阐释，强调社会主义和谐社会，是在中国特色社会主义道路上，中国共产党领导全体人民共同建设、共同享有的和谐社会。《决定》提出到2020年，实现全面建设惠及十几亿人口的更高水平的小康社会的目标，努力形成全体人民各尽其能、各得其所而又和谐相处的局面。[③] 构建社会主义和谐社会重大战略目标的提出，使中国特色社会主义事业的总体布局由经济建设、政治建设、文化建设"三位一体"发展为经济建设、政治建设、文化建设、社会建设"四位一体"。

关于和谐社会建设与社会建设的关系，胡锦涛同志2006年10月11日在中共十六届六中全会第二次全体会议上作了阐释：我们要

[①] 《胡锦涛文选》第2卷，人民出版社2016年版，第285页。

[②] 中共中央文献研究室：《十六大以来重要文献选编》（中），中央文献出版社2006年版，第784页。

[③] 中共中央文献研究室：《十六大以来重要文献选编》（下），中央文献出版社2008年版，第651页。

构建的社会主义和谐社会，是经济建设、政治建设、文化建设、社会建设协调发展的社会，是人与人、人与社会、人与自然整体和谐的社会。2007年的中共十七大报告指出：社会建设与人民幸福安康息息相关。必须在经济发展的基础上，更加注重社会建设，着力保障和改善民生，推进社会体制改革，扩大公共服务，完善社会管理，促进社会公平正义，努力使全体人民学有所教、劳有所得、病有所医、老有所养、住有所居，推动建设和谐社会。[1]

三　形成并全面贯彻科学发展观

新世纪新阶段，我国面临的发展机遇前所未有，面对的挑战也前所未有。国际形势复杂多变，世界多极化和经济全球化趋势深入发展，综合国力竞争日趋激烈，我国仍将长期面临发达国家在经济科技等方面占据优势的压力。随着我国进入改革发展的关键时期，经济体制深刻变革，社会结构深刻变动，利益格局深刻调整，思想观念深刻变化，给我国发展进步带来巨大活力，也必然带来这样那样的新问题，我国发展仍面临着一些突出矛盾和问题。要实现中共十六大提出的全面建设小康社会的奋斗目标，保持中国的社会稳定和持续发展，还需要进行不懈奋斗和艰辛探索。

2003年抗击"非典"斗争的胜利，显示了社会主义制度的优越性，增强了中华民族的凝聚力。同时，也认识到中国的经济发展和社会发展、城市发展和农村发展还不够协调；公共卫生事业发展滞后，公共卫生体系存在缺陷；突发事件应急机制不健全，处理和管理危机能力不强。防治非典斗争成为改进工作、更好地推动事业发展的一个重要契机，从而推动解决实现什么样的发展、怎样发展的问题。

---

[1] 胡锦涛：《高举中国特色社会主义伟大旗帜，为夺取全面建设小康社会新胜利而奋斗——在中国共产党第十七次全国代表大会上的报告》，《人民日报》2007年10月25日。

第五章　在新起点上坚持和发展中国特色社会主义(2002—2012)　301

　　早在1999年3月9日，胡锦涛同志曾表达过"我们必须牢固树立发展是硬道理的思想，树立科学的发展观"的想法。① 2003年4月，胡锦涛在广东考察时提出要坚持全面的发展观。2003年7月28日，胡锦涛在全国防治"非典"工作会议上提出："发展绝不只是指经济增长，而是要坚持以经济建设为中心，在经济发展的基础上实现社会全面发展。我们要更好地坚持全面发展、协调发展、可持续发展的发展观。"② 8月底9月初，胡锦涛在江西考察时明确使用"科学发展观"概念，提出要牢固树立协调发展、全面发展、可持续发展的科学发展观。10月，中共十六届三中全会通过的《关于完善社会主义市场经济体制若干问题的决定》提出要"坚持以人为本，树立全面、协调、可持续的发展观"③，强调"按照统筹城乡发展、统筹区域发展、统筹经济社会发展、统筹人与自然和谐发展、统筹国内发展和对外开放的要求"④。2004年3月10日，胡锦涛在中央人口资源环境工作座谈会上讲话，就准确把握科学发展观的深刻内涵和基本要求作了进一步阐述。⑤

　　2004年9月，中共十六届四中全会通过的《中共中央关于加强党的执政能力建设的决定》，把树立和落实科学发展观作为提高党的执政能力的重要内容。2005年10月，中共十六届五中全会通过的《中共中央关于制定国民经济和社会发展第十个五年规划的建议》强调，要坚定不移地以科学发展观统领经济社会发展全局，坚持以人

---

　　① 鹿永建、卓培荣、王彦田：《胡锦涛参加福建代表团审议时强调：树立科学发展观，保持良好精神状态》，《人民日报》1999年3月10日。
　　② 中共中央文献研究室：《十六大以来重要文献选编》（上），中央文献出版社2005年版，第396页。
　　③ 同上书，第465页。
　　④ 《中共中央关于完善社会主义市场经济体制若干问题的决定》，《人民日报》2003年10月22日。
　　⑤ 胡锦涛：《在中央人口资源环境工作座谈会上的讲话》（2004年3月10日），《人民日报》2004年4月5日。

为本，转变发展观念、创新发展模式、提高发展质量，把经济社会发展切实转入全面协调可持续发展的轨道。[①]

2006年3月，十届全国人大四次会议通过的《中华人民共和国国民经济和社会发展第十一个五年规划纲要》中指出，"十一五"时期促进国民经济持续快速协调健康发展和社会全面进步，关键是要牢固树立和全面落实科学发展观。2006年10月11日，中共十六届六中全会上提出"扎实促进经济又好又快发展"的经济发展方针，体现了科学发展的本质要求。

四 中共十七大对中国特色社会主义理论体系的新概括

中共十六大以来，顺应国内外形势发展变化，抓住重要战略机遇期，坚持理论创新和实践创新，在全面建设小康社会实践中，不断探索和回答什么是社会主义、怎样建设社会主义，建设什么样的党、怎样建设党，实现什么样的发展、怎样发展等重大理论和实际问题，不断推进马克思主义中国化。

随着中国特色社会主义实践取得举世瞩目的发展奇迹，国内外出于不同的视角、立场，对中国道路给出了多种概括和阐述。其中，有与"华盛顿共识"对应的"北京共识"，也有不可持续的"终结说"和"崩溃说"。对于中国特色社会主义道路的认识，成为举什么样的旗、走什么样的路的问题，中共十七大总结历史经验，进一步阐述了中国特色社会主义道路和理论体系。

2007年10月15—21日，中国共产党第十七次全国代表大会在北京召开。胡锦涛作了《高举中国特色社会主义伟大旗帜，为夺取全面建设小康社会新胜利而奋斗》的报告。报告指出，高举中国特色社会主义伟大旗帜，以邓小平理论和"三个代表"重要思想为指导，深入贯彻落实科学发展观，继续解放思想，坚持改革开放，推动科学发

[①] 中共中央文献研究室：《十六大以来重要文献选编》（中），中央文献出版社2006年版，第1063页。

展,促进社会和谐,为夺取全面建设小康社会新胜利而奋斗。

大会对举什么旗、走什么路这一根本问题作出明确回答。报告强调,改革开放以来我们取得一切成绩和进步的根本原因,归结起来就是:开辟了中国特色社会主义道路,形成了中国特色社会主义理论体系。高举中国特色社会主义伟大旗帜,最根本的就是要坚持这条道路和这个理论体系。[①] 中共十七大首次对马克思主义中国化第二次飞跃的理论成果——中国特色社会主义理论体系作了概括,中国共产党对旗帜问题的认识进一步深化,即从"思想理论"扩展为"道路""理论体系"的有机统一。

报告指出,中国特色社会主义道路,就是在中国共产党领导下,立足基本国情,以经济建设为中心,坚持四项基本原则,坚持改革开放,解放和发展社会生产力,巩固和完善社会主义制度,建设社会主义市场经济、社会主义民主政治、社会主义先进文化、社会主义和谐社会,建设富强民主文明和谐的社会主义现代化国家。中国特色社会主义理论体系,就是包括邓小平理论、"三个代表"重要思想以及科学发展观等重大战略思想在内的科学理论体系。这个理论体系,坚持和发展了马克思列宁主义、毛泽东思想,凝结了几代中国共产党人带领人民不懈探索实践的智慧和心血,是马克思主义中国化最新成果,是党最可宝贵的政治和精神财富,是全国各族人民团结奋斗的共同思想基础。

报告还指出,中国特色社会主义理论体系是不断发展的开放的理论体系。《共产党宣言》发表以来的实践证明,马克思主义只有与本国国情相结合、与时代发展同进步、与人民群众共命运,才能焕发出强大的生命力、创造力、感召力。在当代中国,坚持中国特色社会主义理论体系,就是真正坚持马克思主义。大会对科学发展观的时代背景、科学内涵、精神实质和根本要求进行了全面系统的阐

[①] 中共中央文献研究室:《十七大以来重要文献选编》(上),中央文献出版社2009年版,第9页。

述，并把科学发展观写入党章。

2008年12月18日，胡锦涛在纪念中共十一届三中全会召开30周年大会上，进一步强调指出，中国特色社会主义理论体系是马克思主义中国化最新成果，是党最可宝贵的政治和精神财富，是全国各族人民团结奋斗的共同思想基础，是扎根于当代中国的科学社会主义。①

2011年7月1日，胡锦涛在庆祝中国共产党成立90周年大会上，论述了马克思主义中国化的两大历史成果的历史地位和相互关系。胡锦涛指出，在推进马克思主义中国化的历史进程中产生了两大理论成果。一大理论成果是毛泽东思想，系统回答了在一个半殖民地半封建的东方大国，如何实现新民主主义革命和社会主义革命的问题，并对建设什么样的社会主义、怎样建设社会主义进行了艰辛探索。另一大理论成果是中国特色社会主义理论体系，系统回答了在中国这样一个十几亿人口的发展中大国建设什么样的社会主义、怎样建设社会主义，建设什么样的党、怎样建设党，实现什么样的发展、怎样发展等一系列重大问题，是对毛泽东思想的继承和发展。②

中国特色社会主义理论体系，是指导党和人民沿着中国特色社会主义道路实现中华民族伟大复兴的正确理论，集中反映了时代变化的新特点和中国经济社会转型发展的新要求，成为全党全国各族人民团结奋斗的共同思想基础，是实现中华民族伟大复兴的根本指针。

第二节 形成中国特色社会主义事业总体布局

中共十六大以来，中国共产党坚持用发展着的马克思主义指导

---

① 《胡锦涛文选》第3卷，人民出版社2016年版，第157页。
② 同上书，第526页。

新的实践。中共十六大提出不断促进社会主义物质文明、政治文明和精神文明的协调发展,形成了"三位一体"。中共十七大要求按照中国特色社会主义事业总体布局,全面推进经济建设、政治建设、文化建设、社会建设,并把"四位一体"写入大会报告。2012年7月23日,胡锦涛在省部级主要领导干部专题研讨班上发表讲话指出,必须把生态文明建设放在突出地位,纳入中国特色社会主义事业总体布局,进一步强调生态文明建设地位和作用。[①] 以胡锦涛同志为主要代表的中国共产党人,抓住重要战略机遇期,坚持以人为本、全面协调可持续发展,形成中国特色社会主义事业总体布局。

一 完善社会主义市场经济体制

经过中共十四大以后十多年的奋斗探索,我国初步建立起社会主义市场经济体制,极大地促进了社会生产力的发展,在经济发展总体上保持了较好的势头。同时,经济结构转型加快,经济增长的资源环境约束强化,经济生活中还存在结构不合理、分配关系尚未理顺、农民收入增长缓慢、就业矛盾突出、资源环境压力加大、经济整体竞争力不强等问题,需要通过转变经济发展方式和进一步推动经济体制改革加以解决。

2003年10月,中共十六届三中全会明确提出,要"坚持以人为本,树立全面、协调、可持续的发展观",并将其确定为深化经济体制改革、统领经济和社会发展的指导思想和原则。会议通过《关于完善社会主义市场经济体制若干问题的决定》(以下简称《决定》)。《决定》提出完善社会主义市场经济体制的主要目标是:按照统筹城乡发展、统筹区域发展、统筹经济社会发展、统筹人与自然和谐发展、统筹国内发展和对外开放的要求,更大程度地发挥市场在资源配置中的基础性作用,增强企业活力和竞争力,健全国家宏观调控体系,完善政府社会管理和公共服务职能,为全面建设小

[①] 《胡锦涛文选》第3卷,人民出版社2016年版,第609页。

康社会提供强有力的体制保障。① 《决定》是 21 世纪完善社会主义市场经济体制的纲领性文件。

2005 年 10 月，中共十六届五中全会审议通过《中共中央关于国民经济和社会发展第十一个五年规划的建议》（以下简称《建议》），明确"十一五"时期中国经济社会发展和改革开放的主要任务是：建设社会主义新农村，推进经济结构调整和经济增长方式转变，促进区域协调发展，增强自主创新能力和加快科技教育发展，深化体制改革和提高对外开放水平，加强和谐社会建设。《建议》强调坚持以科学发展观统领经济社会发展全局，把科学发展观贯穿到改革开放和现代化建设全过程。根据《建议》，国务院制定了《中华人民共和国国民经济和社会发展第十一个五年规划纲要（草案）》（以下简称《纲要》）。2006 年 3 月，十届全国人大四次会议审议通过了"十一五"规划纲要。《纲要》提出了"十一五"规划时期经济社会发展的主要目标，强调在优化结构、提高效益、降低消耗的基础上，实现 2010 年人均国内生产总值比 2000 年翻一番。"十一五"规划将延续 50 多年的"计划"改为"规划"，体现了社会主义市场经济条件下中长期规划的功能定位，反映了我国发展理念、经济体制、政府职能的重大变革。

为巩固和扩大应对国际金融危机冲击成果，促进经济长期平稳较快发展和社会和谐稳定，2010 年 10 月，中共十七届五中全会审议通过《中共中央关于制定国民经济和社会发展第十二个五年规划的建议》（以下简称《建议》）。按照以科学发展为主题、以加快转变经济发展方式为主线的要求，《建议》从经济发展、结构调整、人民生活、社会建设、改革开放等方面，提出了"十二五"时期经济社会发展的主要目标、方向和重点。2011 年 3 月，十一届全国人大四次会议批准了《中华人民共和国国民经济和社会发展第十二个五年

---

① 中共中央文献研究室：《十六大以来重要文献选编》（上），中央文献出版社 2005 年版，第 465 页。

规划纲要》。

为完善社会主义市场经济体制,中共中央、国务院相继作出一系列重大决策和部署,经济体制改革向重点领域和关键环节稳步推进。

中共十六大提出"两个毫不动摇"的方针,即"毫不动摇地巩固和发展公有制经济","毫不动摇地鼓励、支持和引导非公有制经济发展"。2003年,国务院成立国有资产监督管理委员会,从机构设置上实现政企分开、政资分开,以保证国有资产保值增值的责任得到落实。其后,中央、省、市三级国有资产监管机构基本建立,国有资产监管法规体系逐步完善,出资人财务监管体系基本形成。随着国有企业股份制、公司制改革步伐加快,国有资产监管体制逐步建立和完善,国有企业数量有所减少,但实力大为增强。

2005年2月,国务院发布《关于鼓励支持和引导个体私营等非公有制经济发展的若干意见》[1],有关部门又相继出台40多个配套文件,形成一整套鼓励非公有制经济发展的政策法规。2007年3月,十届全国人大五次会议通过《中华人民共和国物权法》,保障一切市场主体的平等法律地位和发展权利,维护社会主义市场经济秩序。在一系列政策措施推动下,多种所有制经济都实现新的发展。到2008年,在规模以上工业中,国有及国有控股工业企业占全部规模以上工业总产值的比重下降到28.3%,集体企业占2.4%,非公企业比重上升到65.6%。[2]

从2003年下半年开始,国家进一步加强和完善宏观调控。2004年,中共中央和国务院在信贷、土地、农业生产等方面采取有针对性的调控措施,抑制了经济运行中的不健康不稳定因素,避免了经济发展大的起落,保持了国民经济持续快速增长的势头。

在财税体制改革方面,围绕推进基本公共服务均等化,逐步规

---

[1] 该文件共36条,简称"非公经济36条"。
[2] 《中国企业管理年鉴2010》,企业管理出版社2010年版,第325页。

范和调整财政转移支付办法，推动省以下财政管理的创新，在全国许多省份推进"省直管县"和"乡财县管"改革试点，深化预算管理制度改革、出口退税机制改革以及实施由生产型增值税向消费型增值税转型改革逐步规范省以下财政分配关系；修改《个人所得税法》，优化个人所得税制；进一步调整和完善消费税，2003年国务院首次明确提出将生产型增值税改为消费型增值税。2007年通过的《中华人民共和国企业所得税法》统一内外资企业所得税制等。

在金融体制改革方面，加快推进国有商业银行股份制改造、全面推进农村金融改革、加强金融调控、健全金融监管体制。从2002年起，四大国有商业银行建立健全法人治理结构。2003年，中国银行业监督管理委员会成立，专司银行业金融机构监管职能，使中国金融管理形成了"一行三会"①的分业监管格局。2005年7月，中国开始实行以市场供求为基础，参考"一篮子货币"进行调节、有管理的浮动汇率制度。

在投资体制方面，2004年7月，国务院发布《关于投资体制改革的决定》。此后，有关部门制定发布了一系列配套规章文件，使企业投资主体地位逐步确立，投资管理日益规范，投资宏观管理调控方式进一步转变。通过改革，国家计划和财政政策、货币政策等相互配合的宏观调控体系得到进一步健全。

2004年5月，国务院批准在深圳交易所主板市场设立中小企业板块，标志着建设多层次资本市场体系迈出关键步伐。同时，合资证券经营机构大量设立，合格境外机构投资者和合格境内机构投资者投资机制相继建立。为使资本市场进入规范化发展轨道，国务院于2004年12月发布《关于推进资本市场改革开放和稳定发展的若干意见》。国务院还出台一系列针对土地使用权出让的规定和政策性文件。2006年8月，有关部门发布实施《招标拍卖挂牌出让国有土

---

① "一行三会"是指：中国人民银行、中国证券监督管理委员会、中国保险监督管理委员会、中国银行业监督管理委员会。

地使用权规范》和《协议出让国有土地使用权规范》，基本建立起国有土地"招拍挂"出让制度。

二 坚持走中国特色社会主义政治发展道路

进入21世纪，随着改革开放深化和经济社会发展，人民群众的政治参与积极性不断提高，中国共产党坚持把党的领导、人民当家作主和依法治国统一起来，把民主法治建设和政治体制改革摆在改革发展全局的重要位置加以推进，坚持走中国特色社会主义政治发展道路。

中共十六大把发展社会主义民主政治，建设社会主义政治文明，作为全面建设小康社会的重要目标之一，强调发展社会主义民主政治，最根本的是要把坚持党的领导、人民当家作主和依法治国有机统一起来。[①] 在此基础上，中共十七大要求坚定不移发展社会主义民主政治，提出人民民主是社会主义的生命，发展社会主义民主政治是我们党始终不渝的奋斗目标；强调要坚持中国特色社会主义政治发展道路，坚持和完善人民代表大会制度、中国共产党领导的多党合作和政治协商制度、民族区域自治制度以及基层群众自治制度，不断推进社会主义政治制度自我完善和发展。[②] 中共中央、国务院在积极推动经济发展的同时，努力推进中国社会主义民主政治建设不断向前发展。

一是坚持和完善人民代表大会制度。自2002年起，全国人大常委会逐步实行听证会制度。2003年，十届全国人大常委会对《中华人民共和国选举法》进行修改。将乡镇人大任期由三年改为五年；在基层人大代表选举中引入预选制度；规定严惩贿选；让被选举人与选民见面，确保人大代表选举公正。2005年5月，中共中央转发

---

① 中共中央文献研究室：《十六大以来重要文献选编》（上），中央文献出版社2005年版，第24页。

② 《胡锦涛文选》第2卷，人民出版社2016年版，第634—635页。

《中共全国人大常委会党组关于进一步发挥全国人大代表作用,加强全国人大常委会制度建设的若干意见》(以下简称《意见》)。2006年8月,十届全国人大常委会第二十三次会议通过《中华人民共和国各级人民代表大会常务委员会监督法》(以下简称《监督法》),为人大监督"一府两院"提供法律依据。《意见》和《监督法》规定加强人民代表大会制度建设,进一步发挥人大代表的作用,保障全国人大及其常委会、地方各级人大及其常委会依法行使对同级政府、法院、检察院的监督权。2007年,十届全国人大五次会议通过《关于十一届全国人大代表名额和选举问题的决定》,从法律上更好地保障一亿多农民工的选举权。中共十七大报告提出:"逐步实行城乡按相同人口比例选举人大代表。"[1] 2010年3月,十一届全国人大三次会议通过的《全国人民代表大会和地方各级人民代表大会选举法》规定,实行城乡按相同人口比例选举人大代表,更好地体现了人人平等、地区平等、民族平等原则,进一步完善了中国特色社会主义选举制度。

二是完善中国共产党领导的多党合作和政治协商制度。2005年2月,中共中央颁布《关于进一步加强中国共产党领导的多党合作和政治协商制度建设的意见》,推动多党合作和政治协商的制度化、规范化和程序化,为各民主党派和无党派人士参政议政和发挥监督作用创造了更为广阔的空间。2006年2月,中共中央印发《关于加强人民政协工作的意见》,进一步推进人民政协政治协商、民主监督、参政议政的制度化、规范化和程序化建设,更好发挥人民政协协调关系、汇聚力量、建言献策、服务大局的作用。中共中央在作出重大决策之前,把政治协商纳入决策程序,邀请各民主党派中央领导人和无党派人士召开民主协商会、座谈会,通报情况,听取意见。2006年7月,第二十次全国统战工作会议

---

[1] 中共中央文献研究室:《十七大以来重要文献选编》(上),中央文献出版社2009年版,第678页。

强调，政党关系、民族关系、宗教关系、阶层关系和海内外同胞关系，是政治领域和社会领域中涉及党和国家工作全局的一些重大关系，也是统一战线需要全面把握和正确处理的重大关系。中共十七大以后，专题协商、界别协商、对口协商、提案办理协商等协商平台得以创立和广泛运用，协商民主在实践中有了进一步发展，人民政协作为中国共产党领导的多党合作和政治协商重要机构的作用日益突出。

三是巩固和完善民族区域自治制度。各民族共同团结奋斗、共同繁荣发展，平等团结互助和谐的社会主义民族关系得到不断巩固和发展，民族地区经济实现了跨越式发展。2005年5月27日，中共中央、国务院召开第三次中央民族工作会议暨国务院第四次全国民族团结进步表彰大会，提出"促进民族地区实现全面建设小康社会的宏伟目标，进一步开创我国各民族共同团结奋斗、共同繁荣发展的新局面"[1]的任务。中共中央、国务院发布《关于进一步加强民族工作加快少数民族和民族地区经济社会发展的决定》，提出六个方面三十项政策原则和工作要求，有针对性地对加快少数民族和民族地区经济社会发展进程中面临的一系列新问题做出具体部署。2005年，国务院正式颁布《实施〈中华人民共和国民族区域自治法〉若干规定》，以制定自治条例和单行条例为主要内容的地方民族立法也取得了新的进展，推动制定贯彻实施民族区域自治法的配套规定，修订《城市民族工作条例》和《民族乡民族工作条例》，依法办事逐渐成为处理民族问题、开展民族工作的重要手段。2012年，民族自治地方地区生产总值5.9万亿元，民族地区总体呈现出经济繁荣、政治安定、文化发展、社会和谐、民族团结的景象。

四是确立基层群众自治为国家基本政治制度。2002年，中共十

---

[1] 中共中央文献研究室：《改革开放三十年重要文献选编》（下），人民出版社2008年版，第1501页。

六大提出"扩大基层民主,是发展社会主义民主的基础性工作",要求健全基层自治组织和民主管理制度,完善村民自治,完善城市居民自治,坚持和完善职工代表大会和其他形式的企事业民主管理制度,保证人民群众依法直接行使民主权利。① 2007年,中共十七大首次将基层群众自治制度纳入中国特色社会主义民主政治制度的基本范畴,作为发展社会主义民主政治的基础性工程重点推进。② 随着城市化进程加快,村民委员会继续减少、居民委员会逐年增加,截至2011年底,全国共有村民委员会59.0万个,居民委员会8.9万个,亿万群众依法管理自己的事情。2010年,第十一届全国人大常委会第十七次会议修订通过《中华人民共和国村民委员会组织法》,进一步完善了村民自治制度。随着城乡基层群众自治制度的日益完善,中国已经建立起以农村村民委员会、城市居民委员会和企事业单位职工代表大会为主要内容的基层民主自治体系。

五是推进依法治国基本方略。进入21世纪,中国的法治建设继续向前推进。2002年中共十六大把"社会主义法制更加完备,依法治国的基本方略得到全面落实"作为全面建设小康社会的目标,要求"到2010年形成中国特色社会主义法律体系"。③ 2004年3月22日,国务院印发《全面推进依法行政实施纲要》,坚持执政为民,全面推进依法行政,建设法治政府,明确提出"经过十年左右坚持不懈的努力,基本实现建设法治政府的目标"④。到2010年底,中国特色社会主义法律体系如期形成,建立了以宪法为统帅,以宪法相关

---

① 中共中央文献研究室:《十六大以来重要文献选编》(上),中央文献出版社2005年版,第25页。
② 中共中央文献研究室:《十七大以来重要文献选编》(上),中央文献出版社2009年版,第23页。
③ 中共中央文献研究室:《十六大以来重要文献选编》(上),中央文献出版社2005年版,第15、26页。
④ 中共中央文献研究室:《十六大以来重要文献选编》(中),中央文献出版社2006年版,第3、4页。

法、民法商法等多个法律部门的法律为主干，由法律、行政法规、地方性法规等多个层次的法律规范构成的中国特色社会主义法律体系，国家和社会生活各方面总体上实现了有法可依。

截至2011年8月底，中国已制定宪法和现行有效法律240部、行政法规706部、地方性法规8600多部，[①] 涵盖社会关系各个方面的法律部门已经齐全，各法律部门中基本的、主要的法律已经制定，相应的行政法规和地方性法规比较完备。依法治国方略的全面实施，有力推动了法治观念的普及，促进了法治政府建设和司法体制改革，我国法治建设在立法、行政、司法等各个领域都取得了重大进展和显著成就。

三　建设社会主义文化强国

改革开放特别是中共十六大以来，中国共产党始终把文化建设放在党和国家全局工作重要战略地位，中国共产党顺应形势发展变化和人民群众精神文化需求，作出建设社会主义文化强国的重大战略决策，深化文化体制改革，促进文化事业和文化产业协同发展，推动文化建设不断取得新成就，走出了中国特色社会主义文化发展道路。

2007年10月，中共十七大从中国特色社会主义事业总体布局的高度，强调了文化建设的重要战略地位，提出了推动社会主义文化大发展大繁荣的目标要求。2011年10月，中共十七届六中全会通过《中共中央关于深化文化体制改革推动社会主义文化大发展大繁荣若干重大问题的决定》，阐明中国特色社会主义文化发展道路，明确提出建设社会主义文化强国目标，对新形势下的社会主义文化建设作出了全面部署，是推进文化体制改革的纲领性文献。

2002年11月，中共十六大作出深化文化体制改革的决策部署，明确提出积极发展文化事业和文化产业的战略决策，要求"抓紧制

[①] 中华人民共和国国务院新闻办公室：《中国特色社会主义法律体系》，人民出版社2011年版，第10页。

定文化体制改革的总体方案"①。借鉴经济体制改革的经验，文化体制改革按照积极试点、慎重推广的思路，先从地方突破带有敏感性的改革，②由点到面、由易到难、由浅入深，着力解决束缚文化科学发展的思想观念和体制机制问题。

2003年6月，全国文化体制改革试点工作正式启动。在总结经验的基础上，2005年12月，中共中央、国务院发布了《关于深化文化体制改革的若干意见》，突出强调了发展与改革、社会效益与经济效益、文化事业与文化产业的协调关系，明确了区别对待、分类指导、循序渐进、逐步推开的原则要求，以加快文化领域结构调整。2006年3月，中共中央召开全国文化体制改革工作会议，新确定全国89个地区和170个单位进行文化体制改革试点，改革在试点基础上稳步推进、有序发展。

到党的十八大前夕，文化体制改革基本完成党中央确定的阶段性改革任务，文化行政管理部门职能转变逐步到位，国有经营性文化事业单位转企改制取得决定性进展，做大做强了一批骨干文化企业，推动文化与科技、商贸、旅游、金融等深度融合。据统计，2005—2012年间，文化产业法人单位增加值年均增长超过23%，高于同期GDP年均增速。③

2006年9月，中共中央办公厅、国务院办公厅印发了《国家"十一五"时期文化发展规划纲要》，将"公共文化服务"置于优先地位，提出四方面发展重点，列举16项国家支持的重大文化设施和工程项目，以带动中国公共文化服务体系的全局性、基础性建设。这是新中国成立以来由中央制定的第一个专门部署文化建设的规划纲要。

---

① 中共中央文献研究室：《十六大以来重要文献选编》（上），中央文献出版社2005年版，第32页。

② 李长春：《文化强国之路文化体制改革的探索与实践》（上），人民出版社2013年版，第352页。

③ 《文化体制改革取得历史性成就》，《人民日报》2013年6月4日。

2007年7月，中共中央办公厅、国务院办公厅印发《关于加强公共文化服务体系建设的若干意见》，部署实施文化惠民工程，优先安排关系人民群众切身利益的重大公共文化服务项目。同年10月，中共十七大从中国特色社会主义事业总体布局的高度，强调了文化建设的重要战略地位，提出了推动社会主义文化大发展大繁荣的目标要求。

2012年2月，《国家"十二五"时期文化改革发展规划纲要》出台，提出公共文化服务建设的四方面内容以及七项公共文化服务建设工程，将公共文化服务体系建设放在文化建设的战略位置来抓。

社会主义文化事业快速发展，到2011年，公共博物馆、纪念馆、美术馆、公共图书馆、文化馆（站）都实行了免费开放。2010年底，有线电视用户达18730万户，有线数字电视用户8798万户，广播节目综合人口覆盖率为96.8%，电视节目综合人口覆盖率为97.6%[1]，极大丰富了人民群众的文化生活。同时，文化产品的创作生产得到加强，中国文化的吸引力和影响力不断增强，这一时期网络文学、微电影等新的文学艺术形式也迅猛发展起来。

为推动中华文化走向世界，增强中华文化在世界上的感召力和影响力，决定实施中华文化"走出去"工程。2006年9月《国家"十一五"时期文化发展规划纲要》部署实施"走出去"重大工程项目，加快"走出去"步伐，扩大我国文化的覆盖面和国际影响力。2006年11月，国务院办公厅转发《关于鼓励和支持文化产品和服务出口的若干政策》，确定了中国文化"走出去"政策的基本思路和框架。

2011年3月，十一届全国人大四次会议批准《国民经济和社会发展第十二个五年规划纲要》，要求增强文化国际竞争力和影响力，

---

[1] 国家统计局国民经济综合统计司：《新发展新跨越新篇章——"十一五"经济社会发展成就系列报告之一》，国家统计局网站（http://www.stats.gov.cn/tjfx/ztfx/sywcj/t20110301-402706119.htm）。

提升国家软实力。4月,文化部颁布《促进文化产品和服务"走出去"2011—2015年总体规划》。在具体领域,各文化部门制定发布专项政策文件、专题规划,如《国家广电总局关于广播影视"走出去"工程的实施细则(试行)》(2001年)、《文化部关于促进商业演出展览文化产品出口的通知》(2004年)、《新闻出版业"十二五"时期发展规划》(2011年)、《关于加快我国新闻出版业走出去的若干意见》(2012年)等,落实文化"走出去工程"。在政策支持体系方面,2005年,文化部分别在北京和深圳设立"国家对外文化贸易理论研究基地";2007年起,商务部、财政部发起,新闻出版总署、国家广电总局和文化部共同参与设立了推动文化企业"走出去"的文化产业发展专项资金;2009年,文化部牵头建立"对外文化工作部际联席会议"制度,联合各部委力量形成合力,共同推动中华文化"走出去"。

2011年10月,中共十七届六中全会就"推动中华文化走向世界"作出具体部署,开展多渠道、多形式、多层次的对外文化交流,广泛参与世界文明对话,促进文化相互借鉴,增强中华文化在世界上的感召力和影响力,共同维护文化多样性。[①]

通过在海外举办综合性文化大展示项目,采取文化资源整合、资金整合,推进海外中国文化中心建设,集中推动中华文化"走出去"。继2003年中法推出互办文化年后,到2012年,中国同145个国家签订政府间文化合作协定和近800个年度文化交流执行计划,与上千个文化组织保持着密切的合作关系。2000年到2011年底,相继与21个国家的政府签署设立文化中心的政府文件。2004年至2012年底,中国在世界108个国家建立400所孔子学院和500多个孔子课堂,汉语学员总数达到65.5万人,多个国家将汉语教学纳入国民教育体系。2012年10月11日,中国作家莫言首次获得诺贝尔

[①] 中共中央文献研究室:《十七大以来重要文献选编》(下),中央文献出版社2013年版,第578页。

文学奖，这既是中国文学繁荣进步的体现，也是中国综合国力和国际文化影响力不断提升的体现。

对外文化贸易显著增长，2012年我国出口文化产品217.3亿美元，同比增长16.3%。[①] 中国文化企业逐步采用境外直接投资等方式扩大文化出口，2011年首个国家级对外文化贸易基地在上海揭牌。

四　在改善民生和创新管理中加强社会建设

新世纪新阶段，为着力解决经济社会发展"一条腿长、一条腿短"的问题，在发展经济的同时，加快以改善民生为重点的社会建设步伐，推动社会主义和谐社会建设。中共中央、国务院坚持民生优先，把保障和改善民生作为一切工作的出发点和落脚点，逐步健全公共服务体系，加强和创新社会管理，保障全体人民切实共享改革发展成果。

为了更好地解决经济社会发展中的突出矛盾，从中国特色社会主义总体布局的高度出发，在经济发展基础上逐步提高人民物质文化生活水平，大力加强社会建设，切实保障和改善民生。

优先发展教育，建设人力资源强国。2003年12月中共中央、国务院作出《关于进一步加强人才工作的决定》，对大力实施人才强国战略、建设宏大的高素质人才队伍作出部署。2006年6月，新修订的《中华人民共和国义务教育法》为全国义务教育长期持续发展提供了制度保证。同时，国家还大力发展职业教育，通过建立中职学生资助、免费制度和推进"双证书"来增强职业教育的吸引力，重点支持一批中等职业学校和高职学院。中国政府坚持以教育公平为重点，加快教育事业改革发展。2008年，实现城乡义务教育全部免费，确保了所有义务教育适龄儿童都能"不花钱，有学上"。2010年7月，中共中央、国务院印发《国家中长期教育改革和发展规划

[①]《去年中国出口文化产品217.3亿美元》，《光明日报》2013年2月4日。

纲要（2010—2020年）》，提出"优先发展、育人为本、改革创新、促进公平、提高质量"①的方针，绘制了未来十年基本实现教育现代化的宏伟蓝图。这一时期，国民受教育程度大幅度提升，国民平均受教育年限达到9年以上，职业教育快速发展，高等教育大众化程度进一步提高。

实施积极的就业政策。21世纪初，就业形势依然十分严峻，尤其是下岗职工再就业问题已经成为带有全局性影响的重大社会问题。2002年11月中共中央、国务院发出《关于进一步做好下岗失业人员再就业工作的通知》，2005年11月国务院发出《关于进一步加强就业再就业工作的通知》，要求努力开辟就业门路，积极创造就业岗位。中共十七大把鼓励创业、支持创业摆在就业工作更加突出的位置，确立"促进以创业带动就业"的方针。从2008年开始，受国际金融危机和国内重大自然灾害的双重冲击，就业局势越发紧张，中国政府实施更加积极的就业政策。2008年1月，《中华人民共和国就业促进法》正式施行，为实施积极、稳定的就业政策提供了法律保障。2009年2月，国务院发出《关于做好当前经济形势下就业工作的通知》，提出要紧密结合实施扩大内需促进经济增长的措施，千方百计扩大就业。在此基础上，2012年1月国务院批转的《促进就业规划（2011—2015年）》提出了"十二五"时期城镇新增就业4500万人、转移农业劳动力4000万人、城镇登记失业率控制在5%以内的发展目标。积极的就业政策收到明显成效，逐步建立覆盖城乡的公共就业体系，劳动者自主择业、市场调节就业和政府促进就业的市场就业格局初步形成。在世界各国失业率居高不下的背景下，中国保持了就业形势总体稳定。城镇就业人数从2002年的2.51亿人增加到2011年末的3.59亿人，增加超过1亿人；城镇登记失业率2003—2011年始终保持在4.3%以下的较低水平。农民工数量不

---

① 中共中央文献研究室：《十七大以来重要文献选编》（中），中央文献出版社2011年版，第865页。

断扩大，2011年总量达到2.53亿人。

深化收入分配制度改革。完善分配制度，是提高人民生活水平的重要保障。加快推进收入分配制度改革。中共十六大确立劳动、技术和管理等生产要素按贡献参与分配的原则，完善按劳分配为主体、多种分配方式并存的分配制度；提出"初次分配注重效率，再分配注重公平"。国家采取一系列重要措施，普遍提高城乡居民收入，重点改善低收入群体和困难群众生活，连续几年提高基本养老金，特别是持续提高企业退休人员基本养老金，适当提高优抚对象等人员抚恤和生活补助标准，提高城市低保对象的补助水平，并逐步提高扶贫标准和最低工资标准，建立企业职工工资正常增长机制和支付保障机制。同时，创造条件让更多群众拥有财产性收入，并在保护合法收入的同时，调节过高收入，取缔非法收入，采取切实措施扩大转移支付，强化税收调节，打破经营垄断，创造机会公平，整顿分配秩序，努力扭转收入分配差距扩大的趋势。推进收入分配制度改革，以税收、转移支付、社会保障等为主要手段的再分配调节制度框架初步建立。健全公共财政体制，不断扩大中央财政转移支付的规模。在经济发展和收入分配体制改革基础上，多次提高个人所得税费用减除标准，从2005年起逐步提高个人所得税起征点，从每月800元先后提高到1600元、2000元和3500元，使广大中低收入人群更多获益。2011年，城镇居民人均可支配收入2.2万元，比2002年增长1.8倍，扣除价格因素，年均实际增长9.2%；农村居民人均纯收入6977元，比2002年增长1.8倍，扣除价格因素，年均实际增长8.1%。城乡居民收入年均增速超过1979—2011年7.4%的年均增速，是历史上增长最快的时期之一。人民生活继续改善，消费结构不断升级。[①]

加快建立覆盖城乡居民的社会保障体系。中共十六届六中全会

[①] 中共中央党史研究室：《中国共产党的九十年》，中共党史出版社2016年版，第469页。

把到 2020 年基本建立覆盖城乡居民的社会保障体系，作为构建社会主义和谐社会的重要目标。这一时期，初步形成了以社会保险为主体，包括社会救助、社会福利、优抚安置、住房保障和社会慈善事业在内的社会保障制度框架。国有企业下岗职工基本生活保障制度向失业保险并轨；公布了《社会保险法》，修订了《工伤保险条例》，逐步构建起由城镇职工基本医疗保险、城镇居民基本医疗保险、新型农村合作医疗和城乡医疗救助制度组成的基本医疗保障网；进一步扩大将农民工纳入社会保障体系的涵盖范围；建立和完善新型农村社会养老保险制度；不仅城镇居民建立起最低生活保障制度，而且部分有条件地区的农民也从 2007 年起开始享受最低生活保障；积极推进以住房公积金制度、保障房制度、廉租住房制度为主要内容的城镇住房保障制度建设，建立起多层次的住房保障体系；在社会福利制度方面，政府通过多种渠道筹集资金，为老人、孤儿和残疾人等特殊群体提供社会福利服务。此外，中国政府还建立了针对突发性自然灾害的应急体系和灾民救助制度，基本形成新型社会救助体系。

建立基本医疗卫生制度。卫生工作成效显著，成功应对了突如其来的"非典"、高致病性禽流感、甲型 H1N1 流感等重大疫情，医疗卫生服务体系建设步伐明显加快，医疗卫生体制改革进入实质性启动阶段。2003 年国务院办公厅转发《关于建立新型农村合作医疗制度的意见》后，新型农村合作医疗制度建设顺利推进。2007 年国务院出台《关于开展城镇居民基本医疗保险试点的指导意见》，城镇居民建立基本医疗保险制度得到进一步完善。2009 年中共中央、国务院印发《关于深化医药卫生体制改革的意见》，提出建立健全覆盖城乡居民的基本医疗卫生制度，为群众提供安全、有效、方便、价廉的医疗卫生服务，促进公共医疗卫生事业落实公益性质。[①] 2009

---

① 《中共中央、国务院关于深化医药卫生体制改革的意见》，《人民日报》2009 年 3 月 17 日。

年4月，国家启动新一轮医改，提出把基本医疗卫生制度作为公共产品向全民提供，还向城乡居民统一提供疾病预防控制、妇幼保健、健康教育等基本公共卫生服务。全国医保基本实现，城乡基本医疗卫生制度初步建立。严重威胁居民健康的重点传染病、地方病得到有效控制，卫生应急预案体系得到进一步健全。

随着改革发展进入关键时期，经济失调、社会失序、人们心理失衡、社会矛盾增多的问题日益突出，社会管理面临新的形势和任务。2002年，中共十六大提出深化行政管理体制改革，提出"完善政府的经济调节、市场监管、社会管理和公共服务的职能，减少和规范行政审批"[1]，把社会管理和公共服务作为政府职能。2003年3月10日，十届全国人大一次会议通过《国务院机构改革方案》，对国有资产管理、宏观调控、金融监管、流通管理、食品安全、人口与计划生育等方面的体制进行了调整。在这些探索实践的基础上，2004年中共十六届四中全会提出要加强社会建设和管理，推进社会管理体制创新，深入研究社会管理规律，完善社会管理体系和政策法规，整合社会管理资源，建立健全党委领导、政府负责、社会协同、公众参与的社会管理格局。[2] 2006年10月，中共十六届六中全会通过的《关于构建社会主义和谐社会若干重大问题的决定》，提出创新社会管理体制，整合社会管理资源，提高社会管理水平，在服务中实施管理，在管理中体现服务。[3] 2007年，中共十七大进一步提出要"完善社会管理体制，维护社会安定团结"，并对如何完善社会管理进行了全面部署。2010年10月，中共中央政法委员会、中央社会治安综合治理委员会确定了35个市、县（市、区）作为

---

[1] 中共中央文献研究室：《十六大以来重要文献选编》（上），中央文献出版社2005年版，第21页。

[2] 中共中央文献研究室：《十六大以来重要文献选编》（中），中央文献出版社2006年版，第287页。

[3] 中共中央文献研究室：《十六大以来重要文献选编》（下），中央文献出版社2008年版，第662页。

全国社会管理创新综合试点，并制定了《全国社会管理创新综合试点指导意见》，细化了社会管理创新的主要内容。2011年7月5日，中共中央、国务院印发《关于加强和创新社会管理的意见》，进一步明确了加强和创新社会管理的指导思想、基本原则、目标任务和主要措施。

各地积极探索完善新形势下社会管理和服务的新路子、新举措，创新社会管理体系、体制和运行机制。

进一步加强和完善社会管理格局，切实加强党的领导，强化政府社会管理职能，强化各类企事业单位社会管理和服务职责，引导各类社会组织加强自身建设、增强服务社会能力，支持人民团体参与社会管理和公共服务，发挥群众参与社会管理的基础作用。2007年10月召开的中共十七大进一步提出加快行政管理体制改革，建设服务型政府，健全部门协调配合机制。中共十七届二中全会通过的《关于深化行政管理体制改革的意见》要求到2020年建立起比较完善的中国特色社会主义行政管理体制。[①] 围绕转变政府职能和理顺部门职责关系，各地方、各部门不断创新行政许可方式和行政许可实施机制，采取"一个窗口对外""一站式办公""一门受理、简化表格、并联审核、一口收费"等方式，简化办事程序，方便人民群众，服务型政府建设取得重要进展。

加强和完善党和政府主导的维护群众权益机制，逐步建立科学有效的利益协调机制、诉求表达机制、矛盾调处机制、权益保障机制，统筹协调各方面利益关系，修订《信访条例》，积极完善信访制度，加强社会矛盾源头治理，妥善处理人民内部矛盾，把矛盾化解在基层、化解在萌芽状态。浙江省诸暨市等地加强人民调解、行政调解、司法调解相衔接的社会矛盾纠纷"大调解"工作体系建设，探索完善第三方调解机制，成立医患纠纷、征地拆迁纠纷、交通事

[①] 中共中央文献研究室：《十七大以来重要文献选编》（上），中央文献出版社2009年版，第269页。

故等行业性、专业性调解组织和工作平台。

进一步加强和完善公共安全体系，健全食品药品安全监管机制，建立健全安全生产监管体制，完善社会治安防控体系，完善应急管理机制。2003年"非典"危机以来，中国危机管理的法律法规体系不断完善，为突发公共危机事件处理提供了制度保障。2003年，制定并公布了《突发公共卫生事件应急条例》，将防治工作纳入依法、科学、规范、有序的轨道。2006年1月，国务院发布了《国家突发公共事件总体应急预案》，之后，又发布了9件事故灾难类突发公共事件专项应急预案；2007年11月1日开始实施《中华人民共和国突发事件应对法》。2008年经历了南方雪灾和汶川地震之后，这方面的工作上了一个新的台阶，以"一案三制"（应急方案和应急体制、应急机制、应急法制）和"一网五库"（应急工作联络网和法规库、救援队伍库、专家库、典型案例库、救援物资库）为主要框架的全国应急管理体系基本建立。在食品药品安全方面，2007年发布了《国务院关于加强食品等产品安全监督管理的特别规定》，2009年《食品安全法》颁布施行。继续强化安全生产管理和监督，国务院于2004年和2011年先后下发《关于进一步加强安全生产工作的决定》和《关于坚持科学发展安全发展促进安全生产形势持续稳定好转的意见》，推进安全生产治理行动，推进安全生产法制体制机制建设。进一步加强社会治安综合治理，坚持打防结合、预防为主、专群结合、依靠群众的方针，完善社会治安防控体系，制定治安管理处罚法，广泛深入开展平安建设活动，依法打击违法犯罪活动，着力整治突出治安问题和治安混乱地区。

进一步加强和完善社会管理和服务体系。健全新型社区管理和服务体制，加强和完善基层社会管理和服务体系，把人力、财力、物力更多投到基层，强化城乡社区自治和服务功能，健全新型社区管理和服务体制。加强和完善流动人口和特殊人群管理和服务，建立健全实有人口动态管理机制，完善特殊人群管理和服务政策。加强和完善非公有制经济组织、社会组织管理，明确非公有制经济组织管理和服务员工的社会责任，推动社会组织健康有序发展。加强和完善信息网络管理，提高对虚拟社会的管理水平，健全网上舆论引导机制。

五　推进生态文明建设

建设生态文明，是关系人民福祉、关乎民族未来的长远大计。改革开放以来，党中央坚持把生态建设和环境保护作为一项基本国策，并逐步上升为党和国家的重大战略。

2002年，中共十六大明确规定，促进人与自然的和谐，推动整个社会走上生产发展、生活富裕、生态良好的文明发展道路。[①] 2003年6月，中共中央、国务院作出《关于加快林业发展的决定》，确立了以生态建设为主的林业发展战略，明确提出建立以森林植被为主体、林草结合的国土生态安全体系，建设山川秀美的生态文明社会。[②] 随后，中共中央提出"统筹人与自然和谐发展"的方针，把建设资源节约型、环境友好型社会确立为国民经济与社会发展的战略任务。2007年中共十七大将建设生态文明确定为全面建设小康社会的重要目标，对建设生态文明进行具体部署。环境保护工作逐步得到加强，环保事业不断发展。

不断加强和完善环保立法，加强环保规划。相继制定了《清洁生产促进法》《环境影响评价法》《放射性污染防治法》《循环经济促进法》，修订了《固体废物污染环境防治法》《水污染防治法》等法律，出台了《规划环境影响评价条例》等行政法规。经过不懈努力，我国已初步形成适应经济社会发展需要的环境法律和标准体系。国家还将环保目标纳入五年规划之中，2006年通过的"十一五"规划纲要提出到2010年使重点地区和城市的环境质

[①] 中共中央文献研究室：《十六大以来重要文献选编》（上），中央文献出版社2005年版，第15页。

[②] 同上书，第326页。

量得到改善、生态环境恶化趋势基本遏制的目标，单位国内生产总值能源消耗比"十五"期末降低20%左右，主要污染物排放总量减少10%，森林覆盖率提高到20%，将环保目标纳入五年规划之中。

各地结合实际，制定出台生态文明建设的总体规划，截至2012年上半年已有8个省（区）出台了建设生态文明的文件；创新完善生态文明的体制机制，很多省成立领导小组，多部门联动，并建立相应的考核体系；大力推行生态示范创建活动，已有15个省（区、市）、1000多个县（市、区）开展生态省市县建设。

环保管理机构得到建立健全，环保投入力度不断加大。环境保护局先升格为总局，2008年进一步升格为环境保护部。与此相对应，省、市、县人民政府成立环境保护行政主管部门，并充实人员编制，加强机构队伍建设。各级财政对环保的投入逐年增加。"十一五"时期，中央财政环保投资是"十五"时期投资的近3倍，带动全社会环保投入达2.16万亿元，有力推动了环保基础设施和能力建设。

进一步加大环境保护执法力度。2005年底，因严重违反环保法律法规，国家环保总局叫停30个总投资达1179亿元的在建项目。对此，群众拍手称快，称赞环保行动开始动真格的了。"十一五"期间，环保部门在国家层面对不符合要求的822个项目环评文件作出不予受理、不予审批或暂缓审批等决定，涉及投资近3.2万亿元。环保宣传大力加强，进一步增强了公民的环保意识。2007年，国务院印发《节能减排综合性工作方案》，有关部门发布《节能减排全民行动实施方案》，在全国范围内组织开展"节能减排全民行动"。"十一五"期间，全国二氧化硫和化学需氧量排放总量累计分别下降14.29%和12.45%，均超额完成10%的减排任务。

大力加强生态工程建设。在一些重大工程建设中，从设计到施工都注意对生态环境的保护。在青藏铁路建设中，为藏羚羊迁徙预留了33条通道。为积极应对全球气候变化问题，加快发展绿色低碳能源，建立健全法规制度和相关政策，加大对发展清洁能源和可再生能源的支持力度，有序发展水电，积极发展核电，鼓励和支持农村、边远地区和条件适宜地区大力发展生物质能、太阳能、地热、风能等新能源。到 2010 年，我国核电在建规模、水电装机容量、可再生能源装机容量、农村沼气用户量均居世界第一位，风电装机容量居世界第二位。

全国森林覆盖率由第七次森林资源清查（2004—2008）时的 20.36% 增长到第八次森林资源清查（2009—2013）时的 21.63%，超过"十一五"规划目标。福建省以 63.1% 的森林覆盖率居全国首位。①

经过不懈努力，我国环境保护事业取得积极成效。生态文明、环境保护不再是一个空洞的概念，而是变成实实在在的行动。人们自觉提着环保袋购物，争当环保志愿者，环保意识不断增强。但是，随着经济快速发展，我国环境形势依然十分严峻。实现天更蓝、水更清，实现人与自然的和谐相处，仍然是没有解决的重大问题。

第三节　在应对挑战中坚持和发展中国特色社会主义

进入新世纪新阶段，在加快改革开放的步伐、全面建设小康社会的进程中，中国先后经受了多场历史上罕见的自然灾害的考验，遭遇到严重国际金融危机等一系列风险挑战。

一　应对各种突发事件与成功举办奥运会、世博会

2003 年，一场突如其来的"非典"疫情袭来。2 月中下旬，

---

① 《福建省人民政府工作报告》（2010 年 1 月 25 日），《福建日报》2010 年 2 月 5 日第 2 版。

"非典"疫情在广东局部地区流行，3月上旬在华北地区传播和蔓延。中国内地24个省区市先后发生"非典"疫情，共波及266个县和市（区），累计报告病例5327例，治愈出院4927例，死亡349例。全球有30多个国家和地区也陆续发生疫情。

面对严峻的疫情，中共中央、国务院将防治"非典"列为各项工作的重中之重，发出坚持"两手抓"、夺取抗击"非典"和促进发展"双胜利"的号召，及时做出一系列重大部署。国务院先后召开十多次常务会议，分别于4月13日和5月6日召开全国非典型肺炎防治工作会议、全国农村防治非典型肺炎电视电话会议，研究制定了一系列重要防治措施。4月24日，组建了由30多个中央国家机关部门组成的全国防治非典型肺炎指挥部，统一领导全国防治工作，按照"沉着冷静、措施果断，依靠科学、有效防治，加强合作、完善机制"的总体要求，全力以赴开展防治工作。5月12日，《突发公共卫生事件应急条例》公布实施，将防治工作纳入依法、科学、规范、有序的轨道。经过不懈努力，逐步有效控制住了"非典"疫情。从5月中旬开始，疫情趋于平缓。6月24日，世界卫生组织宣布解除对北京的旅行警告，中国取得抗击"非典"的胜利。8月16日，中国内地最后一批"非典"并发症患者结束在北京地坛医院的治疗，康复出院。

2008年1月中旬至2月上旬，中国南方遭遇到一场50年来罕见的低温雨雪冰冻灾害，先后造成21个省（区、市）不同程度受灾。京广、沪昆铁路因断电运输受阻，京珠高速公路出现严重阻塞，近22万公里的普通公路不能正常通车，14个民航机场被迫关闭；电网设施大面积受损，13个省（区、市）输电线路因覆冰发生电塔垮塌断线事故，170个县（市）供电中断。农作物受灾面积2.17亿亩，工业企业大面积停产，居民正常生活受到严重影响。灾情发生后，中共中央、国务院迅速部署开展大规模抗灾救灾工作。胡锦涛、温家宝等领导人先后深入灾区指导抗灾救灾。国务院成立抢险救灾指挥中心领导部署具体工作。在全社会的共同努力下，抗击低温雨雪冰冻灾害斗争取得重大胜利。

2008年5月12日，四川省汶川发生里氏8.0级特大地震，涉及四川、甘肃、陕西、重庆等10个省（区、市），灾区总面积约50万平方公里，造成69927人遇难，17923人失踪，受灾群众达1510万余人，直接经济损失8451亿元，引发的崩塌、滑坡、泥石流、堰塞湖等次生灾害举世罕见。[①] 这是新中国成立以来破坏性最强、波及范围最广、救灾难度最大的一次地震。中共中央、国务院及时启动应急响应机制。当晚，中共中央政治局常务委员会召开会议，全面部署抗震救灾工作，决定设立由温家宝为总指挥的国务院抗震救灾总指挥部，并立即启动应对突发事件的国家一级预案，从全国、全军组织部队、公安干警、抢险救灾专业队伍和医疗救援队伍以及设备、物资等，赶赴四川地震灾区抗震救灾。震后第14天，中共中央作出"建立对口支援机制，举全国之力，加快恢复重建"的决策，举国上下形成了全党动员、全军集结、全民行动的救灾格局，组织开展了中国历史上救援速度最快、动员范围最广、投入力量最大的抗震救灾斗争，最大限度地挽救了受灾群众生命，最大限度地降低了灾害造成的损失。84017名群众被从废墟中抢救出来，149万名被困群众得到解救，430多万名伤病员得到及时救治，1510万名紧急转移安置的受灾群众基本生活得到妥善安排，881万名灾区受困群众得到救助，中小学在新学期开始前全面复课开学。在夺取抗震救灾斗争胜利后，迅速制定灾区灾后恢复重建计划，决定用三年时间完成灾后恢复重建任务，并动员全国力量实行对口支援。到2010年9月底，三年重建任务在两年内基本完成，受灾地区的基础设施和群众的生产生活大大超过灾前水平，创造了灾后重建的奇迹。

2010年又接连发生严重自然灾害，再一次考验中国人民战胜灾难的意志和能力。4月14日，青海省玉树藏族自治州玉树县发生了

[①] 中共中央文献研究室：《十七大以来重要文献选编》（上），中央文献出版社2009年版，第631—632页。

里氏7.1级地震,造成2698人遇难,270人失踪。8月8日,甘肃省舟曲县发生特大山洪泥石流灾害,造成1471人遇难,294人失踪。按照中央的决策和部署,各地区各部门一方面全力以赴支援灾区渡过难关,另一方面继续推进经济社会各项建设。

在抗击特大自然灾害的斗争中,之所以能够迅速动员前所未有的大量人力、物力和财力,在较短的时间内渡过难关,把灾害的损失降到最低程度,充分体现了中国特色社会主义制度的优越性,即在短时间内能够动员如此巨大的力量投入赈灾,既包括自上而下的政府动员,也包括自下而上的社会自发动员;还在于经过30年的改革开放和现代化建设,中国已经拥有了空前强大的综合国力和雄厚的物质基础。

在推动经济又好又快发展、全面建设小康社会的进程中,一场席卷全球的金融危机爆发了。从2007年开始的美国次贷危机,到2008年急剧恶化,迅速由金融领域扩散到实体经济领域,由美国波及世界主要经济体。这场危机恰好与中国转变经济发展方式、调整经济结构的关键时期不期而遇,受其影响,中国经济社会发展面临着很大困难。

中国政府密切关注危机的发展态势,特别是可能为我国经济发展带来的风险和产生的冲击,积极参与国际合作共同应对金融危机,同时采取一系列方针政策和措施,做好应对危机的预案。2008年7月25日,中央政治局召开会议,明确将宏观调控的首要任务从年初的"防止经济增长由偏快转为过热、防止价格由结构性上涨演变为明显通货膨胀",调整为"保持经济平稳较快发展、控制物价过快上涨"[1]。从9月开始,国际金融危机冲击迅速加剧,中国经济第四季度增速急剧下滑,大批企业出现停产、半停产甚至倒闭,就业压力迅速加大,经济社会发展面临很大困难。中共中央、国务院从容应

---

[1] 中共中央文献研究室:《十七大以来重要文献选编》(上),中央文献出版社2009年版,第919页。

对，将宏观调控的着力点转到防止经济增速过快下滑上来。10月，中共十七届三中全会强调要采取灵活审慎的宏观经济政策，着力扩大国内需求特别是消费需求，保持经济稳定、金融稳定、资本市场稳定。11月5日，国务院常务会议研究部署进一步扩大内需、促进经济平稳较快增长的十项措施，决定在未来两年投资4万亿元以刺激经济。同时，为刺激内需、改善民生、促进经济的可持续发展，国家采取了包括行政、经济、法律等综合手段，以保证资金的使用安全和工程质量。

中国政府积极参与国际合作，共同化解危机。2008年11月15日，胡锦涛出席在华盛顿举行的二十国集团领导人金融市场和世界经济峰会，发表《通力合作，共度时艰》的讲话，呼吁世界各国"增强信心、加强协调、密切合作"。中国与有关国家和地区签署5800亿元人民币的双边货币互换协议；参与清迈倡议[①]多边化项下的货币储备库建设；参与国际金融公司贸易融资计划；建立"与美洲开发银行合作联系机制"等。2009年初，中央又出台一系列政策措施，形成了应对国际金融危机、促进经济平稳较快增长的一揽子计划，主要包括：大规模增加政府支出和实施结构性减税；大频度降息和增加银行体系流动性；大范围实施产业结构调整振兴规划；大力推进科技创新和技术改造；大幅度提高社会保障水平。

从2009年第二季度起，中国经济止跌回升，2009年末在全球率先实现回升向好，全年经济增长9.2%，与世界经济下降0.6%形成鲜明对照。"十一五"期间中国国内生产总值年均实际增长11.2%，远高于同期世界经济年均增速。2010年国内生产总值按平均汇率折算达到58791亿美元，超过日本，成为仅次于美国的世界第二大经济体。

---

① 2000年在泰国清迈举行东盟与中日韩（"10+3"）财长会议，通过了以双边货币互换为主要内容的"清迈倡议"。

在应对各种挑战的同时，我国改革开放不断深化，现代化建设顺利推进，成功地举办了北京奥运会、残奥会和上海世界博览会。这不仅引起世界各国的关注，更使中国人民看到了国家振兴的希望，增强了各族人民的民族自豪感、自信心和凝聚力。

举办奥运会是中华民族的百年期盼。从 2001 年 7 月 13 日中国北京获得 2008 年奥运会主办权起，中国政府和人民就开始积极扎实地准备举办这一盛典。2002 年 7 月 13 日，北京奥组委发布了《北京奥运行动计划》，提出绿色奥运、科技奥运、人文奥运的理念。2008 年 8 月 8 日至 24 日，以"同一个世界、同一个梦想"为口号的第二十九届夏季奥运会在北京举行。204 个国家和地区的 11438 名运动员参加了北京奥运会，成为历史上参赛国家和运动员最多的一届奥运会。多个国家和地区实现奥运会金牌和奖牌零的突破，刷新了 38 项世界纪录和 85 项奥运会纪录。中国体育代表团取得了 51 枚金牌、21 枚银牌、28 枚铜牌的优异成绩，首次位居金牌榜第一。中国人民为办成一届"有特色、高水平"奥运会付出的巨大努力，赢得了奥林匹克大家庭和国际社会广泛的好评和赞誉。8 月 24 日，国际奥委会主席罗格在奥运会闭幕式上高度评价："这是一届真正的、无与伦比的奥运会！"

2008 年 9 月 6 日晚，北京夏季残奥会在国家体育场隆重举行。来自全世界 147 个国家和地区的 4000 名残疾人运动员参加了残奥会。在 11 天的比赛中，有 1700 人次创造了残奥会或残疾人世界纪录，展现出高超的竞技水平，诠释了"超越、融合、共享"的北京残奥会主题。中国体育代表团以 89 枚金牌、72 枚银牌和 52 枚铜牌的骄人成绩居于奖牌榜首位。国际残奥会主席克雷文称赞"北京残奥会是有史以来最伟大的一届残奥会"。

2010 年 5 月 1 日至 10 月 31 日，以"城市，让生活更美好"为主题的 2010 年上海世界博览会举行。这是中国首次举办综合性世界博览会，也是第一次在发展中国家举行注册类世界博览会。在 184 天的时间里，有 246 个国家和国际组织参展，7308 万人次参观展览，创造了世博会历史上的新纪录。为了兑现"给中国一个机会、世界将添一份异彩"的承诺，中国人民举全国之力、集世界之智慧，创造和演绎了一场精彩纷呈、美轮美奂的世界文明大展示。

二 遏制"台独"和民族地区的反分裂反暴恐斗争

完成祖国统一大业是中国共产党在21世纪肩负的三大历史任务之一，我们已经完成了香港、澳门回归祖国的任务，解决台湾问题，更加突出地摆在我们面前。

20世纪80年代以来，中央政府按照"和平统一、一国两制"的基本方针，大力推进两岸经济合作、人员往来和各项交流，坚决反对"台独"，为促进台湾问题的解决进行了不懈努力。但是，也要看到，解决台湾问题仍面临着严峻形势。

鉴于进入21世纪海峡两岸关系的新形势，中央政府将反对和遏制"台独"摆在对台工作更为突出的位置上。2000年5月民进党在台湾执政后，逐步推动"台独"分裂活动升级。陈水扁当局2002年8月抛出两岸"一边一国"的分裂主张，2003年9月宣称要"催生台湾新宪法"的"台独时间表"，2007年4月以后，重点转向推动所谓"以台湾名义加入联合国"的"入联公投"，使台海局势进入高危期。

"台独"势力大肆从事分裂祖国的活动，使台湾问题的解决面临许多新的情况，涉台的政治、经济、军事、外交斗争形势也更加复杂。2005年3月，胡锦涛就发展两岸关系提出四点意见，表示坚持"一个中国"原则决不动摇、争取和平统一的努力决不放弃、贯彻寄希望于台湾人民的方针决不改变、反对"台独"分裂活动决不妥协。①为了反对和遏制"台独"分裂势力分裂国家，促进祖国和平统一，3月14日，十届全国人大三次会议通过《反分裂国家法》，

---

① 中共中央文献研究室：《十六大以来重要文献选编》（中），中央文献出版社2006年版，第764页。

当天就签署并立即予以实施。该法律明确规定,"台独"分裂势力以任何名义、任何方式造成台湾从中国分裂出去的事实,或者发生将会导致台湾从中国分裂出去的重大事变,或者和平统一的可能性完全丧失,国家得采取非和平方式及其他必要措施,捍卫国家主权和领土完整。[①] 这部法律的公布实施,对反对和遏制"台独"分裂活动、推动祖国和平统一进程、促进两岸关系和平发展等方面,发挥着十分重要的作用。

2005 年 4 月下旬至 5 月中旬,中共中央总书记胡锦涛邀请中国国民党主席连战、亲民党主席宋楚瑜先后率团访问大陆,开展政党交流与对话。胡锦涛分别同他们会谈,共同发表公报,达成坚持"九二共识"、反对"台独"、谋求台海和平稳定、促进两岸关系发展等多项共识。

解决台湾问题,必须考虑复杂的国际背景。把"文攻武备"作为反"台独"斗争的总方略,要善于进行政治斗争和外交工作,综合运用政治、经济、外交、法律等手段,全面开展反"台独"斗争。同时抓紧进行反"台独"军事斗争准备,下大气力把一些"撒手锏"武器装备搞上去,推进科技强军,切实做好两手准备,以促进台湾问题早日解决。通过开展一系列反对和遏制"台独"的斗争,至 2008 年 3 月,陈水扁当局推动"宪政"的图谋胎死腹中,"入联公投"案最终遭到否决。

2008 年 5 月,民进党"台独"政权垮台,丧失了运用政权力量推动"台独"的条件。中国共产党在这场较量中取得决定性胜利,沉重打击了"台独"势力,维护了国家主权和领土完整,维护了中国发展的重要战略机遇期,也为推动两岸关系实现历史性转折奠定了基础。

巩固全国各族人民的大团结,是中国能够经受住各种困难和风险的考验、不断胜利前进的重要保证。自 1999 年第二次中央民族工

[①] 中共中央文献研究室:《十六大以来重要文献选编》(中),中央文献出版社 2006 年版,第 829 页。

作会议召开以来，加快少数民族和民族地区经济发展和社会进步成为民族工作的重心。世纪之交实施的西部大开发战略，支持中西部地区和少数民族地区加快发展。

随着冷战结束后国际形势的变化，民族因素和宗教因素的影响明显上升，各种民族主义思潮和活动趋于活跃，分裂势力、敌对势力内外勾连，策动了一系列的有预谋有组织的严重暴力犯罪事件。2008年3月14日拉萨等地严重打砸抢烧暴力犯罪事件和2009年7月5日乌鲁木齐严重打砸抢烧事件，随后引发一系列后续影响。针对暴力恐怖势力、民族分裂势力和宗教极端势力的破坏活动，为了维护民族团结和社会稳定，国家采取了一系列重大措施。民族工作部门配合有关部门及时深入寺庙开展法制宣传教育，对民族宗教界人士和宗教信徒及各族群众进行了积极引导，协助有关部门为维护社会稳定发挥了重要作用。

为进一步做好新形势下的民族工作，2005年5月，中共中央、国务院作出《关于进一步加强民族工作加快少数民族和民族地区经济社会发展的决定》（以下简称《决定》），系统阐述了党关于民族理论和民族政策的基本观点，包括六个方面三十项政策原则和工作要求，有针对性地对加快少数民族和民族地区经济社会发展进程中面临的一系列新问题做出具体部署。《决定》的颁布实施全面推动了民族工作理论和实践的创新发展。

2005年，国务院正式颁布《实施〈中华人民共和国民族区域自治法〉若干规定》，为全面贯彻民族区域自治法提供了重要保障。以制定自治条例和单行条例为主要内容的地方民族立法也取得了新的进展，推动制定贯彻实施民族区域自治法的配套规定，修订《城市民族工作条例》和《民族乡民族工作条例》，依法办事逐渐成为处理民族问题、开展民族工作的重要手段。

国家加大对少数民族地区加快发展的支持力度，从2000年正式启动兴边富民行动，2005年开始纳入国家"十一五"规划，国家资金投入不断增多，2011年、2012年两年安排兴边富民行动专项资金达24.2亿元,超过前10年的总和。在推进西藏、新疆跨越式发展和长治久安方面党中央作出一系列重大决策部署。2009年9月,第五次全国民族团结进步表彰大会充分肯定了新中国的民族团结进步事业,提出"四个不动摇":必须坚持中国特色社会主义道路不动摇;必须坚持党的民族政策不动摇;必须坚持共同团结奋斗、共同繁荣发展不动摇;必须坚持维护祖国统一不动摇。2010年1月,中央召开第五次西藏工作座谈会。会议提出,人民群众日益增长的物质文化需要同落后的社会生产之间的矛盾仍然是西藏社会的主要矛盾。同时,西藏还存在着各族人民同以达赖集团为代表的分裂势力之间的特殊矛盾。会议强调坚持走有中国特色、西藏特点的发展路子,以经济建设为中心,以民族团结为保障,以改善民生为出发点和落脚点,紧紧抓住发展和稳定两件大事,确保经济社会跨越式发展,确保国家安全和西藏长治久安,确保各族人民物质文化生活水平不断提高,确保生态环境良好,努力建设团结、民主、富裕、文明、和谐的社会主义新西藏。会议还对加快四川、云南、甘肃、青海省藏区经济社会发展作出全面部署,切实加大了有关政策扶持力度。

2010年5月,中央召开新疆工作座谈会,强调坚持民族区域自治制度,坚持各民族共同团结奋斗、共同繁荣发展,深入实施稳疆兴疆、富民固边战略,始终把推动科学发展作为解决一切问题的基础,始终把改革开放作为促进发展的强大动力,始终把保障和改善民生作为全部工作的出发点和落脚点,始终把加强民族团结作为长治久安的根本保障,始终把维护社会稳定作为发展进步的基本前提,努力推进新疆跨越式发展和长治久安。在中央正确部署、全国人民大力支援下,经过西藏、新疆各族人民的共同努力,推进西藏、新疆跨越式发展和长治久安工作全面有序展开。

2010—2012年,中央相继召开四次全国对口支援新疆工作会议,建立起在人才、技术、管理、资金等方面援助新疆的有效机制。围绕《中华人民共和国民族区域自治法》的实施,逐步建立健全了与之配套的法规体系和监督机制，截至 2012 年 10 月，民族自治地区共制定自治条例、单行条例和变通或补充规定近 700 个，中国民族法律法规体系初步建立。对破坏民族关系、民族团结和社会稳定的突发事件，中共中央、国务院及有关部门及时采取措施，坚决将其解决在萌芽状态，保持了民族关系的和睦。

三　加强社会主义先进文化建设

新世纪新阶段，我们面临的发展机遇前所未有，面对的挑战也前所未有。世界多极化和经济全球化的趋势深入发展，科技进步日新月异，国际环境复杂多变，综合国力竞争日趋激烈，文化在综合国力竞争中的地位日益重要。谁占据了文化发展的制高点，谁就能够更好地在激烈的国际竞争中掌握主动权。历史和现实都告诉我们，要实现我国社会主义现代化建设和中华民族伟大复兴的宏伟目标，必须大力加强文化建设，坚持用社会主义先进文化引领全国各族人民奋勇前进。

2002 年中共十六大提出，着眼于世界文化发展的前沿，发扬民族文化的优秀传统，汲取世界各民族的长处，在内容和形式上积极创新，不断增强中国特色社会主义文化的吸引力和感召力，增强中国文化产业的整体实力和竞争力。① 2006 年 11 月，胡锦涛在中国文联第八次全国代表大会、中国作协第七次全国代表大会上指出，发展社会主义先进文化，是建设中国特色社会主义的题中应有之义，是马克思主义政党思想精神上的旗帜，是推动我国经济社会发展的必然要求，是实现中华民族伟大复兴的显著标志。② 2007 年 10 月，中共十七大提出提高文化软实力的任务，要"加强对外文化交流，

---

① 中共中央文献研究室：《十六大以来重要文献选编》（上），中央文献出版社 2005 年版，第 29—30 页。

② 中共中央文献研究室：《十六大以来重要文献选编》（下），中央文献出版社 2008 年版，第 752 页。

吸收各国优秀文明成果,增强中华文化国际影响力"[1]。2011年10月,《中共中央关于深化文化体制改革推动社会主义文化大发展大繁荣若干重大问题的决定》指出,建设社会主义文化强国,就是要着力推动社会主义先进文化更加深入人心,推动社会主义精神文明和物质文明全面发展,不断开创全民族文化创造活力持续迸发、社会文化生活更加丰富多彩、人民基本文化权益得到更好保障、人民思想道德素质和科学文化素质全面提高的新局面,建设中华民族共有精神家园,为人类文明进步作出更大贡献。[2]

建设和谐文化是构建社会主义和谐社会的重要任务,社会主义核心价值体系是建设和谐文化的根本,2006年10月召开的中共十六届六中全会围绕构建和谐社会的主题,提出和阐发了建设社会主义核心价值体系的任务,指出"马克思主义指导思想,中国特色社会主义共同理想,以爱国主义为核心的民族精神和以改革创新为核心的时代精神,社会主义荣辱观,构成社会主义核心价值体系的基本内容"[3];要求把社会主义核心价值体系融入国民教育和精神文明建设全过程、贯穿现代化建设各方面。2011年10月,中共十七届六中全会通过的《中共中央关于深化文化体制改革推动社会主义文化大发展大繁荣若干重大问题的决定》设专节部署"推进社会主义核心价值体系建设",把建设社会主义核心价值体系作为文化改革发展的根本任务,提出"在全党全社会形成统一指导思想、共同理想信念、强大精神力量、基本道德规范"的任务。[4]

---

[1] 中共中央文献研究室:《十七大以来重要文献选编》(上),中央文献出版社2009年版,第28页。

[2] 中共中央文献研究室:《十七大以来重要文献选编》(下),中央文献出版社2013年版,第562页。

[3] 中共中央文献研究室:《十六大以来重要文献选编》(下),中央文献出版社2008年版,第661页。

[4] 中共中央文献研究室:《十七大以来重要文献选编》(下),中央文献出版社2013年版,第564页。

为推进社会主义核心价值体系建设，在全社会实施中国特色社会主义理论体系普及计划，广泛开展理想信念教育、国情教育和形势政策教育，引导干部群众增强对中国共产党的领导、社会主义制度、改革开放事业的信念和信心。哲学社会科学同样受到党中央的高度重视，早在 2004 年 1 月，中共中央印发《关于进一步繁荣发展哲学社会科学的意见》，提出实施马克思主义理论研究和建设工程。中央办公厅转发《中央宣传思想工作领导小组关于实施马克思主义理论研究和建设工程的意见》。这一工程在全国范围内实施，持续推出马克思主义经典著作、党的创新理论成果和重点教材等国家重大出版项目和优秀理论读物。这对新形势下推进社会主义核心价值体系建设和繁荣发展哲学社会科学具有重大而深远的意义。

在全社会的共同努力下，公民思想道德建设工程也持续推进，全国上下开展了城市精神大讨论、道德模范评选等形式多样的活动，推动形成知荣辱、讲正气、树新风、促和谐的文明风尚。到 2011 年底，中央电视台推出的《感动中国》年度人物评选已整整 10 年。这一年参与此项评选投票的近 7000 万人次，各网站总票数达 3.2 亿张。[①] 2012 年 3 月，随着第 49 个"学雷锋纪念日"的到来，全国各地进一步掀起了学雷锋的热潮。社会主义核心价值体系的提出和贯彻，极大地凝聚了全国各族人民的思想和精神，推动了良好社会风尚的进一步形成，在加快全面建设小康社会进程中发挥了重要作用。

人才是最宝贵的资源，是社会主义先进文化建设的支撑。推进社会主义先进文化建设，必须着力培养造就宏大的文化人才队伍。面对中国加入 WTO 后的新形势，直面经济全球化和综合国力竞争，为保证建设有中国特色社会主义事业健康发展，2002 年，中共中央、国务院制定下发了《2002—2005 年全国人才队伍建设规划纲要》，首次提出了"实施人才强国战略"，对新时期中国人才队伍建

---

① 施芳、刘晓鹏：《时代的先锋　民族的脊梁　祖国的骄傲（人民观察）——中央电视台〈感动中国〉年度人物评选十周年纪事》，《人民日报》2012 年 2 月 3 日。

设进行了总体谋划。

2002年11月，中共十六大提出将"尊重劳动、尊重知识、尊重人才、尊重创造"作为党和国家的一项重大方针，大力营造鼓励人们干事业、支持人们干成事业的社会氛围。2003年5月、11月，两次召开中央政治局会议，强调要"大力实施人才强国战略"。2003年5月23日，胡锦涛在主持中共中央政治局会议时明确要求："大力实施人才强国战略，全面推进人才工作和人才队伍建设，为全面建设小康社会提供坚强的人才保证。"① 2003年6月9日，中央人才工作协调小组成立，开言路、集众智，在全国范围内就人才问题开展大规模的调研和征求意见。2003年12月19—20日，中共中央、国务院召开第一次全国人才工作会议，审议并通过了《中共中央、国务院关于进一步加强人才工作的决定》，明确提出"新世纪新阶段人才工作的根本任务是实施人才强国战略"，提出要树立科学的人才观，把品德、知识、能力和业绩作为衡量人才的主要标准，提出了不拘一格选拔人才的"四个不唯标准"——不唯学历，不唯职称，不唯资历，不唯身份；明确阐述了党管人才原则的深刻内涵，即党管人才主要是管宏观，管政策，管协调，管服务。② 2006年3月，推进人才强国战略作为专章列入《中华人民共和国国民经济和社会发展第十一个五年规划纲要》，标志着人才强国战略作为经济社会发展的基本战略全面启动。

为了更好实施人才强国战略，2007年10月，人才强国战略作为中国特色社会主义事业建设的发展战略之一，写入中共十七大报告和中国共产党党章，人才强国战略在党和国家事业全局中的战略地位进一步提升。2010年4月1日，中共中央国务院印发《国家中长期人才发展规划纲要（2010—2020）》，这是新中国成立以来第一个

---

① 《研究部署进一步加强人才工作等问题》，《人民日报》2003年5月24日。
② 孙承斌、李斌、张景勇：《人才强国的行动纲领》，《人民日报》2004年3月1日。

中长期人才发展规划，确立了到2020年，中国人才发展进入世界人才强国行列的总体目标。2010年5月25日至26日，中共中央、国务院在北京召开第二次全国人才工作会议，胡锦涛提出"要全面落实加快建设人才强国各项战略任务，进一步开创中国人才事业新局面"。① 中共十六大以来的十年，人才强国战略从提出到全面实施，人才资源总量稳步增长，人才素质大幅提升，人才结构明显改善，人才竞争的比较优势明显增强。2003—2012年，21世纪"百千万人才工程"遴选了4批国家级人选2700多人，享受国务院政府特殊津贴专家15.8万人，博士后研究人员7万余人，高层次专业技术人才队伍粗具规模。从2008年开始，中央实施引进海外高层次人才的"千人计划"，截至2012年7月，中国已分8批引进海外高层次人才2800多人。"国家高层次人才特殊支持计划"（"万人计划"）也在启动实施。此外，国家重点科研项目、重大工程建设为科技人才成长搭建了广阔的平台。神舟九号任务载人航天工程各系统"两总"总指挥和总设计师，平均年龄只有40多岁；科技人员队伍中青年一代占了2/3以上。② 中国人才资源发展大跨越向实现人力资源强国的宏伟目标迈出坚实步伐。

四 加强党的执政能力和先进性建设

面对执政条件和社会环境的深刻变化，中国共产党要带领全国各族人民全面建设小康社会、加快推进社会主义现代化，必须加强执政能力建设。中国共产党以执政能力建设和先进性建设为主线，结合治国理政实践，采取了一系列加强和改进党的自身建设举措，全面推进党的建设新的伟大工程。

2002年11月，中共十六大提出"加强党的执政能力建设"的命题，要求各级党委和领导干部要增强执政意识，不断提高科学判

---

① 《全国人才工作会议在京举行》，《人民日报》2010年5月27日。
② 盛若蔚：《人才天发展　夯筑强国路》，《人民日报》2012年8月12日。

断形势的能力、驾驭市场经济的能力、应对复杂局面的能力、依法执政的能力和总揽全局的能力。①

2004年9月,十六届四中全会通过了《中共中央关于加强党的执政能力建设的决定》,提出了加强党的执政能力建设的指导思想、总体目标和主要任务,通过全党的努力,使党始终成为立党为公、执政为民的执政党,成为科学执政、民主执政、依法执政的执政党,成为求真务实、开拓创新、勤政高效、清正廉洁的执政党;要不断提高驾驭社会主义市场经济的能力,发展社会主义民主政治的能力,建设社会主义先进文化的能力,构建社会主义和谐社会的能力,应对国际局势和处理国际事务的能力。②

贯彻落实中共十六大和十六届四中全会要求,党领导国家立法机关科学立法、民主立法,修订了宪法和人民代表大会选举法、组织法,颁布了各级人大常委会监督法,完善了根本政治制度,使党的执政体制更加健全,为加强党的执政能力建设提供了规范的法律框架。党还先后出台关于深化行政管理体制和机构改革、加强人大制度建设、加强人民政协工作以及加强人民法院、人民检察院工作的文件,把党的领导、人民当家作主和依法治国有机统一起来,扩大了人民民主,使党的执政能力建设有了更加强有力的支持和保证。

为切实加强党的执政能力建设,确保党始终走在时代前列,中共中央把加强党的先进性建设作为全面推进党的建设的重点。中共十六大作出开展保持共产党员先进性教育活动的决定。2004年11月7日,中共中央印发《关于在全党开展以实践"三个代表"重要思想为主要内容的保持共产党员先进性教育活动的意见》,对开展保持共产党员先进性的教育活动作出部署,指出"保持共产党员先进性

---

① 中共中央文献研究室:《十六大以来重要文献选编》(上),中央文献出版社2005年版,第95页。

② 中共中央文献研究室:《十六大以来重要文献选编》(中),中央文献出版社2006年版,第272—273页。

教育活动,从目标要求上,就是要提高党员素质,加强基层组织,服务人民群众,促进各项工作"①。

从2005年1月起,全党开展了为期一年半的以实践"三个代表"重要思想为主要内容的保持共产党员先进性教育活动。先进性教育活动分三批进行,每批大约半年时间,分为学习动员、分析评议、整改提高三个阶段。先进性教育活动中,新建基层党组织13万个,整顿软弱涣散、不起作用的基层党组织15.6万个,各级党组织和广大党员与困难群众结成帮扶对子1347万个。在先进性教育活动中,涌现出以人民的好公仆郑培民、人民的忠诚卫士任长霞等为代表的一大批优秀共产党员,体现了当代中国共产党人的先进性。

2006年6月30日,在庆祝中国共产党成立85周年暨总结保持共产党员先进性教育活动大会上,胡锦涛回顾85年来党保持和发展先进性的创造性实践,总结了先进性建设经验。在总结经验的基础上,2006年6月,中央办公厅印发《关于加强党员经常性教育的意见》《关于做好党员联系和服务群众工作的意见》《关于加强和改进流动党员管理工作的意见》《关于建立健全地方党委、部门党组(党委)抓基层党建工作责任制的意见》4个文件,建立保持共产党员先进性的长效机制。

为巩固先进性教育活动成果,贯彻落实科学发展观,中共十七大明确提出在全党开展深入学习实践科学发展观活动。十七大之后,选择23个单位进行试点。在试点基础上,2008年9月5日,中央政治局会议决定从2008年9月开始,用一年半左右时间,在全党分批开展深入学习实践科学发展观活动。9月14日,中共中央印发《关于在全党开展深入学习实践科学发展观活动的意见》。

学习实践活动自上而下分三批进行,每批历时半年左右,于

---

① 中共中央文献研究室:《十六大以来重要文献选编》(中),中央文献出版社2006年版,第567页。

2010年2月底基本结束。共有370余万个党组织、7500余万名党员参加。活动期间,各地党组织为群众办实事好事1780万件,解决党员干部党性党风党纪方面群众反映强烈的突出问题140余万个,共修订完善各类规章制度250多万项,进一步健全完善了保障和促进科学发展的体制机制;各地共新建党组织6万多个,整顿软弱涣散基层党组织5万多个。各地区各部门还制定了一些推动科学发展的政策措施,建立健全了保障和促进科学发展的体制机制。

在学习实践活动中,党中央就如何加强和改进新形势下党的建设作出新的决策部署,提出了提高党的建设科学化水平的重大命题。2009年9月,中共十七届四中全会作出建设马克思主义学习型政党的重大决策。会议通过《关于加强和改进新形势下党的建设若干重大问题的决定》,强调要建设马克思主义学习型政党,不断提高党的建设科学化水平。12月,中央办公厅印发《关于推进学习型党组织建设的意见》,进一步明确了建设学习型党组织的重要意义、总体要求、主要原则、工作内容和途径方法。

与保持党的先进性、提高党的执政能力建设相辅相成的,就是加强党风廉政建设和反腐败工作。中共十六大以后,中央注重反腐败制度的建设和创新,着力从源头上预防和解决腐败问题。2003年10月,中共十六届三中全会提出,建立健全与社会主义市场经济体制相适应的教育、制度、监督并重的惩治和预防腐败体系的目标。[①]

2004年9月,中共十六届四中全会提出在新形势下加强党风廉政建设和"标本兼治、综合治理、惩防并举、注重预防"的方针。2005年1月3日,中共中央印发《建立健全教育、制度、监督并重的惩治和预防腐败体系实施纲要》(以下简称《实施纲要》),提出建立健全惩治和预防腐败体系的主要目标。2008年5月,中共中央印发《建立健全惩治和预防腐败体系2008—2012年工作规划》(以下简称《工作规划》)。《实施纲要》和《工作规划》的颁布,标志

[①]《胡锦涛文选》第2卷,人民出版社2016年版,第148页。

着惩治和预防腐败体系建设进入新的阶段。

在推动反腐倡廉制度体系建设的过程中,党和国家还先后出台了一系列法规,初步形成了以党章为核心、以《中国共产党党内监督条例(试行)》和《中国共产党纪律处分条例》为主干,以一系列配套规定为重要补充的党内监督法规制度体系。自 2007 年 11 月至 2012 年 6 月,全国纪检监察机关共立案 64.37 万多件,结案 63.9 万多件,给予党纪政纪处分 66.8 万多人,涉嫌犯罪被移送司法机关处理 2.4 万多人。全国共查办商业贿赂案件 8.13 万多件,涉案金额 222 亿多元。[①] 坚决查处了陈良宇、薄熙来等一批重大违纪违法案件,彰显了党反对腐败的坚强决心。

第四节 加快推进社会主义现代化建设

跨入 21 世纪,中国进入全面建设小康社会、加快推进社会主义现代化的新的发展阶段。随着世界多极化、经济全球化趋势发展和科学技术突飞猛进,中国所处的国际环境正在发生巨大而深刻的变化,正面对一场全球范围的激烈国际竞争。中国人民抓住机遇,建设创新型国家,走新型工业化道路,统筹城乡、区域协调发展,推动中国特色的国防和军事变革,继续推进现代化建设,完成祖国统一,维护世界和平与促进共同发展。

一 推动经济又好又快发展

改革开放以来,中国经济保持了较高的增长速度,经济社会发展取得了明显成就。但同时,长期积累的结构性矛盾和粗放型经济增长方式尚未根本改变,能源、资源、环境、技术的瓶颈制约日益

[①] 中共中央文献研究室:《十八大以来重要文献选编》(上),中央文献出版社 2014 年版,第 52 页。

突出，可持续发展遇到的压力增大。2003年，中国成为世界第一煤炭消费大国和第二石油、电力消费国，消耗了世界当年消耗总量近50%的水泥、35%的铁矿石、20%的氧化铝和铜，但创造的GDP只占世界总量的4%。中国创造单位GDP消耗的能源是日本的11.5倍，德国和法国的7.7倍，美国的4.3倍。[①]

随着宏观调控和应对复杂局面能力明显提高，中国政府完全有条件加快转变经济发展方式，推动经济社会发展和综合国力再上新台阶。2006年10月11日，胡锦涛在中共十六届六中全会上提出"扎实促进经济又好又快发展"的新要求。又好又快发展既要保持经济平稳较快增长，防止大起大落，又要坚持好中求快，注重优化结构，努力提高质量和效益，体现了科学发展的本质要求。转变经济发展方式，是从当时我国经济发展实际出发提出的重大战略。

2007年中共十七大提出加快转变经济发展方式的战略任务，第一次正式使用转变经济发展方式这一概念。由此前的转变经济增长方式到转变经济发展方式，表明对经济发展的理念、目的、战略、途径等提出了新的更高要求。2010年10月，中共十七届五中全会审议通过《中共中央关于制定国民经济和社会发展第十二个五年规划的建议》提出以科学发展为主题，以加快转变经济发展方式为主线，从经济发展、结构调整、人民生活、社会建设、改革开放等方面制定了经济社会发展主要目标。

为加快转变经济发展方式和拉动内需，中央出台了一系列政策措施。国家不断加大支持"三农"的力度和范围，巩固和加强农业的基础地位；出台多项家电、汽车下乡以及减免税收等措施，积极促进家电、汽车、住房等热点消费。同时围绕发展现代农业、走新型工业化道路和促进服务业快速发展的目标，加大经济结构调整力

[①]《"十五"时期工业发展状况——"十五"时期我国社会经济发展回顾系列报告》，国家统计局网站（http://www.stats.gov.cn/tjfx/ztfx/swcj/t20060320-402311602.htm）。

度，三次产业趋向协同发展。2011年第一、二、三产业增加值占国内生产总值比重分别是10.1%、46.8%和43.1%，与2002年相比第一产业下降了3.6%，第二、三产业分别提高2.0%和1.6%。在节能减排方面，2011年单位国内生产总值能耗比2002年下降12.9%[1]；在科技投入方面，2011年研究与实验发展经费支出8687亿元，占国内生产总值的1.84%。[2]

为缓解和克服传统工业化道路大量消耗资源能源的弊端，2002年中共十六大第一次对我国要走新型工业化道路作出明确部署，强调要坚持以信息化带动工业化，以工业化促进信息化，走出一条科技含量高、经济效益好、资源消耗低、环境污染少、人力资源优势得到充分发挥的新型工业化路子。[3] 随着科技事业不断发展，科学技术作为第一生产力在经济社会发展中的作用越来越大，同时许多重要领域的核心技术和关键产品仍大量依靠进口，自主创新能力亟待提高。2005年10月，中共十六届五中全会提出"把建设创新型国家作为面向未来的重大战略"，要求加快科技改革和发展，加大对自主创新的投入，研究制定国家中长期科学和技术发展规划。[4] 2006年1月，中共中央、国务院召开全国科学技术大会发布《关于实施科技规划纲要，增强自主创新能力的决定》，提出必须深化科技体制改革和经济体制改革，有效整合全社会科技资源，推动经济与科技的紧密结合，形成技术创新、知识创新、国防科技创新、区域创新、

---

[1] 国家统计局国民经济综合统计司：《从"快字当头"到"好字当头"：转变经济发展方式取得新进展——从十六大到十八大经济社会发展成就系列报告之二》，国家统计局网站（http://www.stats.gov.cn/tjfx/ztfx/sbdcj/t20120816-402828135.htm）。

[2] 国家统计局国民经济综合统计司：《新世纪实现新跨越，新征程谱写新篇章——从十六大到十八大经济社会发展成就系列报告之一》，国家统计局网站（http://www.stats.gov.cn/tjfx/ztfx/sbdcj/t20120815-402827873.htm）。

[3] 中共中央文献研究室：《十六大以来重要文献选编》（中），中央文献出版社2006年版，第115页。

[4] 同上书，第1028页。

科技中介服务等相互促进、充满活力的国家创新体系。① 同年2月，国务院发布《国家中长期科学和技术发展规划纲要（2006—2020）》，提出到2020年进入创新型国家行列的发展目标和"自主创新，重点跨越，支撑发展，引领未来"的科技工作指导方针，重点任务包括重点领域、优先主题、重大专项、前沿技术和基础研究等方面。为确保《规划纲要》实施，营造激励自主创新的环境，国务院还制定了科技投入、税收激励、金融支持、政府采购、引进消化吸收再创新、创造和保护知识产权、人才队伍、教育与科普、科技创新基地与平台以及加强统筹协调等10个方面60条的配套政策。

2007年10月，中共十七大进一步强调要坚持走中国特色新型工业化道路，要求"坚持走中国特色自主创新道路，加快建设国家创新体系，深化科技体制改革"②。2007年《科技进步法》完成修订并经全国人大审议通过，使新时期科技发展的基本制度更加完善。

为把握世界产业技术革命的新趋势，加快转变经济发展方式，2010年10月10日，国务院发布《关于加快培育战略性新兴产业的决定》确定了战略性新兴产业发展的重点方向、发展目标、主要任务和扶持政策等方面的内容，重点发展节能环保、新一代信息技术、生物、高端装备制造、新能源、新材料和新能源汽车七大战略性新兴产业。《中华人民共和国国民经济和社会发展第十二个五年规划纲要》对"培育发展战略性新兴产业"专列一章，具体部署推动重点领域跨越发展、实施产业创新发展工程和加强政策支持和引导。③ 2012年7月，国务院印发的《"十二五"国家战略性新兴产业发展规划》进一步提出了到2020年的发展目标：力争使战略性新兴产业

---

① 中共中央文献研究室：《十六大以来重要文献选编》（下），中央文献出版社2008年版，第241页。

② 中共中央文献研究室：《十七大以来重要文献选编》（上），中央文献出版社2009年版，第17页。

③ 《中华人民共和国国民经济与社会发展第十二个五年规划纲要》，《人民日报》2011年3月17日。

成为国民经济和社会发展的重要推动力量，增加值占国内生产总值比重达到15%，部分产业和关键技术跻身国际先进水平，节能环保、新一代信息技术、生物、高端装备制造产业成为国民经济支柱产业，新能源、新材料、新能源汽车产业成为国民经济先导产业；并具体部署了七大重点发展方向和主要任务二十项重大工程以及政策措施和组织实施。①

在创新战略推动下，科技投入持续增加，科技发展成果丰硕。2011年，全国研究与试验发展（R&D）经费支出8687亿元，比2002年增长5.7倍。2011年，研究与试验发展人员全时当量288.3万人年，比2002年增长1.8倍。②重要学科前沿和战略必争领域取得一批重大自主创新成果，载人航天、探月工程、北斗导航、超级计算机等实现重大突破。千万亿次超级计算机系统"天河一号"研制成功，载人潜水器"蛟龙"号创下7062米的下潜纪录，百亩超级杂交稻试验田亩产突破900公斤，嫦娥一号、二号探月卫星成功发射，神舟系列飞船实现了发射、空间出舱活动以及空间科学试验等重大突破。2003年10月，航天员杨利伟乘坐神舟五号飞船，在太空翱翔一天，实现了中华民族的千年飞天梦想。

高技术制造业快速发展，2004—2011年，规模以上高技术制造业增加值年均增长16.8%，增速比规模以上工业高1.6个百分点。③移动电话、彩电、计算机、部分药物等主要高技术产品的产量居世界第一位。在信息领域，集成电路芯片设计能力大幅提升，12英寸集成电路芯片制造能力和设备配套能力显著增强；在生物领域，创

---

① 《国务院公报》2012年第21号。
② 《新世纪实现新跨越　新征程谱写新篇章——从十六大到十八大经济社会发展成就系列报告之一》，国家统计局网站（http：//www.stats.gov.cn/ztjc/ztfx/kxfzcjhh/201208/t20120815_72837.html）。
③ 《工业经济实力大幅提升　经济结构不断优化——从十六大到十八大经济社会发展成就系列报告之八》，国家统计局网站（http：//www.stats.gov.cn/ztjc/ztfx/kxfzcjhh/201209/t20120904_72844.html）。

新药物和疫苗、基因工程、诊断试剂、生物育种等产业创新活力旺盛,成为高技术产业发展的新引擎。到2011年,我国已成为世界第一电子信息制造大国,计算机、移动电话、电视机等电子产品产量居世界第一位,建成了全球最大的宽带通信网络,互联网网民数量居世界第一位。

二 统筹城乡、区域协调发展

城乡、区域发展不平衡,是制约我国经济社会发展的突出问题。中共十六大以及十六大以后,中共中央对统筹区域、城乡协调发展作出新的决策部署。

农业、农村和农民问题是关系改革开放和现代化建设全局的重大问题,建设现代农业,发展农村经济,增加农民收入,是全面建设小康社会的重大任务。进入21世纪,中国经济社会发展进入加速转型阶段,城乡差距扩大,城乡之间及其内部都存在矛盾与冲突,"三农"问题更加突出和严峻,要求统筹城乡经济社会协调发展。

2002年中共十六大在总结改革发展经验的基础上,首次提出了实施城乡统筹发展战略的要求,指出"统筹城乡经济社会发展,建设现代农业,发展农村经济,增加农民收入,是全面建设小康社会的重大任务"[①]。2003年,《中共中央、国务院关于做好农业和农村工作的意见》指出把解决好农业、农村和农民问题作为全党工作的重中之重,放在更加突出的位置。[②] 2004年9月,胡锦涛在中共十六届四中全会上提出"两个趋向",在工业化初始阶段,农业支持工业、为工业提供积累是带有普遍性的趋向;但在工业化达到相当程度以后,工业反哺农业、城市支持农村,实现工业与农业、城市与

---

① 中共中央文献研究室:《十六大以来重要文献选编》(上),中央文献出版社2005年版,第17页。

② 同上书,第128页。

农村协调发展，也是带有普遍性的趋向。① 经过几十年的发展，中国总体上已到了以工促农、以城带乡的发展阶段。

2005年10月中共十六届五中全会通过的《中共中央关于制定国民经济和社会发展第十一个五年规划的建议》提出："要从社会主义现代化建设全局出发，统筹城乡区域发展。坚持把解决好'三农'问题作为全党工作的重中之重，实行工业反哺农业、城市支持农村，推进社会主义新农村建设，促进城镇化健康发展。"②

2005年12月29日，十届全国人大常委会第十九次会议决定，自2006年1月1日起，取消农业税，正式废止1958年6月3日通过的《中华人民共和国农业税条例》，终结了中国历史上存在两千多年的"皇粮国税"。这一举措，每年减轻农民负担超过1335亿元。与此同时，中央密集出台了对种粮农民生产实行直接补贴等一系列强农惠农富农政策。国家增加农业和农村基础设施建设投入，对种粮农民和购买良种、农机具者实行直接补贴。农村社会事业的进步和各项社会保障制度的建立，增强了广大农民的幸福感、尊严感和安全感，农民种田，不仅不交公粮，还能收到各种各样的种粮补贴，这在中国历史上是从未有过的大事。

2005年12月、2006年12月，中共中央、国务院接连颁发《关于推进社会主义新农村建设的若干意见》《关于积极发展现代农业扎实推进社会主义新农村建设的若干意见》，扎实稳步推进新农村建设。

2007年，中共十七大报告指出建立以工促农、以城带乡长效机制，形成城乡经济社会发展一体化新格局。③ 2008年1月1日起施行的《城乡规划法》统筹城乡规划建设，通过优化城乡结构和布局，

---

① 《胡锦涛文选》第2卷，人民出版社2016年版，第247页。
② 中共中央文献研究室：《十六大以来重要文献选编》（中），中央文献出版社2006年版，第1064页。
③ 中共中央文献研究室：《十七大以来重要文献选编》（上），中央文献出版社2009年版，第19—20页。

引导城镇化健康有序发展。10月召开的中共十七届三中全会提出，要把加快形成城乡经济社会发展一体化新格局作为根本要求，必须统筹城乡经济社会发展，始终把着力构建新型工农、城乡关系作为加快推进现代化的重大战略。[①] 2008年10月，中共十七届三中全会通过《关于推进农村改革发展若干重大问题的决定》，要求大力推进改革创新，加强农村制度建设，积极发展现代农业，提高农业综合生产能力，加快发展农村公用事业，促进农村社会全面进步。

2011年3月14日，十一届全国人大四次会议通过《关于国民经济和社会发展第十二个五年规划纲要的决议》，提出统筹城乡发展，建立城乡社会经济一体化的体制机制，实现城乡基本公共服务均等化。同年，中共中央、国务院印发《中国农村扶贫开发纲要（2011—2020年）》，将国家扶贫标准由2009年的1196元提高到2300元（2010年不变价），1.22亿农村低收入人口因此被纳入扶贫开发范围。

为推进现代农业和社会主义新农村建设，从2004年至2012年，中央连续下发9个有关"三农"问题的"一号文件"，就完善促进农民增加收入、提高农业综合生产能力、深化农村改革、统筹城乡发展等作出部署，提出了一系列支农惠农政策，加快社会主义新农村建设的步伐。到2011年农民人均纯收入实现连续8年较快增长，其中2010年、2011年连续2年收入增速超过城镇。农村社会保障体系趋于完善，2011年底农村最低生活保障比2007年分别增长53.9%和69.3%，月人均最低生活保障平均标准和月人均支出水平比2007年分别增长1倍和1.6倍。[②]

从中共十六大首次提出要统筹城乡经济社会发展开始，到十六届三中全会提出的"五个统筹"，再到"十二五"规划提出实现城

---

① 中共中央文献研究室：《十七大以来重要文献选编》（上），中央文献出版社2009年版，第673页。

② 《农业基础地位更加稳固 农村面貌加快改善——从十六大到十八大经济社会发展成就系列报告之七》，国家统计局网站（http://www.stats.gov.cn/ztjc/ztfx/kxfzcjhh/201208/t20120824_72843.html）。

乡基本公共服务均等化，根据世界经济社会发展的普遍规律和中国经济与社会发展的阶段性特点，逐步推进城乡一体化格局的形成。

区域发展差距的历史存在和逐步扩大，是一个长期困扰中国经济和社会健康发展的全局性问题。为了推动区域协调发展，继续实施西部大开发战略，中央又作出振兴东北地区等老工业基地、促进中部地区崛起等重大决策。

西部大开发战略在世纪之交实施后，按照中央提出的重点先行、适当超前的方针，通过优先安排基础设施建设、增加财政转移支付等措施，支持中西部地区和少数民族地区加快发展。西部地区基础设施建设取得重要进展，一些对西部地区发展产生重要深远影响的重大项目相继开工，建设了青藏铁路、西电东送、西气东输等标志性工程。2006年7月1日，经过工人、技术人员在恶劣自然条件下极其艰苦的施工，攻克了多年冻土、高寒缺氧、生态脆弱等世界性工程技术难题，青藏铁路终于全线建成通车。青藏铁路全长1956公里，是世界上海拔最高、线路最长的高原铁路。这些工程的建成，有利于将西部能源资源优势转化为经济优势。

实施西部大开发伊始，国家就十分注意处理开发与环境保护之间的关系，相继实施退耕还林、退牧还草和三江源保护工程，并加强对江河上游和西部中心城市的污染治理，生态建设和环境保护取得显著成效。同时，加大对西部地区教育、科技、文化、社会保障等领域的投入，注意培育特色优势产业，陆续启动"两基"[①] 攻坚计划等。

中共十六大作出了支持东北地区等老工业基地加快调整和改造的战略部署。2003年10月，中共十六届三中全会提出要振兴东北地区等老工业基地。同月，中共中央、国务院印发《关于实施东北地区等老工业基地振兴战略的若干意见》。中央有关部门、东北三省制定一系列相关政策，支持东北地区改革发展。在一系列政策措施综

[①] "两基"，即基本普及九年制义务教育、基本扫除青壮年文盲。

合作用下，东北地区经济社会发展加快，以国有企业改革为重点的体制机制创新取得重大突破，重点民生问题逐步解决。

为解决制约中部地区发展的问题，2004年9月，中共十六届四中全会明确提出促进中部地区崛起。2006年4月，中共中央、国务院印发《关于促进中部地区崛起的若干意见》。国务院有关部门就促进中部地区崛起提出相应的配套措施，加大了促进中部地区发展的支持力度。中部地区改革发展迈出新步伐，承东启西的区位优势进一步凸显，可持续发展能力显著增强。

国家继续支持东部地区率先发展，东部地区加快调整经济结构，发展方式转变和产业升级步伐明显加快。在继续发挥经济特区、上海浦东新区改革开放示范作用的基础上，还积极推动长江三角洲、珠江三角洲、台湾海峡西岸等重点地区的开发开放，提出关于进一步推进长江三角洲地区改革开放和经济社会发展的指导意见。

随着以上发展战略的实施，区域协调发展取得明显成效。中西部地区、东北地区均呈现加速发展态势。在此基础上，2010年12月，为加快转变经济发展方式，推进形成人口、经济和资源环境相协调的国土空间开发格局，国务院制定印发了《全国主体功能区规划》，为区域协调发展进一步指明了方向。2011年，中部地区、西部地区生产总值占全国的比重分别为22.1%、21.2%，分别比2002年提高了3.2个和3.8个百分点。[①]

三 中国特色的国防和军事变革

中共十六大以后，党中央准确把握新世纪新阶段对国防和军队建设提出的新要求，深刻揭示军队力量建设与运用应遵循的基本指导规律，推进党的军事指导理论创新发展，人民解放军在军事、政治、后勤、装备各领域的建设取得巨大进步，有效履行了党和人民

[①] 中共中央党史研究室：《中国共产党的九十年》，中共党史出版社2016年版，第909页。

赋予的历史使命。

2004年9月，中共十六届四中全会同意江泽民辞去中共中央军事委员会主席职务的请求，决定胡锦涛任中共中央军事委员会主席。2006年10月，胡锦涛提出"建设一支听党指挥、服务人民、英勇善战的革命军队"①的要求。2017年10月，中共十七大指出，必须站在国家安全和发展战略全局的高度，统筹经济建设和国防建设，在全面建设小康社会进程中实现富国和强军的统一。② 中央军委密切关注世界军事发展的新动向，坚持开拓创新，加快推进中国特色军事变革，努力实现富国与强军的统一。

从思想上、政治上、组织上确保人民解放军始终成为党绝对领导下的人民军队，确保国防和军队建设科学发展，确保有效履行新世纪新阶段军队历史使命，是新形势下军队思想政治建设面临的时代课题。2003年科学发展观提出后，中央军委和总政治部及时印发《深入学习贯彻科学发展观的意见》，推动全军学习贯彻科学发展观步步深入、扎实推进。2003年12月，中共中央、中央军委再次修订《中国人民解放军政治工作条例》。2008年12月，胡锦涛在中央军委扩大会议上提出"忠诚于党、热爱人民、报效国家、献身使命、崇尚荣誉"的当代革命军人核心价值观。2009年3月，总政治部印发《关于加强非战争军事行动政治工作意见》，进一步拓宽了政治工作的服务保障领域和功能。全军涌现出北京军区某集团军防空旅、载人航天英雄集体、"科学发展好九连"和杨业功、华益慰、方永刚、龚曲此里、向南林等一大批先进集体和个人。

适应中国特色军事变革的要求，进一步推进军队体制编制调整。2003年9月，中共中央批准《2005年前军队体制编制调整改革总体

---

① 中共中央文献研究室：《十六大以来重要文献选编》（下），中央文献出版社2008年版，第730页。

② 中共中央文献研究室：《十七大以来重要文献选编》（上），中央文献出版社2009年版，第32页。

方案》，决定2005年前再裁减军队员额20万，军队总员额控制在230万以内。这是改革开放以来继20世纪80年代中期百万大裁军和90年代中后期裁军50万之后的第三次大裁军，也是一次军队体制编制的重大调整改革。经过改革，压缩了军队总的规模，调整了各军兵种的比例；精简了机关、直属单位和院校；优化了军兵种内部编成；改革了领导指挥体制；深化了联勤保障体制；改善了官兵比例。强化军委总部战略管理功能，组建人民解放军战略规划部，将总参通信部改编为信息化部，将总参军训和兵种部改编为军训部。推进新型作战力量建设，调整优化各军兵种规模结构，改革部队编组模式，推动作战力量编成向精干、联合、多能、高效方向发展。这次调整改革，有力地推进了中国特色军事变革和军事斗争准备工作，提升了信息化条件下的作战能力。

2003年8月，中央军委颁发《实施军队人才战略工程规划》，部署实施军队人才战略工程，建立和完善军队人才培养体系。为适应军事斗争准备和军队现代化发展对人才的需求，加大科学家和技术专家队伍的培养力度，2005年9月，教育部、总政治部有关部门研究决定，从2006年起继续实施"高层次人才强军计划"。2000—2008年，中国已有117所地方大学招收国防生。军队在全国遴选近1000所省市普通中学，建立国防生源基地。与此同时，人民解放军干部人事制度改革也加快了步伐，最重要的就是建立和实行了文职人员制度。从2006年起，军队部分岗位开始面向社会招聘非现役文职人员。2011年4月，中央军委颁发的《2020年前军队人才发展规划纲要》，对未来十年军队人才建设和发展作出中长期战略规划。

21世纪战争形态正在由机械化条件下的协同作战，向信息化条件下的一体化联合作战转变，根据中央军委部署，南京军区、成都军区作为试点，率先迈开一体化训练的实践探索步伐。2006年6月，全军军事训练会议作出《关于加强新世纪新阶段军事训练的决定》，对军事训练创新发展作出全面部署。此后，总参谋部印发《关于加强复杂电磁环境下训练的意见》,2008 年颁发新的《军事训练与考核大纲》,2012 年 5 月出台《基于信息系统集成训练指导纲要》,对信息化条件下军事训练进行具体规范和指导。全军成功组织了一系列重大联合战役、战术训练和演习。2007 年举行的"砺剑—2007"复杂电磁环境下联合火力打击研究性演习,2009 年 8 月举行的"跨越—2009"演习开启大规模跨区远程机动训练。2011 年 3 月召开的全军深化军事训练改革会议上进行了一场信息化条件下由十多个训练基地和全军数十个作战单位参加的网上同台对抗演练。

2005 年 5 月,国防科技工业开始实行分类管理的武器装备科研生产许可制度,在保持国家对武器装备科研生产控制力的同时,允许非公有制经济进入武器装备科研生产领域,参与研制与生产任务竞争。2007 年,国务院批准《深化国防科技工业投资体制改革的若干意见》,开放性国防科技工业发展格局逐步形成。基本建成以第二代为主体、第三代为骨干的武器装备体系,大批高新技术装备快速进入序列。2009 年 10 月,中国第一台千万亿次超级计算机——天河一号在国防科技大学研制成功。2012 年 9 月,中国第一艘航空母舰辽宁舰正式交付海军。

继 2000 年以军区为基础的联勤改革后,中央军委于 2004 年 7 月在济南军区启动大联勤试点,主要内容是联勤机关三军一体、保障内容三军一体、保障力量三军一体、保障渠道三军一体。在试点的基础上,首个三军联勤保障互动平台于 2006 年在北京战区正式启动。按照"政府部门主导,军队组织实施,社会力量参与,市场机制运行"的原则,加大基础设施和边海防部队建设投入,提高军人工资津贴标准,完善住房、医疗、保险等保障,推广军人保障卡系统,换发新式军装,逐步扩大军队社会化保障范围,建立融合式的军队保障系统。2003 年以后,中央军委提出军队保障社会化改革的要求。从 2005 年 1 月起,大幅度提高全军士兵伙食标准。同时,建立士官休假制度,完善干部休假疗养制度,从制度上保证了官兵的权益。2007 年 8 月,大幅度提高军队医疗经费标准。2012 年 4 月,

《中华人民共和国军人保险法》颁布，军人保险事业迈入法制化轨道。

21世纪以来，非战争军事行动已成为和平时期军事力量运用的重要方式，人民解放军执行任务种类之多、用兵规模之大、出兵频率之高，是改革开放新时期少有的。人民军队在加强自身建设的同时，大力支持和参加国家的各方面建设。

人民解放军积极参加抗击"非典"、汶川和玉树地震等抢险救灾行动，圆满完成庆祝中华人民共和国成立60周年首都阅兵，以及北京奥运会、上海世博会安保支援等重大任务。人民解放军还积极参加和支援地方经济建设，参加了西部大开发、社会主义新农村建设、地方基础设施重点工程和生态环境建设等重大工程和重要工作。积极参加青藏铁路、三峡水利工程、西气东输管道工程、三北防护林体系工程等重点工程建设。

为维护世界和平，推动建设和谐世界，人民解放军同150多个国家开展军事交往，形成了全方位、多层次、宽领域的对外交往格局。通过适度开放部队营区和军事演习，定期发布国防白皮书，建立国防部新闻发言人制度，开通国防部网站，对外开放呈现新局面。人民解放军先后与30多个国家的军队举行了近60次双边和多边联合演习和训练。从2005年开始具有战略影响、战略层次的较大规模"和平使命"系列联合军事演习，上海合作组织框架内联合反恐军事演习向机制化方向发展。人民解放军积极参加国际人道主义援助、联合国维和行动以及赴亚丁湾、索马里海域护航等，展示了中国军队的过硬素质和良好形象。

四 港澳回归后的繁荣发展和海峡两岸交流的扩大

进入21世纪，中国的社会主义现代化建设迎来一个新的战略机遇期，香港、澳门回归后与祖国内地的联系日益密切，海峡两岸关系出现积极变化。在加速发展经济的同时，积极开展外交工作，推动建设和谐世界。

香港、澳门回归后，中央政府贯彻"一国两制"、"港人治港"、"澳人治澳"、高度自治的方针，严格按照宪法和基本法办事，支持特别行政区政府依法施政，着力发展经济、改善民生、推进民主；同时，加强内地与香港、澳门的合作，实现优势互补、共同发展。在香港、澳门遭受2003年"非典"疫情和1997年亚洲金融危机和2008年国际金融危机冲击时，中央政府努力维护港澳经济发展和社会大局稳定，集中推出支持港澳稳定金融、发展经济、改善民生的政策措施，支持港澳参与国际和区域经济合作，坚决反对外部势力干预香港、澳门事务。

香港、澳门的民主政制得到有序发展。2007年12月，十届全国人大常委会第三十一次会议决定，2012年香港特别行政区第四任行政长官和第五届立法会的具体产生办法可以进行适当修改；2017年香港特别行政区第五任行政长官的选举可以实行由普选产生的办法；在行政长官由普选产生以后，香港特别行政区立法会的选举可以实行全部议员由普选产生的办法。这就为行政长官和立法会全体议员普选设定了时间表。2011年12月，十一届全国人大常委会对澳门基本法附件一第七条、附件二第三条作出解释，明确了修改澳门特别行政区长官、立法会产生办法的程序。澳门特区2013年及以后的立法会、2014年及以后的行政长官产生办法的修改进入具体操作阶段。

进入21世纪以后，为提振香港经济，中央政府推出内地与香港建立更紧密经贸关系安排、开放内地部分城市居民个人赴港旅游、扩大香港人民币业务、推动内地企业在港上市、深化粤港合作、启动泛珠合作、推动沪港京港合作等一系列措施，促进了香港经济的恢复和发展。中央政府实施一系列支持澳门经济发展的政策措施，包括开放内地部分城市居民赴澳门个人游、内地与澳门建立更紧密经贸关系的安排等，促进了澳门经济的快速发展。

为加强内地和香港、澳门的交流合作，深化粤港澳合作，促进区域经济发展，2003年，中央政府先后与香港、澳门特别行政区政府签署内地与香港、澳门关于建立更紧密经贸关系的安排,此后又签署多个补充协议。2006年,国家"十一五"规划明确把香港、澳门纳入总体规划中,充分体现了中央政府对香港、澳门发展的关心和支持,也反映了香港、澳门在国家发展战略中的重要地位。2009年,国务院颁布实施《珠江三角洲地区改革发展规划纲要》《横琴总体发展规划》,为保持港澳地区长期繁荣稳定提供了有力支撑。2010年4月,广东省与香港特别行政区签署粤港合作框架协议,首次明确提出粤港两地金融合作以香港为龙头。2011年3月,广东省又与澳门特别行政区签署粤澳合作框架协议。2011年,国家"十二五"规划首次将港澳部分独立成章,从国家整体战略的高度为香港、澳门发展提供新的机遇和发展空间。香港回归后,人均地区生产总值从1997年的2.7万美元,提升到2011年的3.4万美元;2004年至2011年间,地区生产总值平均增速达5%,是同期其他发达经济体平均值的近2倍,继续保持着国际金融、贸易、航运中心的地位。截至2009年底,回归10年的澳门,GDP以年均近15%的增幅快速增长,人均GDP达到3.9万美元,是全球最活跃的微型经济体。

中国共产党坚定不移地按照"和平统一、一国两制"方针推进祖国和平统一大业,香港、澳门繁荣发展,显示了"一国两制"方针的生命力。2008年12月31日,胡锦涛在纪念《告台湾同胞书》发表30周年座谈会上提出推动两岸关系和平发展的六点主张。

2006年4月,举办首届两岸经贸论坛[1],至2012年7月共举办八届。通过论坛平台,大陆方面推出多项促进两岸交流合作、惠及台湾同胞的政策措施。

2008年6月,海协会与台湾海基会在相互致函确认"九二共识"的基础上恢复协商。2010年6月签署《海峡两岸经济合作框架协议》(ECFA),启动了两岸经济一体化进程。2011年1月,两岸

---

[1] 从2007年开始,将此类论坛统一命名为"两岸经贸文化论坛"。

经济合作委员会成立并开始运作。截至2012年12月已签署18项协议，解决了事关两岸同胞切身利益的诸多实际问题，对两岸人民交往、经济合作、权益保障等作出一系列制度化安排。

2008年7月4日，两岸正式开通周末包机直航。同年12月15日，两岸海运直航、空运直航、直接通邮全面启动。2009年6月，台当局开放大陆企业赴台投资。8月31日，两岸定期航班正式开通，两岸民众企盼30年之久的全面直接双向"三通"终于实现。到2012年底，两岸空中直航的总班次每周达616班，两岸直航航点达64个。两岸经济合作不断深化，贸易投资稳步增长。2012年两岸贸易额为1689.6亿美元，占大陆对外贸易总额的4.4%。截至2012年12月底，大陆方面批准台商投资达570.5亿美元，占吸收境外投资的4.5%。截至2013年1月30日，大陆企业赴台投资项目共143个，投资金额共计9.11亿美元。2012年8月，两岸货币管理机构签署货币清算合作备忘录，建立了两岸货币清算机制。

在两岸经贸关系逐渐迈入正常化的基础上，大陆方面不断制定实施对台惠民政策措施，两岸在学术、文化、教育、新闻、体育、宗教等方面的交流交往不断深化。从2009年开始，大陆每年举办一届海峡论坛，两岸各界人士广泛参与。2011年6月，大陆居民赴台个人旅游的正式启动。中国政府还妥善处理了台湾参加世界卫生大会、亚太经合组织领导人非正式会议等涉台外交问题，协助台胞在涉外纠纷等事务中切实维护台胞的合法权益。

五 为建设和谐世界而努力

进入21世纪，顺应世界求和平、谋发展、促合作的时代潮流，中国始终不渝走和平发展道路，致力于维护世界和平，促进各国共同发展繁荣。2005年4月22日，胡锦涛在雅加达亚非峰会上提出推动建设"和谐世界"的主张。7月1日，中俄首脑将"和谐世界"的表述写入《中俄关于21世纪国际秩序的联合声明》。2006年8月，中央召开的全国外事工作会议提出，推动建设和谐世界，是中国坚持走和平发展道路的必然要求,也是实现和平发展的重要条件。2007年10月,党的十七大再次提出"各国人民携手努力,推动建设持久和平、共同繁荣的和谐世界"[①],推动建设和谐世界在中共代表大会文件中得到确认。2005年、2011年,中国政府先后发表《中国的和平发展道路》《中国的和平发展》白皮书,系统阐述了和平发展道路。

为推动建设和谐世界,中国坚持独立自主的和平外交政策,提出"大国是关键、周边是首要、发展中国家是基础、多边是重要舞台"的总体布局,积极开展一系列富有成效的外交活动。

中美关系总体上保持稳定和发展,建立了多种对话合作机制,两国在经济、科技、反恐、防扩散、地区安全等领域的对话与合作有所加强,2011年1月发表的《中美联合声明》就建设相互尊重、互利共赢的合作伙伴关系达成共识。中俄之间战略协作伙伴关系继续深化,两国在政治、经济、军事、能源等领域的互利合作不断加强,在国际和地区问题上密切配合、协作,共同推动多边主义和国际关系民主化。2004—2008年,中俄签署《关于中俄国界东段的补充协定》和《关于中俄国界线东段补充叙述议定书》及其附件,解决了中俄历史遗留的边界问题。2011年,中俄宣布致力于发展中俄全面战略协作伙伴关系,制定了中俄关系未来10年发展规划。中国同欧盟和欧洲大国合作进一步加强,中国和欧盟之间建立了领导人年度会晤机制,建立起全面战略伙伴关系。中国与欧盟及其成员国保持密切的高层往来,中欧在经济、文化、科技、教育、环保等领域的交流与合作都有所发展。中日关系经历复杂变化,两国在政治层面保持交往和接触,经贸合作继续推进。2001—2006年,由于日本首相小泉纯一郎多次以首相身份参拜靖国神社,两国关系陷入低谷。

---

① 中共中央文献研究室:《十七大以来重要文献选编》(上),中央文献出版社2009年版,第36页。

2008年，中日共同发表《中日关于全面推进战略互惠关系的联合声明》，两国关系逐步回升。2012年9月，日本政府签署钓鱼岛"购买合同"，实施所谓"国有化"，中国政府发表《关于钓鱼岛及其附属岛屿领土海基线的声明》和《钓鱼岛是中国的固有领土》白皮书，并通过常态化执法巡航等措施，对钓鱼岛及其附近海域实施管理，坚决捍卫国家主权。中国还同各主要大国启动了战略对话磋商机制，定期对各自关切的现实和长远问题交换意见，探寻解决办法。这一机制成为联系和稳定中国同各主要大国双边关系的纽带。

中国同几乎所有周边国家实现高层互访和交流，增加了同周边国家的政治互信，深化了各领域互利合作。2005年4月，中国同巴基斯坦、印度、孟加拉国和斯里兰卡四个近邻国家宣布确定战略合作伙伴关系或全面合作伙伴关系。中印（度）两国签署《解决边界问题政治指导原则的协定》，首次认同对各自在边界问题上的主张作出富有意义的和双方均能接受的调整。中国与东盟国家于2011年11月4日签署《南海各方行为宣言》，就共同维护南海和平稳定达成重要共识。2010年1月，中国—东盟自由贸易区全面建成，使世界上近1/3的人口得到实惠。中国还积极促进和发展同越南、老挝、韩国、泰国、柬埔寨和缅甸等国家的睦邻友好关系。

2004年，中国与阿拉伯国家和阿拉伯国家联盟共同成立了"中阿合作论坛"，双方于2010年第四届部长级会议上宣布建立"全面合作、共同发展"的战略合作关系。2006年1月，中国政府发表《中国对非洲政策文件》。同年11月召开的中非合作论坛北京峰会通过《中非合作论坛北京峰会宣言》和《中非合作论坛——北京行动计划（2007—2009年）》，正式确立了建立中非新型战略伙伴关系。2008年，中国政府发布《中国对拉丁美洲和加勒比政策文件》，提出同拉美国家建立和发展平等互利、共同发展的全面合作伙伴关系。中国同拉美、加勒比和南太平洋国家的合作不断深化。中国与广大发展中国家的团结合作不断加强，有效拓展了国际合作空间。

中国更加全面、深入地参与以联合国为重点的国际组织多边活动，维护联合国及安理会发挥的重要作用，积极承担应尽的国际责任，参与多边机制建设和联合国改革进程，参与国际宏观经济政策协调。在气候变化、粮食安全、安全反恐、公共卫生、减少贫困等事关人类前途命运的全球性问题上，在朝鲜半岛无核化、伊朗核问题、达尔富尔问题等地区热点问题的处置上，中国都积极参与，推动妥善解决，发挥独特的建设性作用。

中国在地区性国际组织中发挥着建设性作用，在中非合作论坛、亚太经济合作组织（APEC）、亚欧首脑会议、东亚合作系列峰会，以及世界经济合作论坛年会中，也积极开展多边外交活动。此外，中国与巴西、俄罗斯、印度、南非等新兴市场国家在经济领域、气候变化、减贫等全球性和地区性问题上积极合作，形成"金砖国家"合作机制。中国推动二十国集团成为国际经济合作的主要论坛，不断完善全球经济治理，推动国际货币金融体系改革取得实质性成果，提高新兴市场和发展中国家的代表性和发言权。中国在世界银行和国际货币基金组织的投票权均从第6位上升至第3位。

由中国参与推动建立的上海合作组织于2012年北京峰会发表关于构建持久和平、共同繁荣地区的宣言，对加强地区安全、经济和人文合作发挥着越来越大的作用。截至2010年底，中国参加了100多个政府间国际组织，签署了300多个国际公约。截至2011年7月底，中国已经同172个国家建立了外交关系。

从大国外交到周边外交，从发展中国家关系到多边事务，中国坚持独立自主的和平外交政策，积极发挥建设性作用，推动构建更加公正合理的国际政治经济新秩序。中国的国际地位显著提高，国际影响日益扩大，与世界各国友好合作关系全面发展。中国外交双边与多边并行，传统安全与非传统安全并重，政治、经济、外交、军事、文化等各方面相互促进、全面发展的新型模式已经初步形成。中国通过自身的发展日益深刻地影响着世界，将为建设一个持久和平、共同繁荣的和谐世界作出更大贡献。

本章小结

从 2002 年到 2012 年，在十分复杂的国内外形势下，中国人民经受住严峻考验，成功应对国际金融危机，战胜突如其来的"非典"疫情，夺取抗击汶川特大地震等严重自然灾害和灾后恢复重建重大胜利。在妥善处置一系列重大突发事件的同时，成功举办北京奥运会、残奥会和上海世博会，巩固和发展了改革开放和社会主义现代化建设大局，彰显了中国特色社会主义的巨大优越性和强大生命力。

随着世界多极化、经济全球化的趋势发展和科学技术的突飞猛进，中国所处的国际环境正在发生巨大而深刻的变化，面对一场全球范围的激烈国际竞争，中国人民抓住机遇，加快转变经济发展方式，推动经济又好又快发展，统筹城乡、区域协调发展。这一时期，中国国家经济实力和综合国力大幅度跃升，国民生产总值跃居世界第二位，中国社会长期保持安定团结，国际地位和影响力显著提高，人民生活水平大大提升，总体上实现了由温饱到小康的历史性跨越，并向全面建设小康社会迈进。

在艰巨复杂的国内外形势下，推动中国特色的国防和军事变革，香港、澳门回归后与祖国内地的联系日益密切，海峡两岸关系出现积极变化。中国始终不渝走和平发展道路，推动和谐世界建设，维护世界和平，促进各国共同发展繁荣。

在全面建设小康社会进程中，中国共产党人推进实践创新、理论创新、制度创新，科学地概括了中国特色社会主义道路，并沿着这条道路不懈前进，成功在新的历史起点上坚持和发展中国特色社会主义。

第 六 章

中国特色社会主义进入新时代
（2012—2019）

党的十八大以来，以习近平同志为核心的党中央团结带领全党全国各族人民，对新时代坚持和发展什么样的中国特色社会主义、怎样坚持和发展中国特色社会主义这一重大时代课题进行了探索，创立了习近平新时代中国特色社会主义思想，更加自觉地增强中国特色社会主义道路自信、理论自信、制度自信、文化自信，坚持统筹推进"五位一体"总体布局、协调推进"四个全面"战略布局，对党和国家各方面工作提出一系列新理念新思想新战略，取得了改革开放和社会主义现代化建设的历史性成就，推动党和国家事业发生历史性变革。

第一节　形成并全面贯彻习近平新时代中国特色社会主义思想

伟大时代呼唤伟大理论，伟大时代孕育伟大理论。党的十九大把党的十八大以来党的理论创新成果概括为习近平新时代中国特色社会主义思想，将习近平新时代中国特色社会主义思想确立为党的行动指南,实现了党的指导思想的又一次与时俱进。

一 党的十八大以来的历史性变革

2012年11月8日至14日,中国共产党第十八次全国代表大会召开。大会的主题是:高举中国特色社会主义伟大旗帜,以邓小平理论、"三个代表"重要思想、科学发展观为指导,解放思想,改革开放,凝聚力量,攻坚克难,坚定不移沿着中国特色社会主义道路前进,为全面建成小康社会而奋斗。大会通过了胡锦涛同志代表第十七届中央委员会所作的《坚定不移沿着中国特色社会主义道路前进 为全面建成小康社会而奋斗》的报告,通过关于《中国共产党章程(修正案)》的决议,选举产生第十八届中央委员会和中央纪律检查委员会。11月15日,党的十八届一中全会选举产生新一届中央政治局,习近平为中央委员会总书记。

党的十八大清醒地分析了前进道路上还有不少困难和问题。主要是:发展中不平衡、不协调、不可持续问题依然突出,科技创新能力不强,产业结构不合理,农业基础依然薄弱,资源环境约束加剧,制约科学发展的体制机制障碍较多,深化改革开放和转变经济发展方式任务艰巨,城乡区域发展差距和居民收入分配差距依然较大,社会矛盾明显增多,教育、就业、社会保障、医疗、住房、生态环境、食品药品安全、安全生产、社会治安、执法司法等关系群众切身利益的问题较多,部分群众生活比较困难,一些领域存在道德失范、诚信缺失现象,一些干部领导科学发展能力不强,一些基层党组织软弱涣散,少数党员干部理想信念动摇、宗旨意识淡薄,形式主义、官僚主义问题突出,奢侈浪费现象严重,一些领域消极腐败现象易发多发,反腐败斗争形势依然严峻。对这些困难和问题,必须高度重视,进一步认真加以解决。[①]

党的十八大确立了科学发展观的历史地位,提出了夺取中国特

---

① 《胡锦涛文选》第3卷,人民出版社2016年版,第615—616页。

色社会主义新胜利的基本要求，确定全面建成小康社会和全面深化改革开放的目标，对新的时代条件下推进中国特色社会主义事业作出了全面部署，对全面提高党的建设科学化水平提出了明确要求。

为贯彻十八大精神，2017年11月党中央召开七次全会，分别就政府机构改革和职能转变、全面深化改革、全面推进依法治国、制定"十三五"规划、全面从严治党等重大问题作出决定和部署。五年间，以习近平同志为核心的党中央坚持统筹推进"五位一体"总体布局、协调推进"四个全面"战略布局，坚持稳中求进工作总基调，"十二五"规划胜利完成，"十三五"规划顺利实施，党和国家事业全面开创新局面。这些全方位的、开创性的历史性成就，主要表现在以下方面：

——经济建设取得重大成就。经济保持中高速增长，国内生产总值从54万亿元增长到80万亿元，稳居世界第二位，对世界经济增长贡献率超过30%。经济结构优化，创新型国家建设成果丰硕，开放型经济新体制逐步健全。

——全面深化改革取得重大突破。着力增强改革系统性、整体性、协同性，着力抓好重大制度创新，着力提升人民群众获得感、幸福感、安全感，啃下了不少硬骨头，闯过了不少急流险滩，改革呈现全面发力、多点突破、蹄疾步稳、纵深推进的局面。重要领域和关键环节改革取得突破性进展，主要领域改革主体框架基本确立。中国特色社会主义制度更加完善，国家治理体系和治理能力现代化水平明显提高，全社会发展活力和创新活力明显增强。

——民主法治建设迈出重大步伐。中国特色社会主义法治理论实现新飞跃，中国特色社会主义法治体系日益完善，加快建设法治政府进入新阶段，司法质量、效率和公信力大幅提升，全社会法治观念明显增强。

——思想文化建设取得重大进展。主旋律更加响亮，正能量更加强劲，文化自信得到彰显，国家文化软实力和中华文化影响力大幅提升，全党全社会思想上的团结统一更加巩固。

——人民生活不断改善。城乡居民收入增速超过经济增速，中等收入群体持续扩大。覆盖城乡居民的社会保障体系基本建立，人民健康和医疗卫生水平大幅提高，保障性住房建设稳步推进。社会治理体系更加完善，社会大局保持稳定，国家安全全面加强。

——生态文明建设成效显著。全党全国贯彻绿色发展理念的自觉性和主动性显著增强，生态环境治理明显加强，环境状况得到改善。引导应对气候变化国际合作，成为全球生态文明建设的重要参与者、贡献者、引领者。

——强军兴军开创新局面。着眼于实现中国梦强军梦，制定新形势下军事战略方针，全力推进国防和军队现代化。召开古田全军政治工作会议，恢复和发扬我党我军光荣传统和优良作风。国防和军队改革取得历史性突破，形成军委管总、战区主战、军种主建新格局，人民军队组织架构和力量体系实现革命性重塑。加强练兵备战，武器装备加快发展，军事斗争准备取得重大进展。人民军队在中国特色强军之路上迈出坚定步伐。

——港澳台工作取得新进展。全面准确贯彻"一国两制"方针，牢牢掌握宪法和基本法赋予的中央对香港、澳门全面管治权，深化内地和港澳地区交流合作，保持香港、澳门繁荣稳定。坚持"一个中国"原则和"九二共识"，推动两岸关系和平发展，坚决反对和遏制"台独"分裂势力，有力维护台海和平稳定。

——全方位外交布局深入展开。全面推进中国特色大国外交，形成全方位、多层次、立体化的外交布局，为中国发展营造了良好外部条件。实施共建"一带一路"倡议，倡导构建人类命运共同体，促进全球治理体系变革，为世界和平与发展作出新的重大贡献。

——全面从严治党成效卓著。增强政治意识、大局意识、核心意识、看齐意识，坚决维护党中央权威和集中统一领导。开展党的群众路线教育实践活动和"三严三实"专题教育，推进"两学一做"学习教育常态化制度化，全党理想信念更加坚定、党性更加坚强。贯彻新时期好干部标准，选人用人状况和风气明显好转。党的建设制度改革深入推进，党内法规制度体系不断完善。出台中央八项规定，严厉整治形式主义、官僚主义、享乐主义和奢靡之风，巡视利剑作用彰显。坚持反腐败无禁区、全覆盖、零容忍，坚定不移"打虎""拍蝇""猎狐"，反腐败斗争压倒性态势已经形成并巩固发展。

党的十八大起至党的十九大前的五年间，以习近平同志为核心的党中央以巨大的政治勇气和强烈的责任担当，对党和国家各方面工作提出一系列新理念新思想新战略，出台一系列重大方针政策，推出一系列重大举措，推进一系列重大工作，解决了许多长期想解决而没有解决的难题，办成了许多过去想办而没有办成的大事，推动党和国家事业发生历史性变革。这些深层次、根本性的历史性变革，主要表现在：党的领导得到全面加强，党的领导被忽视、淡化、削弱的状况得到明显改变；坚定不移贯彻新发展理念，发展观念不正确、发展方式粗放的状况得到明显改变；坚定不移全面深化改革，各方面体制机制弊端阻碍发展活力的状况得到明显改变；坚定不移全面推进依法治国，有法不依、执法不严、司法不公问题严重的状况得到明显改变；加强党对意识形态工作的领导，社会思想舆论环境的混乱状况得到明显改变；坚定不移推进生态文明建设，忽视生态环境保护、生态环境恶化的状况得到明显改变；坚定不移推进国防和军队现代化，人民军队中一度存在的不良政治状况得到明显改变；坚定不移推进中国特色大国外交，中国在国际力量对比中面临的不利状况得到明显改变；坚定不移推进全面从严治党，管党治党宽松软状况得到明显改变。[①] 这些历史性变革，对党和国家事业发展具有重大而深远的影响。

---

① 本书编写组：《毛泽东思想和中国特色社会主义理论体系概论》（2018年版），高等教育出版社2018年版，第177—178页。

二 党的十九大作出中国特色社会主义进入新时代的重大政治判断

2017年10月18—24日，中国共产党第十九次全国代表大会召开。大会的主题是：不忘初心，牢记使命，高举中国特色社会主义伟大旗帜，决胜全面建成小康社会，夺取新时代中国特色社会主义伟大胜利，为实现中华民族伟大复兴的中国梦不懈奋斗。大会批准了习近平代表第十八届中央委员会所作的《决胜全面建成小康社会 夺取新时代中国特色社会主义伟大胜利》的报告，批准了中央纪律检查委员会工作报告，审议通过了《中国共产党章程（修正案）》，选举产生了新一届中央委员会和中央纪律检查委员会。

随着中国经济社会的快速发展和人民生活水平的大幅提高，"人民日益增长的物质文化需要同落后的社会生产之间的矛盾"的表述已经不能准确反映我国社会的主要矛盾，因此，党的十九大对当前中国社会主要矛盾作出新判断，强调"中国特色社会主义进入新时代，我国社会主要矛盾已经转化为人民日益增长的美好生活需要和不平衡不充分的发展之间的矛盾"。十九大报告提出，必须认识到，我国社会主要矛盾的变化是关系全局的历史性变化，对党和国家工作提出了许多新要求。我们要在继续推动发展的基础上，着力解决好发展不平衡不充分问题，大力提升发展质量和效益，更好满足人民在经济、政治、文化、社会、生态等方面日益增长的需要，更好推动人的全面发展、社会全面进步。

党的十九大对中国发展新的历史方位作出重大政治判断，指出经过长期努力，中国特色社会主义进入了新时代。作出这个重大政治判断，是改革开放以来特别是党的十八大以来中国社会所取得的历史性成就和发生的历史性变革的必然结果，是中国社会主要矛盾运动的必然结果，也是党团结带领人民开创光明未来的必然要求。这个新时代，是中国特色社会主义新时代，而不是别的什么新时代。

中国特色社会主义新时代具有深刻的内涵和鲜明的特征。第一，这个新时代是承前启后、继往开来，在新的历史条件下继续夺取中国特色社会主义伟大胜利的时代。第二，这个新时代是决胜全面建成小康社会，进而全面建设社会主义现代化强国的时代。第三，这个新时代是全国各族人民团结奋斗、不断创造美好生活、逐步实现全体人民共同富裕的时代。第四，这个新时代是全体中华儿女勠力同心、奋力实现中华民族伟大复兴中国梦的时代。第五，这个新时代是中国日益走近世界舞台中央、不断为人类作出更大贡献的时代。

中国特色社会主义进入新时代，在中华人民共和国发展史上、中华民族发展史上具有重大意义，在世界社会主义发展史上、人类社会发展史上也具有重大意义。第一，从中华民族复兴的历史进程看，中国特色社会主义进入新时代，意味着近代以来久经磨难的中华民族迎来了从站起来、富起来到强起来的伟大飞跃，迎来了实现中华民族伟大复兴的光明前景。第二，从科学社会主义发展进程看，中国特色社会主义进入新时代，意味着科学社会主义在21世纪的中国焕发出强大生机活力，在世界上高高举起了中国特色社会主义伟大旗帜。第三，从人类文明进程看，中国特色社会主义进入新时代，意味着中国特色社会主义道路、理论、制度、文化不断发展，拓展了发展中国家走向现代化的途径，给世界上那些既希望加快发展又希望保持自身独立性的国家和民族提供了全新选择，为解决人类问题贡献了中国智慧和中国方案。

中国特色社会主义进入新时代是贯穿党的十九大报告的一条主线。党的十九大作出中国特色社会主义进入新时代的重大政治判断，对中国特色社会主义新时代的丰富内涵和重大意义的明确，凝聚起同心共筑中国梦的磅礴力量。

三 习近平新时代中国特色社会主义思想的创立及重大意义

党的十八大以来，以习近平同志为核心的党中央坚持以马克思列宁主义、毛泽东思想、邓小平理论、"三个代表"重要思想、科学发展观为指导，坚持解放思想、实事求是、与时俱进、求真务实，坚持辩证唯物主义和历史唯物主义，紧密结合新的时代条件和实践要求，以全新的视野深化对共产党执政规律、社会主义建设规律、人类社会发展规律的认识，进行艰辛理论探索，取得重大理论创新成果，创立了习近平新时代中国特色社会主义思想。

习近平新时代中国特色社会主义思想，是把握世界大势、应对全球共同挑战、维护人类共同利益的过程中创立并不断丰富发展的；是在中华民族迎来从站起来、富起来到强起来的伟大飞跃中创立并不断丰富发展的；是在不断推进党的自我革命，实现党自我净化、自我完善、自我革新、自我提高的过程中创立并不断丰富发展的；是在对科学社会主义理论与实践的深邃思考、深刻总结，对坚持和发展中国特色社会主义的不懈探索、砥砺前行中创立并不断丰富发展的。

习近平新时代中国特色社会主义思想，坚持马克思列宁主义立场观点方法，坚持科学社会主义基本原则，科学总结世界社会主义运动经验教训，根据时代和实践发展变化，以崭新的思想内容丰富和发展了马克思主义，是系统科学的理论体系。

习近平新时代中国特色社会主义思想内涵十分丰富，涵盖新时代坚持和发展中国特色社会主义的总目标、总任务、总体布局、战略布局和发展方向、发展方式、发展动力、战略步骤、外部条件、政治保障等基本问题，并根据新的实践对经济、政治、法治、科技、文化、教育、民生、民族、宗教、社会、生态文明、国家安全、国防和军队、"一国两制"和祖国统一、统一战线、外交、党的建设等各方面作出新的理论概括和战略指引。

习近平新时代中国特色社会主义思想的核心内容是党的十九大报告概括的"八个明确"和"十四个坚持"。

"八个明确"，就是明确坚持和发展中国特色社会主义，总任务是实现社会主义现代化和中华民族伟大复兴，在全面建成小康社会的基础上分两步走，在本世纪中叶建成富强民主文明和谐美丽的社会主义现代化强国；明确新时代我国社会主要矛盾是人民日益增长的美好生活需要和不平衡不充分的发展之间的矛盾，必须坚持以人民为中心的发展思想，不断促进人的全面发展、全体人民共同富裕；明确中国特色社会主义事业总体布局是"五位一体"、战略布局是"四个全面"，强调坚定道路自信、理论自信、制度自信、文化自信；明确全面深化改革总目标是完善和发展中国特色社会主义制度、推进国家治理体系和治理能力现代化；明确全面推进依法治国总目标是建设中国特色社会主义法治体系、建设社会主义法治国家；明确党在新时代的强军目标是建设一支听党指挥、能打胜仗、作风优良的人民军队，把人民军队建设成为世界一流军队；明确中国特色大国外交要推动构建新型国际关系，推动构建人类命运共同体；明确中国特色社会主义最本质的特征是中国共产党领导，中国特色社会主义制度的最大优势是中国共产党领导，党是最高政治领导力量，提出新时代党的建设总要求，突出政治建设在党的建设中的重要地位。

"八个明确""十四个坚持"（本节第四部分详叙述）有机融合、有机统一，凝结着中国共产党坚持和发展中国特色社会主义的宝贵经验，反映了以习近平同志为核心的党中央对中国特色社会主义规律性认识的深化、拓展、升华，体现了理论与实际相结合、认识论和方法论相统一的鲜明特色。

习近平新时代中国特色社会主义思想，闪耀着马克思主义真理光辉，使中国共产党对共产党执政规律、社会主义建设规律、人类社会发展规律的认识达到了新高度，为发展马克思主义作出了原创性贡献。

习近平新时代中国特色社会主义思想，充满着对马克思主义的坚定信仰，充满着对社会主义和共产主义的坚定信仰，展示了当代中国共产党人的政治品格、价值追求、精神风范。

习近平新时代中国特色社会主义思想，深刻回答了新时代坚持和发展什么样的中国特色社会主义、怎样坚持和发展中国特色社会主义这个重大时代课题，是对马克思列宁主义、毛泽东思想、邓小平理论、"三个代表"重要思想、科学发展观的继承和发展，是马克思主义中国化的最新成果，是党和人民实践经验和集体智慧的结晶，是中国特色社会主义理论体系的重要组成部分，是全党全国人民为实现中华民族伟大复兴而奋斗的行动指南。

习近平新时代中国特色社会主义思想，是贯穿党的十九大报告的灵魂。十九大与会代表一致同意，在党章中把习近平新时代中国特色社会主义思想同马克思列宁主义、毛泽东思想、邓小平理论、"三个代表"重要思想、科学发展观一道确立为党的行动指南。大会要求全党以习近平新时代中国特色社会主义思想统一思想和行动，增强学习贯彻的自觉性和坚定性，把习近平新时代中国特色社会主义思想贯彻到社会主义现代化建设全过程、体现到党的建设各方面。把习近平新时代中国特色社会主义思想确立为党必须长期坚持的指导思想，这是党的指导思想的又一次与时俱进。

党的十九届二中全会提出《中国共产党中央委员会关于修改宪法部分内容的建议》，十三届全国人大一次会议表决通过了《中华人民共和国宪法修正案》，把习近平新时代中国特色社会主义思想载入宪法，把党的指导思想转化为国家指导思想，以国家根本法的形式确立习近平新时代中国特色社会主义思想在国家政治和社会生活中的指导地位。

四　坚持和发展中国特色社会主义的基本方略

习近平新时代中国特色社会主义思想在明确了新时代坚持和发展什么样的中国特色社会主义的同时，还回答了新时代怎样坚持和发展中国特色社会主义，这就是党的十九大概括的新时代中国特色社会主义基本方略，又简称"十四个坚持"。

坚持党对一切工作的领导。党政军民学，东西南北中，党是领导一切的。必须增强政治意识、大局意识、核心意识、看齐意识，自觉维护党中央权威和集中统一领导，自觉在思想上政治上行动上同党中央保持高度一致，完善坚持党的领导的体制机制，坚持稳中求进工作总基调，统筹推进"五位一体"总体布局，协调推进"四个全面"战略布局，提高党把方向、谋大局、定政策、促改革的能力和定力，确保党始终总揽全局、协调各方。

坚持以人民为中心。人民是历史的创造者，是决定党和国家前途命运的根本力量。必须坚持人民主体地位，坚持立党为公、执政为民，践行全心全意为人民服务的根本宗旨，把党的群众路线贯彻到治国理政全部活动之中，把人民对美好生活的向往作为奋斗目标，依靠人民创造历史伟业。

坚持全面深化改革。只有社会主义才能救中国，只有改革开放才能发展中国、发展社会主义、发展马克思主义。必须坚持和完善中国特色社会主义制度，不断推进国家治理体系和治理能力现代化，坚决破除一切不合时宜的思想观念和体制机制弊端，突破利益固化的藩篱，吸收人类文明有益成果，构建系统完备、科学规范、运行有效的制度体系，充分发挥我国社会主义制度优越性。

坚持新发展理念。发展是解决我国一切问题的基础和关键，发展必须是科学发展，必须坚定不移贯彻创新、协调、绿色、开放、共享的发展理念。必须坚持和完善我国社会主义基本经济制度和分配制度，毫不动摇巩固和发展公有制经济，毫不动摇鼓励、支持、引导非公有制经济发展，使市场在资源配置中起决定性作用，更好发挥政府作用，推动新型工业化、信息化、城镇化、农业现代化同步发展，主动参与和推动经济全球化进程，发展更高层次的开放型经济，不断壮大我国经济实力和综合国力。

坚持人民当家作主。坚持党的领导、人民当家作主、依法治国有机统一是社会主义政治发展的必然要求。必须坚持中国特色社会主义政治发展道路，坚持和完善人民代表大会制度、中国共产党领导的多党合作和政治协商制度、民族区域自治制度、基层群众自治制度，巩固和发展最广泛的爱国统一战线，发展社会主义协商民主，健全民主制度，丰富民主形式，拓宽民主渠道，保证人民当家作主落实到国家政治生活和社会生活之中。

坚持全面依法治国。全面依法治国是中国特色社会主义的本质要求和重要保障。必须把党的领导贯彻落实到依法治国全过程和各方面，坚定不移走中国特色社会主义法治道路，完善以宪法为核心的中国特色社会主义法律体系，建设中国特色社会主义法治体系，建设社会主义法治国家，发展中国特色社会主义法治理论，坚持依法治国、依法执政、依法行政共同推进，坚持法治国家、法治政府、法治社会一体建设，坚持依法治国和以德治国相结合，依法治国和依规治党有机统一，深化司法体制改革，提高全民族法治素养和道德素质。

坚持社会主义核心价值体系。文化自信是一个国家、一个民族发展中更基本、更深沉、更持久的力量。必须坚持马克思主义，牢固树立共产主义远大理想和中国特色社会主义共同理想，培育和践行社会主义核心价值观，不断增强意识形态领域主导权和话语权，推动中华优秀传统文化创造性转化、创新性发展，继承革命文化，发展社会主义先进文化，不忘本来、吸收外来、面向未来，更好构筑中国精神、中国价值、中国力量，为人民提供精神指引。

坚持在发展中保障和改善民生。增进民生福祉是发展的根本目的。必须多谋民生之利、多解民生之忧，在发展中补齐民生短板、促进社会公平正义，在幼有所育、学有所教、劳有所得、病有所医、老有所养、住有所居、弱有所扶上不断取得新进展，深入开展脱贫攻坚，保证全体人民在共建共享发展中有更多获得感，不断促进人的全面发展、全体人民共同富裕。建设平安中国，加强和创新社会治理，维护社会和谐稳定，确保国家长治久安、人民安居乐业。

坚持人与自然和谐共生。建设生态文明是中华民族永续发展的千年大计。必须树立和践行绿水青山就是金山银山的理念，坚持节约资源和保护环境的基本国策，像对待生命一样对待生态环境，统筹山水林田湖草系统治理，实行最严格的生态环境保护制度，形成绿色发展方式和生活方式，坚定走生产发展、生活富裕、生态良好的文明发展道路，建设美丽中国，为人民创造良好生产生活环境，为全球生态安全作出贡献。

坚持总体国家安全观。统筹发展和安全，增强忧患意识，做到居安思危，是我们党治国理政的一个重大原则。必须坚持国家利益至上，以人民安全为宗旨，以政治安全为根本，统筹外部安全和内部安全、国土安全和国民安全、传统安全和非传统安全、自身安全和共同安全，完善国家安全制度体系，加强国家安全能力建设，坚决维护国家主权、安全、发展利益。

坚持党对人民军队的绝对领导。建设一支听党指挥、能打胜仗、作风优良的人民军队，是实现"两个一百年"奋斗目标、实现中华民族伟大复兴的战略支撑。必须全面贯彻党领导人民军队的一系列根本原则和制度，确立新时代党的强军思想在国防和军队建设中的指导地位，坚持政治建军、改革强军、科技兴军、依法治军，更加注重聚焦实战，更加注重创新驱动，更加注重体系建设，更加注重集约高效，更加注重军民融合，实现党在新时代的强军目标。

坚持"一国两制"和推进祖国统一。保持香港、澳门长期繁荣稳定，实现祖国完全统一，是实现中华民族伟大复兴的必然要求。必须把维护中央对香港、澳门特别行政区全面管治权和保障特别行政区高度自治权有机结合起来，确保"一国两制"方针不会变、不动摇，确保"一国两制"实践不变形、不走样。必须坚持"一个中国"原则，坚持"九二共识"，推动两岸关系和平发展，深化两岸经济合作和文化往来，推动两岸同胞共同反对一切分裂国家的活动，共同为实现中华民族伟大复兴而奋斗。

坚持推动构建人类命运共同体。中国人民的梦想同各国人民的梦想息息相通，实现中国梦离不开和平的国际环境和稳定的国际秩序。必须统筹国内国际两个大局，始终不渝走和平发展道路、奉行互利共赢的开放战略，坚持正确义利观，树立共同、综合、合作、可持续的新安全观，谋求开放创新、包容互惠的发展前景，促进和而不同、兼收并蓄的文明交流，构筑尊崇自然、绿色发展的生态体系，始终做世界和平的建设者、全球发展的贡献者、国际秩序的维护者。

坚持全面从严治党。勇于自我革命，从严管党治党，是我们党最鲜明的品格。必须以党章为根本遵循，把党的政治建设摆在首位，思想建党和制度治党同向发力，统筹推进党的各项建设，抓住"关键少数"，坚持"三严三实"，坚持民主集中制，严肃党内政治生活，严明党的纪律，强化党内监督，发展积极健康的党内政治文化，全面净化党内政治生态，坚决纠正各种不正之风，以零容忍态度惩治腐败，不断增强党自我净化、自我完善、自我革新、自我提高的能力，始终保持党同人民群众的血肉联系。

新时代中国特色社会主义基本方略，是习近平新时代中国特色社会主义思想的重要组成部分，也是落实习近平新时代中国特色社会主义思想的实践要求。

第二节　开启全面建设社会主义强国的新征程

党的十八大以来，以习近平同志为核心的党中央开启新时代，明确了新时代的奋斗目标和战略部署，引领全党全国人民踏上全面建设社会主义现代化国家新征程。

一　确定全面建成小康社会目标

党的十八大报告指出："全面建成小康社会，加快推进社会主义现代化，实现中华民族伟大复兴，必须坚定不移走中国特色社会主义道路。""建设中国特色社会主义，总依据是社会主义初级阶段，总布局是五位一体，总任务是实现社会主义现代化和中华民族伟大复兴。"

在党的十六大、十七大确立的全面建设小康社会目标的基础上，党的十八大还根据中国发展仍处于可以大有作为的重要战略机遇期和中国经济社会发展实际,提出了全面建成小康社会要努力实现的新要求。

——经济持续健康发展。转变经济发展方式取得重大进展,在发展平衡性、协调性、可持续性明显增强的基础上,实现国内生产总值和城乡居民人均收入比2010年翻一番。科技进步对经济增长的贡献率大幅上升,进入创新型国家行列。工业化基本实现,信息化水平大幅提升,城镇化质量明显提高,农业现代化和社会主义新农村建设成效显著,区域协调发展机制基本形成。对外开放水平进一步提高,国际竞争力明显增强。

——人民民主不断扩大。民主制度更加完善,民主形式更加丰富,人民积极性、主动性、创造性进一步发挥。依法治国基本方略全面落实,法治政府基本建成,司法公信力不断提高,人权得到切实尊重和保障。

——文化软实力显著增强。社会主义核心价值体系深入人心,公民文明素质和社会文明程度明显提高。文化产品更加丰富,公共文化服务体系基本建成,文化产业成为国民经济支柱性产业,中华文化走出去迈出更大步伐,社会主义文化强国建设基础更加坚实。

——人民生活水平全面提高。基本公共服务均等化总体实现。全民受教育程度和创新人才培养水平明显提高,进入人才强国和人力资源强国行列,教育现代化基本实现。就业更加充分。收入分配差距缩小,中等收入群体持续扩大,扶贫对象大幅减少。社会保障全民覆盖,人人享有基本医疗卫生服务,住房保障体系基本形成,社会和谐稳定。

——资源节约型、环境友好型社会建设取得重大进展。主体功能区布局基本形成,资源循环利用体系初步建立。单位国内生产总值能源消耗和二氧化碳排放大幅下降,主要污染物排放总量显著减少。森林覆盖率提高,生态系统稳定性增强,人居环境明显改善。

党的十八大基于"夺取中国特色社会主义新胜利"八个方面的基本要求和"全面建成小康社会"五个方面的新要求,对经济、政治、文化、社会、生态文明"五位一体"建设做了全面具体的部署。

党的十八大还提出，全面建成小康社会，必须以更大的政治勇气和智慧，不失时机深化重要领域改革，坚决破除一切妨碍科学发展的思想观念和体制机制弊端，构建系统完备、科学规范、运行有效的制度体系，使各方面制度更加成熟更加定型。如期全面建成小康社会任务十分艰巨，全党同志一定要埋头苦干、顽强拼搏。国家要加大对农村和中西部地区扶持力度，支持这些地区加快改革开放、增强发展能力、改善人民生活。鼓励有条件的地方在现代化建设中继续走在前列，为全国改革发展作出更大贡献。

二 提出实现民族复兴中国梦

在中国进入全面建成小康社会决定性阶段，党的十八大提出"两个一百年"奋斗目标。大会报告指出，只要我们胸怀理想、坚定信念，不动摇、不懈怠、不折腾，顽强奋斗、艰苦奋斗、不懈奋斗，就一定能在中国共产党成立一百年时全面建成小康社会，就一定能在新中国成立一百年时建成富强民主文明和谐的社会主义现代化国家。

2012年11月29日，习近平总书记在国家博物馆参观《复兴之路》展览时提出实现中国梦。他指出，实现中华民族伟大复兴，就是中华民族近代以来最伟大的梦想。这个梦想，凝聚了几代中国人的夙愿，体现了中华民族和中国人民的整体利益，是每一个中华儿女的共同期盼。历史告诉我们，每个人的前途命运都与国家和民族的前途命运紧密相连。国家好，民族好，大家才会好。实现中华民族伟大复兴是一项光荣而艰巨的事业，需要一代又一代中国人共同为之努力。到新中国成立一百年时建成富强民主文明和谐的社会主义现代化国家的目标一定能实现，中华民族伟大复兴的梦想一定能实现。

2013年3月17日，习近平总书记在十二届全国人大一次会议上进一步阐明了中国梦的本质。他指出，实现中华民族伟大复兴的中国梦，就是要实现国家富强、民族振兴、人民幸福。中国梦归根结底是人民的梦。

实现中华民族伟大复兴的中国梦，是以习近平同志为核心的党中央对全体人民的庄严承诺，是党和国家面向未来的政治宣言，充分体现了中国共产党高度的历史担当和使命追求，为新时代坚持和发展中国特色社会主义注入了崭新内涵。

党的十八大以来，以习近平同志为核心的党中央对新时代如何实现中国梦的历史性命题作出了科学回答。

2013年3月17日，习近平总书记在十二届全国人大一次会议上指出，实现中国梦必须走中国道路，实现中国梦必须弘扬中国精神，实现中国梦必须凝聚中国力量。

2013年4月28日，习近平总书记在同全国劳动模范代表座谈时讲话中指出，实干才能梦想成真。幸福不会从天而降，梦想不会自动成真。实现我们的奋斗目标，开创我们的美好未来，必须紧紧依靠人民、始终为了人民，必须依靠辛勤劳动、诚实劳动、创造性劳动。我们说"空谈误国，实干兴邦"，实干首先就要脚踏实地劳动。

2013年5月，习近平主席在接受特立尼达和多巴哥、哥斯达黎加、墨西哥等拉美三国媒体联合书面采访时指出，实现中国梦不仅造福中国人民，而且造福世界人民。实现中国梦，必须坚持和平发展。我们将始终不渝走和平发展道路，始终不渝奉行互利共赢的开放战略，不仅致力于中国自身发展，也强调对世界的责任和贡献。实现中国梦给世界带来的是和平，不是动荡；是机遇，不是威胁。

2014年6月6日，习近平总书记在会见第七届世界华侨华人社团联谊大会代表时指出，团结统一的中华民族是海内外中华儿女共同的根，博大精深的中华文化是海内外中华儿女共同的魂，实现中华民族伟大复兴是海内外中华儿女共同的梦。中国梦既是中国人民追求幸福的梦，也同各国人民追求幸福的梦想相通。国家好、民族好，大家才会好。世界好，中国才会好。中国坚持走和平发展道路，是世界繁荣发展的正能量。

党的十九大报告指出，中华民族伟大复兴，绝不是轻轻松松、敲锣打鼓就能实现的。全党必须准备付出更为艰巨、更为艰苦的努力。实现伟大梦想，必须进行伟大斗争。实现伟大梦想，必须建设伟大工程。实现伟大梦想，必须推进伟大事业。报告强调，实现"两个一百年"奋斗目标、实现中华民族伟大复兴的中国梦，不断提高人民生活水平，必须坚定不移把发展作为党执政兴国的第一要务，坚持解放和发展社会生产力，坚持社会主义市场经济改革方向，推动经济持续健康发展。

三　建成社会主义现代化强国的战略安排

党的十九大对从全面建成小康社会到基本实现现代化，再到全面建成社会主义现代化强国，作出战略部署。

大会提出，从现在到 2020 年，是全面建成小康社会决胜期。要按照党的十六大、十七大、十八大提出的全面建成小康社会各项要求，紧扣中国社会主要矛盾变化，统筹推进经济建设、政治建设、文化建设、社会建设、生态文明建设，坚定实施科教兴国战略、人才强国战略、创新驱动发展战略、乡村振兴战略、区域协调发展战略、可持续发展战略、军民融合发展战略，突出抓重点、补短板、强弱项，特别是要坚决打好防范化解重大风险、精准脱贫、污染防治的攻坚战，使全面建成小康社会得到人民认可、经得起历史检验。

大会指出，从党的十九大到二十大，是"两个一百年"奋斗目标的历史交汇期。我们既要全面建成小康社会、实现第一个百年奋斗目标，又要乘势而上开启全面建设社会主义现代化国家新征程，向第二个百年奋斗目标进军。

大会综合分析国际国内形势和中国发展条件，从 2020 年到 21 世纪中叶可以分两个阶段来安排。

第一个阶段，从 2020 年到 2035 年，在全面建成小康社会的基础上，再奋斗 15 年，基本实现社会主义现代化。到那时，我国经济实力、科技实力将大幅跃升，跻身创新型国家前列；人民平等参与、平等发展权利得到充分保障，法治国家、法治政府、法治社会基本建成，各方面制度更加完善，国家治理体系和治理能力现代化基本实现；社会文明程度达到新的高度，国家文化软实力显著增强，中华文化影响更加广泛深入；人民生活更为宽裕，中等收入群体比例明显提高，城乡区域发展差距和居民生活水平差距显著缩小，基本公共服务均等化基本实现，全体人民共同富裕迈出坚实步伐；现代社会治理格局基本形成，社会充满活力又和谐有序；生态环境根本好转，美丽中国目标基本实现。

第二个阶段，从2035年到21世纪中叶，在基本实现现代化的基础上，再奋斗十五年，把中国建成富强民主文明和谐美丽的社会主义现代化强国。到那时，中国物质文明、政治文明、精神文明、社会文明、生态文明将全面提升，实现国家治理体系和治理能力现代化，成为综合国力和国际影响力领先的国家，全体人民共同富裕基本实现，我国人民将享有更加幸福安康的生活，中华民族将以更加昂扬的姿态屹立于世界民族之林。

大会对中国特色社会主义经济建设、政治建设、文化建设、社会建设、生态文明建设作出战略部署。

——贯彻新发展理念，建设现代化经济体系。我国经济已由高速增长阶段转向高质量发展阶段，正处在转变发展方式、优化经济结构、转换增长动力的攻关期，建设现代化经济体系是跨越关口的迫切要求和我国发展的战略目标。必须坚持质量第一、效益优先，以供给侧结构性改革为主线，推动经济发展质量变革、效率变革、动力变革，提高全要素生产率，着力加快建设实体经济、科技创新、现代金融、人力资源协同发展的产业体系，着力构建市场机制有效、微观主体有活力、宏观调控有度的经济体制，不断增强我国经济创新力和竞争力。

——健全人民当家作主制度体系，发展社会主义民主政治。要长期坚持、不断发展我国社会主义民主政治，积极稳妥推进政治体制改革，推进社会主义民主政治制度化、规范化、程序化，保证人民依法通过各种途径和形式管理国家事务，管理经济文化事业，管理社会事务，巩固和发展生动活泼、安定团结的政治局面。

——坚定文化自信，推动社会主义文化繁荣兴盛。发展中国特色社会主义文化，就是以马克思主义为指导，坚守中华文化立场，立足当代中国现实，结合当今时代条件，发展面向现代化、面向世界、面向未来的，民族的科学的大众的社会主义文化，推动社会主义精神文明和物质文明协调发展。要坚持为人民服务、为社会主义服务，坚持百花齐放、百家争鸣，坚持创造性转化、创新性发展，不断铸就中华文化新辉煌。

——提高保障和改善民生水平，加强和创新社会治理。保障和改善民生要抓住人民最关心最直接最现实的利益问题，既尽力而为，又量力而行，一件事情接着一件事情办，一年接着一年干。坚持人人尽责、人人享有，坚守底线、突出重点、完善制度、引导预期，完善公共服务体系，保障群众基本生活，不断满足人民日益增长的美好生活需要，不断促进社会公平正义，形成有效的社会治理、良好的社会秩序，使人民获得感、幸福感、安全感更加充实、更有保障、更可持续。

——加快生态文明体制改革，建设美丽中国。我们要建设的现代化是人与自然和谐共生的现代化，既要创造更多物质财富和精神财富以满足人民日益增长的美好生活需要，也要提供更多优质生态产品以满足人民日益增长的优美生态环境需要。必须坚持节约优先、保护优先、自然恢复为主的方针，形成节约资源和保护环境的空间格局、产业结构、生产方式、生活方式，还自然以宁静、和谐、美丽。

四 开创强军兴军新局面

以习近平同志为核心的党中央围绕新时代建设一支什么样的强大人民军队、怎样建设强大人民军队，鲜明提出政治建军、改革强军、科技兴军、依法治军，形成习近平强军思想。党的十八大以来，中国着眼于实现中国梦强军梦,制定新形势下军事战略方针,全力推进国防和军队现代化,人民军队在中国特色强军之路上迈出坚定步伐,中国强军兴军开创新局面。

铸牢听党指挥的强军之魂。2012年11月16日,习近平总书记在中央军委扩大会议上的讲话中指出,必须毫不动摇坚持党对军队的绝对领导。保证党对军队的绝对领导,关系我军性质和宗旨、关系社会主义前途命运、关系党和国家长治久安,是我军的立军之本和建军之魂。[①] 党的十九大把坚持党对人民军队的绝对领导作为新时代坚持和发展中国特色社会主义基本方略的一条,提出建设一支听党指挥、能打胜仗、作风优良的人民军队,是实现"两个一百年"奋斗目标、实现中华民族伟大复兴的战略支撑。必须全面贯彻党领导人民军队的一系列根本原则和制度,确立新时代党的强军思想在国防和军队建设中的指导地位。

政治建军开创新境界。政治建军是立军之本。2014年10月30日至11月2日,全军政治工作会议在福建古田举行。习近平总书记在会上指出,当前最紧要的是把理想信念、党性原则、战斗力标准、政治工作威信四个带根本性的东西在全军牢固立起来。这是进入21世纪举行的第一次全军政治工作会议,对新时代政治建军作出部署,引领全军重整行装再出发。12月30日,中共中央转发《关于新形势下军队政治工作若干问题的决定》(以下简称《决定》)。[②]《决定》强调,军队政治工作的时代主题是,紧紧围绕实现中华民族伟大复兴的中国梦,为实现党在新形势下的强军目标提供坚强政治保证。全军必须自觉坚持党对军队绝对领导的根本原则和制度,把铸牢军魂作为核心任务,系统抓好军魂培育,打牢听党指挥的思想根基。

坚持党对人民军队的绝对领导。2013年3月11日,习近平总书

---

① 《习近平谈治国理政》,外文出版社2014年版,第215—216页。

② 中共中央党史研究室:《党的十八大以来大事记》,《人民日报》2017年10月16日第1版。

记在十二届全国人大一次会议解放军代表团全体会议上指出，要铸牢听党指挥这个强军之魂，坚持党对军队绝对领导的根本原则和人民军队的根本宗旨不动摇，确保部队绝对忠诚、绝对纯洁、绝对可靠，一切行动听党中央和中央军委指挥。[①] 2014年4月10日，中央军委印发《关于贯彻落实军委主席负责制建立和完善相关工作机制的意见》，进一步明确了军委主席负责制的地位作用和运行方式。2015年底启动的深化国防和军队改革，进一步健全完善军委主席负责制。党的十八大以来，在以习近平同志为核心的党中央的领导下，恢复和发扬人民军队光荣传统和优良作风，重振政治纲纪，坚定不移从思想、用人、组织、纪律推进政治整训，有效解决了弱化党对军队绝对领导的突出问题，人民军队政治生态得到有效治理，焕然一新，为建设一支听党指挥、能打胜仗、作风优良的人民军队的强军目标提供了根本保障。

国防和军队改革取得历史性突破。党的十八大以来，中国全面实施改革强军战略，开启了改革强军的新征程。根据2015年制定的《深化国防和军队改革总体方案建议》《领导指挥体制改革实施方案》《关于深化国防和军队改革的意见》，国防和军队改革全面推进。这次大刀阔斧全面深化国防和军队改革，打破了长期实行的总部体制、大军区体制、大陆军体制，形成了军委管总、战区主战、军种主建的领导指挥体制新格局，强化了中央军委的战略指挥、战略管理功能。在军委机关调整上，优化军委机关职能配置和机构设置，把总部制改为多部门制，由原来的总参谋部、总政治部、总后勤部、总装备部4个总部，改为7个部（厅）、3个委员会、5个直属机构共15个职能部门，使军委机关成为参谋机关、执行机关、服务机关，确保指挥、建设、管理、监督等路径更加清晰，决策、规划、执行、评估等职能配置更加合理，形成了决策权、执行权、监督权既相互制约又相互协调的运行体系。按照调整优化结构、发展

[①] 《习近平谈治国理政》，外文出版社2014年版，第220页。

新型力量、理顺重大比例关系、压减数量规模的要求，优化规模结构和力量编成，裁减军队员额30万，调整组建84个军级单位和13个集团军，调整省军区系统，推动人民军队由数量规模型向质量效能型、由人力密集型向科技密集型转变，部队编成向充实、合成、多能、灵活方向发展，改变了长期以来陆战型、国土防御型的力量结构和兵力布势，实现了人民军队组织架构和力量体系的整体性、革命性重塑。

提高国防和军队建设法治化水平。党的十八届四中全会把依法治军、从严治军写入全会通过的《中共中央关于全面推进依法治国若干重大问题的决定》。党的十九大报告提出，全面从严治军，推动治军方式根本性转变，提高国防和军队建设法治化水平。党的十八大以来，中国特色军事法治建设驶入"快车道"，依法治军取得了历史性伟大成就，开启了法治军队建设崭新航程。在中国特色军事法规制度体系建设上，2017年5月中央军委发布《军事立法工作条例》，军队健全了与新的领导指挥体制相适应的军事立法体制机制，一批改革急需、备战急用的法律法规陆续制定颁布或修订实施，为推动军队正规化建设提供坚强制度保证。在深入推进依法治军从严治军上，2015年2月中央军委印发《关于新形势下深入推进依法治军从严治军的决定》，国防和军队建设法治化水平迈上新台阶，治军方式实现三个根本性转变，即从单纯依靠行政命令的做法向依法行政的根本性转变，从单纯靠习惯和经验开展工作的方式，向依靠法规和制度开展工作的根本性转变，从突击式、运动式抓工作的方式向按条例、条令办事的根本型转变。

建设创新型人民军队。党的十八大以来，以习近平同志为核心的党中央明确要求把军队创新纳入国家创新体系。党的十九大报告提出，树立科技是核心战斗力的思想，推进重大技术创新、自主创新，加强军事人才培养体系建设，建设创新型人民军队。建设创新型人民军队，是以习近平同志为核心的党中央洞悉时代大势、创新战略指导作出的决策部署，旨在对军队建设发展模式进行以创新为核心引擎的时代重塑，为实现党在新时代的强军目标、建成世界一流军队注入更大活力和强劲动力。党的十八大以来，建设创新型人民军队取得显著成效，构建起新型军事人才培养体系和新型军事科研体系、新型军事人才体系，并通过军民融合促进创新发展加速。中国科技兴军步伐加快，加强了国防科技基础性、前沿性、战略性研究，突破和掌握了一批核心关键技术，国产航母、歼-20、运-20等一批高新技术武器装备建设取得重要进展，"天河二号"超级计算机、"北斗二号"卫星工程等一批关键技术实现重大突破。武器装备更新换代步伐加快，一批先进武器装备已列装部队，人民军队现代化水平不断提升。

开展实战化军事训练和做好军事斗争准备。党的十八大以来，在新的起点上做好军事斗争准备工作。狠抓实战化军事训练，树立以理论创新为先导、以研透对手环境装备战法为基础、以院校教学为支撑、以部队训练为关键、以战争检验为归宿的"大训练"观，加大军事训练监察力度，着力解决军事训练中与实战要求不符的突出问题。2017年7月30日，庆祝中国人民解放军建军90周年阅兵在朱日和联合训练基地举行。

根据国际局势发生新的复杂深刻变化，中国在拓展积极防御战略纵深、加快军事力量走出去、经略新型安全领域等方面积极作为。组织一系列重大军事行动，坚决开展东海、南海维权斗争，划设东海防空识别区，海空力量出岛链常态巡航，有力应对和遏止一些国家挑衅闹事活动，维护了中国领土主权和海洋权益。圆满完成抢险救灾、反恐维稳、国际维和、远洋护航、撤侨护侨、重大活动安保等任务，把塑造态势、管控危机、遏制战争、打赢战争统一起来，有力维护了国家主权、安全和发展利益。2015年3月29日至4月7日，正在亚丁湾索马里海域执行护航任务的中国海军护航编队共派出3艘军舰，从也门撤出中国公民621人。

形成军民融合深度发展格局。2015年3月12日，习近平总书记出席十二届全国人大三次会议解放军代表团全体会议，明确提出把军民融合发展上升为国家战略,强调要深入实施军民融合发展战略。党的十八大以来,军民融合发展迈出历史性步伐。2016年5月1日,中共中央、国务院、中央军委印发《关于经济建设和国防建设融合发展的意见》,首次从中央层面明确了军民融合发展的重点。12月,国务院、中央军委颁布实施《经济建设和国防建设融合发展"十三五"规划》。国家军民融合创新示范区创建活动有序开展,一批信息共享、投资融资、孵化转化平台相继建成。基础设施建设统筹力度加大,交通、测绘、信息等领域共建共用取得重要进展。"军转民""民参军"步伐加快,军民科技协同创新加速推进,北斗导航系统、国产大型客机C919、华龙一号等研发应用取得重大突破。重大安全领域融合发展全面推进,公共安全和应急能力建设持续加强,海外综合保障能力稳步提升,依托国民教育培养军事人才深入开展。军队保障社会化成效明显。军队出色完成抢险救灾任务,积极参与脱贫攻坚和生态文明建设,军政军民关系进一步巩固发展。

五 推动构建人类命运共同体

以习近平同志为核心的党中央深刻把握新时代中国和世界发展大势,在波澜壮阔的伟大斗争中,在对外工作上进行一系列重大理论和实践创新,形成了习近平新时代中国特色社会主义外交思想。党的十八大以来,全面推进中国特色大国外交,形成全方位、多层次、立体化的外交布局,对外工作呈现出鲜明的中国特色、中国风格、中国气派。中国提出共建"一带一路"倡议,推进构建新型国际关系、倡导构建人类命运共同体,促进全球治理体系变革,在国际上的影响力、感召力、塑造力显著提高。中国与世界的互动关系发生了历史性演变,为中国发展营造了良好外部条件,为世界和平与发展作出新的重大贡献。

中国倡导构建人类命运共同体。2013年3月23日,习近平主席在俄罗斯莫斯科国际关系学院发表的演讲中指出,这个世界,各国相互联系、相互依存的程度空前加深,人类生活在同一个地球村里,生活在历史和现实交汇的同一个时空里，越来越成为你中有我、我中有你的命运共同体。2015年9月28日，习近平主席在纽约联合国总部出席第70届联合国大会一般性辩论时，发表题为"携手构建合作共赢新伙伴　同心打造人类命运共同体"的演讲，提出携手构建合作共赢新伙伴，同心打造人类命运共同体。党的十九大报告提出，我们呼吁，各国人民同心协力，构建人类命运共同体，建设持久和平、普遍安全、共同繁荣、开放包容、清洁美丽的世界。

在联系日益紧密、矛盾日趋复杂的国际形势下，中国所倡导的人类命运共同体理念，是对国际秩序观的创新和发展，开辟了国际关系新愿景，被越来越多的国家所接受。国际社会普遍认为人类命运共同体摒弃丛林法则、不搞强权独霸、超越零和博弈，开辟一条合作共赢、共建共享的文明发展新道路。构建人类命运共同体理念，2017年2月10日首次载入联合国决议，3月17日首次载入联合国安理会决议，3月23日首次载入联合国人权理事会决议。

共建"一带一路"，促进全方位开放格局的形成。2013年9月和10月，习近平主席在出访中亚和东南亚国家期间，先后提出共建"丝绸之路经济带"和"21世纪海上丝绸之路"，得到国际社会高度关注。2016年11月，联合国193个会员国协商一致通过决议，欢迎共建"一带一路"等经济合作倡议，呼吁国际社会为"一带一路"建设提供安全保障环境。2017年3月，联合国安理会一致通过了第2344号决议，呼吁国际社会通过"一带一路"建设加强区域经济合作。为推进共建"一带一路"倡议的实施，中国政府发布《推动共建丝绸之路经济带和21世纪海上丝绸之路的愿景与行动》，明确以政策沟通、设施联通、贸易畅通、资金融通、民心相通为主要内容。

共建"一带一路"倡议成为中国参与全球开放合作、促进全球共同发展繁荣、推动构建人类命运共同体的中国方案。首届和第二届"一带一路"国际合作高峰论坛先后于2017年5月和2019年4月在北京成功召开。这是"一带一路"框架下最高规格的国际活动，也是由中国首倡、中国主办的层级最高、规模最大的多边外交活动，它的成功举办标志着中国国际地位和国际影响力显著提升。"一带一路"国际合作高峰论坛成为推动全球发展合作的机制化新平台。仅第二届"一带一路"国际合作高峰论坛期间各方达成共6大类283项成果,论坛筹备进程中和举办期间签署总额640多亿美元的项目合作协议。截至2019年4月底,中国政府已与127个国家和29个国际组织签署"一带一路"合作文件。事实证明,共建"一带一路"不仅为世界各国发展提供了新机遇,也为中国开放发展开辟了新天地。

积极发展全球伙伴关系。党的十九大报告提出,中国积极发展全球伙伴关系,扩大同各国的利益交汇点。党的十八大以来,中国致力于推动建设新型国际关系,积极打造全球伙伴关系网络,中国特色的大国外交向全方位、多层次、立体化方向推进。中国推进大国协调和合作,构建总体稳定、均衡发展的大国关系框架;按照亲诚惠容理念和与邻为善、以邻为伴周边外交方针,开创周边睦邻外交和互利合作的新局面;始终秉持真实亲诚理念和正确义利观,加强同发展中国家团结合作,同非洲、拉美和加勒比地区国家的友好合作不断提质升级;深化与其他金砖国家的伙伴关系。

无论是同周边国家共商合作大计,还是在多边场合与各国共谋发展之道,中国积极打造合作共赢的全球伙伴关系网,将中国的"朋友圈"越做越大。到2019年3月,联合国193个会员国中,中国与178个国家建立了正式的外交关系。中国已经与100个国家、地区和地区组织建立起不同层次的伙伴关系,实现了对大国、周边和发展中国家伙伴关系的全覆盖。中国积极发展全球伙伴关系,为世界各国创造了和平稳定的国际环境,为各国共同发展创造了新的机遇,为世界带来前所未有的互动和联动发展机会。

参与全球治理体系改革和建设。全球治理体制变革正处在历史转折点上。以习近平同志为核心的党中央从历史和现实、理论和实践、国内和国际等多角度深入思考"世界怎么了,我们怎么办"这一根本问题,积极探索完善全球治理的理念和方案。党的十九大报告提出，中国秉持共商共建共享的全球治理观，倡导国际关系民主化，坚持国家不分大小、强弱、贫富一律平等，支持联合国发挥积极作用，支持扩大发展中国家在国际事务中的代表性和发言权。中国将继续发挥负责任大国作用，积极参与全球治理体系改革和建设，不断贡献中国智慧和力量。

党的十八大以来，中国理念、中国智慧、中国方案、中国机遇等日益受到全球关注，中国成为全球治理的引领者。中国在主场外交中积极推进全球治理体系改革和建设。中国举办北京 APEC 领导人非正式会议（2014 年）、G20 杭州峰会（2016 年）、"一带一路"国际合作高峰论坛（2017 年和 2019 年）、厦门金砖峰会（2017 年）、青岛上合组织峰会（2018 年）、中非合作论坛北京峰会（2018 年）、亚洲文明对话大会（2019 年）等大型主场外交，都取得了历史性成果，使中国成了全球瞩目的中心舞台。在联合国框架下的全球性活动或会议上，在区域与跨区域组织和论坛领导人峰会上，阐释中国关于全球治理的理念和主张。面对此起彼伏的国际地区热点问题和层出不穷的各种全球性挑战，中国发挥建设性作用，国际话语权和影响力不断提高，负责任的大国作用日益突出，为全球治理贡献中国智慧和力量。

推动形成全面开放新格局。自由贸易区战略加快实施。2013 年 9 月 27 日，中国（上海）自由贸易试验区正式挂牌成立，到 2018 年 9 月 24 日国务院印发《中国（海南）自由贸易试验区总体方案》，中国自由贸易试验区覆盖了中国从南到北、从沿海到内陆的广大区域。自由贸易试验区建设坚持大胆试、大胆闯、自主改，形成了一大批可复制的制度创新成果，发挥了全面深化改革的试验田作用。其中，外商投资项目负面清单管理制度从试点到全面实施。首创以进口为主题的国家级展会的经贸制度。2018 年 11 月，首届中国国际进口博览会在上海举行，吸引了 172 个国家、地区和国际组织参会，3600 多家境外企业参展，成交额近 600 亿美元。这次博览会是迄今为止世界上第一个以进口为主题的国家级展会。

党的十八大以来，中国以"一带一路"建设为重点，坚持引进来和走出去并重，遵循共商共建共享原则，加强创新能力开放合作，形成陆海内外联动、东西双向互济的开放格局。在全球经济贸易低迷的情况下，中国进口需求迅速扩大，跃居全球货物贸易第一大国，对国际贸易繁荣作出越来越大贡献。中国"走出去"实现跨越式发展。倡导发展开放型世界经济，积极参与全球经济治理，对外开放取得新的重大成就，为推动构建人类命运共同体贡献正能量。

第三节　统筹推进"五位一体"总体布局

党的十八大提出了全面落实经济建设、政治建设、文化建设、社会建设、生态文明建设"五位一体"总体布局。党的十九大就"贯彻新发展理念，建设现代化经济体系""健全人民当家作主制度体系，发展社会主义民主政治""坚定文化自信，推动社会主义文化繁荣兴盛""提高保障和改善民生水平，加强和创新社会治理""加快生态文明体制改革，建设美丽中国"进行了战略部署。党的十八大以来，以习近平同志为核心的党中央从坚持和发展中国特色社会主义出发，高度重视统筹推进"五位一体"总体布局，并把它与协调推进"四个全面"战略布局相互促进、统筹联动，强调用新发展理念来引领五大建设，顺应了广大人民对经济建设、政治建设、文化建设、社会建设和生态文明建设的需求，使社会主义建设事业更具全面性、丰富性和协调性，开创了中国经济建设、政治建设、文化建设、社会建设、生态文明建设新局面。

一　建设现代化经济体系

以习近平同志为核心的党中央面对中国经济发展进入新常态、新一轮工业革命在全球范围内孕育兴起、全球贸易体系重构等国内外的一系列深刻变化，深刻回答了新时代中国实现什么样的发展、怎样发展的问题，形成习近平新时代中国特色社会主义经济思想。党的十九大报告指出，中国经济已由高速增长阶段转向高质量发展阶段，正处在转变发展方式、优化经济结构、转换增长动力的攻关期，建设现代化经济体系是跨越关口的迫切要求和我国发展的战略目标。报告还明确了建设现代化经济体系的重要原则和方向，即必须坚持质量第一、效益优先，以供给侧结构性改革为主线，推动经济发展质量变革、效率变革、动力变革，提高全要素生产率，着力加快建设实体经济、科技创新、现代金融、人力资源协同发展的产业体系，着力构建市场机制有效、微观主体有活力、宏观调控有度的经济体制，不断增强中国经济创新力和竞争力。党的十八大以来，中国坚定贯彻新发展理念，紧紧围绕使市场在资源配置中起决定性作用和更好发挥政府作用深化经济体制改革，以供给侧结构性改革为主线，推进现代化经济体系建设，引领经济由高速增长阶段向高质量发展阶段转变。

作出中国经济发展进入新常态的重大判断。2014年12月9日，习近平总书记在中央经济工作会议上，从消费需求、投资需求、出口和国际收支、生产能力和产业组织方式、生产要素相对优势、市场竞争特点、资源环境约束、经济风险积累和化解以及资源配置模式、宏观调控方式九个方面深入分析了新常态下中国经济发展的趋势性变化。[①] 认识新常态，适应新常态，引领新常态，是党的十八大以来中国经济发展的大逻辑。作出中国经济发展进入新常态的战略判断，为端正发展观念、完善政策体系提供了依据。

提出新发展理念。党的十八届五中全会坚持以人民为中心的发展思想，鲜明提出了创新、协调、绿色、开放、共享的新发展理念。习近平总书记在十八届五中全会上的讲话中阐明创新、协调、绿色、开放、共享发展理念的内涵和相互关系，指出要以新的发展理念引

---

① 参见中共中央文献研究室编《十八大以来重要文献选编》，中央文献出版社2016年版，第241—246页。

领发展。① 十八届五中全会提出，坚持创新发展，必须把创新摆在国家发展全局的核心位置，不断推进理论创新、制度创新、科技创新、文化创新等各方面创新，让创新贯穿党和国家一切工作，让创新在全社会蔚然成风；坚持协调发展，必须牢牢把握中国特色社会主义事业总体布局，正确处理发展中的重大关系，重点促进城乡区域协调发展，促进经济社会协调发展，促进新型工业化、信息化、城镇化、农业现代化同步发展，在增强国家硬实力的同时注重提升国家软实力，不断增强发展整体性；坚持绿色发展，必须坚持节约资源和保护环境的基本国策，坚持可持续发展，坚定走生产发展、生活富裕、生态良好的文明发展道路，加快建设资源节约型、环境友好型社会，形成人与自然和谐发展现代化建设新格局，推进美丽中国建设，为全球生态安全作出新贡献；坚持开放发展，必须顺应我国经济深度融入世界经济的趋势，奉行互利共赢的开放战略，发展更高层次的开放型经济，积极参与全球经济治理和公共产品供给，提高我国在全球经济治理中的制度性话语权，构建广泛的利益共同体；坚持共享发展，必须坚持发展为了人民、发展依靠人民、发展成果由人民共享，作出更有效的制度安排，使全体人民在共建共享发展中有更多获得感，增强发展动力，增进人民团结，朝着共同富裕方向稳步前进。全会强调，破解发展难题，厚植发展优势，必须牢固树立并切实贯彻创新、协调、绿色、开放、共享的发展理念。这是关系中国发展全局的一场深刻变革。新发展理念是针对新时代中国发展面临问题作出的回答，是改革开放以来中国改革发展经验的集中体现，是中国共产党对中国发展规律认识的深化拓展，是中国共产党治国理政思想的重大理论创新，是对中国特色社会主义政治经济学的丰富发展，是习近平新时代中国特色社会主义经济思想的重要组成部分。

坚持和完善基本经济制度和分配制度，坚持"两个毫不动摇"。

---

① 《习近平谈治国理政》第2卷，外文出版社2017年版，第197—200页。

围绕积极发展混合所有制经济、推动国有企业完善现代企业制度、支持非公有制经济健康发展，实施了一系列改革举措。① 在国有企业改革发展方面，2015年8月24日，中共中央、国务院印发《关于深化国有企业改革的指导意见》。之后，又出台配套文件。随着重大改革举措落地见效，国有企业体制机制发生了重大变革，与市场经济的融合更加紧密，规模实力和竞争力进一步增强，国有经济主导作用有效发挥。在鼓励、支持、引导非公有制经济发展方面，明确在全面建成小康社会，进而全面建设社会主义现代化国家的新征程中，民营经济只能壮大、不能弱化，而且要走向更加广阔的舞台，并采取了一系列措施促进非公有制经济的发展。

使市场在资源配置中起决定性作用和更好发挥政府作用。党的十八届三中全会把市场在资源配置中的"基础性作用"修改为"决定性作用"，提出了"使市场在资源配置中起决定性作用和更好发挥政府作用"的重大理论观点②。习近平总书记在关于《中共中央关于全面深化改革若干重大问题的决定》的说明中指出，作出"使市场在资源配置中起决定性作用"的定位，有利于在全党全社会树立关于政府和市场关系的正确观念，有利于转变经济发展方式，有利于转变政府职能，有利于抑制消极腐败现象。③ 在建立统一开放、竞争有序的市场体系方面，推进工商注册制度便利化、实行负面清单准入管理方式、完善市场监管体系方面取得重大进展。在宏观调控方面，以稳中求进为总基调，多种调控方式有机结合、灵活运用，防范化解重大风险，促进经济保持中高速增长、发展质量和效益不断提升。

以推进供给侧结构性改革为主线，引领新常态，致力于增强中

---

① 中共中央文献研究室：《十八大以来重要文献选编》（上），中央文献出版社2014年版，第514—517页。

② 同上书，第513页。

③ 同上书，第499页。

国经济质量优势。2015年11月10日，习近平总书记在中央财经领导小组第十一次会议上首次提出供给侧结构性改革。供给侧结构性改革，重点是解放和发展社会生产力，用改革的办法推进结构调整，减少无效和低端供给，扩大有效和中高端供给，增强供给结构对需求变化的适应性和灵活性，提高全要素生产率。从政治经济学的角度看，供给侧结构性改革的根本，是使中国供给能力更好满足广大人民群众日益增长、不断升级和个性化的物质文化和生态环境需要，从而实现社会主义生产目的。供给侧结构性改革这一重大理论创新，回答了适应、引领经济发展新常态应该怎么干的问题。随着供给侧结构性改革的推进，实体经济活力不断释放，经济结构优化，数字经济等新兴产业蓬勃发展。战略性新兴产业快速发展，2016—2018年工业战略性新兴产业增加值年均增长10.1%，快于同期规模以上工业增加值，增长了3.8个百分点。中国制造业加速迈向中高端，工业化和信息化深度融合，装备制造业和高技术产业增长明显快于传统产业，2018年工业产能利用率为76.5%，装备制造业和高技术制造业增加值占规模以上工业增加值的比重分别达到32.9%和12.4%，比2012年提高4.7个和4.5个百分点。高铁、核电等重大装备竞争力居世界前列。

推进高质量发展。党的十八届五中全会将"以提高发展质量和效益为中心，加快形成引领经济发展新常态的体制机制和发展方式"纳入"十三五"时期发展的指导思想。党的十九大报告指出，中国经济已由高速增长阶段转向高质量发展阶段，正处在转变发展方式、优化经济结构、转换增长动力的攻关期，建设现代化经济体系是跨越关口的迫切要求和我国发展的战略目标。2018年9月20日，中央全面深化改革委员会第四次会议审议通过《关于推动高质量发展的意见》。党的十八大以来，中国践行发展应该是科学发展和高质量发展的战略思想，推动高质量发展的制度体系逐步建立，高质量发展取得积极进展。2018年经济社会发展情况表明，创新驱动、资源节约、生态保护、社会保障等反映高质量发展的指标进一步改善，19

个约束性指标中，18 个指标完成全年目标，仅万元国内生产总值用水量下降指标没有实现。①

加快建设创新型国家。党的十八大报告提出实施创新驱动发展战略。2016 年 5 月，中共中央、国务院发布《国家创新驱动发展战略纲要》。党的十九大报告提出加快建设创新型国家，到 2035 年中国跻身创新型国家前列。党的十八大以来，创新型国家建设取得重要进展。2018 年，中国研究与试验发展（R&D）经费支出 19657 亿元，比 2012 年增长 90.9%，占国内生产总值 2.18%，比 2012 年提高 0.21 个百分点。一批具有标志性意义的重大科技成果涌现，载人航天、探月工程、量子通信、射电望远镜、载人深潜、超级计算机等实现重大突破。世界知识产权组织 2018 年全球创新指数报告显示，中国创新能力综合排名由 2012 年的第 34 位上升到 2018 年的第 17 位，成为唯一进入前 20 名的中等收入国家。中国科技进步贡献率从 2012 年的 52.2% 迅速增至 2018 年的 58.5%。②

实施区域协调发展战略。党的十八大以来，中国提出"一带一路"倡议以及京津冀协同发展、长江经济带发展、粤港澳大湾区建设等重大战略。为促进京津冀协同发展，2015 年 4 月中共中央政治局审议通过《京津冀协同发展规划纲要》，2017 年 4 月中共中央、国务院决定设立河北雄安新区。为促进长三角区域一体化发展，2014 年 9 月国务院印发《关于依托黄金水道推动长江经济带发展的指导意见》，2016 年 3 月中共中央政治局会议审议通过《长江经济带发展规划纲要》。为推进粤港澳大湾区建设，2016 年 3 月国务院印发《关于深化泛珠三角区域合作的指导意见》，2018 年 10 月 23 日开通港珠澳大桥，2019 年 2 月中共中央、国务院印发《粤港澳大

---

① 国家发展和改革委员会：《关于 2018 年国民经济和社会发展计划执行情况与 2019 年国民经济和社会发展计划草案的报告——2019 年 3 月 5 日在第十三届全国人民代表大会第二次会议上》，《人民日报》2019 年 3 月 18 日第 4 版。

② 李克强：《政府工作报告——二〇一九年三月五日在第十三届全国人民代表大会第二次会议上》，《人民日报》2019 年 3 月 17 日第 1 版。

湾区发展规划纲要》。党的十九大以全方位、系统化的视角，提出实施区域协调发展战略。2018年11月，中共中央、国务院印发《关于建立更加有效的区域协调发展新机制的意见》。区域协调发展战略的提出和实施，完善了中国改革开放空间布局，推动形成东西南北纵横联动发展新格局，引领区域经济高质量发展。

实施乡村振兴战略。党的十九大提出实施乡村振兴战略，要求坚持农业农村优先发展，按照产业兴旺、生态宜居、乡风文明、治理有效、生活富裕的总要求，建立健全城乡融合发展体制机制和政策体系，加快推进农业农村现代化。2018年中共中央、国务院印发的《乡村振兴战略规划（2018—2022年）》提出，到2050年，乡村全面振兴，农业强、农村美、农民富全面实现。

党的十八大以来，以新的理念引领发展，经济实现中高速增长。2013—2018年，国内生产总值年均增长7.0%，高于同期世界2.9%左右[①]的平均增长水平，成为世界经济增长的动力之源、稳定之锚。经济总量连上新台阶，国内生产总值在2016年超过70万亿元，2017年超过80万亿元，2018年突破90万亿元，稳居世界第二位，占世界经济比重不断提高。

二 发展社会主义民主政治

党的十八大以来，以习近平同志为核心的党中央坚持走中国特色社会主义政治发展道路，积极推进政治体制改革，社会主义民主政治建设迈出重大步伐，党的领导、人民当家作主、依法治国有机统一的制度建设全面加强，党的领导体制机制不断完善，社会主义民主不断发展。

坚持走中国特色社会主义政治发展道路。党的十八大明确提出，要把制度建设摆在突出位置，充分发挥我国社会主义政治制度优越性，积极借鉴人类政治文明有益成果，绝不照搬西方政治制度模式，

---

① 根据世界银行公布的"世界增长指标"（WDI）估算得出。

坚持走中国特色社会主义政治发展道路。党的十九大进一步明确提出，中国特色社会主义政治发展道路，是近代以来中国人民长期奋斗历史逻辑、理论逻辑、实践逻辑的必然结果，是坚持党的本质属性、践行党的根本宗旨的必然要求。世界上没有完全相同的政治制度模式，政治制度不能脱离特定社会政治条件和历史文化传统来抽象评判，不能定于一尊，不能生搬硬套外国政治制度模式。要长期坚持、不断发展我国社会主义民主政治，积极稳妥推进政治体制改革，推进社会主义民主政治制度化、规范化、程序化，保证人民依法通过各种途径和形式管理国家事务，管理经济文化事业，管理社会事务，巩固和发展生动活泼、安定团结的政治局面。

坚持党对一切工作的领导。党的十八大提出，必须坚持党的领导，坚持党总揽全局、协调各方的领导核心作用。从 2015 年开始，中共中央政治局常委会每年召开会议，听取全国人大常委会、国务院、全国政协、最高人民法院、最高人民检察院党组工作汇报。2015 年 6 月，中共中央印发《中国共产党党组工作条例（试行）》，成为规范党组设立和运行，确保中国共产党全面领导的遵循。党的十八届六中全会提出"以习近平同志为核心的党中央"，明确了习近平总书记的核心地位，这对于维护党中央权威、维护党的团结和集中统一领导，对于全党全军全国各族人民凝心聚力，具有十分重大的意义。党的十九大报告提出中国特色社会主义最本质的特征是中国共产党领导，中国特色社会主义制度的最大优势是中国共产党领导，党是最高政治领导力量。党的十九大把坚持党对一切工作的领导作为新时代坚持和发展中国特色社会主义的基本方略的第一条，并提出：党政军民学，东西南北中，党是领导一切的。必须增强政治意识、大局意识、核心意识、看齐意识，自觉维护党中央权威和集中统一领导，自觉在思想上政治上行动上同党中央保持高度一致，完善坚持党的领导的体制机制，坚持稳中求进工作总基调，统筹推进"五位一体"总体布局，协调推进"四个全面"战略布局，提高党把方向、谋大局、定政策、促改革的能力和定力，确保党始终总揽全局、协调各方。2017年10月27日，十九届中共中央政治局审议通过《中共中央政治局关于加强和维护党中央集中统一领导的若干规定》，要求从中央领导层做起，把加强和维护党中央集中统一领导作为全党共同的政治责任。党的十九届三中全会把"形成总揽全局、协调各方的党的领导体系"纳入深化党和国家机构改革的目标。党的十八大以来，党的领导体现在政治改革的整个过程和方方面面。

用制度体系保证人民当家作主。党的十八大提出，人民民主是我们党始终高扬的光辉旗帜。支持和保证人民通过人民代表大会行使国家权力。提高基层人大代表特别是一线工人、农民、知识分子代表比例，降低党政领导干部代表比例。在人大设立代表联络机构，完善代表联系群众制度。2014年，中共中央审议通过《关于改进完善专题询问工作的若干意见》，明确要求每年安排国务院领导同志向全国人大常委会作专项工作报告，到会听取审议意见、回答询问。2014年9月5日，习近平总书记在庆祝全国人民代表大会成立60周年大会上强调："人民代表大会制度是中国特色社会主义制度的重要组成部分，也是支撑中国国家治理体系和治理能力的根本政治制度。新形势下，我们要毫不动摇坚持人民代表大会制度，也要与时俱进完善人民代表大会制度。"[①] 2015年6月，中共中央转发《中共全国人大常委会党组关于加强县乡人大工作和建设的若干意见》，提出了"密切人大代表同人民群众的联系、探索建立代表履职激励机制"等具体措施。2015年11月，中共中央办公厅转发《关于改进审计查出突出问题整改情况向全国人大常委会报告机制的意见》，强化人大审计监督权力。2017年1月，中共中央办公厅印发《关于健全人大讨论决定重大事项制度、各级政府重大决策出台前向本级人大报告的实施意见》，要求各级党委、人大和"一府两院"在加强党的领导的同时，支持和保证人大依法行使职权，人民当家作主的制度建

[①] 中共中央文献研究室：《十八大以来重要文献选编》（中），中央文献出版社2016年版，第56页。

设又迈出重要一步。党的十八大以来，在健全立法起草、论证、协调、审议机制，防止地方保护和部门利益法制化等方面，取得了新成就。

发挥社会主义协商民主重要作用。党的十八大提出"健全社会主义协商民主制度"，"推进协商民主广泛、多层、制度化发展"。将协商民主和选举民主作为中国社会主义民主的两种重要形式，开辟了中国社会主义民主政治新境界。中共十八届三中全会进一步提出，在党的领导下，以经济社会发展重大问题和涉及群众切身利益的实际问题为内容，在全社会开展广泛协商，坚持协商于决策之前和决策实施之中，构建程序合理、环节完整的协商民主体系。2014年9月21日，习近平总书记在庆祝中国人民政治协商会议成立65周年大会上的讲话强调，协商民主深深嵌入中国社会主义民主政治全过程。人民通过选举、投票行使权利和人民内部各方面在重大决策之前进行充分协商，尽可能就共同性问题取得一致意见，这是中国社会主义民主的两种重要形式。2015年1月，中共中央印发《关于加强社会主义协商民主建设的意见》，明确提出社会主义协商民主包括政党协商、人大协商、政府协商、政协协商、人民团体协商、基层协商、社会组织协商7种形式。这是中国共产党历史上第一份以协商民主为主题的中央文件，也成为指导社会主义协商民主建设的纲领性文件。党的十九大进一步指出，协商民主是实现党的领导的重要方式，是我国社会主义民主政治的特有形式和独特优势。加强协商民主制度建设，形成完整的制度程序和参与实践，保证人民在日常政治生活中有广泛持续深入参与的权利。党的十八大以来，各种形式的民主协商取得积极成果。全国政协形成了以全体会议为龙头、以专题议政性常委会议和专题协商为重点、以双周协商会议为常态的协商议政格局。其中，"双周协商座谈会"是一大创新，开展的"推进粮食定价机制""营造风清气正的网络空间""营改增执行情况和改进的建议""提升中华老字号品牌质量"等协商，得到中共中央、国务院和有关部门高度重视，推动解决了一些重要问题。

从2015年开始，全国政协探索创新了监督性调研的举措。人大、政府、基层民主、群团组织和社会组织协商同样取得成效。各种方式的民主协商，展现出"中国式商量"的独特优势。

三 推动社会主义文化繁荣兴盛

党的十八大报告提出，全面建成小康社会，实现中华民族伟大复兴，必须推动社会主义文化大发展大繁荣，兴起社会主义文化建设新高潮，提高国家文化软实力，发挥文化引领风尚、教育人民、服务社会、推动发展的作用。党的十九大报告指出：文化是一个国家、一个民族的灵魂。文化兴国运兴，文化强民族强。没有高度的文化自信，没有文化的繁荣兴盛，就没有中华民族伟大复兴。要坚持中国特色社会主义文化发展道路，激发全民族文化创新创造活力，建设社会主义文化强国。党的十八大以来，中国着力建设中国特色、中国风格、中国气派的中国特色社会主义文化，思想文化建设取得重大进展。

坚定文化自信。2016年5月17日，习近平总书记在哲学社会科学工作座谈会上的讲话中指出："我们说要坚定中国特色社会主义道路自信、理论自信、制度自信，说到底是要坚定文化自信。文化自信是更基本、更深沉、更持久的力量。"[①] 7月1日，习近平总书记在庆祝中国共产党成立95周年大会上的讲话中指出：坚持不忘初心、继续前进，就要坚持中国特色社会主义道路自信、理论自信、制度自信、文化自信。这次讲话将"三个自信"发展为"四个自信"，是中国共产党对中国特色社会主义内涵的总体性、主体性和普遍性的科学诠释与意义把握，标志着中国特色社会主义达到了一种更新、更高的整体自信水平。党的十九大报告指出："中国特色社会主义文化，源自于中华民族五千多年文明历史所孕育的中华优秀传

---

① 中共中央文献研究室：《十八大以来重要文献选编》（下），中央文献出版社2018年版，第323页。

统文化，熔铸于党领导人民在革命、建设、改革中创造的革命文化和社会主义先进文化，植根于中国特色社会主义伟大实践。""四个自信"是中国特色社会主义的重大理论创新，也是实现中华民族伟大复兴中国梦的精神动力。

牢牢掌握意识形态工作领导权。意识形态关乎旗帜、关乎道路、关乎国家政治安全，决定文化前进方向和发展道路。深刻社会变革导致社会意识多元化、传播手段多样化，意识形态领域斗争复杂尖锐。党的十八大提出，牢牢掌握意识形态工作领导权和主导权，坚持正确导向，提高引导能力，壮大主流思想舆论。2013 年 8 月，习近平总书记在全国宣传思想工作会议的讲话中强调："经济建设是党的中心工作，意识形态工作是党的一项极端重要的工作。"① "能否做好意识形态工作，事关党的前途命运，事关国家长治久安，事关民族的凝聚力和向心力。"② 我们必须把意识形态工作的领导权、管理权、话语权牢牢掌握在手中，任何时候都不能旁落，否则就要犯无可挽回的历史性错误。宣传思想工作就是要巩固马克思主义在意识形态领域的指导地位，巩固全党全国人民团结奋斗的共同思想基础。③ 党的十九大进一步提出，要"建设具有强大凝聚力和引领力的社会主义意识形态，使全体人民在理想信念、价值理念、道德观念上紧紧团结在一起"。党的十八大以来，以习近平同志为核心的党中央牢牢掌握意识形态工作领导权和主导权，意识形态工作更加主动，着力建设具有强大凝聚力和引领力的社会主义意识形态，在旗帜鲜明坚持马克思主义指导地位、加快构建中国特色哲学社会科学、坚持正确的舆论导向、建设好网络空间、落实好意识形态工作责任制等方面采取了有效措施，社会主义主旋律更加响亮。

---

① 《习近平谈治国理政》，外文出版社 2014 年版，第 153 页。
② 《习近平总书记系列重要讲话读本》，学习出版社、人民出版社 2016 年版，第 192 页。
③ 《习近平关于社会主义文化建设论述摘编》，中央文献出版社 2017 年版，第 21—22 页。

培育和践行社会主义核心价值观。党的十八大提出,加强社会主义核心价值体系建设。社会主义核心价值体系是兴国之魂,决定着中国特色社会主义发展方向。要用社会主义核心价值体系引领社会思潮、凝聚社会共识。大力弘扬民族精神和时代精神,深入开展爱国主义、集体主义、社会主义教育,丰富人民精神世界,增强人民精神力量。倡导富强、民主、文明、和谐,倡导自由、平等、公正、法治,倡导爱国、敬业、诚信、友善,积极培育和践行社会主义核心价值观。2013年12月11日,中共中央办公厅印发《关于培育和践行社会主义核心价值观的意见》。2014年2月24日,习近平总书记在主持十八届中央政治局集体学习时强调,要把培育和弘扬社会主义核心价值观作为凝魂聚气、强基固本的基础工程;要切实把社会主义核心价值观贯穿于社会生活方方面面。[①] 2015年12月,中共中央印发《关于建立健全党和国家功勋荣誉表彰制度的意见》,构建党内、国家、军队功勋荣誉表彰制度体系,推动全社会形成见贤思齐、崇尚英雄、争做先锋的良好氛围。2016年12月,中共中央办公厅、国务院办公厅印发《关于进一步把社会主义核心价值观融入法治建设的指导意见》。党的十八大以来,中国把社会主义核心价值观融入国民教育全过程;发挥政策导向作用,使经济、政治、文化、社会等方方面面政策都有利于社会主义核心价值观的培育;用法律来推动核心价值观建设;各种社会管理承担起倡导社会主义核心价值观的责任,注重在日常管理中体现价值导向,使符合核心价值观的行为得到鼓励、违背核心价值观的行为受到制约;通过升国旗、成人礼、入党入团入队等仪式,重大纪念日、民族传统节日等礼仪,社会主义核心观价值观深入人心,公民文明素质和社会文明程度明显提高。

构建中国特色哲学社会科学。2013年6月25日,习近平总书记在主持中共中央政治局集体学习时强调,历史是最好的教科书,学

[①] 《习近平谈治国理政》,外文出版社2014年版,第163—164页。

习党史、国史，是坚持和发展中国特色社会主义、把党和国家各项事业继续推向前进的必修课。2015年1月，中共中央办公厅、国务院办公厅印发《关于加强中国特色新型智库建设的意见》，对智库建设作出部署。12月，国家高端智库建设试点工作会议在北京召开，首批25家国家级高端智库试点启动。11月23日，习近平总书记主持中共中央政治局第二十八次集体学习时强调，要立足我国国情和我国发展实践，揭示新特点新规律，提炼和总结我国经济发展实践的规律性成果，把实践经验上升为系统化的经济学说，不断开拓当代中国马克思主义政治经济学新境界。2016年5月17日，习近平总书记主持召开哲学社会科学工作座谈会，他在讲话中强调，一个国家的发展水平，既取决于自然科学发展水平，也取决于哲学社会科学发展水平。一个没有发达的自然科学的国家不可能走在世界前列，一个没有繁荣的哲学社会科学的国家也不可能走在世界前列。坚持和发展中国特色社会主义，需要不断在实践和理论上进行探索、用发展着的理论指导发展着的实践。在这个过程中，哲学社会科学具有不可替代的重要地位，哲学社会科学工作者具有不可替代的重要作用。要按照立足中国、借鉴国外，挖掘历史、把握当代，关怀人类、面向未来的思路，着力构建中国特色哲学社会科学，在指导思想、学科体系、学术体系、话语体系等方面充分体现中国特色、中国风格、中国气派。[①] 2017年3月，中共中央印发《关于加快构建中国特色哲学社会科学的意见》，对加快构建中国特色哲学社会科学作出全面部署。党的十九大把习近平新时代中国特色社会主义思想确立为中国共产党的指导思想，翻开了中国哲学社会科学研究的新篇章。

建设社会主义文化强国。2014年2月28日中央全面深化改革领导小组第二次会议审议通过《深化文化体制改革实施方案》，提出建

[①] 习近平：《在哲学社会科学工作座谈会上的讲话》，《光明日报》2016年5月19日。

立健全现代公共文化服务体系和现代文化市场体系。10月15日，习近平总书记主持召开文艺工作座谈会。他在会上强调，实现中华民族的伟大复兴需要中华文化繁荣兴盛，因此必须高度重视和充分发挥文艺和文艺工作者的重要作用，文艺应当坚持以人民为中心的创作导向，以中国精神为灵魂，创作无愧于时代的优秀作品。中国的文化事业由此翻开崭新一页。2017年中共中央办公厅、国务院办公厅印发《国家"十三五"时期文化发展改革规划纲要》，提出建设社会主义文化强国，更好地构筑中国精神、中国价值、中国力量、中国贡献，为实现"两个一百年"奋斗目标、实现中华民族伟大复兴的中国梦奠定更加坚实的思想文化基础。党的十八大以来，文艺工作者把满足人民精神文化需求作为工作的出发点和落脚点，文艺作品的思想性和艺术性显著增强，中华优秀传统文化传承发展工程大力实施，公共文化服务建设工作全面展开，国家文化软实力明显提升。

四 坚持在发展中保障和改善民生

党的十八大以来，以习近平同志为核心的党中央坚持以人民为中心，坚持发展为了人民、发展依靠人民、发展成果由人民共享，在发展中保障和改善民生，就业形势稳中向好，城乡居民收入增速超过经济增速，居民生活质量显著提高，脱贫攻坚成效卓著，社会保障覆盖面持续扩大，社会治理体系更加完善，社会大局保持稳定，国家安全全面加强，人民获得感显著增强。

实施就业优先战略和积极就业政策，推进大众创业、万众创新，就业结构发生深刻变化。党的十八大提出，要贯彻劳动者自主就业、市场调节就业、政府促进就业和鼓励创业的方针，实施就业优先战略和更加积极的就业政策。党的十八届三中全会提出，健全促进就业创业体制机制。2015年4月，国务院印发《关于进一步做好新形势下就业创业工作的意见》。党的十九大继续强调要坚持就业优先战略和积极就业政策。党的十八大以来，各级党和政府大力推进大众创业、万众创新。2015年3月2日，国务院办公厅印发《关于发展众创空间推进大众创新创业的指导意见》，要求加快形成大众创业、万众创新的生动局面。6月11日，国务院印发《关于大力推进大众创业万众创新若干政策措施的意见》。2016年5月8日，国务院办公厅印发《关于建设大众创业万众创新示范基地的实施意见》，部署双创示范基地建设工作。9月16日，国务院印发《关于促进创业投资持续健康发展的若干意见》。2017年6月，国务院部署第二批大众创业万众创新示范基地的建设工作。7月21日，国务院印发《关于强化实施创新驱动发展战略进一步推进大众创业万众创新深入发展的意见》。2018年9月18日，国务院印发《关于推动创新创业高质量发展打造"双创"升级版的意见》。2013—2018年，全国就业人员规模稳步扩大，年均增长177万人；城镇新增就业人数连续六年保持在1300万人以上。城镇登记失业率稳定保持在低位。尤其值得注意的是，2018年，在中西部地区务工的农民工人数为12044万人，比上年增加378万人，增长3.2%，增速快于全国2.6个百分点。

居民收入快于经济增长。党的十八大提出，要坚持在经济增长的同时实现居民收入同步增长、在劳动生产率提高的同时实现劳动报酬同步提高，同时规范收入分配秩序，保护合法收入，增加低收入者收入，调节过高收入，取缔非法收入。2013年2月，国务院批转《关于深化收入分配制度改革的若干意见》，明确了初次分配、再分配、农民增收和分配秩序等方面的政策措施。2014年11月，中共中央、国务院印发《关于深化中央管理企业负责人薪酬制度改革的意见》。2016年，中共中央办公厅、国务院办公厅印发《关于实行以增加知识价值为导向分配政策的若干意见》。现如今，中国已形成世界上人口最多的中等收入群体。

建立更加公平可持续的社会保障体系。党的十八大提出，要坚持全覆盖、保基本、多层次、可持续方针，以增强公平性、适应流动性、保证可持续性为重点，全面建成覆盖城乡居民的社会保障体系。党的十九大提出，按照兜底线、织密网、建机制的要求，全面建成覆盖全民、城乡统筹、权责清晰、保障适度、可持续的多层次社会保障体系。党的十八大以来，中国坚持以保基本、兜底线、促公平、可持续为准则，建立更加公平可持续的社会保障制度，着力筑牢民生保障底线。在基本养老保险制度上，一是，打破城乡分割局面，2014年2月国务院印发《关于建立统一的城乡居民基本养老保险制度的意见》，将新型农村社会养老保险和城镇居民社会养老保险统一为城乡居民基本养老保险制度；二是，2014年底，启动机关事业单位养老保险制度改革，对机关事业单位实行与企业同样的社会统筹与个人账户结合的基本制度模式，结束了养老金"双轨制"；三是，建立统筹的养老金管理模式，2018年5月国务院印发《关于建立企业职工基本养老保险基金中央调剂制度的通知》，对养老金实行全国统筹、中央调剂制度。在医疗保险方面，2016年1月，国务院印发《关于整合城乡居民基本医疗保险制度的意见》，向着更加公平的方向改革；全面实施城乡居民大病保险，开展长期护理保险制度试点，保障范围逐步扩大，医疗保险支付方式改革整体推进，医疗服务监管不断加强，医保关系转移接续、异地就医住院费用结算更为顺畅。2014年2月，第一部统筹各项社会救助制度的行政法规《社会救助暂行办法》出台，2016年国务院印发《关于进一步健全特困人员救助供养制度的意见》。经过改革，覆盖城乡居民的社会保障体系基本建成，筑牢了民生保障底线。2018年末，参加城乡居民基本养老保险、基本医疗保险、失业保险、工伤保险、生育保险人数分别达到9.4亿人、13.4亿人、2.0亿人、2.4亿人、2.0亿人，基本医疗保险总体实现全覆盖。

国家动员诸方面力量坚决打赢脱贫攻坚战，促进贫困地区和贫困人口共享发展成果。2012年12月29日、30日，习近平总书记在河北省阜平县考察扶贫开发工作时指出，消除贫困、改善民生、实现共同富裕，是社会主义的本质要求。[1] 2015年11月27日，习近平

---

[1] 习近平：《在河北省阜平县考察扶贫开发工作时的讲话》（2012年12月29、30日），《做焦裕禄式的县委书记》，中央文献出版社2015年版，第15—16页。

总书记在中央扶贫开发工作会议上强调:"我们要立下愚公移山志,咬定目标、苦干实干,坚决打赢脱贫攻坚战,为全面建成小康社会而努力奋斗!"①2017年10月25日,习近平总书记在党的十九届一中全会闭幕后同采访党的十九大的中外记者见面时指出,全面建成小康社会,一个不能少;共同富裕路上,一个不能掉队。党的十八大以来,中国举全党全国之力实施脱贫攻坚战,取得决定性进展,全国农村贫困人口从2012年末的9899万人减少至2018年末的1660万人,贫困发生率从10.2%降至1.7%,书写了人类反贫困斗争史的新篇章。

打造共建共治共享的社会治理格局。党的十八大第一次鲜明地提出构建中国特色社会主义社会管理体系。党的十八届三中全会通过《中共中央关于全面深化改革若干重大问题的决定》,提出加快形成科学有效的社会治理体制的任务。党的十八届四中全会把"推进法治社会建设"作为全面依法治国的重要内容,明确要求提高社会治理法治化水平。党的十八届五中全会提出构建全民共建共享的社会治理格局。党的十九大报告进一步指出:"打造共建共治共享的社会治理格局。加强社会治理制度建设,完善党委领导、政府负责、社会协同、公众参与、法治保障的社会治理体制,提高社会治理社会化、法治化、智能化、专业化水平。"报告还提出,到2035年基本形成现代社会治理格局的目标。党的十八大以来,创新社会治理,社会治理体系和治理能力现代化建设取得明显进展,政府社会管理和公共服务职能得到加强,公共安全体系和应急管理建设加强,基层社区服务管理有序推进。

全面加强国家安全。2013年11月,党的十八届三中全会决定成立中央国家安全委员会。2014年4月,习近平总书记在中央国家安全委员会第一次会议上指出:"增强忧患意识,做到居安思危,是我

---

① 中共中央文献研究室:《十八大以来重要文献选编》(下),中央文献出版社2018年版,第51页。

们治党治国必须始终坚持的一个重大原则。我们党要巩固执政地位，要团结带领人民坚持和发展中国特色社会主义，保证国家安全是头等大事。"① 2015年1月，中共中央政治局审议通过《国家安全战略纲要》。2015年7月1日，十二届全国人大常务委员会第十五次会议通过《中华人民共和国国家安全法》，明确了政治、国土、军事、文化、科技等11个领域的国家安全任务。国家"十三五"规划专设"建立国家安全体系"一章，对健全国家安全保障体制机制、保障国家政权主权安全、防范化解经济安全风险、加强国家安全法治建设作出规划。2016年12月，习近平总书记主持召开中共中央政治局会议，审议通过《关于加强国家安全工作的意见》，明确了国家安全的总体部署。党的十九大报告提出，要有效维护国家安全。要完善国家安全战略和国家安全政策，坚决维护国家政治安全，统筹推进各项安全工作。健全国家安全体系，加强国家安全法治保障，提高防范和抵御安全风险能力。严密防范和坚决打击各种渗透颠覆破坏活动、暴力恐怖活动、民族分裂活动、宗教极端活动。加强国家安全教育，增强全党全国人民国家安全意识，推动全社会形成维护国家安全的强大合力。2018年4月，十九届中央国家安全委员会第一次会议审议通过《党委（党组）国家安全责任制规定》，明确了各级党委（党组）主体责任，确保中共中央关于国家安全的决策部署落到实处。党的十八大以来，总体国家安全观中提及的政治安全、国土安全、军事安全、经济安全、文化安全、社会安全、科技安全、信息安全、生态安全、资源安全、核安全11种安全都得到了较好保障。

人民获得感显著增强。2018年，全国居民人均消费支出19853元，比2012年增加6997元。发展享受型消费占比明显上升，2018年，全国居民恩格尔系数为28.4%，比2012年下降4.6个百分点，进入联合国划分的20%—30%的富足阶段；交通通信、教育文化娱

---

① 《习近平谈治国理政》，外文出版社2014年版，第200页。

乐和医疗保健支出占消费支出的比重分别比2012年提高1.8个、0.7个和2.2个百分点。

五 建设美丽中国

以习近平同志为核心的党中央根据中国社会主要矛盾变化以及广大人民群众日益增长的优美生态环境需要，对新时代中国为什么要大力推进生态文明建设、生态文明建设的理论意涵与未来愿景、生态文明建设实践的重大战略及任务总要求等一系列问题作出回答，形成习近平生态文明思想。党的十九大报告首次把"美丽中国"作为建设社会主义现代化强国的重要目标，将建设生态文明提升为"千年大计"。党的十八大以来，美丽中国建设坚实推进，生态文明建设取得显著成效，促进了经济高质量发展和进一步满足了人民日益增长的美好生活需要。

贯彻"绿水青山就是金山银山"理念。2005年8月15日，时任浙江省委书记的习近平到安吉天荒坪镇余村考察时提出"绿水青山就是金山银山"。2013年9月7日，习近平主席在哈萨克斯坦纳扎尔巴耶夫大学演讲并回答学生们关于环境保护的问题时强调，宁要绿水青山，不要金山银山，而且绿水青山就是金山银山。[1] 习近平总书记在2019年中国北京世界园艺博览会开幕式上的讲话中指出：我们应该追求绿色发展繁荣。绿色是大自然的底色。我一直讲，绿水青山就是金山银山，改善生态环境就是发展生产力。良好生态本身蕴含着无穷的经济价值，能够源源不断创造综合效益，实现经济社会可持续发展。[2] 党的十八大以来，"绿水青山就是金山银山"理念深入人心，深刻地影响着经济社会的发展理念、发展思路、发展方

---

[1]《弘扬人民友谊 共同建设"丝绸之路经济带"》，《人民日报》2013年9月8日第1版。

[2]《习近平出席二〇一九年中国北京世界园艺博览会开幕式并发表重要讲话》，《人民日报》2019年4月29日第2版。

式。党和国家把生态文明建设作为"五位一体"总体布局的一位，把坚持人与自然和谐共生作为新时代坚持和发展中国特色社会主义基本方略的一条，把绿色作为新发展理念的一大理念，把污染防治作为三大攻坚战的一大攻坚战。"绿水青山就是金山银山"理念，引领中国迈向生态文明新时代，一幅美丽中国新画卷徐徐展开。

全面推进生态文明制度体系的建立健全。2013年5月24日，习近平总书记在十八届中央政治局集体学习时指出：保护生态环境必须依靠制度、依靠法治。只有实行最严格的制度、最严密的法治，才能为生态文明建设提供可靠保障。2015年4月，中共中央、国务院印发《关于加快推进生态文明建设的意见》，对健全生态文明制度体系作出明确规定。2014年4月24日，十二届全国人大常委会第八次会议通过《中华人民共和国环境保护法（修订）》。2015年8月和2018年10月，全国人大常委会会议两次对《中华人民共和国大气污染防治法》进行修订。2015年9月，中共中央、国务院印发的《生态文明体制改革总体方案》，明确实施自然资源资产产权制度、国土空间开发保护制度、空间规划体系、资源总量管理和节约制度、资源有偿使用和生态补偿制度、环境治理和生态保护市场体系及其绩效考核和责任追究等8个方面的改革。党的十九大报告提出加快生态文明体制改革，实行最严格的生态环境保护制度。党的十八大以来，生态文明制度体系加快形成，主体功能区制度逐步健全，国家公园体制试点积极推进，环境财政、环境价格、生态补偿、环境权益交易、绿色税收、绿色金融、环境市场、环境与贸易、环境资源价值核算、行业政策等方面的环境经济政策框架体系基本建立。

着力解决突出环境问题。2013年4月25日，习近平总书记在十八届中央政治局常委会会议上关于第一季度经济形势的讲话中强调，"生态环境是关系党的使命宗旨的重大政治问题"。2018年6月16日，中共中央、国务院印发《关于全面加强生态环境保护 坚决打好污染防治攻坚战的意见》。党的十八大以来，中国紧盯环境保护重点领域、关键问题和薄弱环节。一是加强大气污染防治，全面推进蓝天保卫战。2013年9月10日，国务院印发《大气污染防治行动计划》。2018年6月27日，国务院印发《打赢蓝天保卫战三年行动计划》。二是加强水污染防治治理，着力推进碧水保卫战。2015年4月，国务院印发《水污染防治行动计划》。三是强化土壤污染管控和修复，稳步推进净土保卫战。2016年5月28日，国务院印发《土壤污染防治行动计划》。四是开展农村人居环境整治行动。经过努力，生态环境保护取得明显成效，环境质量稳步改善。2018年，全国338个地级及以上城市中有121个城市的空气质量达标，占35.8%，比2015年提高14.2个百分点。2018年，全国地表水Ⅰ—Ⅲ类水体比例为71%，高于年度目标2.6个百分点。近岸海域海水水质监测点中，2018年达到国家一、二类海水水质标准的监测点占74.6%，比2012年提高5.2个百分点。2018年，完成2.5万个建制村环境综合整治。

统筹山水林田湖草系统治理。2013年11月9日，习近平总书记在《关于〈中共中央关于全面深化改革若干重大问题的决定〉的说明》中提出：我们要认识到，山水林田湖是一个生命共同体。由一个部门负责领土范围内所有国土空间用途管制职责，对山水林田湖进行统一保护、统一修复是十分必要的。2017年10月，"统筹山水林田湖草系统治理"写入党的十九大报告。在"山水林田湖是一个生命共同体"的认识基础上，按照国家统一部署，2016年10月，财政部、国土资源部、环境保护部印发《关于推进山水林田湖生态保护修复工作的通知》，对各地开展山水林田湖生态保护修复提出明确要求。2017年7月，中央全面深化改革领导小组第三十七次会议审议通过《建立国家公园体制总体方案》。2019年1月，中共中央、国务院印发《关于坚持农业农村优先发展做好"三农"工作的若干意见》，对统筹推进山水林田湖草系统治理，推动农业农村绿色发展作出部署；中央全面深化改革委员会第六次会议审议通过《关于建立以国家公园为主体的自然保护地体系指导意见》。

推动形成绿色发展方式和生活方式。2013年4月25日，习近平总书记在十八届中央政治局常委会会议上关于第一季度经济形势的讲话中强调，我们不能把加强生态文明建设、加强生态环境保护、提倡绿色低碳生活方式等仅仅作为经济问题。这里面有很大的政治。2017年5月26日，十八届中央政治局就推动形成绿色发展方式和生活方式进行集体学习。习近平总书记在主持学习时指出，推动形成绿色发展方式和生活方式，是发展观的一场深刻革命。党的十九大报告提出要推进绿色发展。加快建立绿色生产和消费的法律制度和政策导向，建立健全绿色低碳循环发展的经济体系。构建市场导向的绿色技术创新体系，发展绿色金融，壮大节能环保产业、清洁生产产业、清洁能源产业。推进能源生产和消费革命，构建清洁低碳、安全高效的能源体系。推进资源全面节约和循环利用，实施国家节水行动，降低能耗、物耗，实现生产系统和生活系统循环链接。倡导简约适度、绿色低碳的生活方式，反对奢侈浪费和不合理消费，开展创建节约型机关、绿色家庭、绿色学校、绿色社区和绿色出行等行动。党的十八大以来，绿色发展成效显著。2018年，全国单位国内生产总值能耗、用水量分别比2012年下降23.3%和27.5%。

深度参与全球气候治理。2015年9月，习近平主席在第七十届联合国大会讲话中提出，国际社会应该携手同行，共谋全球生态文明建设之路。2016年9月6日，中国作为2016年二十国集团主席国，推动二十国集团制定《二十国集团落实2030年可持续发展议程行动计划》，得到国际社会高度评价。中国已批准加入30多项与生态环境有关的多边公约或议定书，在全球环境治理中的引领作用日益凸显。[①] 中国坚持《巴黎协定》，积极倡导并推动将绿色生态理念贯穿于共建"一带一路"倡议。中国与联合国环境规划署签署了关于建设绿色"一带一路"的谅解备忘录，与30多个沿线国家签署了生态环境保护的合作协议。建设绿色丝绸之路

[①] 陈吉宁：《着力解决突出环境问题》，《党的十九大报告辅导读本》，人民出版社2017年版，第382—383页。

已成为落实联合国 2030 年可持续发展议程的重要路径，100 多个来自相关国家和地区的合作伙伴共同成立"一带一路"绿色发展国际联盟。中国积极实施"绿色丝路使者计划"，已培训沿线国家 2000 人次。① 中国作为负责任的发展中大国，共谋全球生态文明建设，深度参与全球环境治理，为世界可持续发展提供了中国理念、中国方案和中国贡献。

第四节　协调推进"四个全面"战略布局

党的十八大以来，以习近平同志为核心的党中央从坚持和发展中国特色社会主义全局出发，形成了全面建成小康社会、全面深化改革、全面依法治国、全面从严治党的战略布局。这个战略布局既有战略目标，也有战略举措，每一个"全面"都具有重大战略意义，是实现中华民族伟大复兴中国梦的重要保障。经过党的十八届三中、四中、五中、六中全会，中共中央对"四个全面"战略布局作出了整体设计。这是对中国共产党治国理政经验的科学总结和丰富发展，集中体现了时代和实践发展对党和国家工作的新要求。

一　提出"四个全面"战略布局

从 2012 年 11 月党的十八大强调"全面建成小康社会"，到 2013 年 11 月党的十八届三中全会部署"全面深化改革"，再到 2014 年 10 月党的十八届四中全会要求"全面依法治国"。2014 年 10 月 8 日党的群众路线教育实践活动总结大会宣示"全面从严治党"，引领中华民族伟大复兴的"四个全面"战略布局清晰展现。2014 年 11 月，习近平总书记到福建考察调研时提出，协调推进全面建成小康社会、

---

① 推进"一带一路"建设工作领导小组办公室：《共建"一带一路"倡议：进展、贡献与展望》，《人民日报》2019 年 4 月 23 日第 7 版。

全面深化改革、全面推进依法治国进程。12月13—14日，习近平总书记在江苏考察调研时提出，协调推进全面建成小康社会、全面深化改革、全面推进依法治国、全面从严治党，推动改革开放和社会主义现代化建设迈上新台阶。2015年1月23日，习近平总书记在主持十八届中央政治局第二十次集体学习时指出，我们提出要协调推进全面建设小康社会、全面深化改革、全面依法治国、全面从严治党，这"四个全面"是当前党和国家事业发展中必须解决好的主要矛盾。2015年2月2日，习近平总书记在省部级主要领导干部学习贯彻十八届四中全会精神全面推进依法治国专题研讨班开班式上指出，"四个全面"战略布局，既有战略目标，也有战略举措，每一个"全面"都具有重大战略意义。全面建成小康社会是我们的战略目标，全面深化改革、全面依法治国、全面从严治党是三大战略举措。要努力做到"四个全面"相辅相成、相互促进、相得益彰。

2016年10月24日，习近平总书记在党的十八届六中全会上作《关于新形势下党内政治生活的若干准则》和《中国共产党党内监督条例》的说明时指出：协调推进"四个全面"战略布局，是党的十八大以来党中央从实现"两个一百年"奋斗目标、实现中华民族伟大复兴的中国梦的战略高度，统筹国内国际两个大局，把握我国发展新特征确定的治国理政新方略，是新的时代条件下推进改革开放和社会主义现代化建设、坚持和发展中国特色社会主义的战略抉择。

协调推进"四个全面"战略布局，是全面总结改革开放以来经验的基础上，根据中国发展现实需要提出来的，根据满足人民群众的热切期待提出来的。每一个"全面"，都是一整套结合实际、继往开来、勇于创新、独具特色的系统思想，闪耀着辩证唯物主义和历史唯物主义的理论光辉。协调推进"四个全面"战略布局，勾画出治国理政的新思路和蓝图，展示了发展的新愿景，是引领中华民族伟大复兴的战略布局，是中国共产党治国理政方略与时俱进的新创造、马克思主义与中国实践相结合的新飞跃。

二 全面建成小康社会

到2020年全面建成小康社会，是中国共产党确定的"两个一百年"奋斗目标的第一个百年奋斗目标，是中国共产党向人民、向历史作出的庄严承诺。党的十八大将十六大提出的"全面建设小康社会"，改为"全面建成小康社会"。这一字之差，体现了中国共产党在经济社会更高的起点上全面建成小康社会的信心和决心。

由于"十三五"时期与实现全面建成小康社会奋斗目标的时间节点高度契合，在已经确定的全面建成小康社会目标要求的基础上，党的十八届五中全会紧紧围绕实现全面建成小康社会这个奋斗目标来制定"十三五"规划，审议通过《中共中央关于制定国民经济和社会发展第十三个五年规划的建议》，提出了全面建成小康社会新的目标要求：经济保持中高速增长，在提高发展平衡性、包容性、可持续性的基础上，到2020年国内生产总值和城乡居民人均收入比2010年翻一番，产业迈向中高端水平，消费对经济增长贡献明显加大，户籍人口城镇化率加快提高。农业现代化取得明显进展，人民生活水平和质量普遍提高，我国现行标准下农村贫困人口实现脱贫，贫困县全部摘帽，解决区域性整体贫困。国民素质和社会文明程度显著提高。生态环境质量总体改善。各方面制度更加成熟更加定型，国家治理体系和治理能力现代化取得重大进展。

习近平总书记在党的十八届五中全会第二次全体会议上的讲话中强调：全面建成小康社会，强调的不仅是"小康"，而且更重要的也是更难做到的是"全面"。"小康"讲的是发展水平，"全面"讲的是发展的平衡性、协调性、可持续性。全面小康，覆盖的领域要全面，是五位一体全面进步。全面小康社会要求经济更加发展、民主更加健全、科教更加进步、文化更加繁荣、社会更加和谐、人民生活更加殷实。要在坚持以经济建设为中心的同时，全面推进经济建设、政治建设、文化建设、社会建设、生态文明建设，促进现代化建设各个环节、各个方面协调发展，不能长的很长、短的很短。

全面小康，覆盖的人口要全面，是惠及全体人民的小康。全面建成小康社会突出的短板主要在民生领域，发展不全面的问题很大程度上也表现在不同社会群体民生保障方面。全面小康，覆盖的区域要全面，是城乡区域共同的小康。努力缩小城乡区域发展差距，是全面建成小康社会的一项重要任务。[①]

党的十九大提出，从现在到2020年，是全面建成小康社会决胜期。要按照党的十六大、十七大、十八大提出的全面建成小康社会各项要求，紧扣我国社会主要矛盾变化，统筹推进经济建设、政治建设、文化建设、社会建设、生态文明建设，坚定实施科教兴国战略、人才强国战略、创新驱动发展战略、乡村振兴战略、区域协调发展战略、可持续发展战略、军民融合发展战略，突出抓重点、补短板、强弱项，特别是要坚决打好防范化解重大风险、精准脱贫、污染防治的攻坚战，使全面建成小康社会得到人民认可、经得起历史检验。

全面建成小康社会是包括各领域全面发展进步的庞大系统工程。以习近平同志为核心的党中央把全面建成小康社会纳入"四个全面"战略布局，带领全党和全国人民决胜全面建成小康社会。2015年10月29日，习近平总书记在党的十八届五中全会第二次全体会议上的讲话中指出："如期全面建成小康社会，既具有充分条件，也面临艰巨任务，前进道路并不平坦，诸多矛盾叠加、风险隐患增多的挑战依然严峻复杂。如果应对不好，或者发生系统性风险、犯颠覆性错误，就会延误甚至中断全面建成小康社会进程。"[②] 习近平总书记进一步指出，实现全会确定的目标任务，必须下气力解决好重点难点问题。这既是我们必须完成的任务，也是必须迈过的一道坎儿，正所谓"操其要于上，而分其详于下"。

[①] 中共中央文献研究室：《十八大以来重要文献选编》（中），中央文献出版社2016年版，第830—833页。

[②] 同上书，第823页。

第一，转方式，着力解决好发展质量和效益问题。第二，补短板，着力解决好发展不平衡问题。第三，防风险，着力增强风险防控意识和能力。[①]党的十九大进一步强调坚决打好防范化解重大风险、精准脱贫、污染防治的攻坚战。党的十八大以来，全面建成小康社会取得重大进展，五位一体全面进步，正朝着人民认可、经得起历史检验的全面建成小康社会目标迈进。

三 全面深化改革

党的十八大提出全面深化改革开放的要求。2012年12月31日，十八届中央政治局第二次集体学习，把主题聚焦到改革。习近平总书记在主持学习时指出，改革开放是一项长期的、艰巨的、繁重的事业，必须以更大的政治勇气和智慧，不失时机深化重要领域改革。改革开放只有进行时没有完成时。

2013年11月，党的十八届三中全会对全面深化改革进行研究，审议通过《中共中央关于全面深化改革若干重大问题的决定》（以下简称《决定》）。在起草《决定》时，明确《决定》以改革为主线，突出全面深化改革新举措。这次全会是划时代的[②]，在全面总结改革开放35年来的伟大成就和重要经验的基础上，对全面深化改革的战略重点、优先顺序、主攻方向、工作机制、推进方式和时间表、路线图进行了总部署，改革理论和政策实现一系列新的重大突破，开启了全面深化改革、系统整体设计推进改革的新时代，开创了中国改革开放的全新局面，对推动中国特色社会主义事业发展产生重大而深远的影响。

全会发出了全面深化改革的总动员。《决定》指出，当前，中国

---

① 中共中央文献研究室：《十八大以来重要文献选编》（中），中央文献出版社2016年版，第823、827—833页。

② 《对标重要领域和关键环节改革 继续啃硬骨头确保干一件成一件》，《人民日报》2019年1月24日第1版。

发展进入新阶段，改革进入攻坚期和深水区。必须以强烈的历史使命感，最大限度集中全党全社会智慧，最大限度调动一切积极因素，敢于啃硬骨头，敢于涉险滩，以更大决心冲破思想观念的束缚、突破利益固化的藩篱，推动中国特色社会主义制度自我完善和发展。习近平总书记在《关于〈中共中央关于全面深化改革若干重大问题的决定〉的说明》中指出，改革开放到了一个新的重要关头。我们在改革开放上决不能有丝毫动摇，改革开放的旗帜必须继续高高举起，中国特色社会主义道路的正确方向必须牢牢坚持。全党要坚定改革信心，以更大的政治勇气和智慧、更有力的措施和办法推进改革。

全会明确了全面深化改革的指导思想。《决定》指出，全面深化改革，必须高举中国特色社会主义伟大旗帜，以马克思列宁主义、毛泽东思想、邓小平理论、"三个代表"重要思想、科学发展观为指导，坚定信心，凝聚共识，统筹谋划，协同推进，坚持社会主义市场经济改革方向，以促进社会公平正义、增进人民福祉为出发点和落脚点，进一步解放思想、解放和发展社会生产力、解放和增强社会活力，坚决破除各方面体制机制弊端，努力开拓中国特色社会主义事业更加广阔的前景。

全会明确了全面深化改革的总目标。《决定》指出，全面深化改革的总目标是完善和发展中国特色社会主义制度，推进国家治理体系和治理能力现代化。必须更加注重改革的系统性、整体性、协同性，加快发展社会主义市场经济、民主政治、先进文化、和谐社会、生态文明，让一切劳动、知识、技术、管理、资本的活力竞相迸发，让一切创造社会财富的源泉充分涌流，让发展成果更多更公平惠及全体人民。"完善和发展中国特色社会主义制度，推进国家治理体系和治理能力现代化"，这两句话组成一个整体，前一句规定了中国特色社会主义道路这一根本方向，后一句规定了在根本方向指引下完善和发展中国特色社会主义制度的鲜明指向。从"管理"到"治理"，一字之变，是中国共产党在理论和实践上的重大发展。全会要求，到2020年在重要领域和关键环节改革上取得决定性成果，形成系统完备、科学规范、运行有效的制度体系，使各方面的制度更加成熟更加定型。

全会明确了新时代全面深化改革的路线图。全会突出强调以经济体制改革为重点，发挥经济体制改革牵引作用，用六个"紧紧围绕"描绘了全面深化改革的路线图：紧紧围绕使市场在资源配置中起决定性作用深化经济体制改革，坚持和完善基本经济制度，加快完善现代市场体系、宏观调控体系、开放型经济体系，加快转变经济发展方式，加快建设创新型国家，推动经济更有效率、更加公平、更可持续发展；紧紧围绕坚持党的领导、人民当家作主、依法治国有机统一深化政治体制改革，加快推进社会主义民主政治制度化、规范化、程序化，建设社会主义法治国家，发展更加广泛、更加充分、更加健全的人民民主；紧紧围绕建设社会主义核心价值体系、社会主义文化强国深化文化体制改革，加快完善文化管理体制和文化生产经营机制，建立健全现代公共文化服务体系、现代文化市场体系，推动社会主义文化大发展大繁荣；紧紧围绕更好保障和改善民生、促进社会公平正义深化社会体制改革，改革收入分配制度，促进共同富裕，推进社会领域制度创新，推进基本公共服务均等化，加快形成科学有效的社会治理体制，确保社会既充满活力又和谐有序；紧紧围绕建设美丽中国深化生态文明体制改革，加快建立生态文明制度，健全国土空间开发、资源节约利用、生态环境保护的体制机制，推动形成人与自然和谐发展现代化建设新格局；紧紧围绕提高科学执政、民主执政、依法执政水平深化党的建设制度改革，加强民主集中制建设，完善党的领导体制和执政方式，保持党的先进性和纯洁性，为改革开放和社会主义现代化建设提供坚强政治保证。

全会明确全面深化改革的重大问题和重大举措。这次全会是自中共十一届三中全会以来，首次围绕全面深化改革设立的宏大目标，并启动了共60条、300多项改革举措，涉及范围之广、力度之大，均前所未有。其中，涉及的几个重大问题和重大举措包括：使市场在资源配置中起决定性作用和更好发挥政府作用；坚持和完善基本经济制度；深化财税体制改革；健全城乡发展一体化体制机制；推进协商民主广泛多层制度化发展；改革司法体制和运行机制；健全反腐败领导体制和工作机制；加快完善互联网管理领导体制；设立国家安全委员会；健全国家自然资源资产管理体制和完善自然资源监管体制；中央成立全面深化改革领导小组。

2013年12月30日，中央成立全面深化改革领导小组成立，习近平同志任组长。根据2018年3月中共中央《深化党和国家机构改革方案》，中央全面深化改革领导小组改为中央全面深化改革委员会，为中共中央直属决策议事协调机构，习近平同志为主任。

以党的十八届三中全会和中央深化改革领导小组成立为标志，中国全面深化改革的巨幕开启，全面深化改革成为当今中国最鲜明的时代特征。新的改革，其复杂程度、艰巨程度、敏感程度，丝毫不亚于35年前1978年开启的改革。党的十八大以来，蹄疾步稳推进全面深化改革，坚决破除各方面体制机制弊端，全面深化改革取得重大突破。改革全面发力、多点突破、纵深推进，着力增强改革系统性、整体性、协同性，压茬拓展改革广度和深度。党的十八届中央先后召开38次中央全面深化改革领导小组会议，审议通过365个重要改革文件，确定357个重点改革任务，推出1500多项改革举措，重要领域和关键环节改革取得突破性进展，主要领域改革主体框架基本确立。狠抓改革督察落实，建立改革激励机制、容错机制，有效防止了改革沦入"空转"。

面对新时代新任务提出的新要求，党和国家机构设置和职能配置同统筹推进"五位一体"总体布局、协调推进"四个全面"战略布局的要求还不完全适应，同实现国家治理体系和治理能力现代化的要求还不完全适应，2018年2月召开的党的十九届三中全会研究深化党和国家机构改革方案。全会提出，深化党和国家机构改革是推进国家治理体系和治理能力现代化的一场深刻变革。党和国家机构职能体系是中国特色社会主义制度的重要组成部分，是我们党治国理政的重要保障。全党必须统一思想、坚定信心、抓住机遇，在全面深化改革进程中，下决心解决党和国家机构职能体系中存在的障碍和弊端，加快推进国家治理体系和治理能力现代化，更好发挥我国社会主义制度优越性。全会审议通过《深化党和国家机构改革方案》，同意把方案的部分内容按法定程序提交十三届全国人大一次会议审议。3月17日，十三届全国人大一次会议通过《关于国务院机构改革方案的决定》。3月21日，中共中央印发《深化党和国家机构改革方案》。改革方案包括：深化中共中央机构改革、深化全国人大机构改革、深化国务院机构改革、深化全国政协机构改革、深化行政执法体制改革、深化跨军地改革、深化群团组织改革、深化地方机构改革8部分内容。一年多来，这场系统性、整体性、重构性的党和国家机构改革全面推进，全新的党和国家机构职能体系快速形成。

2019年1月23日，习近平总书记主持召开中央全面深化改革委员会第六次会议。他强调，要对标到2020年在重要领域和关键环节改革上取得决定性成果，继续打硬仗，啃硬骨头，确保干一件成一件，为全面完成党的十八届三中全会部署的改革任务打下决定性基础。要抓紧完成党的十八届三中全会部署的改革任务，多抓根本性、全局性、制度性的重大改革举措，多抓有利于保持经济健康发展和社会大局稳定的改革举措，多抓有利于增强人民群众获得感、幸福感、安全感的改革举措，多抓对落实已出台改革方案的评估问效。会议审议通过《中央全面深化改革委员会2019年工作要点》《中央全面深化改革委员会2018年工作总结报告》《党的十八大以来全面深化改革落实情况总结评估报告》。[①]

党的十八大以来，中国共产党高举改革开放旗帜，坚持思想再

---

① 《对标重要领域和关键环节改革 继续啃硬骨头确保干一件成一件》，《人民日报》2019年1月24日第1版。

解放、改革再深入、工作再抓实，在更高起点、更高层次、更高目标上推进全面深化改革，主要领域改革主体框架基本确立，全面深化改革展现了新作为、实现了新突破，中国特色社会主义制度更加完善，国家治理体系和治理能力现代化水平明显提高，全社会发展活力和创新活力明显增强。

党的十八届三中全会以来，中国共产党在实践中丰富和发展了改革认识论和方法论，逐步形成并确立了内涵丰富、思想深邃、系统完善的全面深化改革的科学理论体系：明确了新的历史条件下全面深化改革的关键地位和重要作用，提出改革开放是决定当代中国命运的关键一招，也是决定实现"两个一百年"奋斗目标、实现中华民族伟大复兴的关键一招；坚定了全面深化改革的方向和道路，提出我们的改革是在中国特色社会主义道路上不断前进的改革，既不走封闭僵化的老路，也不走改旗易帜的邪路；确立了全面深化改革的总目标和价值取向，提出要完善和发展中国特色社会主义制度，推进国家治理体系和治理能力现代化，以促进社会公平正义、增进人民福祉为改革出发点和落脚点；谋划了全面深化改革的科学路径和有效方法，形成了改革开放以来最为丰富、全面、系统的改革方法论；厘清了改革发展稳定等重大关系，把抓改革落实同落实"四个全面"战略布局、落实新发展理念结合起来，同抓经济发展、社会稳定、民生改善、党的建设等工作结合起来，用改革带动和推动各项工作。全面深化改革理论的重大创新，科学回答了新时代为什么改、为谁改、怎么改等重大理论和实践问题，把新时代中国特色社会主义改革理论推进到新的广度和深度，为全面深化改革提供了强大的思想和理论武器。

四　全面依法治国

提出并部署全面依法治国。党的十八大提出全面推进依法治国的要求。2013年1月，习近平总书记对全国政法工作会议作出重要批示，首次提出建设"法治中国"的新要求。党的十八届三中全会进一步提出建设法治中国,必须坚持依法治国、依法执政、依法行政共同推进,坚持法治国家、法治政府、法治社会一体建设。2014年10月20—23日,党的十八届四中全会对全面推进依法治国若干重大问题进行了研究,审议通过《中共中央关于全面推进依法治国若干重大问题的决定》,对全面推进依法治国进行了部署。全会提出,全面推进依法治国,总目标是建设中国特色社会主义法治体系,建设社会主义法治国家。这就是,在中国共产党领导下,坚持中国特色社会主义制度,贯彻中国特色社会主义法治理论,形成完备的法律规范体系、高效的法治实施体系、严密的法治监督体系、有力的法治保障体系,形成完善的党内法规体系,坚持依法治国、依法执政、依法行政共同推进,坚持法治国家、法治政府、法治社会一体建设,实现科学立法、严格执法、公正司法、全民守法,促进国家治理体系和治理能力现代化。实现这个总目标,必须坚持中国共产党的领导,坚持人民主体地位,坚持法律面前人人平等,坚持依法治国和以德治国相结合,坚持从中国实际出发。全会就法治建设的重大理论和实践问题作出回答,针对现实问题提出富有改革创新精神的新观点新举措。这是中国共产党的历史上第一次专题研究、专门部署全面依法治国的中央全会,在中国法治史上具有重大的里程碑意义。党的十九大提出,全面依法治国是中国特色社会主义的本质要求和重要保障,是国家治理的一场深刻革命,必须坚持厉行法治,推进科学立法、严格执法、公正司法、全民守法。党的十九大进一步描绘了2035年法治中国建设的蓝图:中国将于2035年基本建成法治国家、法治政府、法治社会,使人民平等参与、平等发展的权利得到充分保障,国家治理体系和治理能力现代化基本实现。把全面依法治国纳入"四个全面"战略布局加以协调推进,适应了改革进入攻坚阶段和深水区的新要求,为推进国家治理体系和治理能力现代化提供重要保障,标志着中国共产党对法治的理论探索和实践推进都达到了新的高度。

加强中共中央对法治中国建设的集中统一领导。党的十八届四中全会把坚持中国共产党的领导作为实现全面推进依法治国总目标的首要原则,并提出"三统一""四善于",即必须坚持党领导立法、保证执法、支持司法、带头守法,把依法治国基本方略同依法执政基本方式统一起来,把党总揽全局、协调各方同人大、政府、政协、审判机关、检察机关依法依章程履行职能、开展工作统一起来,把党领导人民制定和实施宪法法律同党坚持在宪法法律范围内活动统一起来,善于使党的主张通过法定程序成为国家意志,善于使党组织推荐的人选通过法定程序成为国家政权机关的领导人员,善于通过国家政权机关实施党对国家和社会的领导,善于运用民主集中制原则维护中央权威、维护全党全国团结统一。根据党的十九大部署,组建中央全面依法治国委员会,作为中共中央决策议事协调机构,负责全面依法治国的顶层设计、总体布局、统筹协调、整体推进、督促落实。2018年8月,习近平总书记主持召开中央全面依法治国委员会第一次会议,强调要加强党对全面依法治国的集中统一领导,坚持以全面依法治国新理念新思想新战略为指导。

明确坚定不移走中国特色社会主义法治道路。习近平总书记在党的十八届四中全会上作《关于〈中共中央关于全面推进依法治国若干重大问题的决定〉的说明》中指出:"中国特色社会主义法治道路,是社会主义法治建设成就和经验的集中体现,是建设社会主义法治国家的唯一正确道路。在走什么样的法治道路问题上,必须向全社会释放正确而明确的信号,指明全面推进依法治国的正确方向,统一全党全国各族人民认识和行动。"党的十八届四中全会向国内外鲜明地宣示了中国将坚定不移地走中国特色社会主义法治道路。《中共中央关于全面推进依法治国若干重大问题的决定》明确指出,实现全面推进依法治国的总目标,必须坚持中国共产党的领导、坚持人民主体地位、坚持法律面前人人平等、坚持依法治国和以德治国相结合、坚持从中国实际出发原则。党的十九大提出,必须把党的领导贯彻落实到依法治国全过程和各方面,坚定不移走中国特色社会主义法治道路。

弘扬宪法精神。2012年12月4日，习近平总书记在首都各界纪念现行宪法公布施行30周年大会上的讲话中明确提出：捍卫宪法尊严，就是捍卫党和人民共同意志的尊严。保证宪法实施，就是保证人民根本利益的实现。党的十八届四中全会将每年12月4日定为国家宪法日。建立宪法宣誓制度，凡经人大及其常委会选举或者决定任命的国家工作人员正式就职时公开向宪法宣誓。2014年11月1日，全国人大常委会表决通过《关于设立国家宪法日的决定》，以立法形式予以确定。宪法宣誓让国家工作人员敬畏宪法的神圣，铭记权力来自宪法、来自人民，这项制度的确立成为全面依法治国的又一个里程碑。2014年12月4日是中国首个国家宪法日。2018年3月17日，十三届全国人大一次会议第五次全体会议上，再次当选的中华人民共和国主席、中华人民共和国中央军事委员会主席习近平面对宪法庄严宣誓："忠于中华人民共和国宪法，维护宪法权威，履行法定职责，忠于祖国、忠于人民，恪尽职守、廉洁奉公，接受人民监督，为建设富强民主文明和谐美丽的社会主义现代化强国努力奋斗！"4月和11月，十三届全国人大常委会和新一届国务院分别举行宪法宣誓仪式。

中国特色社会主义法治体系建设实现新跨越。以习近平同志为核心的党中央把中国特色社会主义法治体系建设作为全面依法治国的总抓手，推进包括法律规范体系、法治实施体系、法治监督体系、法治保障体系和党内法规体系的五大法治体系相互促进、共同发展。党的十八大以来，着力完善以宪法为核心的中国特色社会主义法律体系，十二届全国人大三次会议通过《立法法》修正案，十三届全国人大一次会议审议通过《宪法》修正案，推进编纂《中华人民共和国民法典》和制定民法总则。

司法改革和公正司法书写新篇章。中国加速推进司法体制改革，呈现全面发力、多点突破、纵深推进的局面，司法责任制全面实施，检察机关提起公益诉讼制度改革取得重大进展，以审判为中心的刑事诉讼制度改革有力推进,刑事案件速裁程序和认罪认罚从宽制度试点扎实开展。全面加强对诉讼活动的法律监督,纠正重大冤假错案,坚决纠正违法减刑、假释、暂予监外执行,坚持不懈清理久押不决案件,强化民事行政诉讼监督,坚决惩治司法腐败,切实维护了司法公正。

加快建设法治政府进入新阶段。党的十八届四中全会提出,法律的生命力在于实施,法律的权威也在于实施。各级政府必须坚持在党的领导下、在法治轨道上开展工作,加快建设职能科学、权责法定、执法严明、公开公正、廉洁高效、守法诚信的法治政府。2015年12月,中共中央、国务院印发《法治政府建设实施纲要(2015—2020年)》,确立了到2020年基本建成法治政府的奋斗目标和行动纲领。纲要首次确定了法治政府的衡量标准,包括七个方面:政府职能依法全面履行;依法行政制度体系完备;行政决策科学民主合法;宪法法律严格公正实施;行政权力规范透明运行;人民权益切实有效保障;依法行政能力普遍提高。法治政府的衡量标准构成法治政府的评价依据,使法治政府建设在完善理论的同时向操作性转化。党的十八大以来,推进依法行政进入"快车道",法治政府建设展现出"加速度"态势,法治政府建设取得显著成效。

五 全面从严治党

以习近平同志为核心的党中央围绕"建设什么样的党、怎样建设党"这一历史性课题,以自我革命的勇气,坚定推进全面从严治党。

把全面从严治党纳入"四个全面"战略布局。习近平总书记在党的十八届中共中央政治局常委同中外记者见面时的讲话中指出:"新形势下,我们党面临着许多严峻挑战,党内存在着许多亟待解决的问题。尤其是一些党员干部中发生的贪污腐败、脱离群众、形式主义、官僚主义等问题，必须下大气力解决。全党必须警醒起来。"①2012年12月4日，中共中央政治局召开会议，强调抓作风建设，首先要从中央政治局做起，要求别人做到的自己先要做到，要求别人不做的自己坚决不做，以良好党风带动政风民风，真正赢得群众信任和拥护。会议审议通过了中央政治局关于改进工作作风、密切联系群众的八项规定，包括改进调查研究、精简会议活动、精简文件简报、规范出访活动、改进警卫工作、改进新闻报道、严格文稿发表、厉行勤俭节约。根据中央八项规定及其精神，各地区各部门也相应制定了改进工作作风的有关规定。"八项规定"成为全面从严治党开题之笔。2014年10月8日，习近平总书记在党的群众路线教育实践活动总结大会讲话中提出全面推进从严治党。12月，习近平总书记提出包括全面从严治党在内的"四个全面"战略布局，不仅增强了全面从严治党的自觉，还明确了全面从严治党的方向和使命。

全面从严治党重大部署。2016年10月24日至27日，党的十八届六中全会专题研究全面从严治党问题。全会强调，新形势下加强和规范党内政治生活，重点是各级领导机关和领导干部，关键是高级干部特别是中央委员会、中央政治局、中央政治局常务委员会的组成人员。高级干部特别是中央领导层组成人员必须以身作则，模范遵守党章党规，严守党的政治纪律和政治规矩，坚持不忘初心、继续前进，坚持率先垂范、以上率下，为全党全社会作出示范。党内监督的重点对象是党的领导机关和领导干部特别是主要领导干部。要建立健全党中央统一领导，党委（党组）全面监督，纪律检查机关专责监督，党的工作部门职能监督，党的基层组织日常监督，党员民主监督的党内监督体系。全会审议通过《关于新形势下党内政治生活的若干准则》和《中国共产党党内监督条例》，进一步推进了党内政治生活和党内监督制度化、规范化、程序化。这是推进党

---

① 中共中央文献研究室：《十八大以来重要文献选编》（上），中央文献出版社2014年版，第70页。

的建设新的伟大工程的最新制度成果。

党的十八大以来，全面从严治党取得卓著成效。

一是抓思想从严，党的政治建设得到加强。2013年1月5日，习近平总书记在新进中央委员会的委员、候补委员学习贯彻党的十八大精神研讨班开班式上指出：共产党员特别是党员领导干部要做共产主义远大理想和中国特色社会主义共同理想的坚定信仰者和忠实践行者。2014年10月8日，习近平总书记提出坚持思想建党和制度治党紧密结合。2016年7月1日，习近平总书记在庆祝中国共产党成立95周年大会上就"不忘初心、继续前进"提出八个方面要求。党的十九大报告提出，中国共产党人的初心和使命，就是为中国人民谋幸福，为中华民族谋复兴。党的十八大以来，坚持用马克思主义中国化最新成果武装头脑、凝心聚魂，用理想信念和党性教育固本培元、补钙壮骨，坚持照镜子、正衣冠、洗洗澡、治治病的要求，开展党的群众路线教育实践活动和"三严三实"专题教育，推进"两学一做"学习教育常态化制度化，全党理想信念更加坚定、党性更加坚强。2019年1月31日，中共中央印发《关于加强党的政治建设的意见》（以下简称《意见》）。《意见》指出，旗帜鲜明讲政治是我们党作为马克思主义政党的根本要求。党的政治建设是党的根本性建设，决定党的建设方向和效果，事关统揽推进伟大斗争、伟大工程、伟大事业、伟大梦想。《意见》对政治建设进行了部署，要求全党以政治建设为统领，把政治标准和政治要求贯穿党的各项建设和反腐败斗争始终，不断提高党的执政能力和领导水平，确保全党统一意志、统一行动、步调一致向前进。2019年5月13日，中共中央政治局召开会议，决定从2019年6月开始，在全党自上而下分两批开展"不忘初心、牢记使命"主题教育。会议指出，开展"不忘初心、牢记使命"主题教育，根本任务是深入学习贯彻习近平新时代中国特色社会主义思想，锤炼忠诚干净担当的政治品格，团结带领全国各族人民为实现伟大梦想共同奋斗。

二是抓管党从严，坚持和落实党的领导，不断增强各级党组织管党治党意识和能力。习近平总书记特别强调"打铁还需自身硬",中国共产党是治国理政的领导主体,办好中国的事情关键在党。党的十八大以来,全面加强党的领导和党的建设,坚决改变管党治党"宽松软"状况。推动全党尊崇党章,增强政治意识、大局意识、核心意识、看齐意识,坚决维护党中央权威和集中统一领导,严明党的政治纪律和政治规矩,层层落实管党治党政治责任。

三是抓执纪从严,坚持把纪律挺在前面,严明党的政治纪律和政治规矩,着力推动全党牢记"五个必须"、防止"七个有之",保证全党团结统一、步调一致。2014年6月30日,中共中央政治局审议通过的《党的纪律检查体制改革实施方案》,明确了纪律检查体制改革的时间表和路线图。明确了党委负主体责任,纪委负监督责任,强化上级纪委对下级纪委的领导。2015年1月,习近平总书记在中央纪委五次全会上明确指出:纪律是成文的规矩,规矩是不成文的纪律;纪律是刚性的规矩,规矩是自我约束的纪律。针对权力运行中的问题,不断加强对权力运行的制约和监督,强调讲政治规矩,强调遵守政治纪律、组织纪律、财经纪律,探索建立了巡视工作制度,2015年8月中共中央发布《中国共产党巡视工作条例(修订稿)》,2017年7月,即在不到两年的时间内,再次进行修订发布,将理论和实践创新成果形成固化的制度。特别是充分发挥巡视监督的利剑作用,实现中央和省级党委巡视全覆盖,完善党内巡视监督机制,不断创新巡视监督方式,把常规巡视和专项巡视结合起来,高度重视巡视反馈与后续整改,开展"回头看",进一步强化巡视的震慑作用和监督效果。党的十八大以来,在党的历史上具有重要意义的《中国共产党廉洁自律准则》《中国共产党纪律处分条例》《中国共产党问责条例》相继颁布施行,形成全面从严治党"一扣接着一扣拧、一锤接着一锤敲"格局。监督执纪"四种形态"的创新,就是纪严于法、纪在法前,让"红红脸、出出汗"成为常态,党纪轻处分、组织调整的成为违纪处理的大多数,党纪重处分、重大职务调整的成为少数,严重违纪、涉嫌违法立案审查的成为极少数。

四是抓治吏从严，贯彻新时期好干部标准，深化干部人事制度改革，破解"四唯"难题，着力整治用人上的不正之风，选人用人状况和风气明显好转。2014年1月，中共中央印发《党政领导干部选拔任用工作条例》，明确规定配偶已移居国（境）外，或者没有配偶，子女均已移居国（境）外的，不得列为提拔考察对象。2015年7月，中共中央办公厅印发《推进领导干部能上能下若干规定（试行）》，规范了干部"下"的六种渠道，特别是对不适宜担任现职干部的十种情形作出清晰规定。2016年8月，中共中央办公厅印发《关于防止干部"带病提拔"的意见》。2019年，中共中央印发修订后的《党政领导干部选拔任用工作条例》，把政治纪律和政治规矩作为选任干部的底线，保证干部队伍的政治团结性，坚定干部的政治信仰；让德才兼备、有担当的人能提升为干部，解决用人腐败和"带病提拔"问题。同时，积极探索容错纠错机制，让敢于担当、踏实干事、不谋私利的干部放下顾虑、大胆工作。随着《领导干部报告个人有关事项规定》和《领导干部个人有关事项报告查核结果处理办法》的相继出台，对五类漏报的行为和十类隐瞒不报的行为，作出了更为明确细致的规定。加强抽查核实，对不如实报告或者存在其他问题的予以严肃处理。党的十八大以来，贯彻新时期好干部标准，选人用人状况和风气明显好转。

五是抓作风从严，坚持以上率下，锲而不舍、扭住不放，着力解决许多过去被认为解决不了的问题，严厉整治形式主义、官僚主义、享乐主义和奢靡之风，坚决反对特权。中央八项规定的贯彻落实，推动党风政风不断好转，党用实实在在的行动赢得人民群众的信任和拥护。2018年11月，中央纪委印发《关于贯彻落实习近平总书记重要指示精神　集中整治形式主义、官僚主义的工作意见》，各级纪检监察机关将反对形式主义、官僚主义作为落实中央八项规定精神的重要内容，查处曝光了一批典型问题，向全党释放强烈信号，将作风建设引向深入，以行动证明全面从严治党永远在路上。

六是抓反腐从严，坚持反腐败无禁区、全覆盖、零容忍，坚定不移"打虎""拍蝇""猎狐"。清除了周永康、薄熙来、郭伯雄、徐才厚、孙政才、令计划等腐败分子。[①] 在强有力的震慑下，一些党员干部主动交代违纪问题。中国共产党领导的这场"打虎拍蝇"的反腐浪潮，不但在960万平方公里的土地上淬火涤荡，而且把肃贪追逃的大网撒向全球。那些一贪就跑、一跑就了的美梦，破碎在了红色通缉令上。"天网行动"实施以来，在中央反腐败协调小组国际追逃追赃工作办公室统筹协调下，自2016年11月16日潜逃国外的"百名红通人员"头号嫌犯从美国回国投案自首起，到2019年6月29日，已有59名归案。反腐败国际追逃追赃工作，成为全面从严治党和反腐败斗争的重要一环，也为国际反腐败事业贡献了中国智慧，提供了中国方案。作为执政的中国共产党，面对暴露出的问题，刀刃向内，自我刮骨疗毒，坚持有腐必反、有贪必肃，无禁区、全覆盖、零容忍，坚决遏制腐败蔓延势头。从十八届中央纪委六次全会上提出的"反腐败斗争压倒性态势正在形成"，到七次全会上提出的"压倒性态势已经形成"，再到反腐败斗争取得压倒性胜利并巩固发展，折射出全面从严治党的重大进展，也体现出党的建设制度改革和党的纪律检查体制改革所带来的成效。

七是抓体制改革，构建全面从严治党新体制。党的十八届六中全会强调，各级党委应当支持和保证同级人大、政府、监察机关、司法机关等对国家机关及公职人员依法进行监督。在北京市、山西省、浙江省开展国家监察体制改革试点工作取得成效的基础上，党的十九大作出新的重大部署，要求将试点工作在全国推开，组建国家、省、市、县监察委员会，同党的纪律检查机关合署办公，实现对所有行使公权力的公职人员监察全覆盖。十九届三中全会审议通过的《深化党和国家机构改革方案》明确规定组建国家监察委员会。2018年3月11日，十三届全国人大一次会议表决通过

---

① 《十八届中央纪律检查委员会向中国共产党第十九次全国代表大会的工作报告》，《人民日报》2017年10月30日第1版。

的《中华人民共和国宪法修正案》，规定中华人民共和国设立国家监察委员会和地方各级监察委员会。十三届全国人大一次会议通过《中华人民共和国监察法》，这一法律的制定实施和国家监察委员会组建运行，开启了构建集中统一、权威高效的中国特色国家监察体制新的一页。

党的十八大以来，中国共产党坚定不移推进全面从严治党，勇于面对党面临的重大风险考验和党内存在的突出问题，以顽强意志品质正风肃纪、反腐惩恶，消除了党和国家内部存在的严重隐患，不敢腐的目标初步实现，不能腐的笼子越扎越牢，不想腐的堤坝正在构筑，反腐败斗争取得压倒性胜利并巩固发展，党内政治生活气象更新，党内政治生态明显好转，党的创造力、凝聚力、战斗力显著增强，党的团结统一更加巩固，党群关系明显改善，党在革命性锻造中更加坚强，焕发出新的强大生机活力，为党和国家事业发展提供了坚强政治保证。

本章小结

党的十八大以来，以习近平同志为核心的党中央，全面审视国际国内新的形势，通过总结实践、展望未来，深刻回答了新时代坚持和发展什么样的中国特色社会主义、怎样坚持和发展中国特色社会主义这个重大时代课题，创立了习近平新时代中国特色社会主义思想，坚持统筹推进"五位一体"总体布局、协调推进"四个全面"战略布局，坚持稳中求进工作总基调，对党和国家各方面工作提出一系列新理念新思想新战略，推动党和国家事业发生历史性变革、取得历史性成就，中国特色社会主义进入了新时代。

党中央以巨大的政治勇气和智慧，提出全面深化改革总目标是完善和发展中国特色社会主义制度、推进国家治理体系和治理能力现代化，着力增强改革系统性、整体性、协同性，着力抓好重大制度创新，着力提升人民群众获得感、幸福感、安全感，推出系列改革方案，啃下了不少硬骨头，闯过了不少急流险滩，改革呈现全面发力、多点突破、蹄疾步稳、纵深推进的局面。

党中央面对世界经济复苏乏力、局部冲突和动荡频发、全球性问题加剧的外部环境，面对中国经济发展进入新常态等一系列深刻变化，迎难而上，着力解决新时代社会主要矛盾，解决了许多长期想解决而没有解决的难题，办成了许多过去想办而没有办成的大事，使科学社会主义在 21 世纪的中国焕发出越来越强大的生机与活力，并将在中华民族伟大复兴的征程上不断结出丰硕果实。

结　语

实现中华民族伟大复兴的
必由之路

习近平总书记指出："党的十八大精神，说一千道一万，归结为一点，就是坚持和发展中国特色社会主义。"① "我们能够创造出人类历史上前无古人的发展成就，走出了正确道路是根本原因"②。坚持和发展中国特色社会主义，是实现中华民族伟大复兴的必由之路。

实现中华民族伟大复兴必须坚定不移走中国特色社会主义道路。道路问题是关系党的事业兴衰成败第一位的问题。只有把中国共产党领导人民探寻中国特色社会主义道路的实践放到这一艰辛历程中来认识和理解，才能坚定对这条发展道路的自觉自信。争取民族独立、人民解放，实现国家富强、社会和谐，是近代以来中国历史发展的一条主线。"中国特色社会主义是在改革开放40年的伟大实践中得来的，是在新中国成立70年的持续探索中得来的，是在我们党领导人民进行伟大社会革命90多年的实践中得来的，是在近代以来

---

① 《习近平在新进中央委员会的委员、候补委员学习贯彻党的十八大精神研讨班开班式上发表重要讲话强调　毫不动摇坚持和发展中国特色社会主义　在实践中不断有所发现有所创造有所前进》，《人民日报》2013年1月6日。

② 《习近平关于实现中华民族伟大复兴的中国梦论述摘编》，中央文献出版社2013年版，第28页。

中华民族由衰到盛170多年的历史进程中得来的,是在世界社会主义500年波澜壮阔的发展历程中得来的,是在对中华文明5000多年的传承发展中得来的。"① 具有深厚的历史渊源和广泛的现实基础。170多年的慷慨悲歌、凤凰涅槃,70年的筚路蓝缕、艰辛探索,40多年的柳暗花明、沧桑巨变,验证了一个科学的论断,熔铸成一条坚定的信念:只有社会主义才能救中国,只有中国特色社会主义才能发展中国。

在把新时代中国特色社会主义推向前进的过程中,难免会出现一些企图动摇道路自信的错误思想和言论,妄图使我们走老路或者邪路。老路的根本特征就是封闭僵化,排斥改革开放。邪路的根本特征是违背初心、偏离方向,忘记为什么而出发,其结果必然走上改变社会主义性质、社会主义方向的错路。中国共产党人的历史使命光荣而艰巨,党执政面临的考验和挑战依然复杂严峻,只有坚定不移走中国特色社会主义道路,才能有效应对重大挑战、抵御重大风险、克服重大阻力、解决重大矛盾,进行具有许多新的历史特点的伟大斗争,除此之外没有别的道路可以选择。只有坚定不移走中国特色社会主义道路,我们才能实现"两个一百年"的奋斗目标,实现中华民族伟大复兴的历史重任。

中国共产党成立98年来特别是中华人民共和国成立70年来的历史和现实的实践都表明,中国共产党之所以能够在长期执政过程中取得巨大成功,一个重要的原因就是党自主探索符合国情的国家发展道路,成功开辟了中国特色社会主义道路。中国特色社会主义道路卓有成效地解决了在中国这样一个经济文化相对落后的国家实现民族复兴的历史性课题,是实现民族复兴之路、国家富强之路、人民幸福之路。随着中国特色社会主义不断发展,中国特色社会主义制度必将越来越成熟、优越性必将进一步显现,中国特色社会主

---

① 中共中央宣传部:《习近平新时代中国特色社会主义思想学习纲要》,学习出版社、人民出版社2019年版,第25页。

义发展道路必将越走越宽广，对世界的影响必将越来越大。

坚持中国特色社会主义道路必须不断拓展中国特色社会主义道路。选择正确道路难，坚持和发展道路更难。"世界上没有放之四海而皆准的发展道路和发展模式，也没有一成不变的发展道路和发展模式。"① 对中国特色社会主义道路，要倍加珍惜、始终坚持，也要不断发展。只有拓展中国特色社会主义道路，才是真正坚持中国特色社会主义道路。

社会主义从来都是在开拓中前进的。习近平总书记指出："坚持和发展中国特色社会主义是一篇大文章，邓小平同志为它确定了基本思路和基本原则，以江泽民同志为核心的党的第三代中央领导集体、以胡锦涛同志为总书记的党中央在这篇大文章上都写下了精彩的篇章。现在，我们这一代共产党人的任务，就是继续把这篇大文章写下去。"② 历史经验表明，坚持和拓展正确道路，一个国家和民族就会昌盛兴旺；放弃和背离正确道路，一个国家和民族就会凋敝衰败。苏联曾因选择社会主义道路，国力强大、人民团结、兴盛一时。然而，就是这样一个强大的国家，由于未能根据国情、民情、世情与时俱进发展和完善社会主义道路，在复杂的斗争中最终没有能够坚守住自己的道路，偌大的一个国家因改旗易帜、放弃赖以生存发展的社会主义道路而轰然崩塌。历史是最好的教科书，让我们变得成熟智慧；历史是最好的营养剂、清醒剂，让我们警醒坚定。

中国特色社会主义进入新时代，迎来了实现中华民族伟大复兴的光明前景。从现在到 2020 年，是全面建成小康社会决胜期。全面建成小康社会、实现第一个百年奋斗目标后，中国将进入全面建设社会主义现代化国家新征程，向第二个百年奋斗目标进军。党的十九大报告指出，综合分析国际国内形势和我国发展条件，从 2020 年

---

① 中共中央文献研究室：《十八大以来重要文献选编》（上），中央文献出版社 2014 年版，第 114 页。

② 同上。

到本世纪中叶可以分两个阶段来安排。第一个阶段，从2020年到2035年，在全面建成小康社会的基础上，再奋斗15年，基本实现社会主义现代化；第二个阶段，从2035年到本世纪中叶，在基本实现现代化的基础上，再奋斗15年，把我国建成富强民主文明和谐美丽的社会主义现代化强国。面对光荣而艰巨的历史使命，坚持中国特色社会主义道路，必须拓展中国特色社会主义道路，不断丰富中国特色社会主义的实践特色、理论特色、民族特色、时代特色。

只有社会主义才能救中国，只有改革开放才能发展中国、发展社会主义、发展马克思主义。改革开放为中国特色社会主义建设提供了强大动力。正是因为改革开放，党开创并不断拓展中国特色社会主义道路的新境界，中国经济社会发展取得了举世瞩目的巨大成就，社会面貌发生深刻变化，综合国力显著增强，人民生活从贫穷走向富足，在政治建设、文化建设、社会建设以及生态文明建设和党的建设上也取得了巨大进步，国际地位不断提升，社会主义中国以前所未有的雄姿屹立在世界东方，获得前所未有的生机和活力。因此，必须永不僵化、永不停滞，坚持改革开放不动摇。

坚持中国特色社会主义道路必须着眼于新的实践和新的发展。习近平总书记指出："坚持马克思主义，坚持社会主义，一定要有发展的观点，一定要以我国改革开放和现代化建设的实际问题、以我们正在做的事情为中心，着眼于马克思主义理论的运用，着眼于对实际问题的理论思考，着眼于新的实践和新的发展。"[①]

新中国成立以来，经过几代人的艰苦奋斗，中国特色社会主义进入新时代，中国社会主要矛盾已经转化为人民日益增长的美好生活需要和不平衡不充分的发展之间的矛盾，但是，中国仍处于并将长期处于社会主义初级阶段的基本国情没有变，中国是世界最大发展中国家的国际地位没有变。中国基本实现现代化还需要继续奋斗

[①] 中共中央文献研究室：《十八大以来重要文献选编》（上），中央文献出版社2014年版，第114页。

几十年，巩固发展和完善社会主义制度则需要几代人、十几代人甚至几十代人坚持不懈的努力奋斗。"我们在推进改革开放和社会主义现代化建设中所肩负任务的艰巨性和繁重性世所罕见，我们在改革发展稳定中所面临的矛盾和问题的规模和复杂性世所罕见，我们在前进中所面对的困难和风险也世所罕见。"[①] 发展中国特色社会主义仍然任重而道远。

坚持和发展中国特色社会主义，是一项长期的艰巨的历史任务。全党必须准备进行具有许多新的历史特点的伟大斗争，紧密团结在以习近平同志为核心的党中央周围，以习近平新时代中国特色社会主义思想为指导，以更加坚定的信念、更加顽强的努力，毫不动摇坚持、与时俱进发展中国特色社会主义，不断丰富中国特色社会主义的实践特色、理论特色、民族特色、时代特色。党的领导是中国特色社会主义最本质的特征和中国特色社会主义制度的最大优势，必须确保中国共产党始终成为中国特色社会主义事业的坚强领导核心，必须加强和改善党的领导，充分发挥党总揽全局、协调各方的领导核心作用。中国特色社会主义是亿万人民自己的事业，必须坚持人民主体地位，发挥人民主人翁精神，更好保证人民当家作主。解放和发展社会生产力是中国特色社会主义的根本任务，必须坚持以经济建设为中心，以科学发展为主题，坚定不移贯彻创新、协调、绿色、开放、共享的发展理念。改革开放是坚持和发展中国特色社会主义的必由之路，必须始终把改革创新精神贯彻到治国理政各个环节，不断推进我国社会主义制度自我完善和发展。公平正义是中国特色社会主义的内在要求，必须在全体人民共同奋斗、经济社会发展的基础上，加紧建设对保障社会公平正义具有重大作用的制度，逐步建立社会公平保障体系。共同富裕是中国特色社会主义的根本原则，必须使发展成果更多更公平惠及全体人民，朝着共同富裕方

[①] 中共中央文献研究室：《十七大以来重要文献选编》（上），中央文献出版社2009年版，第808页。

向稳步前进。社会和谐是中国特色社会主义的本质属性，必须团结一切可以团结的力量，最大限度增加和谐因素，增强社会创造活力，确保人民安居乐业、社会安定有序、国家长治久安。和平发展是中国特色社会主义的必然选择，必须坚持开放的发展、合作的发展、共赢的发展，扩大同各方利益汇合点，推动建设人类命运共同体。

70年来，中国发展的历史和现实无可辩驳地证明："中国特色社会主义，是科学社会主义理论逻辑和中国社会发展历史逻辑的辩证统一，是根植于中国大地、反映中国人民意愿、适应中国和时代发展进步要求的科学社会主义，是全面建成小康社会、加快推进社会主义现代化、实现中华民族伟大复兴的必由之路。"[1] 在当代中国，只有中国特色社会主义这条道路而没有别的什么道路能够引领中华民族实现伟大复兴。只要我们坚持独立自主走自己的路，毫不动摇坚持和发展中国特色社会主义，我们就一定能在中国共产党成立100年时全面建成小康社会，就一定能在新中国成立100年时建成富强民主文明和谐美丽的社会主义现代化强国。

---

[1] 中共中央文献研究室：《十八大以来重要文献选编》（上），中央文献出版社2014年版，第118页。

后　　记

　　编写《新中国社会主义发展道路70年》（以下简称《70年》），是中国社会科学院党组为庆祝中华人民共和国成立70周年，组织全院各研究单位集中优势科研力量共同参与编撰的《庆祝中华人民共和国成立70周年书系》中的第一个项目，是中国社会科学院党组交给当代中国研究所的一项重要任务。《70年》的编写，始终得到院党组的亲切关怀和精心指导。2019年初，院党组批准了当代中国研究所编写《70年》的方案。《70年》编写工作启动后，院党组副书记、副院长王京清同志，院党组成员、当代中国研究所所长姜辉同志亲自审定编写大纲。书稿写成后，王京清同志、姜辉同志和院党组成员、副院长高翔同志提出了重要修改意见。

　　本书编写工作在当代中国研究所党组具体领导下完成。编写工作由当代中国研究所党组成员、副所长兼当代中国出版社社长李正华研究员主持，当代中国研究所相关研究人员执笔。具体承担执笔工作的同志有：绪论、结语：李正华；第一章：李文；第二章：欧阳雪梅；第三章：王爱云；第四章：张金才；第五章：吴超；第六章：郑有贵。当代中国研究所科研办公室于俊霄、狄飞、王宇同志负责具体的组织联系工作。

　　本书编写过程中，得到理论界、党史国史学界专家学者的指导和帮助。《求是》杂志社原社长李捷研究员、中央党校中共党史教研部主任罗平汉教授、中央党史和文献研究院第七研究部主任王均伟研究员、中宣部理论局唐建军副局长、中国人民大学长江学者杨凤城教授等对书稿大纲提出了修改建议,原中共中央党史研究室主任欧阳淞研究员、中共中央政策研究室综合局原局长邱敦红研究员、中央党史和文献研究院对外合作交流局局长杨明伟研究员、中央党史和文献研究院第三研究部主任姜淑平研究员、中央党史和文献研究院第七研究部主任王均伟研究员、中宣部理论局唐建军副局长、中国社会科学院经济研究所董志凯研究员、中国社会科学院马克思主义研究院副院长辛向阳研究员、中国社会科学院习近平新时代中国特色社会主义思想研究中心龚云研究员和当代中国研究所原副所长张星星研究员、当代中国研究所副所长武力研究员等,对书稿提出了宝贵意见。

借本书出版之机,谨向对本书提供帮助、付出劳动的所有领导、专家和同志致以诚挚的感谢!

本书编写中,注意吸收已有的研究成果。虽已付出努力,但书中不当、不周之处难以避免。恳请广大读者朋友不吝指正。

本书写作组
2019 年 7 月